전원책의 좌파 비판

# 자유의
# 적들

전원책의 좌파 비판

# 자유의 적들

중앙books
JoongAng Ilbo

남의 것을 탐하지 말라.
너희를 자유롭게 하리라.

어머니가 힘이 되지 않았다면 이 책은 쓸 수 없었다.
세상이 어두울 때 늙으신 어머니는
이 아들이 있는 곳에 늘 등불을 밝히셨다.
이 책은 온전히 어머니의 것이다.

## 감사의 말씀

이 책에 인용된 많은 책들의 저자들에게 특별한 감사를 표한다. 마르크스 Karl Marx와 사르트르Jean Paul Sartre, 마르쿠제Herbert Marcuse는 말할 것도 없이 폴 존슨Paul Johnson과 프랜시스 윈Francis Wheen, 칼 포퍼Karl Popper 를 비롯한 수많은 저자들은 나에게 끊임없이 영감을 주었다. 데카르트Descartes, 존 스튜어트 밀John Stuart Mill, 니체Freidrich Wihelem Nietzsche, 사마천司馬遷 등 셀 수 없는 고전古典의 주인들은 이 책을 쓰는 동안 내 정신을 깨어 있게 했다.

힘들 때마다 언제나 용기를 주는 아내가 아팠을 때 힘이 되지 못했다. 고맙게도 아내는 병마를 잘 이겨냈다. 빙모의 은혜가 너무 크다. 늘 그렇지만 형제들, 利理 누나, 동생 利瓊, 元亮은 든든한 지지자가 돼 주었다.

주변에서 격려를 보내 주신 여러분들, 은혜를 베풀어 준 분들은 일일이 적을 수 없을 정도로 많다. 보수의 햇불을 든 조갑제 기자, 서정갑 선생, 류석

춘 교수, 이주천 교수, 최인식 총장, 박명규 교수, 김경희 여사를 비롯한 자유회의 멤버들, 가르침을 아끼지 않은 정운찬 총리, 용기를 준 김형민 앵커와 정관용 교수, 손석희 교수, 윤덕수 위원, 지혜를 적을 노트를 건네준 민경욱 기자, 늘 울이 된 박찬숙 앵커, 두터운 사랑으로 힘이 되어 주신 김경 선생과 정광일 선생, 이영애 의원과 김찬진 박사, 장준익 장군, 강미라 교수, 정경수 회장, 유인경 기자, 감태준 시인, 방송작가들, 동료 법률가들과 교수들, 지지를 보내준 팬클럽 회원들… 부끄럽게도 너무 많은 빛을 지고 있다. 이 분들 덕택에 나는 살아 있다!

# 자유를 위하여

나는 너무 많이 표현했다. 오만했고 지나치게 방자했다. 이 책은 거기에 허물을 또 하나 더하는 것이다. 결국 말로 또 업業을 쌓고 만다.

세계의 종교 하나가 몰락했다. 바로 마르크스교다. 러시아자유혁명으로 붉은 교회의 서까래가 무너지고 사제司祭 레닌Vladimir Lenin의 동상이 끌어내려져 나뒹군 지 20년이 지났다. 스스로 제의祭衣를 걸치고 마르크스Karl Marx의 제자가 되어 포교에 나섰던 '철학자'들은 거의 다 잊혀졌다. 한때 '제3세계'의 지도자로 불리던 사이비 집사들도 권력을 다했다. 그들은 모두 패퇴했다. 이제 지구상에 남아 있는 독재자들은 그런 사이비도 못 되는 악당惡黨들에 불과하다.

그러나 마르크스교가 망했다고 해서 자본주의 이데올로기가 최종적으로 승리한 건 아니다. 세계는 변화하고 문명은 진화한다. 인류는 앞으로 나아간다. 적어도 인류가 '진보'한다는 데 있어서 마르크스는 틀리지 않았다. 자본주의를 추종하는 자들이 그 마르크스를 다시 부활시키고 있다. 가진 자, 배운 자들의 탐욕이 그 온상이다. 진실을 회피하고 정의를 파괴하는 자들은 자신의 야망을 채우기 위해 무엇이든 하는 정상배들과 권력에 부역하는 교수, 학자, 언론인, 법률가, 성직자들이다. 이 시대에 지식인으로 불리는 그들이 시민의 적이자 자유의 적이다.

나는 자유주의자다. 내가 추구하는 자유는 억압, 궁핍, 불안, 공포로부터의 자유와 함께 각인各人의 개성이 살아 숨 쉬는 자유다. 그리고 나는 보수주의자다. 나는 정의에 근거한다면 각자에게 불평등할 권리가 있다고 믿는다.

나는 생명에 대한 외경심畏敬心을 가진 '생명주의자'지만, 육식肉食을 포기하지 않는 이기주의자다. 사랑이 미덕임을 늘 자각하고 있지만, 인간에 대한 혐오를 군이 감추고 싶지 않은 원류源流 도덕주의자다. 거기에다 초월적 힘을 믿는 이신론자理神論者다. 무엇보다도 혁명을 꿈꾸는 이상주의자다. 보수주의자가 혁명을 꿈꾸다니! 그러니까 나는 '모순矛盾'이다.

그건, 저 더러운 지식인이란 자들에 대한 적의敵意에 기인한다. 그런 까닭에 이 책에서 가장 많이 다룬 것은 점잖은 인간들의 배후다. 바로 지식인들의 이면裏面이요, 지식인들의 비도덕성이다. 그걸 뒤집어놓고 보면 나 역시 거기에 전부 해당할 수 있다. 부끄러운 일이다. 그래서 이 책의 많은 부분은 '성찰省察'의 기록이기도 하다. 더 깊은 반성을 위하여 더 깊숙이 침잠해야겠다. 그러나…어차피 인생은 추악하고 짧다!

이 책은 좌파에 경도되었거나, 가짜 보수의 허울 속에 갇힌 인문학도들을 위해 썼다. 인문학적 책읽기가 된 독자들은 은근히 첨삭할 부분이 보일 것이다. 이 책은 결코 내 생각을 감추지 않았지만, 그만큼 여백도 많이 두었다. 독자들은 여기저기 비어 있는 터를 찾아 그 마당에서 한번 놀아보기 바란다. 그런 소양이 부족한 청년들에게는 이 책이 시야를 넓히는 지도地圖 역할을 했으면 좋겠다.

2011년 8월 늦여름, 동교동 선학제善學齊에서
전원책 씀

# 목차

# 2부 마르크스의 개

# 3부 인간은 짐승처럼 도덕적이지 않다

# 1부 누가 진실을 죽였는가

나는 단언하겠다. 모든 희망을 잃고 절벽 앞에 서 있는 자에게 발 아래 까마득히 넘실대는 시푸른 바다에 몸을 던지지 않아도 되는 이유가 있다면, 그건 고뇌 끝에 쥐는 자유라는 정신의 지푸라기가 아니라, 현실적인 그 무엇이다. 그래서 철학은 허기진 위장의 고통을 줄어주는 밥 같은 것이 아니다. 로맹 가리가 카뮈에 이르지 못했다고 나는 생각하지 않는다. 헤밍웨이가 자신이 가졌던 공포에 관해 철학적으로 전혀 이해하지 못했을 리도 없다.

# 01

# 국가

國家 the state

애국심이란 남을 공격하거나 자신을 변명할 때 가장 유용하게 쓰이는 무기다.

국가에 대한 애정은 경기장 관람석에서 드러나는 것이 아니라, 총알이 빗발치는 전선에서 드러난다. 돈이든 권력이든 가진 자일수록 애국을 강조하는 것은, 개인의 이익과 국가의 이익이 일치할 때 누구나 다 애국자가 되기 때문이다. 가진 자들이 국가에 대한 의무를 다했는가를 살펴보라. 국방의 의무든 납세의 의무든 의무를 다하지 않은 자들이 지도자가 되어 애국을 말한다는 것은 후안무치厚顔無恥한 일이다. 이런 부자들에게 국가란 그저 '협회協會'일 뿐이고, 이런 권력자들에게 국가란 단지 욕망의 대상일 뿐이다. 이런 자들일수록 애국심은 아주 유용한 무기가 된다.

국가는 평소 잊고 있는 존재다. 우리가 국가를 인식할 때는 세금을 부과받거나, 군대에 징집당하거나, 공권력에 의해 규제받거나 간섭받을 때, 그리고 형벌을 받을 때다. 이 유쾌하지 못한 존재를 우리가 사랑하는 이유는 단 하나다. 의도하지 않았지만 우리는 이 존재에 속해 있고, 죽을 때까지 벗어날 수 없다는 사실이 바로 그것이다.

## 국가의 조건

국가란 전통傳統이다. 우리가 국가라는 공동체에 종속되고 승복하는 것은 전통 때문이다. 보수주의는 이 전통을 존중하는 데 있다. 나는 오랜 숙고 끝에 무엇이 국가인가 하는 질문에 대한 답을 얻었다.

국가의 요소 중 첫 번째는 폭력이다. 국가의 계속성繼續性을 담보하는 것은 바로 폭력의 독점에 있다. 국가의 여러 작용, 예컨대 행정작용이나 사법적용이 가능한 것은, 이 독점하고 있는 폭력으로 언제든 저항을 누를 수 있기 때문이다. 폭력의 본질은 악惡이다. 선한 목적에 기반한 폭력도 본질이 악인 것은 마찬가지다. 그러므로 국가의 폭력은 내재적內在的인 한계를 가진다. 즉 폭력을 사용하더라도 필요한 선에서 최소한에 그쳐야 한다는 '최소한의 원칙'과 함께, 필요한 정도를 넘어서는 안 된다는 '과잉금지의 원칙'이 작용하는 것이다.

그러나 하류국가일수록 선善으로 위장한 폭력은 광범위하게 자행된다. 가혹한 형벌이 그 예다. 집단주의 아래에서 시행되는 계획경제 역시 폭력이 그 배경이다. 사회공학social engineering으로 이루어지는 교도적敎導的 행정 또한 그렇다.

그리고 국가의 폭력은 필요할 때 반드시 사용되어야 한다. 폭력이 넘치면 독재로 변질되어 국격國格을 잃고, 폭력이 모자라면 국가로서 기능하지 못하게 된다. 하류국가는 대개 거대한 먹이사슬의 꼭짓점에 국가라는 이름의 독재자가 있다. 마키아벨리Niccolò Machiavelli는 『군주론』에서 '국가의 기초는 선한 법과 양병良兵에 있다'고 썼다. 국가의 폭력이 선에 기초해야 한다는 말이다. 1400년 전 아우구스티누스Aurelius Augustinus가 한 말을 옮긴다.

정의가 없다면 국가도 강도 집단과 다를 바 없다.remota justitia, quid sunt regna nisi magna latrocinia.

국가의 요소 중 두 번째는 헌법을 가지는 것이다. 자신이 무엇인가를 정하지 못한 국가는 조합이나 협회에 지나지 않는다. 헌법의 외관은 사람이 사는 집과 같고 그 내용은 집안의 공기와 같다. 따라서 숨 쉴 수 있는 공간이 없는 집은 집이 아니듯 인간의 기본권基本權이 보장되지 않은 헌법은, 헌법이 아니다. 헌법이 '근본규범根本規範'을 해하는 것이면, 결코 헌법이라 할 수 없는 것이다. (불가침적인 헌법 규범을 의미하는 근본규범은, 신칸트학과 법학자로서 '법단계설'을 주장한 한스 켈젠Hans Kelsen 교수의 생각이다.) 이 기준으로 본다면 세계의 절반은 헌법을 가지고 있지 않다.

국가의 요소 중 마지막 하나는 국가로서의 명예를 가지는 것이다. 명예가 없는 국가는 범죄단체거나 반란 집단에 불과하다. 국가가 다른 국가로부터 승인받는 것은 바로 이 '국가로서의 명예'를 인정받는 것이다. 그러나 오늘날 국가승인은 대개 명예와 상관 없이 정치적 판단으로 이루어진다. 따라서 몇 나라와 수교했느냐, 유엔에 가입했느냐 여부가 국가로서 명예를 결정하는 것은 아니다. 그런 까닭에 명예에 굶주린 하류국가일수록 명예를 높이는 일에 열중한다. (예컨대 올림픽에서 메달을 획득하는 일 같은 것이다. 과거 동독의 경우를 상기하라.)

## 국적은 선택하는 것이 아니다

법학이나 정치학에서 설명하는 국가의 3요소는 영토, 국민, 주권이다.

영토는 주권이 미치는 땅이다. 영토가 있어야 영해와 영공이 있기 때문에 영토는 곧 영해와 영공까지 의미한다. 국민은 국가의 구성원이다. 국민의 자격 요건으로 나라마다 혈통주의 혹은 출생지주의 등을 채택하고 있다. 주권은 국가권력이 다른 국가의 권력에 복종하지 않는 권력으로서, 국가의사의 최고결정권이다.

그런데 국민이 되는 신분, 국적은 내가 자의적으로 선택하는 것이 아니다. (국적이탈과 귀화 등 자의적인 국적변동은 있다.) 나는 태어날 때 나의 의사와는 전혀 상관 없이 혈통이나 태어난 장소 때문에 국적을 '취득당한다'. 이 국적이라는 신분 때문에 사람들의 일생이 결정된다. 즉 원하지 않았는데도 국적이 결정되고, 말과 글을 배워 의사를 소통하고, 장차 국가라는 공동체에 필요한 납세와 병역의 의무를 강제당하고, 그 신분에 맞춰 더 많은 기회를 가지거나 못하거나 한다.

예컨대 오늘날 영어가 세계에서 가장 널리 통용되는 언어임을 감안할 때 영어권에서 출생한 자들은 비영어권에서 출생한 자들보다 더 많은 기회를 가진다. 영어가 소통 혹은 사유하는 데 좋은 언어인가 여부는 별개의 문제다.

이러한 선천성과 불변성으로 인해 인간은 자기가 소속된 국가에 집착한다. 그런 공동체 의식이 바로 애국심이다. 따라서 애국심 그 자체는 결코 무조건적으로 선한 것이거나 도덕적인 것이 아니다. 그러므로 애국 혹은 애국심의 표현을 강요하는 것은 엄밀히 말해 '파시즘적 사고'에 해당된다. 자유민주주의 국가에서 애국은, 공동체의 일원으로 보면 분명 미덕이지만 그것은 개인의 양심에 속하는 것이므로 강제해선 안 된다. (공직은 예외다. 이 책 '양심' 참조)

그렇다면 국기에 대한 경례를 거부하거나 국기를 비웃는 것을 허용할 것인가? 이 나라의 좌파들은 이 문제를 양심의 자유로 이해하여 허용되어야 한다고 주장한다. 그러나 이 문제는 '양심을 외부에 표출하는 자유'에 대한 문제로서 양심의 자유를 관철한다는 문제와는 다른 것이다. (개인의 양심의 표출을 무제한으로 허용한다면 양심에 의한 사적私的인 처형, 극단적으로 살인도 가능해진다.) 만약 국기에 대한 존중을 드러내는 일이 어떤 이유로든 내키지 않는 일이라면, 이를 강요하는 것은 분명 '침묵할 수 있는' 양심의 자유에 반하는 일이며 따라서 사상의 통제에 해당한다. (한편 절대다수가 애국심을 표현할 권리 역시 보장되어야 한다. 따라서 국민의례 절차로 국가에 대한 예의를 표시하고 국가를 제창하는 것은 당연히 합헌合憲이다.) 그러나 그러한 거부가 표출되어 예컨대 공직자로서의 의무를 다하지 않는 것까지 허용하는 것은 아닌 것이다.

대개의 좌파들은 국기에 대한 경례를 거부하는 이유로 국가에 대한 적대적 사상을 확신하는 것을 금지해선 안 된다거나, 범인류애에 반한다거나(원류 좌파), 충성의 대상이어야 할 '민주공화국'이 아직 오지 않았다는 걸 든다. 국가에 대한 내심의 적대적 사상이 드러날 수밖에 없거나, 범인류애에 적대적이거나, 존중할 만한 자격이 없는 국가에 대한 의례는 그 자체로서 불법이라는 것이다.

그러나 좌파들의 이런 논리는 공동체의 헌장인 헌법의 정신을 무시한 것이다. 헌법은 국가 최고권력인 주권을 표창表彰한 것으로서, 스스로에게 적대적인 것을 무제한적으로 허용하거나, 범인류적인 것에 구속되어 독자성을 포기하거나, 스스로의 명예를 훼손하는 것을 허용하지는 않는다. 좌파들은 이 법리를 오해하고 있다.


## 노르망디의 코리안

2005년 12월 서울방송SBS은 다큐멘터리 '노르망디의 코리안'을 방송했다.

노르망디 상륙작전 때, 미국 101공수여단 로버트 브루어 중위는 해안 경계를 서고 있던 독일군들을 포로로 잡았는데 그 가운데 네 명의 한국인이 있었다. 그 한국인들은 일제 치하에 태어나 일본군에게 징집되었다가 1939년

8월 만주 국경분쟁(노몬한 사건Nomonhan incident)에서 소련군의 포로가 된 후 붉은 군대에 징집되었다. 그들은 2차대전 때 독일군에게 다시 포로가 되었다가 또다시 징집되어 대서양 방벽 구축에 복무했다. 노르망디 상륙작전 당시 미군의 포로가 되었는데 아무도 그들의 말을 알아들을 수 없었다.

브루어 중위는 그 네 명의 한국인들이 아마 한국으로 돌아갔을 것이라고 말한다. 6·25전쟁 때 '그들은 미국을 위해 싸웠거나 미국에 맞서 싸웠을 겁니다.'

이 네 명의 한국인에게, 국가란 과연 무엇이었을까? 우리는 거대한 힘 앞에 무력無力한 개별적 존재로서의 인간을 만난다. 그 네 사람은 완전히 타의에 의해 일본을 위해 싸웠고, 소련을 위해 싸웠으며, 나중에는 독일을 위해 복무했다. 그리고 브루어 중위의 말처럼 국군이 되었거나 인민군이 되어 네 번째의 전쟁을 치렀을 것이다. 이들의 인생유전人生流轉에는 어떤 이데올로기나 개인적 이익도 개입되지 않았다.

인간은 이처럼 감당할 수 없는 힘─폭력 앞에 놓였을 때 한없이 비참한 존재다. 목숨이 걸린 상황에서 그들에게 국적이 무슨 소용이었겠는가?

**외눈박이 결정**

2007년 6월 헌법재판소는 재외국민들의 참정권을 폐지한 것에 대해 '헌법

불합치' 결정을 내렸다. 1972년에 선거법 부칙으로 '부재자 가운데 외국 거주 유권자를 제외한 것'이 잘못이라는 것이다. 이 결정으로 2010년 공직선거법이 개정되어 19대 총선부터 재외국민들에게 선거권이 주어졌다. 나는 이것이 헌법재판소 재판관들이 얼마나 시야가 좁은가를 보여주는 증거라고 생각한다. (그런 외눈박이 결정에 '군가산점 위헌 결정'도 있다.)

외국에 살고 있는 우리 동포들은 700만 명 정도다. 그중에서 우리 국적을 보유하고 있는 사람은 무려 280만 명이나 되며 선거권을 가지는 19세 이상만 230만 명 정도로 추정된다. 이 정도의 숫자라면 대통령 선거에서 당락에 결정적인 영향을 미칠 수 있는 것은 물론, 국회의원 비례대표 투표에서도 엄청난 힘을 가지게 된다. 당연히 후보들과 정당들은 재외국민들에게 우호적인 정책을 개발할 수밖에 없다. 선거관리는 더 어렵다. 게다가 선거운동은 변칙적이 되거나 불법이 개입할 소지가 크다.

사실 재외국민 대부분은 복수국적자이거나 거주국에서 영주권을 취득한 자로서, 사실상 국적을 이탈한 상태거나 국적이탈을 준비 중이다. 그들은 세금을 내지 않으며 병역의 의무를 면제받는다. 더욱이 그들이 선출하는 대통령이나 국회의원이 결정하는 정책들에 직접적인 영향을 받을 가능성은 거의 없다. 바꿔 말하자면 국민으로서의 의무는 전혀 행하지 않은 '제3자'들이 단지 '국적을 아직 보유하고 있다'는 사실만으로 투표권을 행사하게 된 것이다. 이들 중에는 한글은커녕 이 나라의 역사를 전혀 모르는 이들도 있다.

이것은 민주주의 원칙에도 맞지 않는다. 미국의 독립혁명을 촉발한 보스턴차 사건은 참정권이 없는 식민지 주민들에게 납세를 강요해 일어났다. (이 책 '자유' 참조) 재외국민들이 장차 참정권을 행사할 곳은 그들이 선택한 나라이며 세금을 내는 거주국이다. 이중국적자는 참정권을 중복해 행사한다. 그들 은 자신들이 거주하는 나라의 정책에 직접적인 영향을 받는다. 선거권을 비롯한 모든 국민으로서의 권리는 실질적인 국민에게 주어져야 한다. 그런 국 민에겐 권리와 함께 의무도 주어진다. 따라서 의무를 면제 받으면 권리 역시 박탈해야 이치에 맞다.

## 최선의 정부는 무정부다

국가를 거부하는 '절대적 자유주의자'들인 무정부주의자anarchist는 대개 좌 파적 사고에 뿌리를 둔다. (개인의 자유를 제한하는 모든 억압적 요소를 거부한다는 의미에서의 자유주의이다. 전통적 의미의 자유주의를 말하는 것은 아니다.) 무정부주의란 용어는 '선장이 없 는 배의 선원'을 의미하는 고대 그리스어 '아나르코스anarchos'에서 유래했다. 영국의 사상가 윌리엄 고드윈William Godwin(1756~1836)은 에세이『도덕과 행복 에 대한 정치적 정의의 영향에 대한 연구』에서 사유재산을 부정하고 생산물 의 평등 분배와 무정부주의를 주창하면서 처음으로 이 용어를 썼다.

무정부주의는 권력, 정부, 통치를 거부한다. 제도화된 권력과 그 틀인 정부는 자유를 억압하는 구조적 죄악이라는 것이다. 프루동Pierre Joseph Proudhon(1809~1865)이 1840년『재산은 무엇인가?』라는 책에서 한 말이다.

재산은, 도둑질이다.

이 일갈만으로 유럽 지식인 사회를 풍미했던 좌파 중의 좌파 프루동은 '최선의 정부는 무정부다'라고 단정했다. 모든 권력은 지배와 피지배 관계에 놓이므로 그 자체가 악이라는 것이다. 그의 사상은 제1인터내셔널(국제노동자동맹, International Working Man's Association, 1864년 런던에서 창립된 노동자들의 국제 조직. 마르크스K. Marx 가 창립선언 규약을 기초하면서 주도했다) 창립에 기여했다.

그러나 프루동은 사유재산제를 완전히 부정하지 못하면서 공산주의 사이에서 고민했다. 그는 개인의 자유의사에 기초를 둔 공동체적 삶을 추구해 협동조합 조직과 그 연합사회 건설을 주장하는 제3의 길을 택했다. 프루동은 마르크스에게 '선험적인 모든 교조주의教條主義dogmatism를 분쇄한 뒤에 절대 우리가 민중에게 다른 종류의 교조를 주입하는 일만큼은 하지 말것을 요청했다. 그는 혁명적 폭력 이후에 등장할 또 다른 억압체제를 염려했던 것이다.

마르크스는 자신에게 등돌린 프루동을 '자본과 노동 사이에서, 정치경제학과 공산주의 사이에서 끊임없이 망설이는 프티 부르주아'라고 폄하하면서, 프루동이 쓴 책『경제적 모순의 체계, 혹은 빈곤의 철학』을 자신의 저서『철학의 빈곤』을 통해 잔인하게 응징했다. 프루동은 공개적으로 마르크스를 비판하지 않았지만『철학의 빈곤』책갈피에 쓴 메모에서 마르크스를 '사회주의의 촌충寸蟲'이라고 불러 분을 풀었다. 프루동은 일기에서 다음과 같이 적고 있다.

조국에 대한 숭배! 이것은 가톨릭과 법원에 대한 숭배와 함께 인간의 가슴에서 도려내야 할 구역질 나는 미신일 따름이다. 명예, 진실, 평등, 자유, 인간성의 고취가 바로 하느님이고 조국이다(1851년 12월 21일).

그러니까 프루동은 개인의 자유가 억압되는 모든 구조를 염려했던 것이다. 그는 『소유권론』에서 '개인주의를 자유와 평등의 적으로 여겨 공격하는 것은 자유의 토대를 세우는 것이 아니다. 자유는 본질에서 개인주의적이기 때문이다'라고 말했다. 프루동은 좌파였지만 적어도 집단주의에 마취된 몽상가는 아니었다.

## 거인의 예언

마르크스에 반대한 또 한 사람의 무정부주의자 바쿠닌Mikhail Aleksandrovich Bakunin(1814~1876)은 급진적 무정부주의자다. 그는 러시아 귀족 출신의 군인이었는데 헤겔Georg Hegel에 빠지면서 무정부주의자가 된다. 1848년 프라하 봉기와 1849년 드레스덴 봉기에 참가했다가 체포되어 시베리아 유형에 처해졌으나 탈출했다. 1868년 스위스로 이주한 이 거인(몸집이 매우 컸다)은 제1인터내셔널에서 마르크스와 대립하다가 결별한다.

그는 마르크스의 저작 『자본』을 긍정했지만(『자본』을 러시아어로 번역하는 일을 했다.) 그 이론대로라면 독재자의 출현을 막을 수 없다면서 국가권력의 독점을 통한 계급혁명을 부정했다. 마르크스는 이런 바쿠닌을 경멸했다. 그러나 러시아혁명 이후 바쿠닌의 예언대로 레닌Vladimir Il'ich Lenin과 스탈린Iosif Vissarionovich Stalin이라는 희대의 독재자가 등장했다. 바쿠닌은 『국가성과 아나키』에 다음과 같이 썼다.

마르크스에 의해 고안된 인민국가라지만, 본질적으로 위에서 아래로 지식에 의해 통치된다. 즉 인민 자신보다도 인민의 참된 이익을 잘 알고 있다고 자칭하는 특권적 소수자에 의한 대중의 지배 이외에 아무것도 아니다.

## 아나키의 민족사관

단재丹齋 신채호申采浩(1880~1936)도 무정부주의자다. 그는 스물여섯 살에 성균관 박사가 된 뒤 위암韋庵 장지연張志淵 선생이 사장으로 있던 황성신문皇城新聞에 입사했다. 그러나 황성신문이 장지연의 논설 '시일야방성대곡是日也放聲大哭(오늘 목놓아 통곡한다)'으로 무기정간이 되자 양기탁의 추천으로 대한매일신보(영국인 베델E. T. Bethell이 사주였다)의 논설을 맡으면서 친일파의 '매국행위'를 규탄했다. 단재는 1910년 경술국치庚戌國恥 후 중국으로 망명한다.

(이명박 정부는 2011년 위암이 친일파라는 시민단체의 주장을 받아들여 서훈을 박탈했다. 그러나 생각해보라. 어느 누가 그 엄혹嚴酷한 시절에 통분의 문장을 남겼는가? 누가 위암을 욕할 수 있단 말인가? 나는 국무회의에서 서훈 박탈을 막지 못하고 동조하여 위암을 모욕한 자들 중에 '시일야방성대곡'을 제대로 읽은 자가 단 한 명도 없다는 데 내 명예를 걸겠다.)

단재는 상해 임정에 참가하면서 의정원 의원을 역임하다가 이승만배척운동에 나서면서(이승만이 윌슨에게 대한민국에 대한 위임통치청원서를 낸 사실이 있다는 일을 그 이유로 들었다) 공직을 사퇴하고 비밀결사체인 대동청년단大同靑年團 단장이 된다. 1923년 '민중의 폭력혁명으로 독립을 쟁취하자'고 주장하면서 임정 창조파創造派를 주동했다. 이 무렵부터 무정부주의에 빠져 '무정부주의 동방동맹東方同盟'에 가입했다. 그는 자금을 마련하려 대만으로 가던 도중 체포되어 10년형을 받고 여순旅順의 감옥에서 옥사했다.

단재는 '역사는 아我와 비아非我의 투쟁이다'는 명제를 내걸면서 민족사관民族史觀을 세운 사학자이기도 했다. 우리는 『조선상고사朝鮮上古史』를 읽으면서 단재의 사관에 감흥받지만, 그가 독립된 조국을 보았다면 어떤 행동으로 나아갔을까는 여전히 의문으로 남는다. 1962년 단재에게 건국훈장 대통령장이 추서되었다.


## 무정부주의자가 만든 정부

대부분의 무정부주의자들은 국가 자체를 부정한다기보다 '국가권력'을 부정한다. (억압의 원천인 정부를 부정한다는 것이다.) 그래서 일부 아나키스트들은 무정부주의라는 말 대신에 '자유연합주의'라고 하기도 한다. 무정부주의는 히피, 펑크 문화, 채식주의, 나체주의, 대안학교, 페미니즘, 자유연애, 낙태, 비폭력주의 등에 영향을 미쳤다.

버나드 쇼George Bernard Shaw(1856~1950)는 좌파였으며 무정부주의자였다.

그는 여기저기 무정부주의를 찬양하는 연설을 하고 다녔다. 그는 하루 열네 시간씩 글을 쓰는 중노동을 하면서도 채식만 했다. 버나드 쇼가 한 말이다.

정신적인 잠재능력을 가진 자는 결코 시체를 먹지 않는다.

모든 폭력에 반대한 톨스토이Lev Nikolaevich Tolstoi(1828~1910) 역시 무정부주의자였다. 가르치기를 좋아한 톨스토이는(그는 『전쟁과 평화』같은 소설에서조차 가르치고 있다.) 간디Mahatma Gandhi(1869~1948)의 스승이기도 했다. 간디는 1909년 남아프리카에서 톨스토이에게 편지를 쓴다. 둘은 톨스토이가 죽기 전까지 편지를 주고받았다. 톨스토이는 간디에게 무정부주의를 설교하여 비폭력주의 투쟁인 '샤티아그라하(진리의 힘)'를 만들게 했다.

톨스토이는 국가권력의 부패에 염증을 느끼고 1880년대 중반 자신의 국가 '야스야나 폴랴나'를 건설해서 사람들을 이주시키고 다스렸다. 그러니까 톨스토이는 국가권력을 증오해 스스로 국가를 만들어 통치하면서, 종교를 혐오한 나머지 새로운 기독교를 만들어 신과 동렬에 오른, 이상한 무정부주의자였던 셈이다.

이 톨스토이의 왕국에 채식주의자, 모유수유 지지자, 평화주의자, 징병기피자, 신비주의자, 승려들을 비롯한 성직자, 만성질환자, 온갖 기인과 미치광이들, 그의 도움과 기적을 바라는 신도들이 몰려들었다. 톨스토이는 이들을 다스리면서, 국가원수처럼 세계 각국의 국왕, 대통령들과 서신을 교환하곤 했다. 그 서신을 통해 톨스토이는 세계의 온갖 문제에 간섭하거나 항의하거나 반대하는 지도자의 역할을 마다하지 않았다. 그는 '국가를 좀 더 효과적으로 통치하기 위해' 1890년경 근위대 장교 출신으로 부유한 블라디미르 체르트코프를 총리로 영입하기까지 했다.

무정부주의자들의 이런 별난 돌출과 오만은 무정부주의의 바탕이 된 자유주의의 근본 정신을 훼손하는 것이다. 나치 당원이었던 카를 슈미트Carl Schmitt는 무정부주의를 증오했다. 그는 부르주아 자유주의적 사고를 가차없이 비판했는데, 그것은 자유주의가 결국은 국가권력을 반대하여 무정부주의로 간다고 보았기 때문이다. 슈미트는 국가야말로 수호해야 할 최고의 가치로 보았다.

주권자란 예외상태를 결정하는 자이다.

그리고 현실은 늘 예외상태로서, 예외상태를 결정하는 권리는 헌법이 아닌, 주권자가 가진다는 것이다. 이 논리가 히틀러Adolf Hitler 독재의 배경이 되었다. 그런데 카를 슈미트를 '극우 법철학자' 혹은 '보수 법사상가'로 부르는 것은 옳지 않다. 그가 우익 또는 우파라면 히틀러도 우파가 된다. 하긴 마르크스주의 역사학자들은 물론, 상당수 학자들은 나치스의 등장을 두고 '우익 보수혁명'이라고 부른다. (『혁명의 탄생』 데이비드 파커 외 저, 박문덕 역, 교양인 간 참조)

오늘날 좌우파를 논할 때 좀 제한적으로 이해할 필요가 있다. 파시즘을 포함하여 어떤 형태의 독재체제든 비자유주의 계열의 정치형태나 그 배후 사상을 결코 우파 혹은 보수주의라고 할 수는 없다. 히틀러는 근본적으로 사회주의자였다. (이 책 '혁명' 참조, 슈미트에 대해서는 이 책 '정작' 참조)

## 제주도는 독립할 수 있는가

자신의 왕국을 꿈꾸는 자들이 있다. 그 왕국은 타인을 지배하는 나라가 아니다. 그리고 누구의 통치도 받지 않는 나라이자 아무런 통제를 받지 않는 나라, 완벽한 자유의 나라다. 누구든 공해에 있는 무주도無主島를 발견한다면 그런 왕국을 세울 수 있을 것이다. 그런데 현존하는 국가의 영토 안에서 국가를 건립할 수는 없는가?

예컨대 제주도는 어떤 경우라도 대한민국에서 이탈하여 독립할 수 없는가? 그렇다면 그 이유는 무엇인가? 한반도와 그 부속도서를 영토로 규정한 대한민국의 헌법 때문인가? 그 헌법을 제주도민이 완전히 일치하여 거부한다면 독립을 선언할 수 있는가? 만약에 제주도민이 인종적으로 구분된다면 탈脫대한민국은 가능한가? 이 마지막 질문은 국가 안의 특정지역에 역사성을 가지고 집단적으로 거주하는 특정 민족(예컨대 중국의 소수 민족, 미국의 인디언거주지역)의 독립과도 관련되는 문제다. (윌슨Thomas Woodrow Wilson의 '민족자결주의'가 나온 배경이다.)

더 나아가서 내가 살고 있는 집을 독립국으로 선포하여 국가에 대해 불복종과 함께 대등한 관계를 선언할 수 있는가? 나의 생명과 재산에 대한 국가의 보호를 거절한다면 국가로부터 독립은 가능한 것인가?(오스트레일리아에는 자기가 살고 있는 집을 독립국으로 선포한 뒤 국호와 국기를 제정하고 정부에 대한 복종을 거부하며 가족이 무장하여 군대를 자칭한 '독립국'들이 있다.)

영국 동해안에서 6마일 떨어진 북해 공해상에 시랜드공국Principality of

Sealand이라는 '독립국'이 탄생했다. 2차대전 때 영국군이 바닷속 바위에 세운, 두 개의 콘크리트 기둥 위의 철제 플랫폼 550㎡가 이 '나라'다. 방치되어 있던 이 플랫폼을 러시아 출신 '영국인'인 파디 로이 베이트가 1967년 점령하고(영국이 그 소유를 포기했던 이상, 법률적으로는 '무주물 선점無主物 先占'이다) 독립을 선포했다. 영국은 해군을 보내 베이트를 쫓아내려 했으나 베이트는 경고사격으로 격퇴했다. 영국 법원은 이 '국가'가 영국법에 영해로 정한 3마일 밖에 있어서 영국 정부의 관할권이 미치지 않는다고 판결했다.

1974년 베이트는 헌법을 만들고 국기와 국가國歌, 화폐, 여권을 제정했다. 그는 국가대표 축구팀을 꾸리고, 돈을 받고 시민권을 팔기도 했다. 4년 뒤엔 사업을 논의하러 왔던 독일인과 네덜란드인이 그의 아들을 납치하려 하자 그는 헬기로 공습하여 두 사람을 '전쟁포로'로 억류한 뒤 독일, 네덜란드 두 나라와 협상을 벌였다. 그는 조망권과 사생활보장, 세금이 없다는 점을 내세워 이 나라를 팔겠다고 매물로 내놓았다. 이 나라가 팔린다면 베이트의 국적은 어떻게 될 것인가?

## 케네디의 취임사

가장 널리 알려진 대통령 취임사는 케네디John F. Kennedy 대통령이 한 것이다. 이 취임사는 국가에 대한 국민의 헌신을 말할 때 자주 인용된다. 그것이 공화주의자나 보수주의자가 아닌 진보주의자의 연설문이었다는 것은 대단한 아이러니다.

1849년 아일랜드에서 이민 온 농부의 증손인 존 케네디는 아버지 조지프가 만들어낸 '작품'이다. 조지프는 마피아와 결탁하여 치부致富하고 마피아의 도움을 받아 아들을 대통령으로 만들었다. 패배한 닉슨Richard M. Nixon은 지식과 통찰력 등 모든 면에서 케네디를 압도했다. 그러나 닉슨은 텔레비전 토론에서 케네디의 쇼맨십에 진 데다가 일리노이주 부정선거로 졌다. (이 책 '경쟁' 참조)

그런 케네디가 취임사에서 시종 강조한 것은 '자유'다. 그는 대통령 취임식을 '자유의 경축a celebration of freedom'으로 불렀으며, 그 자리에서 '자유의 존속과 성공을 위해 to assure the survival and the success of liberty' 어떤 대가도 치를 것이며 어떤 적과도 맞서 싸울 것을 다짐했다.

명백히 진보주의자였던 케네디는(케네디 가문의 치부 과정과 케네디 개인의 엽색행각을 보면 그가 진보주의자라는 것은 불가사의하다) '전 세계의 절반에 이르는 광대한 지역의 오두막과 극심한 빈곤의 사슬로부터 벗어나기 위해 몸부림치고 있는 사람들'을 돕겠다고 약속했다. 중남미의 '형제국our sister republics'에 '새로운 진보동맹a new alliance for progress'을 제안하기도 했다.

이런 케네디는 진보주의와 어울리지 않게 세계의 경찰관을 자임하는 한편, 국민들에게 '열정과 신념과 헌신의 노력으로 조국에 봉사할 것'을 주문한다. 바로 그 유명한 '당부의 말'이 취임사에 담겨 있다. (원론적 진보주의자는 분배적 측면에서 집단주의나 공동체주의에 매몰된다. 그러나 공동체에 대한 헌신을 요구하는 사상은 대체로 공동체에 대한 '노블레스 오블리주' 정신을 강조하는 보수주의자와 공화주의자의 몫이다. )

그러므로 사랑하는 미국인 여러분, 조국이 당신들을 위해 무엇을 할 수 있는가를 묻지 말고, 여러분이 조국을 위해 무엇을 할 수 있는가를 물으십시오. And so, my fellow Americans, ask not what your country can do for you, ask what you can do for your country.

## 애덤 스미스의 유머

'국가는 필요한 것인가?' 혹은 '국가는 소멸할 수 있는 것인가?' 이런 질문들은 정치철학이나 정치경제학(이 용어는 본래 마르크스주의자들이 즐겨 쓴 것이지만, 이 책에서도 이해의 편의를 위해 쓰기로 한다)의 근본적인 명제 중의 하나다. 더 정확히 말하자면, 자유방임주의에서 시작해 자유지상주의에 이르기까지 국가의 간섭과 개입을 극도로 혐오하거나 불필요하다고 믿는 범자유주의적 입장에서 볼 때 국가는 왜 존재하는 것인가? 개인의 자유가 극도로 존중되는 사회에 국가가 무슨 소용인가?

애덤 스미스Adam Smith(1723~1790)는 『국부론國富論』(원 제목은 Inquiry into the Nature and Caufes of the Wealth of Nations, 국부의 본질과 원천에 대한 탐구)에서 자기 이익을 추구하는 노력이 사회 전체의 이익과 조화를 이루고 사회 전체의 이익을 극대화시킨다면서, 정부가 아닌 시장의 '보이지 않는 손Invisible hand'이 가장 적절한 재화의 양과 종류를 생산하게 해준다고 풀이한다.(『국부론』에서 '보이지 않는 손'은 한 차례밖에 쓰지 않았다.)

우리가 저녁식사를 기대할 수 있는 것은 푸줏간 주인, 술도가 주인, 빵집 주인의 자비심 덕분이 아니라, 그들이 자기 이익을 챙기려는 생각 덕분이다.

스미스의 이 말은 괜찮은 유머다. '보이지 않는 손'에 대한 집착이 이런 재치를 낳았을 것이다. 스미스 역시 국가의 필요성을 부정하지는 않는다. 그러므로 제대로 쓰려면 이렇게 바뀌어야 한다. '우리가 저녁밥을 기대할 수 있는 것은 국가의 비호 아래 푸줏간 주인, 술도가 주인, 빵집 주인들이 돈을 벌기 위해 가게를 연 때문이다.'

존 롤스John Rawls의 정의론A Theory of Justice을 통박한 로버트 노직Robert Nozick은『무정부, 국가, 유토피아Anarchy, State, and Utopia』(우리나라에는『아나키에서 유토피아까지』라는 제목으로 출간되었다. 남경희 역, 문학과 지성 간 참조)에서 '최소국가'를 주장한다. 노직은 국가의 기능은 재분배를 통한 복지에 있지 않고, 개인들의 권리와 재산을 보호하는 데 있다고 한다. 이런 국가는 최소한의 기능만 가지므로 도덕적으로 정당하다는 것이다. (그는 무정부주의자들이 주장하는 '국가권력의 부당함'에는 동의하지 않는다.)


## 양심을 맡길 수 없다

미국의 작가 헨리 소로Henry David Thoreau(1817~1862)는 '사상의 자유'에 기여한 철학자다. 그가 쓴『숲, 또는 숲 속의 삶Walden, or Life in the Woods』은 지금은 고전에 들지만 1854년 출판 당시에는 전혀 팔리지 않는 책이었다. 소로는 하버드대를 졸업한 뒤 도시에 적응하지 못하고 '계절이 지나가는 것을 지켜보기 위해' 숲 속의 고립을 선택했다.

소로는 자신이 자유롭게 결정하지 않은 어떤 단체에도 소속되는 것을 거부했다. 그는 멕시코 전쟁과 노예제도에 반대하여 인두세 납부를 거부해 투옥되었다. 심지어 몇 푼의 세금조차 납부를 거절했다. 국가에 대한 이런 불복종을 소로는 1849년 어느 시민의 불복종One Civil Disobedience으로 출간했다. 이 책은 무려 80년 뒤의 간디Mohandas Karamchand Gandhi에게 '불복종' 운동의 영감을 주고, 90년이 지나 프랑스 레지스탕스의 정신이 되었으며, 100년 뒤에는 킹Martin Luther King Jr. 목사의 자산이 되었다.

소로는, 노예제 폐지운동을 하다가 1859년 연방정부 무기고를 점거해 반역죄로 처형된 존 브라운John Brown에 대한 변호의 뜻으로 『존 브라운의 마지막 며칠』을 썼다. 이 책에서 소로가 한 말을 옮긴다.

시민이 단 한순간, 그리고 조금이라도 자신의 양심을 입법자에게 맡길 수 있는가? 대체 인간은 왜 양심을 가지고 있는가?

# 02

# 쿠데타
## coup d'état

비참하게도 인간은 늘 정의를 비꿀 준비가 되어 있다.

쿠데타는 '반역'이다. 따라서 성공하지 못하면 내란죄가 된다. 그러나 쿠데타가 성공하면 처벌하지 못한다. 오히려 그 '반역'에 모두 굴종한다. 인간은 얼마나 비겁한 존재인가? 정의를 위해 목숨이라도 던질 것 같던 어제의 지식인들은, 오늘 또 다른 정의를 위해 목숨을 바칠 수 있다.

　쿠데타에 끝까지 저항하는 자들은 어차피 쿠데타 세력에 의해 축출당할 수밖에 없는 구舊세력이다. 그들 역시 비겁하기는 마찬가지다. 그 저항의 이유가 결코 정의를 수호하기 위한 것은 아니기 때문이다. 역사를 보면, 오로지 정의를 수호하기 위해 쿠데타에 끝까지 저항한 인물은 정말 발견하기 힘들다. 수양대군首陽大君의 왕위 찬탈에 진실로 저항한 이는 사육신死六臣, 그중에서도 녹봉을 광에 쌓아둔 성삼문成

三問 정도였다. 그는 군기감 앞에서 거열형車裂刑을 받을 때까지 세조에게 굴하지 않았다.

## 성공한 쿠데타는 처벌할 수 없다?

성공한 쿠데타는 처벌할 수 없는 것인가? 아니면 처벌할 길이 없는 것인가? 여기에는 몇 가지 논거가 '있을 수 있다'. (여기에 대해서는 학자들의 어떤 연구도 없다. 아래 글은 나의 독자적 견해다.)

첫 번째 논거는, 쿠데타가 성공하는 순간 '위법성違法性'이 조각阻却된다는 것이다. 쿠데타가 성공하면 그 쿠데타는 형법상 정당행위正當行爲가 되어 위법하지 않게 된다는 주장이 가능하다. 즉 성공한 쿠데타는 그 정당성을 독자적으로 획득한다.

둘째, 위법성이 조각되는 것이 아니라, 성공한 쿠데타는 처음부터 내란죄의 '범죄 구성요건構成要件'에 해당되지 않는다는 생각이다. 이는 구정권에 정통성이 결여되었을 때 나올 수 있는 주장이다. 쿠데타로 전복한 구체제가 오히려 내란 상태나 이에 준하는 위법 상태였던 것이어서 쿠데타는 이를 바로잡는 것이므로 내란죄를 구성하지 않는다는 것이다. 예컨대 독재체제는 선거로 전복이 불가능하므로, 이를 전복시키는 쿠데타는 내란죄가 된다고 볼 수 없다.

셋째, 헌정憲政의 계속성을 담보하기 위해 처벌해선 안 된다는 주장이 있을 수 있다. 쿠데타 세력이 집권하는 동안 국가권력(입법·행정·사법권력을 모두 포함한다)의 집행으로 인한 효과를 원천적으로 무효화할 수 없다는 주장이다. '법적안정성' 때문이다. 성공한 쿠데타 이후 새로운 헌정이 일정기간 계속되었을 때, 쿠데타의 정당성이 추인된다는 주장도 여기에 속한다. 그렇지 않고 5·17을 내란죄로 의율했을 때 전두환全斗煥정부는 그 전체가 명백히 불법정권이 된다. 그리고 불법정권에서 형성된 모든 입법·행정·사법행위는 불법행위가 되어 무효라는 논리가 성립한다.

넷째, 성공한 쿠데타를 처벌하게 되면 쿠데타 세력이 권력을 독점했을 경우 자유민주질서를 회복하지 않는다는 주장도 가능하다. 쿠데타 세력의 새로운 독재를 막기 위해서는 부득이하게 처벌할 수 없다는 주장이다. 결국 쿠데타에 대한 평가는 역사에 맡기자는 것이다.


**사법쿠데타**


1995년 7월 검찰은 '재야단체'가 12·12와 5·18로 전두환, 노태우 전 대통령을 고소한 사건에 대하여 '성공한 쿠데타는 처벌할 수 없다'는 이유로 무혐의결정을 내렸다. 그러다가 두 전직 대통령의 비자금 사건이 터지자 김영삼金泳三 당시 대통령은 심경변화를 일으켜 처벌 의사를 밝혔고, 검찰은 '성공한 쿠데타도 처벌한다'는 것으로 입장을 바꿔 같은 해 11월 중순 노태우 전 대통령을 구속하고 12월 초에는 경남 합천에서 전두환 전 대통령을 압송해 구속했다. 이때는 김영삼정부가 출범한 지 약 3년이 경과한 무렵이었다. '성공한 쿠데타도 처벌한다'는 정의를 세우려면, 김영삼 전 대통령과 검찰은 집권 초에 이를 밝혔어야 했다.

이 직후 보이지 않은 또 하나의 쿠데타가 일어났다. 1995년 12월 21일 제정한 '5·18민주화운동 등에 관한 특별법'이 그것이다. 이 법률은 '12·12와 5·18을 전후한 헌정질서 파괴행위'에 대한 공소시효를 노태우 전 대통령이 퇴임한 1993년 2월 24일까지 '정지한다'고 규정했다. 이는 소급효금지원칙遡及效禁止原則을 깨뜨려 죄형법정주의罪刑法定主義, Nullum crimen nulla poena sine lege(법률이 없으면 죄도 형벌도 없다는 대원칙)의 근간을 파괴한 '사법쿠데타'였다.

이로써 우리는 '성공한 쿠데타도 반드시 처벌한다'는 정의를 얻은 대신, 필요에 따라 언제든 소급입법으로써 특정인을 처벌하거나 특정행위를 단죄할수 있는 '야만'을 얻었다. 소급입법으로 처벌하는 것은, 법률 없이 처벌하는 것으로서 '범죄'와 다를 바 없다. 왕조시대에도 이런 야만은 없었다. 굳이 소급입법으로 정의를 세우기 전에 왜 김영삼정부는 공소시효 안에서 쿠데타를 단죄하지 못했는가? 결국 5·18특별법은 정치적 이유로 만든 작위적인 '편법'에 지나지 않는 것이다.

독자들이여, 무엇이 더 큰 것이고 무엇이 더 소중한 것인가?(5·18특별법이 위헌심판 제청되자 헌법재판소에서 4명이 합헌, 5명이 위헌의견을 내 위헌결정 정족수에 못 미쳐 합헌으로 결정됐다.) 이 법률이 죄형법정주의에 위배되지 않았다고 주장하는 자들은, 대개 쿠데타 세력이 집권한 기간 동안 공소 자체가 불가능했다는 사유를 든다. 이런 주장은 법률가로서 해서는 안 되는 주장이다. 자신들의 비겁과 나약을 불법적인 입법으로써 보완하겠다는 것인가? 나는 감히 말하겠다.

사법관司法官이 비겁하면 공소시효는 정지된다는 것인가?

이 법률을 제정한 의회는 사법쿠데타의 하수인 노릇을 했다. (나는 명색이 '법을 만드는 일'을 하는 이 나라 의원들이 법에 무지한 것을 지적하고자 한다.) 그리고 또 하나의 의문이 있을 수 있다. 군이 소급입법으로라도 정의를 밝혀야 했다면, 12·12나 5·17 보다도 쿠데타의 원형이라고 할 수 있는 5·16은 왜 특별법으로 심판하지 않은 것인가? 당시에는 5·16 주체들이 상당수 생존해 있었다. 그리고 5·16이후 문민정부가 들어선 적이 단 한 차례도 없었으므로 5·18특별법의 논거라면 이 역시 공소시효가 정지된다고 보는 것이 옳다. 5·17과 5·16을 달리 볼 것은 단 하나, 시간적 거리 외엔 없다. 5·16과 5·17 둘 다 내란죄에 해당한다면, 소급효금지원칙을 깨고 '5·18특별법'을 제정하면서, '5·16특별법'을 포기한 것 자체가 모순인 것이다.

결론을 말하자. 나 역시 '성공한 쿠데타는 처벌할 수 없다'는 데 동조하지는 않는다. 그것은 정의의 편이 아니기 때문이다. 합법적이고 민주적인 절차가 가동되는 정부를 전복하는 것은 무슨 명분을 내걸더라도 내란죄에 해당한다. 그리고 이 내란죄는 공소시효가 남아 있다면 처벌해야 한다. 그러나 김영삼정부가 소급입법을 통해 단죄에 나선 것은 그 자체로서 명백한 '범죄'에 해당한다.

그 어떤 논리를 펴든 '5·18특별법'은 사법쿠데타다. 김영삼정부가 진정 '정의감에 불타올랐다면' 집권 초기 5·17에 대한 단죄에 나서야 했고, 그랬다면 공소시효가 끝나지 않았으므로 5·18특별법은 필요하지도 않았다. 1995년 11월에는 이미 전두환, 노태우 두 전직 대통령을, 뇌물수수 등은 별론으로 하고 내란죄로 처벌할 길은 없었던 것이다.

## 극단의 정의

모든 쿠데타는 '정의正義'를 내세운다. 그 대부분은 극단적이거나 원리주의적인 정의다. 로마 법언法諺에는 '극단의 정의는 극단의 불의다Summun ius summa injuria'라는 말이 있다. 그리고 보면 정의는 상대적이다. 칸트Immanuel Kant는 '내일 지구가 멸망해도 오늘 정의를 세우겠다'고 말했다. 아마 칸트가 정의가 상대적이라는 말을 들었다면 침을 뱉었을 것이다. 파스칼Blaise Pascal 이 『팡세』에서 정곡을 찔렀다. 그는 한껏 멋을 부려 정의를 야유했다.

피레네 산맥 이쪽의 정의가 저쪽에선 불의가 된다.

파스칼은 힘에 대한 굴종을 곧 '폭력에 의한 복종'으로 이해했다. 그는 '정의의 미명 아래 폭력으로 사람들을 복종시킨다면, 그 어떤 경우라도 정의라고 주장할 수 없다'고 쓰고 있다. 옳은 지적이다. 그래서 쿠데타의 명분이 무엇이든간에 모든 쿠데타가 내건 정의는 폭력을 동원한다는 점에서 '상대적' 정의에 불과하다.

그렇다면 합법의 영역에서 평온하게 자행되는 폭력은 어떻게 이해할 것인가? 파스칼이 이 시대에 권력이 구사하는, 보이지 않는 폭력의 난무亂舞를 보았다면, 그리고 그 폭력에 아무도 저항할 수 없는 현실을 목격한다면 그는 다시 무슨 말을 할 것인가? 우리는 겸허히 이 질문부터 답해야 한다.


## 두 사람의 나폴레옹

쿠데타는 체제 내에서 '합법적이지 못한' 수단을 사용해 정권을 탈취하는 것을 의미한다. 쿠데타의 사전적 의미는 '국가에 대한 일격一擊'이고, 법률적 의미로는 '헌법의 파괴'다. 세계적으로 프랑스어 '쿠데타'가 통용된 데는 두 사람의 나폴레옹—1세와 3세 탓이 크다.

나폴레옹1세Napoléon Bonaparte는 1799년 11월 9일 무력으로 총재정부(디렉투아르Directoire)를 폐지했다. 바로 '브뤼메르18일dix-huit Brumaire'로 불리는 군사쿠데타다. (1799년 11월 9일은 혁명력 8년 브뤼메르18일이다. 우리가 박정희 전 대통령의 쿠데타를 '5·16'으로 부르는 것과 같은 이치다.) 그는 총재정부의 지도자들을 위선자로 몰아세우면서 '공화국이 위험에서 자유로워지면 권력에서 물러나겠다'고 약속하고 제1통령의 자리에 올라 통령정부統領政府(Consulat)를 열었다. ('브뤼메르18일'과 '5·16'은 쿠데타의 원인, 진행 과정, 역사의 평가 등에서 너무 닮았다.)

그러나 나폴레옹은 약속을 어기고 종신통령이 되었다가 1804년 12월 인민투표로 황제에 즉위하여 '제1제정'을 연다. 그는 전유럽을 무력으로 제압하면서 자유주의를 전파했다. 그러나 1812년 러시아원정에 실패한 뒤 1814년 연합군에게 파리를 점령당하면서 퇴위된다. 나폴레옹은 이듬해인 3월 유배지인 엘바섬을 탈출하여 제위를 회복했지만(『바다도 비에 젖는다』 '신뢰' 참조) 6월 워털루전쟁에서 패배하여 세인트 헬레나섬으로 다시 유배되었다.

나폴레옹이 두 번째 퇴위하면서 6월22일 아들 프랑수아Napoléon François Joseph Charles Bonaparte가 황제에 임명되었는데 그가 바로 나폴레옹2세다. 그러나 프랑수아가 망명지 스위스에서 미처 파리로 돌아가기 전에 연합군이 파리로 진군하는 바람에 제위帝位는 루이18세에게 넘어갔다. (루이16세의 동생으로 나폴레옹이 엘바섬으로 유배된 뒤 즉위했다. 나폴레옹이 파리로 진군하자 벨기에로 도주했다가 워털루에서 나폴레옹이 패전하자 복위했다.) 프랑수아는 7월 7일까지 불과 15일간 황제로 있었던 셈이다. 그는 3년 뒤인 1818년 라이히슈타트 공작Duke of Reichstadt에 봉작되었다.

나폴레옹3세인 샤를 루이 나폴레옹 보나파르트Charles-Louis-Napoléon Bonaparte는 나폴레옹1세의 동생 루이 보나파르트와 나폴레옹1세의 의붓딸 오르탕스 사이에 태어난 셋째 아들이다. 라이히슈타트 공이 죽자 그는 보나파르트가의 종주宗主가 되었다.

그런데 1824년 루이18세가 죽자 뒤 이어 등극한 샤를10세(역시 루이16세의 동생이다)는 입헌정치를 인정하지 않고 복고로 나가다가 1830년 부르주아혁명인 7월혁명을 맞는다. 이 혁명으로 부르봉왕조가 무너지고 오를레앙가家의 루이 필리프Louis Philippe가 왕위를 이어받았다. 그가 루이 필리프 1세다.

루이 나폴레옹은 1836년 스트라스부르의 신정부 수립에 나섰다가 실패한 뒤 미국으로 도망쳤다. 그러나 이듬해 어머니 오르탕스가 죽자 스위스로 돌아왔고 다시 1838년 런던으로 간다. 그는 그곳에서 『나폴레옹의 이념』을 발표하면서 프랑스의 정치에 관여하기 시작했다. 루이 나폴레옹은 1840년 볼로냐에 상륙했으나 곧 반란미수로 체포되어 종신금고형을 받았다. 그는 감옥에서 공상적 사회주의에 빠져 『빈곤의 절멸』을 집필했다. 그는 1846년 탈옥해 영국으로 갔는데 1848년 2월혁명이 일어나자 다시 파리로 왔다. 루이는 그때 보나파르티슴bonapartisme의 상징적 인물이 되어 있었다.

## 판독할 수 없는 상형문자

루이 나폴레옹은 2월혁명으로 왕조가 무너진 뒤 치른 1848년 12월 대선에서 75%라는 압도적인 지지로 대통령에 당선되었다. 나폴레옹 같은 영웅이 나타나 혼란을 잡아줄 것을 기대한 소농민들과 우익의 급진성향에 공포를 느낀 도시 중산층들이 지지한 결과였다. 그러나 루이의 당선은 프랑스로서는 최악의 선택이었다.

마르크스는 1850년 런던에서 발간한 〈신라인신문 정치경제평론〉지에 루이를 두고 '서툴게 교활하고, 촌스럽게 순박하고, 어리석게 숭고하다'고 썼다. 그는 프랑스 국민이 루이에게 건 기대를 '계산된 미신, 애처로운 소극, 어리석은 시대착오, 세계사적인 익살'이라고 비웃었다. 결론적으로 루이는 '판독할 수 없는 상형문자'였다. 그는 1848년 10월 대통령선거에서 나폴레옹3

세가 머리가 텅 비어 '모든 계급과 유형들이 그를 자신의 형상대로 재발명한' 까닭에 압도적으로 승리했다면서, 다음과 같이 논평했다.

프랑스에서 가장 단순한 정신을 가진 사람이 가장 복잡한 의미를 획득하는 일이 벌어졌다.

마르크스는 루이가 승리한 이유를 다시 간단히 요약했다. '그는 아무것도 아니라는 바로 그 이유 때문에 모든 것을 의미할 수 있었다.' 농민에게는 나폴레옹은 부자들의 적이었고, 프롤레타리아에게는 부르주아 공화국의 전복을 상징했고, 상층 부르주아에겐 왕정복고의 희망이었던 것이다. (『마르크스평전』 프랜시스 윈 저, 정영목 역, 푸른숲 간 참조)

대통령이 된 루이 나폴레옹은 1851년 12월 2일 쿠데타로 의회를 해산하고 공화파를 축출한 뒤 국민투표로 신임을 얻으면서 대통령 임기를 10년으로 연장했다. 그리고 이듬해 헌법을 제정하고 쿠데타 기념일에 황제 자리에 올라 나폴레옹3세가 되었다. '제2제정'을 연 것이다. 루이 나폴레옹의 '자유주의 제국'은 1856년 3년간의 크림전쟁에서 러시아에 승리하고, 1859년 이탈리아 통일전쟁에 관여하여 니스와 사보이아를 획득하고(이 일로 프랑스는 국제적으로 고립된다.) 1861년엔 청나라에까지 출병했다.

나폴레옹3세의 이런 정복욕은 삼촌인 나폴레옹1세를 경쟁 상대로 늘 마음속에 두었기 때문이다. 그러나 그는 삼촌에 비해 너무 무능하면서도 훨씬 더 무모했다. 그 단적인 증거가 오스트리아의 막시밀리안Joseph Ferdinand

Maximillian 대공을 멕시코에 황제로 '수출'한 일이었다. 그는 1861년 멕시코원정에 나서 멕시코시티를 함락했지만 멕시코는 이 무능한 황제에게 짐이 되고 만다. 나폴레옹3세는 고심 끝에 막시밀리안 대공을 이용하기로 결정한다. 막시밀리안은 나폴레옹3세의 유혹에 넘어가서 1863년 황제 자리가 빈 멕시코로부터 초청받는 형식으로 제위에 올랐으나, 불과 4년 만인 1867년 인디언 농사꾼의 아들인 변호사 베니토 후아레스Benito Pablo Juarez Garcia에게 처형된다.

나폴레옹3세는 철도를 건설하고 파리박람회를 개최하는 등 나름대로 내치에 힘썼지만, 1870년 프랑스-프러시아 전쟁에서 포로로 잡혀 영국으로 망명하면서 제위를 잃었다. 그는 백부이자 할아버지인 나폴레옹1세처럼 다시 돌아오지는 못했다.


## 쿠데타의 진화

쿠데타는 성공했을 때 역사적으로 의의意義를 가진다. 우리 역사에는 성공한 쿠데타가 드물지 않다. 왕건王建은 궁예弓裔에 대한 쿠데타로 즉위해 고려를 창건했다. 고려는 이성계李成桂의 쿠데타로 멸망했다. 고려조의 무신정변武臣政變, 그리고 조선조에 들어 개국 초 이방원李芳遠이 벌인 왕자의 난과 수양대군首陽大君이 조카 단종端宗에게서 양위의 형식으로 왕위를 찬탈한 계유정난癸酉靖難, 중종반정中宗反正과 인조반정仁祖反正은 다 성공한 쿠데타이다.

대한민국 건국 후 5·16과 10월유신, 12·12는 쿠데타인가 아닌가? 5·16은 과거 오랫동안 '혁명'으로 불렸다. 그리고 군사정권 시절 5·16과 12·12를 쿠데타로 정의했던 학자는 손꼽을 정도였다. (내가 12·12를 쿠데타로 정의한, 1985년에 쓴 소논문 '군의 정치적 중립과 정치관여죄'를 참조하라.) 그러나 오늘날에는 거의 모든 학자가 두 사건을 쿠데타로 정의한다. 이런 사실은 소위 지식인이란 자들이 얼마나 시세를 따르는지를 극명하게 보여주는 증거다.

5·16은 반공과 부정부패 척결을 명분으로 내세웠지만 그런 사정보다는 군부의 '맹목적 애국심과 엘리트의식'이 부른 쿠데타이다. 그러니까 5·16이 야말로 후진국에서 볼 수 있는 전형적인 군부 쿠데타인 것이다. 그리고 '토착적 민주주의'를 내세운 10월유신은 정상적으로 기능하는 헌법을 계엄령을 통한 무력으로 정지시킨 '헌법의 파괴'에 해당한다. 따라서 권력주체는 바뀌지 않았지만, 영구집권을 목적으로 했다는 점에서 학문적으로는 이 역시 쿠데타이다. (이 책 '진실' 참조)

12·12는 이런 요소, 즉 '맹목적 애국심과 엘리트의식'에 기인한 후진적 쿠데타라기보다는, '정치지향적 군인들의 단순한 권력욕구'로 인한 반란이다. (이 문제는 전두환 전 대통령의 공과를 논하는 문제와는 별개의 문제다.) 그런 면에서 일반적인 군부쿠데타와는 다른 특이성이 있다. 즉 군사력을 장악해 실세로 떠오른 뒤 5개월이 지나서야 '합법적인 형태로' 국가권력을 장악한 이중구조를 가졌다.

12·12는 엄격히 말해 1979년 10월 26일 박정희朴正熙 살해사건 이후 기존 정치세력들이 권력 공백에 뒤따른 혼란을 스스로 제어하지 못한 것이 빌미를

제공했다. 12·12 주동세력은(이들은 나중에 신군부세력이라 불렸다.) 김재규의 박정희 살해 방조범으로 의심받았던 정승화鄭昇和 계엄사령관에 대한 수사를 명분으로 했다. 그럼에도 불구하고 대통령인 최규하崔圭夏에게 정승화 체포에 대한 승인을 무력으로 강요했다는 점에서 명백히 '적정절차due process'를 벗어났다.

신군부세력은 대통령에 대한 강요는 없었으며 정승화 체포를 사후에 추인받았으므로 '불법'이 아니라고 주장한다. 이 논란에 대해 당사자인 최 전 대통령은 무력으로 위협받았는지에 대한 답을 하지 않았다. 그러나 당시 전방부대가 책임지역을 이탈해 서울로 진입하여 국방부 등을 기습 점거했으며, 소위 '신군부'의 지휘관들이 별도로 회동하면서 명령체계가 크게 훼손된 점을 볼 때, 이를 정당한 수사목적으로 촉발된 사건으로만 볼 수는 없다.

그런데 12·12로써 신군부세력이 정권을 장악한 것은 아니었다. 당시 헌법은 정상적으로 작동하고 있었다. 따라서 만약 신군부가 12·12로 군을 장악한 다음 10·26사건을 수사하는 것으로 그쳤다면, 굳이 이를 쿠데타로 평가할 수는 없을 것이다. 그러나 권력의 공백기에 실질적인 힘을 가진 신군부세력은 정권 장악에 나선다. 그것이 '5·17 비상계엄 확대'다. 그들은 그 뒤 5월 31일 '국가보위비상대책위원회'를 만들어 국가권력을 완전히 틀어쥐었다. 따라서 12·12로 시작된 신군부의 쿠데타는 5·17에 완결되었다고 보는 것이 정확하다. 그리고 그 일련의 과정을 12·12쿠데타로 통칭할 수 있을 것이다. 그것은 합법적인 외관을 유지했다는 점에서 쿠데타의 진화였다.

## 역성혁명

역사학자들이 별다른 생각 없이 '역성혁명易姓革命'으로 적고 있는 이성계의 쿠데타를 본다.

우왕禑王은 공민왕恭愍王이 신돈辛旽의 집에 미행微行하여 시녀 반야般若에게서 본 아들이다. 뒤에 명덕태후明德太后의 명에 의해 궁인宮人 한韓씨 출생으로 선포되었다. 1371년 공민왕 20년 신돈이 처형된 뒤 입궁하여 '우'라는 이름을 받고 강령부원대군江寧府院大君에 봉해졌다. 1374년 공민왕이 시해되자 열 살의 나이로 즉위한다. 그러나 명덕태후 사후에 우왕은 황음에 빠졌고, 정치적 기반이었던 이인임李仁任이 최영崔瑩에 의해 축출되자 힘을 잃었다.

고려는 이 무렵 친원親元으로 노선을 바꾸었다. 그러자 1388년 명明은 쌍성총관부雙城總管府 지역을 영유할 목적으로 철령위鐵嶺衛 설치를 통고해왔다. 최영은 명의 전진기지인 요동을 정벌할 것을 주장했다. 이에 우왕은 최영을 팔도도통사八道都統使로 평양에서 독전하게 하고, 조민수曹敏修를 좌군도통사, 이성계를 우군도통사로 삼아 출정을 명했다. 그러나 이성계는 압록강 위화도威化島(지금의 신의주시 상단리와 하단리)에서 다섯 가지 이유를 들어 전쟁은 불가하다며 회군을 요청했다. 최영과 우왕은 허락하지 않았다.

그러자 5월 20일 이성계 등은 회군을 결행한다. 최영은 개경으로 돌아가 이성계와 싸우고자 했으나 오히려 붙잡혀 고봉현高峰縣(지금의 고양)으로 유배되어 죽었고 우왕은 강화도로 쫓겨났다. 이성계는 1389년 우왕을 강릉으로 옮겨서 그의 아들 창왕昌王과 함께 죽였다. 그 다음 공양왕 4년인 1392년 7월 16일 개성 수창궁壽昌宮에서 선양禪讓의 형식으로 왕위에 올라 조선 왕조를 연다.

이성계의 회군과 집권은 '역성'의 왕위찬탈인 데다 지배체제 자체의 변혁이 아니라는 점에서, 혁명이라기보다 쿠데타다. (마찬가지로 궁예를 쫓아내고 고려를 개창한 왕건의 쿠데타를 '역성혁명'이라고 하지는 않는다.) 이 사건을 '혁명'이라고 부르는 사학자들은 그 이유를 다음과 같이 든다. 14세기 후반 권문세족들이 발호하고 정치체제가 약화된 시기에, 왜구 등의 침입을 소탕하고 중앙정계에 등장한 이성계가 조준趙浚, 정도전鄭道傳 등 신진사대부와 손잡고 권력을 장악한 뒤 전제개혁田制改革으로 구세력을 축출하고 유교 중심의 새 왕조를 열었다는 것이다. 즉 국가의 패러다임이 바뀌었다는 주장이다.

그러나 조선의 개창은 국가의 지배세력이 바뀐 것에 불과하다. 근본적인 지배구조가 바뀐 것은 아닌 것이다. 신진사대부가 유교적 시각으로 새로운 정책을 펼쳤다고 하지만, 그건 새 지배세력이 권력기반을 다진 과정으로 보아야 한다. 조선 역시 전제왕조인 것은 변하지 않았고 '신분사회身分社會'인 것도 바뀌지 않았다. 그런 점에서 이성계의 쿠데타를 혁명으로 이해하는 것은 옳지 않다.

(1948년 8월 15일 대한민국을 건국하면서 상해 임시정부를 계승했다. 따라서 조선왕실을 부활시키지 않은 것은 당연했다. 이 왕실 폐지는 '봉건에서 민주로의 이행'으로서 보이지 않는 혁명이다. '그리 길지 않은' 36년의 일본강점기를 거친 뒤 왕실 폐지에 국민들이 묵시적으로 동의한 것은, 조선왕실 역시 천부天賦의 신분이 아니라는 데 공감대가 있었기 때문이다.)

## 아르헨티나의 비극

일찍이 영국의 시인이자 평론가인 새뮤얼 존슨Samuel Johnson(1709~1784)은 독재자들의 선동행위를 비난하는 의미 있는 말을 했다.

애국심은 불한당들의 최후의 도피처다.

1920년에서 1960년 사이 불과 40년간 라틴아메리카 18개국에서 성공한 쿠데타는 80번이나 된다. 에콰도르와 볼리비아가 아홉 번, 파라과이와 아르헨티나가 일곱 번이었다. 쿠데타의 주역들은 '맹목적 애국심'과 '엘리트의 식'을 가진 군부였다. 당시 '애국심을 가진 엘리트군부'는 남미와 아프리카에 끊이지 않았던 군부쿠데타의 필요조건이었다. 이런 군부쿠데타의 주역들은 '반둥세대의 직업정치인들'보다는 사실 폐단이 적었다. (이 책 '유행' 참조) 그들은 인민을 집단주의적 사회공학으로 내몰지는 않았던 것이다.

예외가 있다면 아르헨티나의 후안 페론Juan Perón(1895~1974)이다. 1940년대 아르헨티나는 세계에서 다섯 번째 부국이었다. 아르헨티나는 남미에서는 처음으로 경제적으로 도약한 나라였다. 당시로서는 엄청난 15억 달러의 준비금을 비축했고 임금은 서유럽 수준에 이르렀으며 법치와 언론의 자유가 보장된 번영한 나라였다. 무엇보다도 지속적인 성장으로 두터워진 중산층 때문에 사회는 대단히 안정적이었다.

후안 페론 대령은 1943년 쿠데타로 탄생한 군사정부의 노동부 장관이었다. 그는 노조와 결탁해 노동자들의 일방적인 지지를 받으면서 대중적인 기반을 마련했다. 군사정부는 그를 감옥에 처넣었지만 페론의 정부情婦 에바 두아르테Eva Duarte(에바 페론)는 노동자를 궐기시켜 그를 구출해냈다. 페론은 1945년 선거에서 당당히 대통령에 당선됐다.

페론은 '엘리트의식'에 빠진 전형적인 사이비 지식인이었다. 그가 대중에게 내세운 건 역시 '정의正義'였다. 그는 레닌, 무솔리니Benito Mussolini, 히틀러, 스탈린으로부터 온갖 이데올로기의 부스러기를 가져와 섞었다. 그런 기묘한 '잡탕'을 특징 지을 단어로 그는 정의란 걸 생각해냈고 자신의 '철학'을 '정의주의'라고 불렀다. 비극의 시작이었다.

## 제 살을 뜯어먹는 몽환

그 다음은, 복지라는 이름으로 벌이는 무분별한 '정부의 확대'가 멀쩡한 나라를 어떻게 파산시키는지를 잘 보여주는 한 편의 드라마다. 페론은 국민들에게 '즉시 필요한 모든 것을 가지게 될 것'이라고 약속했다. 노동자들은 유급휴가를 즐기며 한 달치 봉급을 더 받았다. 주거와 의료를 포함한 모든 분야에서 공공 서비스 지출이 엄청나게 늘어났다. 페론은 금융, 통신, 철도, 전기, 항공, 강철 등 주요 산업을 모조리 국유화했다. 정부는 비대해졌으며 국민들은 북유럽식 복지국가의 환상에 젖었다.

그러나 불과 6년 만에 준비금은 완전히 탕진됐고 국유화한 기업들의 생산성은 최악으로 떨어졌다. 나라 전체에 돈이 말라버려 세금을 거둘 곳도 없었다. 그런데도 한번 커진 복지 수요를 줄일 수도 없었다. 국민들은 정부에 끝없이 손을 내밀었다. 페론은 이제 돈을 마구 찍어대기 시작했다. 임금이 천정부지로 올랐지만 돈의 가치는 훨씬 더 빠른 속도로 떨어졌다. 만성적인 악성 인플레이션의 어두운 그림자가 아르헨티나를 집어삼켰다. 사람들은 수레에 돈을 가득 싣고 가서야 먹을 것을 살 수 있었다.

그래도 아르헨티나는 '제 살을 뜯어먹는 몽환'에서 깨어나질 못했다. 그것은 바로 '복지국가'라는 주술에 걸린 최면이었다. 페론은 1945년 2월 24일 선거에서 승리하고부터 1955년 파라과이 군함을 타고 피신할 때까지 아르헨티나를 완벽하게 '복지국가'로 타락시켰다. 아르헨티나는 그 뒤 다시 일어서지 못했다.

선동정치의 결말은 너무 비극적이었다. 아르헨티나는 포퓰리즘이 파놓은 중우정치衆愚正治의 함정에 한 번 빠지면 헤어나기란 거의 불가능하다는 걸 여실히 증명한 경우다. 아르헨티나는 결국 페론이 쫓겨난 이후 한 번 팽창한 '국가(정부부문)'를 줄일 방법을 찾지 못했다. (정부 부문을 줄이는 일에 성공한 지도자는 마거릿 대처Margaret Hilda Thatcher가 거의 유일하다시피 하다.) 대중은 오히려 국가의 타락 과정에서 느꼈던 쾌감을 잊지 못하고 1973년 대통령 선거에서 다시 페론을 선택했다. 대중이 얼마나 무지하며, 그런 까닭에 얼마나 엉뚱한 결과를 낳는지 이로써 우리는 알 수 있다.

무대에 다시 등장한 페론은 손쉽게 박수를 끌어내는 방법으로 '적敵'을 찾았다. 선동정치는 적을 정하고 그 적을 비난하는 것으로 시작한다. (이 책 '진실' 참조) 페론의 적은 미국이었다. '양키로부터 진정한 독립을 얻었다'는 페론식 선동은 그를 완벽하게 부활시켰다. 이 방식은 라틴아메리카는 물론 아시아, 아프리카의 취약한 지도자들에게 영감을 주었다. 그들은 모두 한때 '반미反 美'를 적절히 이용하여 궁지를 벗어나거나 선거에서 승리했다. (노무현 전 대통령도 대선 캠페인 과정에서 '반미면 어떠냐'는 충격적인 발언을 하였다. 캠프의 많은 이가 걱정한 것과는 달리 지지도가 폭등했다.)

# 03

# 혁명 革命 Revolution

인류를 진보하게 한 수단은 폭력이다.

　인류의 진보에 본질적으로 기여한 것은 회의론懷疑論과 과학, 그리고 소수의 독재자다. 회의론은 '진리의 절대성'을 의심함으로써 인간을 자유롭게 했다. 과학은 진실을 가르쳤다. 그러면 소수의 독재자들은 누구였는가? 오늘날 역사책에서 흔히 '영웅'으로 불리는 이들이다.

　이 셋은 전부 전쟁이나 혁명과 연관되어 있다. 전쟁과 혁명은 군주제를 무너뜨리고 신분제를 파괴했다. (영국이 군주제와 신분제의 잔재를 가지고 있는 것은 청교도혁명이나 명예혁명이 '민중'이 개입한 혁명이 아닌 게 한 이유이다.) 둘은 극단적인 폭력을 사용하는 점에서 같다. 폭력이야말로 인류를 진보시킨 동력인 것이다. 작가 로런스D. H. Lawrence는 『날개 돋친 뱀』에서 "저 유명한 혁명들은 모두 '만세'에서 시작하여 '죽음'으로 끝났다"고 쓰고 있다.

이런 폭력에서는 '단순한 열광자는 박해자가 되고, 보다 선량한 사람들은 피해자가 된다'. (토머스 제퍼슨Thomas Jefferson, 『버지니아론論』)

전쟁이 역사시대 전부터 계속된 권력투쟁의 수단이었다면, 혁명은 불과 500년 된 근대적 현상이다. 근대에서 혁명과 전쟁은 상관관계를 가진다. 우리가 혁명이라 정의하는 것들 중엔 전쟁을 부른 프랑스혁명도 있고, 전쟁의 결과 혁명으로 나아간 러시아혁명도 있다. 또 혁명 자체가 전쟁이었던 미국독립혁명도 있다.


## 혁명 없이 자유는 없다

혁명은 구체제舊體制 ancien régime 의 '근본'을 바꾸는 것이다. 따라서 언제나 급진적急進的이다. 그런 의미에서 프랑스혁명을, 봉건제를 폐지하고 자본주의의 기틀을 놓았다 하여 '급진 자유주의 부르주아혁명'으로 정의하는 마르크스주의 역사학자들의 시각은 그리 틀리지 않았다.

혁명이 근대적 사건인 것은, 그것이 자유를 추구했기 때문이다. 혁명들은 초기에 모두 '시민반란'의 모습을 띤다. 그런 반란이 혁명으로 승화될 수 있는 것은 자유라는 선한 목표를 가졌기 때문이다. 근세사를 상고하면, 혁명을 거치지 않고 진정한 자유를 얻은 나라는 없다 해도 과언이 아니다. 혁명과 자유는 그래서 동의어다. 『권력과 인성Power and Personality』(『권력과 인간』으로 번역돼 있다. 백승기 역, 전망사 간. 이 책을 읽으면 인간이 왜 권력을 추구하는지 알 수 있다.)이라는 주목할 만한 저서를 남긴 정치학자 해럴드 라스웰Harold Dwight Lasswell은 또 다른 저서 『권력과 사회Power and Society』(김하중 역, 법문사 간 참조)에서 권력기구가 바뀌는 정치혁명은 필연적으로 지배구조의 변화를 부르는 사회혁명을 동반한다고 썼다. 바로 이 사회혁명을 통해 인류는 진보해 온 것이다.

그렇다고 혁명으로 불리는 모든 혁명이 자유를 보장한 것은 아니다. 1917년 러시아혁명이 그렇다. 러시아혁명은 외관적으로 노동자와 농민을 위한 혁명이었고 실제 '노동자 계급'이 혁명에 나섰지만, 그 결과는 노동자와 농민의 자유를 박탈하는 것이었다. 그런 의미에서 자유를 억압한 결과를 가져온 수많은 혁명은 그 명칭을 재고할 필요가 있다. 예컨대 중국의 '문화혁명'이나 카스트로의 '쿠바혁명'을 명칭처럼 혁명으로 이해할 것인가?

혁명의 명칭이 박탈당한 경우는 5·16이다. 구헌법 전문前文에서 보듯이 과거 오랫동안 5·16은 혁명으로 불렸다. 그러나 5·16은 체제의 근본을 바꾼 것이 아니며 국민의 자유를 확장시킨 것은 더더욱 아니다. 그런 점에서도 혁명이 아니라 쿠데타에 불과하다. (이 책 '쿠데타' 참조)

그러나 역사적 평가에서, 시각을 달리할 여지는 남아 있다. 5·16의 결과로서 국가 정책방향이 '경제개발'로 새롭게 설정됨으로써 건국 이후 최초로 국가의 본원적 자본이 형성되기 시작했다. 그로 인해 경제발전이 이루어져 국민이 전체적으로 구조적인 궁핍에서 벗어날 수 있었다. '제1의 인권'이라 할 수 있는 '먹고사는 문제'가 장기적으로 해결되었다는 점에서 '혁명'이라 부를 여지가 있는 것이다.

## 부자를 미워하지 않아도 되는 자유

근대혁명은 대개 종교문제나 경제문제와 직결되어 있다. 혁명사를 읽으면 종교 역시 하나의 권력에 지나지 않음을 알게 된다. 313년 기독교를 공인한 밀라노칙령Edictum Mediolanense과 325년 교리를 통일한 니케아공의회Concilium Nicaenum Primum 이후 교회는 왕권과 결탁한 지배도구였다. 서구의 근대혁명 들은 군림하는 교회와, 교회와 결탁한 부패한 왕에 대한 항의로 시작된다. 그리고 굶주림이 자신만의 문제가 아닌, 피지배층의 공통적인 문제임을 자 각했을 때 혁명은 일어난다. 따라서 피지배층이 추구한 자유는 굶주리지 않 는 자유, 즉 재산의 자유를 의미하기도 했다.

이것이 카를 마르크스가 프랑스혁명을 지지하는 이유 중 하나다. 마르크 스는 부르주아지의 '자유주의혁명'을 역사발전의 필연으로 보고 프롤레타리 아혁명으로 진행하기 위한 불가피한 단계로 이해했다. 그가 혁명을 정의한 말이다.

혁명은 역사의 기관차다.

엥겔스Friedrich Engels는 이를 받아 혁명으로서 대중적 세력에 의해 '자유의 나라'로 이행하는 새로운 사회체제가 만들어져 역사는 한층 높은 단계를 획 득한다고 했다. 그는 이러한 혁명으로 나아가려면, 대중적 세력을 혁명계급 으로 조직하기 위해 '전위당前衛黨'이 있어야 한다고 보았다.

그런데 과연 엥겔스가 말하는 것처럼, '지배계급'을 폭력으로 제압하고 프롤레타리아의 전위 지도자가 새로운 권력을 얻는 것이 '자유의 나라'로 가는 길인가? 바쿠닌은 그 전위 지도자는 필연적으로 변질되어 또 다른 형태의 독재자나 지배계급이 된다고 보았다. 마르크스와 엥겔스가 목표로 하는 자유의 나라에 도달한다 쳐도 그들이 말하는 자유란 기껏 '부자를 미워하지 않아도 되는 자유'에 지나지 않는다는 것이다.


## 혁명의 어머니


프랑스혁명은 '근대 혁명의 어머니'다. 그러나 프랑스혁명을 보는 시각은 여러 가지다. 우선 프랑스혁명은 성공한 혁명인가? 그리고 부르주아는 혁명의 수혜자인가? 계몽사상이 프랑스혁명에 과연 기여했는가? 그 답은 각자가 내려야 할 것이다. 프랑스 혁명의 전개 과정을 줄여서 본다.

1789년 5월 5일 재정위기에 봉착한 루이16세는 170년간 열지 않았던 삼부회三部會를 소집했다. 그러나 회의는 제3신분과 특권신분 간에 투표방식 등의 이견異見으로 결렬됐다. 이에 미라보Honoré de Mirabeau와 시에예스 Emmanuel-Joseph Sieyés는 제3신분회의가 국민의회라고 선언한다. (미라보는 후작의 아들이었으나 제3신분의 대표였다. 죽은 뒤 마리 앙투아네트Marie Antoinette 왕비에 매수된 것이 밝혀졌다.) 왕이 회의장을 폐쇄하자 의회는 테니스코트로 옮겨가 헌법 제정 때까지 해산하지 않을 것을 결의하고, 귀족과 성직자까지 가세하여 스스로 제헌의회임을 천명했다.

그러자 왕은 삼부회 책임자인 네케르를 파면했다. 이에 분노한 1만여 명의 '시민'(마르크스주의 역사학자들은 '민중the people'이라는 표현을 고집하는 점을 유의하라.)들은 7월 14일 전제정專制政의 상징인 바스티유감옥을 습격했다. 시민들은 감옥의 소장과 파리시장을 단두대에서 처형한다. 이것이 프랑스혁명의 시작이다.

뒤이어 봉건적 특권과 '10분의 1세'를 폐지하면서 농민의 인격적 해방을 결의하고 봉건지대地貸를 순수지대로 바꾸어 부르주아적 질서를 만든 '봉건제 폐지선언'이 나왔다. 8월 26일에는 인간의 자유 평등과 삼권분립, 사유재산의 불가침성不可侵性 그리고 저항권을 밝힌 '인간과 시민의 권리선언(인권선언)'이 선포되었다. (선언에 담긴 정신은 대부분 미국 헌법과 버지니아권리장전 등에서 이미 확인된 것이다.) 이 인권선언에는 오늘날 민주주의의 대원칙이 되어 있는 권력분립이 적혀 있다.

권력의 분립이 확정되지 않은 사회는 헌법을 갖고 있지 아니하다.

그러나 인권선언은 루소Jean Jaques Rousseau가 만든 작위적 용어인 '일반의지 一般意志'라는 미명 아래 대의제를 주창하면서 그에 따라 개인의 권리를 국민의 권리로 전복한 급진세력을 여는 데 공헌했다.

'일반의지'는 국가 같은 집합적 단체가 가지는 단일한 원리로 구성된 정의와 진리를 의미한다. 루소는, 일반의지는 다수결의 원리로 반영되기 때문에 언제나 옳다고 했다. 이런 이유로 일반의지는 나중에 전체주의적 정치이론의 원리가 된다. 오늘날 대의제가 민주주의의 최선이자 차선次善의 제도로 인정되고, 다수결의 원리가 책임정치의 원리로 정착된 것은, 루소의 일반의지 이론이 옳기 때문이 아니라, 교육의 보편화 덕분으로 대중이 깨인 까닭이다. 그렇다고 해서 대중이 중우정치의 함정에서 영구히 벗어날 정도로 현명해진 것은 아니다. 한 예로 '유신헌법'은 91.5%의 찬성으로 탄생했다. '대중민주주의'의 딜레마가 여기에 있다.

따라서 인민 주권의 원칙이 곧 명확한 '다수결의 원칙'을 의미하는 것은 아니다. 인민은 산술적인 총합이 아니라, '사회적인 집합체'이기 때문이다. (『혁명의 탄생』 중 콜린 본위크가 쓴 '미국 독립혁명' 편 참조, 데이비드 파커 등 저, 박윤덕 역, 교양인 간)


## 혁명과 반동

그러나 루이16세는 삼권분립에 기한 입헌제를 규정한 인권선언을 거부했다. 10월 5일 시민들은 다시 봉기하여 베르사유궁전으로 행진한다. 이제 의회가 모든 권력을 쥐게 되었다. 의회는 교회 토지를 몰수하고 이를 담보로 일종의 화폐인 정부공채증서 아시냐assignat를 발행했다. 그런데 전쟁 자금을 확보할 목적으로 토지보다 더 많은 아시냐를 발행하는 바람에 인플레이션이 촉발됐다. 결국 루소의 일반의지라는 정치이론에다 인플레이션이라는 경제파국이 자코뱅의 공포정치를 불러왔다. 아시냐는 성직자들도 국가공무원으로 충성맹세를 하도록 해 교황청과의 대립을 자초한 1790년의 '성직자 공민헌장'과 함께 혁명의 최대 실책이 된다.

1791년 6월 21일 왕이 국외로 도망치다 잡혔다. 루이16세는 공포에 질려 있으면서도 혁명에 승복하지 않았다. 그는 역사의 진전에 무지했다. 프랑스는 공화정을 요구하는 급진파와 입헌군주파로 갈렸다. 7월 17일 급진파에게 혁명지도자 라파예트Marquis de Lafayette의 국민방위대가 발포하는 '샹드마르스 학살'이 벌어진다. 이로써 혁명주체인 부르주아 자유주의자들은 왕정과 급진 공화주의자들 모두와 결별하게 된다.

9월 3일에는 제헌의회에서 헌법이 가결되고 10월에는 입법의회가 들어섰다. 전제정의 상징이었던 고등법원이 폐지되고 시市자치제의 지방분권이 실시되면서 단원제 입헌군주제가 되었다. 그러나 사회 혼란은 수습되지 않았다. (라파예트는 귀족 신분이었지만 진보적이었다. 그는 미국독립혁명의 영웅이었고, 귀국 후 삼부회 소집을 주창했으며 혁명 후 국민군 사령관을 맡았다. 라파예트가 시민세력과 등진 것은 그가 입헌왕정주의자였기 때문이다. 결국 샹드마르스 학살사건으로 시민들의 영웅에서 지탄의 대상이 되었다.) 이에 지롱드파와 온건 공화파는 국가를 통합하고 혁명 불만 세력을 다스리기 위해 전쟁을 선택하지 않을 수 없었다. 1792년 4월20일 프랑스는 오스트리아, 프로이센과 '혁명전쟁'을 시작했다.

8월 10일에는 파리시민들이 튈르리궁을 습격하여 입헌군주제를 전복하고 '코뮌'을 결성하는 반란이 일어났다. (코뮌은 시자치제를 구성하는 주민공동체이다. 코뮌은 민중운동의 대변자로서 나중 자코뱅 독재체제로 나아가는 동력이 된다.) 그 다음 국민공회가 소집되어 군주제 폐지를 결정하고 9월 22일 마침내 프랑스 역사의 신기원을 여는 공화정이 선포됐다. 루이16세는 그 이듬해인 1793년 1월 21일 단두대에서 처형됐다. 6월 24일에 '93년 헌법'을 선포하고 10월 5일에 새로운 달력인 '혁명력'을 승인한다. (공화정을 선포한 1792년 9월 22일이 제1년 제1일이 된다.)

1793년 국민공회가 분열되어 혁명이 유산자혁명과 민중혁명 사이에 방향을 잡지 못하고 있을 때, 공화국군대가 오스트리아와 네덜란드, 에스파냐에 승전했다. 프랑스는 알자스를 탈환했다. 이러한 군대의 승리와 맞물려 자코뱅파는 6월 민중운동을 진압했다. 지방의 혁명군은 해체되었고 12월 4일 프리메르법이 선포되어 강력한 중앙집권적인 공화정부가 성립됐다. '아라스의 촛대'로 존경받던 온화한 변호사로서 혁명에 가담해 파리코뮌의 지도자가 되었던 로베스피에르Maximilien de Robespierre가 자코뱅을 지휘했다.

그러나 '고결한' 자코뱅 국가는 엄청난 살육의 공포정치를 계속했다. 가톨릭왕당파를 집단학살하여 방데반란을 진압한 뒤 1794년 3월 공포정치를 지지하는 에베르파를 처형하고 4월에는 그 반대파인 당통파를 처형했다. 그 뒤 석 달 동안은 피의 숙청 기간이었다. 수많은 '죄수'가 광장의 단두대에서 목이 잘렸다. 로베스피에르의 동지들조차 처형의 공포에 휩싸였다. 마침내 그들은 로베스피에르가 생토노레 아파트에 있는 동안 음모를 꾸몄다. 1794년 7월 27일(열월熱月, 테르미도르Thermidor 9일) 아침, 로베스피에르는 정적들에게 끌려나와 단두대에서 처형됐다.

**실패한 혁명**

대부분의 역사학자는 이 '테르미도르의 반동反動'까지를 프랑스혁명으로 이해한다. 마르크스주의 역사학자들은 이 반동으로 '1789년의 급진 자유주의 부르주아 혁명의 폭넓은 보편성은 1795~1799년의 보수 자유주의 부르주아 혁명의 편협한 특수성으로 변질되었다'고 한다. (『혁명의 탄생』 중 권 루이스 Gwynne Lewis가 쓴 '프랑스혁명' 편 참조)

그래서 다시 묻는다. 프랑스혁명은 성공한 혁명인가? 인류에게 자유와 평등을 가르친 '혁명의 어머니'인 것을 생각하면 프랑스혁명은 분명 성공한 혁명이다. (다만 프랑스혁명에서 박애를 말할 수는 없다. 혁명은 너무 많은 사람의 목을 잘랐다.) 그러나 당시 지식인들이 정의를 위해 싸웠다는 것은 거짓이다. 아마도 혁명 후의 역사학자들, 그중에서도 마르크스를 추종한 정치경제학자들이 스스로를 지식인이라 불렀기 때문에 그런 평가가 나왔을 것이다.

볼테르Voltaire는 귀족과 지식인들을 상대했으며, 대중을 몰랐다. 루소의 정치이론은 대중을 해방시키기 위해서라기보다 무지한 대중을 제어하고 교육하기 위해 고안한 급진적인 이념에 불과했다. 그런 계몽사상가들로부터 초기의 혁명지도자들은 거의 영향을 받지도 않았다. 계몽사상가들과 분열 대립했던 중농주의자들인 케네Francois Quesnay, 튀르고Robert Turgot, 칼론Alexandre de Calonne 등이 혁명의 불을 댕긴 당사자였다.

19세기 초만 하더라도 조제프 드 메스트르Joseph de maistre 같은 이가 유럽의 지성으로 행세했다. 메스트르는 '인간은 자유를 얻기에는 너무 사악하다'며 절대왕정과 가톨릭을 옹호했다. 19세기 말엽 작가 아나톨 프랑스Anatole France조차도 공화제를 이해하지 못했다. 그때까지 공화제가 제 기능을 다한 적이 없었기 때문이다. 그가 반反혁명을 지지하면서 공화제를 정의한 말이다.

공화제 자체가 파괴다. 공화제는 분산이며, 불연속성이며, 대립이며, 악이다.

엄격히 말해 프랑스혁명은 실패한 혁명이다. 미국은 독립혁명 끝에 공화정부를 수립한 선례를 남겼지만, 공화정부를 세운 프랑스는 '나폴레옹 제정帝政'이라는 이해할 수 없는 '반동反動'으로 나아갔다. 무엇보다도 프랑스혁명의 뿌리였던 계몽사상가들은 인간을 해방시키는 것보다 노예화하는 길을 선택했다. 그들은 도덕적이지도 않았다. 계몽사상가들은 반란을 바라지도 않았고 구제도의 전복을 기대하지도 않았다. 그들은 오히려 근대화와 개혁을 통해 재난으로부터 국가를 보호하려고 애썼다.


## 파시즘은 혁명인가

모든 혁명은 진보다. 혁명과 '보수'(오늘날의 보수주의라는 의미가 아니다.)는 반대어라 할 수 있다. 혁명은 그 당시의 가치관으로 보았을 때 뿌리를 흔드는 '급진'에 해당하기 때문이다. 이 진보에 이르지 못한 혁명은 쿠데타 혹은 반란에 지나지 않는다. 1989년부터 1991년에 걸쳐 진행된 공산권의 소멸, 즉 소련의 해체와 동구권의 탈공산주의 과정은 보수주의의 이데올로기인 '자유민주주의'와 '시장경제주의'로 진행된 혁명이지만 동구권의 가치관으로 보았을 때, 그것은 분명 진보적인 혁명이었다.

그렇다면 '급진 중의 급진'이라 할 수 있는 파시즘Fascism은 혁명인가? 그리고 혁명이라면 우익 보수혁명인가, 아니면 다른 무엇인가. (로저 그리핀Roger Griffin

옥스퍼드대 교수는 파시즘에 대해 '우익의 보수혁명'으로 제목을 달고 있다. '혁명의 탄생' 참조. 아래 글 중 나치즘에 관한 평가 부분은 이 책을 참조했다.)

이탈리아 파시즘과 독일 나치즘Nazism은 같은 전체주의全體主義 totalitarianism이면서도 주로 공산주의와 구별하여 파시즘으로 통칭된다. 파시즘은 1919년 3월 23일 무솔리니Benito Mussolini가 밀라노의 산세폴크로 광장에서 벌인 '파시 디 콤바티멘토Fasci di Combattimento(병사들의 단합체)' 운동에서 유래했다. 무솔리니는 이때 사회주의와의 전쟁을 선포했다. (그런데 무솔리니는 원래 마르크스주의자였다.)

1921년 11월 무솔리니는 이 운동을 '국가파시스트당'으로 전환한다. 그 한 해 전인 1920년 독일의 히틀러는 '국가사회주의독일노동자당(나치스)'을 창당했다. 무솔리니는 1922년 10월 '로마진군'으로 총리에 올라 파시즘 국가를 출범시켰고, 히틀러는 10년 뒤인 1932년 총선거에서 37%의 지지로 제1당이 되어 이듬해 1월 총리로 지명된 뒤 3월 27일 수권법授權法을 통과시켜 나치체제를 만든다. 1934년 8월 힌덴부르크 대통령이 죽자 그는 총통 자리에 올랐다.

## 게르만족의 난센스

사회주의에 '신'을 끌어들여 『희망의 원리』 등 여러 책을 쓴 에른스트 블로흐Ernst Bloch(1885~1977)는 유대인으로 마르크스주의 학자다. 그는 『프로테스탄티즘의 윤리와 자본주의의 정신』을 쓴 막스 베버Max Weber(마르크스주의와 강단

講壇사회주의자들을 비판했다)의 제자다. 블로흐는 스승과 달리 '유토피아'를 신봉해 서른세 살 때인 1918년 스위스에서 『유토피아의 정신』을 썼다. 그로부터 56년이 지난 1974년 그는 '유토피아로부터 결별인가'라는 제목의 강연에서 '보다 나은 세상을 바라는 꿈을 저버리는 태도는 원래 달팽이에게나 해당될 일'이라고 말했다. (귄터 그라스Günter Grass의 '달팽이의 일기'를 보면 플라톤Platon의 『국가Politeia』에 나오는 동굴 속의 노예들처럼 달팽이는 밖으로 나오지 않는다. 블로흐에 의하면 마르크스 사상은 '보다 나은 삶을 찾아가려는 사회적 노력을 담고 있다'는 점에서 '구체화된 유토피아'다.)

평생 유토피아를 좇은 블로흐는 그러나 1933년 나치스의 박해를 피해 스위스로 망명했다가 5년 뒤 유토피아와는 너무나 거리가 먼 나라인 자본주의 국가 미국으로 이주한다. 그가 나치즘에 대해 다음과 같이 말했다.

민중과 사회주의에 대한 가장 끔직한 백색테러가 사회주의의 가면을 썼다

('백색테러white terror'는 정치적 목적으로 하는 암살 파괴활동을 지칭하는 용어로서 일반적으로는 극우, 우익에 의한 테러를 가리킨다. 예컨대 오늘날 KKK단의 테러가 있다. 이와 유사한 말로 '백색독재'는 대중이 무지몽매하고 불평등하므로 소수의 엘리트들이 사회안정화를 명분으로 벌이는 독재를 의미한다.)

그의 지적대로 나치즘이 내세운 이데올로기는 '국가사회주의'였다. (나치스의 철십자 도형은 국가사회주의를 의미하는 NS를 형상화한 것이다.) 블로흐처럼 대부분의 마르크스주의 역사학자들은, 부르주아 자유주의혁명으로 성립된 자본주의는 역사 발전에 따라 반드시 타도되고 '유토피아'인 공산주의로 나아갈 것이므로 이에 역행한 파시즘을 '반혁명反革命'으로 부르는데 주저하지 않는다. 파시즘은

교회 특권계급과 손잡은 부르주아들이 자본주의를 지키기 위해 조작해낸 이념이라는 것이다. (블로흐는 신학자 입장에서 파시즘을 공격하면서도, 무신론인 마르크스주의와 종교를 기묘하게 결합시킨다. 『마르크스와 예수의 대화』에서는 '공산당선언의 눈으로 성서를 읽는 것이 가능하다'고 주장하고, 『기독교 안의 무신론』에서는 '희망이 있는 곳에 역시 종교가 있지만, 종교가 있는 곳에 역시 희망이 있는 것은 아니다'고 쓰고 있다.)

이런 말들은 부르주아지와는 거리가 먼 하사 출신 히틀러나 상병 출신 무솔리니가 들었으면 경악할 말이다. 파시즘은 그 정책으로 보아서 당시 사회를 지배했던 '사회주의적 사고'의 반대 방향으로 나간 것은 분명하지만, 결코 자본주의를 위해 싸우지는 않았다. 부르주아라 부를 수 있는 자유주의 세력들이 불안한 의회제도와 폭력적인 사회주의 세력에 대항하여 파시즘을 받아들였고, 무솔리니의 로마진군과 히틀러의 횃불행진을 보면서 정치적으로 결정적인 양보를 했던 것이다. 쉽게 말해 자유주의자들이 사회주의보다는 파시즘을 선택한 데 불과했다.

오히려 『나의 투쟁』과 히틀러의 연설 등을 검토하면 히틀러가 '반反자본주의자'였던 것은 명백하다. 히틀러는 스탈린처럼 누추한 곳에서 생활했다. 그는 패전이 가까웠을 무렵 부르주아 계급을 척결하지 못한 것과 스탈린처럼 부르주아에게 잔인하지 못했던 것을 후회하곤 했다. 1945년 1월 패망을 앞두고 베를린 총리관저의 지하벙커로 들어갈 때 히틀러와 동행한 괴벨스Paul Joseph Goebbels는 폐허가 된 베를린 시가지를 보면서 '19세기 부르주아 계급의 마지막 위업이 폐허가 된 도시 아래 묻혀버렸다'고 말했다. 파시즘을 창안하기 전 무솔리니도 원류 마르크스주의자였다. 그 역시 레닌처럼 혁명을 위해 폭력이 불가피하다고 보았다. (그의 아버지는 대장장이로서 사회주의적 무정부주의자였다.)

## 집단의 함정

더욱이 파시즘은 결코 혁명적이지도 않고 이데올로기로서 기능하지도 않았다. 파시즘은 '국가의 재탄생'을 꿈꾸는 국수주의자國粹主義者들이 '반反자유주의적'인 극단적 민족주의에 입각해서 눈물과 불과 피로써 대중을 동원한, 포퓰리즘에 기반한 대중정치의 한 형태에 불과하다. (휴 트레버 로퍼Hugh Trevor Roper는 '야수적인 게르만족의 난센스'에 불과하다고 했고, 로저 스크러턴Roger Scruton은 '종종 잘못 이해된 기괴하고 잡다한 개념들의 혼합'에 불과하다고 했다.)

파시즘은 결코 교묘히 조작된 것만이 아닌, 대중 조작에 성공했다. 무솔리니의 검은 셔츠단은 '우리의 신화는 국가'라는 맹목적인 애국심으로 스스로 '집단의 함정'에 빠져들었다. 이것을 두고 '인민주의人民主義'라고 부를 수 있다. 파시즘은 이런 대중동원을 위해 끊임없는 조직화, 선전활동, 그리고 정교한 정치적 의식儀式을 벌였다. 그리고 지도자 숭배, 극단적 민족주의, 조직적인 잔혹행위, 허무주의 혁명, 근대적인 반근대주의로 특징 지어진다. 파시즘은 결국 반사회주의, 즉 실질적인 계급사회로 진행하고 공격적인 대외정책을 띠게 되며 체제 유지를 위해 군국주의로 나아가게 된다.

(그렇다면 오늘 한반도에서 누가 파시스트인가. 누가 이런 난센스에 해당하는가. 바로 김일성, 김정일 세력이다. 또한 살펴보라. 대중동원을 위해 촛불 같은 감성적 장치로 선전활동에 나서 '깨어있다고 스스로 믿는' 대중을 중우衆愚의 함정으로 몰아간 이들은 어떤 세력들인가. 바로 이 나라의, 김정일을 절대 비난하지 않는

세력들이다. 진실은 이렇다. 김정일체제는 마르크스주의를 받아들인 뒤 이를 변형시켜 더욱 사악한 종교로 만들었고 권력 유지를 위해 파시즘적 통치술과 결합한 지구상의 유일한 유사 종교국가 체제이다.)

원래의 파시즘에 이데올로기적 성향을 일부라도 인정한다면, 그것은 파시즘이 새로운 '집단적 형태의 사회'(애국적 열정으로 단결한 다시 젊어진 국민공동체)를 모색하면서 공산주의와 경쟁했다는 점이다. 히틀러와 스탈린Iosif Stalin이 똑같이 수용소를 통한 학살에 나섰던 것은 바로 그런 경쟁의 결과였다. 두 사람은 1933년 8월 23일 독소불가침조약을 체결한 뒤 크렘린에서 '소름 끼치는' 연회를 즐겼다. (폴 존슨Paul Johnson은 '모던 타임스'에서 이를 '지하에서 이루어졌던 악마적인 거래'라고 적고 있다.) 그 뒤 '히틀러는 민족공동체의 순수성을 더럽히는 적으로 600만 명의 유대인, 75만 명의 집시를 살해하고 동성애자 32만 명을 거세했으며 장애인 15만 명을 무참히 죽였다'. 스탈린의 살인은 더 오래, 더 많이 그리고 더 잔인하게 행해졌다.

## 통제할 수 없는 혁명

마거릿 대처Margaret Thatcher는 저서 『국가경쟁Statecraft』 첫머리에 다음과 같이 헌정사獻呈辭를 썼다.

이 책을 로널드 레이건Ronald Reagan에게 바친다. 세계는 그에게 너무 많은 빚을 지고 있다.

그러나 레이건이야말로 대처에게 감사해야 할 것이다. 레이건은 골드워터 Barry Goldwater 덕분으로 살아난 미국의 보수세력으로 인해 집권했지만 그에게 보수 정책의 아이디어를 준 것은 대처였기 때문이다. 그리고 세계가 감사해야 할 또 한 사람은 미하일 고르바초프 Mikhail Gorvachev 다.

고르바초프는 1917년 러시아혁명에 대한 스탈린의 '반혁명적인 제국주의'와 폭력으로 유지해온 '집단주의의 소련'을 청산하고 싶어했다. 그 결과는 고르바초프가 예상하지 못한 방향으로 치달았다. 공산주의자였던 고르바초프의 희망과는 달리 공산주의의 파멸로 나타났던 것이다. 1989년 11월 베를린장벽 붕괴와 1991년 8월 군부 '보수파' 쿠데타에 맞서 탱크 위에 올라선 보리스 옐친 Boris Yeltsin 으로 상징되는 '탈공산주의 자유주의 혁명'이 그것이다. 그리고 이 혁명은 역사상 보기 드문 비폭력 무혈혁명이다. (1688년 명예혁명, 1930년 프랑스의 7월혁명을 혁명으로 정의한다면 역시 무혈혁명이 될 것이다.)

1982년 브레즈네프 사후 안드로포프 Yuri Andropov 와 체르넨코 Konstantin Chernenko 가 연달아 권좌에서 사망하자 고르바초프는 정치국에서 보수파(당시 소련에서는 공산주의자들이 '보수우익'이었고 민주주의자들은 '진보파'였다.)를 5대 4로 꺾고 집권한다.

그가 집권할 무렵에는 소련의 환경도 많이 바뀌었다. 오랜 '소비에트'(노동자 평의회를 의미하지만 실제 독재의 수단으로 기능했다.)의 지배는 군사력을 토대로 산업화 근대화를 추구하는 과정에서 농민이 압도적이었던 러시아를 '도시화'로 변화시켰다. 과학자 양성을 목표로 추진했던 중등교육 의무화는 전문직과 사무직 노동자를 중심으로 선전선동에 쉽게 넘어가지 않는 거대한 중간계급을 창출하면서 주민들의 기대 수준을 높여놓았다. 소비에트는 스스로 파멸의 길을 열었던 것이다. (중산층-중간계급은 사회변혁의 원동력이 된다. 대처 역시 복지병에 빠진 영국의 중산층을 발견하고 대중자본주의의 길을 열며 그 전도사가 되었다. 중간계급-부르주아가 나타나고 교육이 확대된 것은 과거 1917년 러시아혁명의 배경이기도 했다.)

레이건의 공세적 외교정책에 밀린 고르바초프는 더 이상의 군비경쟁으로는 러시아의 궁핍을 개선시킬 수 없다는 것을 잘 알고 있었다. 그런 고르바초프가 내세운 개혁정책이 페레스트로이카perestroika다. 그는 정보에 대한 투명성의 원칙을 선포하면서 '글라스노스트glasnost'라는 개방정책을 시작했다.

그리고 자신의 권력기반을 당조직으로부터 정부기구로 옮기는 1988년의 9월혁명을 일으켰다. 그건 새 헌법을 제정하여 대통령을 뽑고 민주적인 선거로 의회를 선출하는 것이었다. 그러나 삼부회의 소집으로 걷잡을 수 없이 프랑스혁명이 시작됐던 것처럼, 민주적 의회 선출은 필연적인 자유혁명으로 연결됐다. 워싱턴포스트지 편집장이었던 로버트 카이저Robert Kaiser는 이 역사적 사건을 간단하게 설명했다.

고르바초프는 그가 통제할 수 없는 혁명을 시작했다

고르바초프는 과거 러시아 10월혁명의 '사회주의적 선택'을 고수하면서 혼합경제를 추구하는 좌익변형체로서의 러시아를 지향했다. 그러나 그는 러시아 민중의 자유주의에 대한 열망을 오판했다. 게다가 고르바초프는 모스크바의 악명 높은 부패를 청소하기 위해 지방관리로 있었던 옐친을 뽑는 치명적인 실수를 저질렀다. 고르바초프는 '나는 개혁이 혁명과 같다고 생각한다'고 하면서 개방을 밀어붙였지만 보수파의 저항은 만만치 않았다. 보수파들은 옐친의 정치국원 승진을 막았다.

옐친은 '정치국이 개혁에 소극적이며 서기장(고르바초프)에게 노예처럼 비굴하게 행동한다'면서 고르바초프를 포함한 지도부 전체가 개혁을 지연시킨다고 비난했다. 고르바초프는 옐친을 숙청하는 대신 '정치적으로 미숙하다'고 창피를 주어 모스크바시 책임자 자리에서 쫓아냈다. 충격을 받은 옐친은 자살을 시도했다. 이 일로 말미암아 옐친은 고르바초프에게 원한을 가지게 되고, 나중에 러시아 대통령이 되었을 때 힘 빠진 연방대통령인 고르바초프를 옆에 두고 공개리에 망신을 준다.

## '자유가 승자입니다'

베를린은 1989년까지 비극의 도시였다. 1945년 5월 8일 독일이 항복했을 때 2월에 있었던 얄타회담의 합의에 따라 독일을 미국, 영국, 소련, 프랑스가 분할통치하게 되면서 베를린도 네 나라가 나누어 점령했다. 그러나 베를린은 '승자의 선의善意'를 얻지 못했다. 무엇보다도 스탈린의 야욕을 막을 지혜가 루스벨트Franklin D. Roosevelt에겐 없었다. (얄타회담의 당사자였던 루스벨트는 독일 항복 직전인 1945년 4월 12일 사망했다.)

1961년에 동독은 40km의 장벽을 만든 뒤 '반反파시스트 보호벽'이라 불렀다. 통행이 가능한 곳은 브란덴부르크문이 유일했다. 1987년 6월 12일 무명배우 출신인 로널드 레이건 미국 대통령이 그 브란덴부르크문 앞에 섰다. 그는 배우 시절에는 하지 못했던 뛰어난 연기를 펼쳤다. 전 세계가 텔레비전으로 지켜보는 앞에서 레이건이 연설했다.

자유는 번영에 이르게 하고, 자유는 국가 간의 오래된 증오를 일치와 평화로 바꿔주므로 자유가 승자입니다.

그 말에 덧붙여 레이건은 마치 고르바초프가 앞에 있듯이 온화한 목소리로 제의했다. '고르바초프씨. 당신이 평화를 찾고 소련의 번영을 추구한다면, 이리로 와서 문을 열어주십시오. 이 장벽을 무너뜨려 주십시오(tear down this wall).' 동구권의 제국들은 이미 민주화의 순풍이 열풍으로 바뀌고 있었다. 1988년 12월 7일 고르바초프는 유엔에서 레이건에게 화답했다. '나는 우리 국민들과 세계에 책임감을 느낍니다. 새해 우리 모두가 많은 것을 기대해도 좋을 것입니다.'

1989년 9월 헝가리가 '민주적 자유에 대한 약속'의 이행으로 해외여행 제한을 철폐했다. 벽을 쌓아 유지했던 암흑의 나라 동독 주민들은 즉각적으로 반응했다. 체코슬로바키아를 횡단한 동독 주민들은 헝가리를 경유해서 오스트리아와 서독으로 몰려왔다. 9월 30일 프라하의 서독대사관에 동독을 탈출한 4000명이 망명신청을 했다. 겐셔 장관은 망명을 받아들이는 동독과의 합의를 '난민'들에게 직접 전달했다. 10월 1일부터 8일 사이에는 1만2000

명이 기차를 타고 서독으로 망명했다. 이 열차는 '자유열차Freedom train'로 불렸다.

그해 10월 동독 수립 40주년을 축하하기 위해 동독에 온 고르바초프는 에리히 호네커Erich Honecker 정부가 권력을 유지하기 위해 소련군의 지원을 기대해선 안 된다는 점을 분명히 했다. 한술 더 떠 고르바초프는 시위대를 무력진압하라는 호네커의 명령을 거부한 보안책임자 에곤 크렌츠Egon Krenz의 '항명'을 승인했다.

민중은 이제 자유의 광장에 서 있었다. 호네커가 해임되고 새 정부가 들어서서 11월 9일 여행자유화 조치를 승인했다. 이 조치는 발효되기 전 어처구니없게 기자회견장에 잘못 전달되었고, 소문이 퍼지자 군중은 베를린의 장벽으로 몰려들었다. 국경수비대는 엄청난 군중의 광기에 굴복하고 말았다. 장벽과 함께 2차대전 이후 동구권에 드리워졌던 구체제舊體制의 어둠은 순식간에 걷혔다.

2011년 튀니지의 재스민혁명Jasmine Revolution을 시발로 이집트와 리비아 등에서 들불처럼 번진 '혁명'들은 20세기 말 소련을 소멸하고 동구권을 붕괴시킨 뒤 멈춘 거대한 자유주의혁명의 재점화다. 이 역시 반독재를 추구하는 민주화운동이지만, 그 뇌관은 빈곤과 불평등 그리고 이로 인한 굶주림이었다. 혁명은 23년을 철권통치하던 튀니지의 벤 알리Ben Ali, 30년간 독재자로 있던 이집트의 호스니 무바라크Hosni Mubarak, 41년째 리비아를 왕국처럼 경영하던 카다피Muammar Qaddafi를 끌어내렸다.

## 04
# 자살 自殺

모든 자살은 '디살他殺'이다.

불가佛家의 말씀을 굳이 인용할 필요 없이 인생은 욕심으로 인한 고해苦海다. 그리고 어느 인생이든 승자는 없다. 인간은 누구나 패배하고 있다. 오늘도 모든 사람의 패배는 계속된다. 그 뻔한 결과를 잘 알면서도, '마음을 비운다'는 것은 범인凡人들에겐 불가능한 일이다.

이 탐욕으로 인한, '무엇인가에 대한' 패배가 절망의 씨앗이 된다. 씨앗이 자라 나무로 클 때까지 자신이 독수毒樹를 키우고 있다는 걸 알지 못한다. 그러다 카뮈 Albert Camus나 키르케고르S. A. Kierkegaard 식으로 말하자면, 죽겠다는 확고한 결심이 아니라 어느 날 저녁 친구가 무심결에 던진 말 한마디가 그를 나락으로 떨어뜨린다. 그는 그 순간에 자살로 나아간다. 카뮈의 말을 옮긴다.

'깊이 반성한 끝에 자살하는 일은 드물다. 거의 언제나 이성적으로 통제할 수 없는 그 무엇이 위기의 발단이 된다. 신문에서는 흔히 실연이니 불치의 병을 운운한다. 이와 같은 설명은 그럴듯해 보인다. 그러나 바로 그날, 절망에 빠진 사람의 친구 하나가 그에게 무관심한 어조로 대꾸한 적은 없었는지 살펴보아야 할 것이다. 바로 그자가 죄인이다. 왜냐하면 그것 한 가지만으로도 유예 상태에 있었던 모든 원한과 모든 권태가 한꺼번에 밀어닥치기에 충분하기 때문이다.'(『시지프신화』 알베르 카뮈 저, 김화영 역, 책세상 간 참조)

결국 '모든' 자살은 누군가가 개입된 타살이다. 한 사람을 죽음으로 몰아넣은 실체적實體的인 한마디의 주인이 살해의 '실행자實行者'이지만, 그에게 승리한 수많은 자들을 포함해(그들도 역시 패배자인 것은 분명하다.) 절망의 씨앗에 물을 뿌려 싹을 틔우고 나무로 자라게 한 사회가 살해의 공범이다. 무엇보다도 죽은 자가 그 살해의 '주범主犯'이다.


## 우울의 분석


로버트 버턴Robert Burton은 의학이 제대로 발달하기 300년 전인 17세기 초엽 이미 『우울의 분석The Anatomy of Melancholy』이란 책으로 우울증을 해부한 신학자다. (이 책의 내용은 일부만 소개되어 있을 뿐, 완전히 번역되어 있지 않다.) 그 자신이 몹시 우울했다. 그는 창문에서 뛰어내리고 싶은 자살충동을 느끼면 젖먹던 힘을 다해 템스 강가를 달렸다. 그래서 내린 결론은, 그 책 마지막에 실려 있다고 하는, 한마디다. '그렇게 한가하지 말라.'

그 책도 우울증을 벗어나기 위해 몇 년 동안 필사적으로 썼다. 버턴은 존 스튜어트 밀John Stuart Mill처럼 음악이 우울증을 극복하는 방법이라는 걸 알았다. 그리고 '웃음만이 피를 맑게 하고 젊음과 활기를 준다'고 했다. 영국판 일소일소一笑一少다. 그러니까 무슨 일이든 하면서 늘 음악을 듣고 언제나 웃는 게 사는 길이라는 것이다. 그러나 그것이 무슨 처방이 되겠는가. 그래서 버턴이 이 책에서 한 유명한 말이 인구人口에 회자膾炙된다.

가장 좋은 것은 아예 태어나지 않는 것이고, 두 번째로 좋은 것은 빨리 죽는 것이다.

## 모두 다 공범이다

카뮈 식으로 죽음을 분해하면, 우리가 알고 있는 '모든' 자살은 물론 종교적 자살, 순교까지도 명백히 타살이다. 메릴린 먼로Marilin Monroe는 '음모론' 주장처럼 케네디 형제가 권력으로 죽이지는 않았을 것이다. 누군가가 그녀를 사지死地로 내몰았다는 증거도 없다. 분명한 것은 그녀는 치사량을 넘는 수면제를 삼켰다는 사실뿐이다. 그러나 그게 실수로 '멍청하게' 한 움큼을 털어넣은 것이라 하더라도 그녀는 타살된 것이다.

세인의 관심과 그에 따른 지나친 조명, 더 거슬러 올라가면 그녀가 무식할 수밖에 없도록 만든 부모 그리고 그녀의 상처를 덧나게 만든 남자들, 그 중에서도 아인슈타인Albert Einstein 같은 점잖아야 할 지식인들이 키운 상처가 그녀를 죽게 한 것이다. (이 책 '계량화' 참조) 배우 최진실崔眞實의 죽음 역시 마찬가지다. 대중이 그녀에게 보인 관심마저도 그녀를 죽인 독약이 되었다. 적어도 철학적으로는, 우리 모두가 그녀를 살해한 공범이다.

노무현盧武鉉 전 대통령의 자살 역시 타살에 속한다. 검찰과 정권이 살해자라고 하려면, 마찬가지로 빈소에서 울던 자들, 그의 지지자들, 그와 한편이었던 사람들이 걸었던 기대와 희망, 믿음 같은 것이 그를 죽였다고 해야 한다. 무엇보다도 그를 끝 모르는 절망의 밑바닥으로 투신하게 만든, 그가 들은 마지막 말이 직접적 살해 도구다. 그 도구의 주인은 누구인가? 언론인가, 정치권력인가, 가족인가, 아니면 새벽의 바위 위에 서서 우연히 듣게 된 바람소리인가?

## 무명의 고흐는 누가 죽였는가

그렇다면 대중이 아무런 관심도 가지지 않았던 무명無名의 고흐는 누가 죽였는가? 빈센트 반 고흐Vincent van Gogh(1853~1890)는 생전에 철저히 무명화가였다. 자신의 말대로 '손풍금 음악처럼 알기 쉬운 그림'들은 그가 죽고 한 세기가 지난 지금 가장 비싼 그림들이 되어 있다. 생전에 고흐의 그림은 단 한 점만 팔렸다. (지금 가격의 2만 분의 1쯤 되는 400프랑이었다.) 그는 극빈자였으며, 도망자였다. (상세한 것은 『위대한 패배자』, 볼프 슈나이더 저, 박종대 역, 을유문화사 간, 또는 『반 고흐 지상에 유배된 천사』, 유리우스 그레페 저, 최승자 역, 책세상 간을 참조하라.)

고흐는 스물일곱 살이 되던 1880년, 처음으로 그림을 그렸다. 그건 '삶의 공포에서 벗어나기 위한 예술로의 미친 듯한 도피'이면서(에곤 키슈E. E. Kisch의 말), '깊은 나락에서 에너지가 돌아오는 것'을 느끼는 일이었다. (동생인 테오에게 보낸 편지) 헤이그의 외사촌 안톤 모베의 화실에서 처음 유화를 그린 것이 스물아홉, 그리고 이 천재는 서른일곱 살인 1890년 7월 27일 뜨거운 밀밭으로 달려가 권총으로 자신의 배를 쏘았다. 그는 피를 쏟으며 1km를 걸어가 숙소인 여관 침대 위에 누웠다.

그를 죽인 것은 무엇일까? 동생 테오가 누이에게 쓴 편지처럼 '스스로를 적으로 생각한' 것은 아닐까? 아니면 1888년 고갱Paul Gauguin이 아를 떠날 때 면도칼로 자신의 귀바퀴를 잘라버린 그 광기가 다시 발작한 것인가? 죽기 한 달 전에 그가 사랑을 고백했던 가셰 박사의 딸이 최후의 '가해자'인 것인가? 우리는 알 수 없다. 다만 천재는 죽음도 독특하다는 사실뿐!

## 진리를 위해 죽은 자

죽음을 피해 살 수 있는 수많은 기회를 자신의 믿음 때문에 버린 것은 어떻게 해석해야 할 것인가? 그것은 타살인가, 자살인가?

BC 3세기 아리스타르코스Aristarchos가 지동설과 지구의 일주운동日周運動을 주장했다. 그로부터 무려 1800년이 지난 16세기에 이르러서야 니콜라우스 코페르니쿠스Nicolaus Copernicus(1473~1543)가 다시 그 '진실'을 말했다. 그를 이어 도미니코 교단의 사제 조르다노 브루노Giordano Bruno(1548~1600)는 수백 년 뒤에나 통용될 과학적 진실을 몇 권의 책으로 썼다. '물리적인 최소 단위는 원자다', '지구는 자전하는 동시에 태양 주위를 공전한다', '별만큼이나 많은 시간이 존재한다' 이런 엉터리 같은 말을 하는 브루노를 교회와 권력자들은 처음에는 몽상가 정도로 여기다가 곧 자신들을 파괴할지도 모르는 엄청난 위험인물이란 걸 깨달았다. 그러나 브루노는 태연하게 과학에 몽매한 비판자들을 비웃었다.

우리가 아는 것 이상의 별들이 없다고 생각하는 사람은, 작은 창문을 통해 바라보는 새들만이 공중에 날아다닌다고 믿는 것과 다를 바 없다.

오늘날에 정말 필요한 경구인 '진리에 궁극은 없다'는 것을 너무 일찍 밝힌 탓에 브루노는 만인의 공적이 되었다. 그는 한 부유한 베네치아 사람의 꾐에 빠져 교사로 초빙되었다가 체포되어 이단신문異端迅問에 회부되었다. 그는 바티칸의 차디찬 지하감옥에서 7년 동안이나 갇혀 있었다. 그 긴 시간을 '자백'을 강요하면서도 굴복하지 않고 판사를 '무식한 놈'이라고 비웃은 뒤 1600년 2월 17일 당당하게 화형당했다.

그로부터 300년이 지나 브루노는 바로 그곳에서 부활했다. 로마의 캄포데이 피오리Campo dei Fiori(꽃의 광장)에는 자신을 죽인 바티칸 방향으로 두건을 쓴 채 그가 서 있다. 1889년 에토레 페라리가 조각한, 반교회反敎會의 상징이 된 이 동상의 좌대에는 브루노에 대한 자유주의자들의 짧은 헌정사獻呈辭가 새겨졌다.

브루노, 그가 예견한 세기에, 화형의 불길이 타올랐던 여기 이 자리에.

A Bruno ilsecolo da lui divinato qui dove il rogo arse.


브루노는 목숨을 부지할 수 있는 수많은 기회를 버리고 죽음으로 나아갔다. 그렇다면, 그의 죽음은 자살인가, 타살인가? 나는 이 책에서 진리를 위해 죽은 자는 없다는 말을 수차례 했다. 브루노의 죽음에, 진리를 수호한다는 정신 외에 다른 요인이 개입되지 않았다면 나는 한 예외를 만난 것이다. (이 책 '상' 참조)


## 누구나 릴케는 아니다

어쨌든 모두 타살이다. 짧은 생을 술과 신경쇠약으로 보내다 볼티모어의 길거리에서 죽은 채 발견된 애드거 앨런 포Edgar Allan Poe는 모두가 그를 살리기 위해 애쓴 경우였지만, 그 죽음도 분명 타살이다. 아내를 숭배하는 동서와 결투를 벌이다 죽은 푸시킨Aleksander Sergeyevich Pushkin이 자살이 아니라는 건 논쟁할 필요조차 없다. (푸시킨은 한 집에 살던 처제 카트카와 결혼한 프랑스인이 자신의 아내를 숭배하자 결투를 신청했고 제비뽑기를 한 끝에 동서가 먼저 쏜 총에 맞아 죽었다. 그가 쓴 '모차르트와 살리에리'는 영화 아마데우스Amadeus의 원전이 되었다.) 오랜 폭식 습관을 치료하던 중 유령에 홀려 자지도 먹지도 못하다가 죽기 직전의 영양 공급조차 거절한 니콜라이 고골Nikolay Vasilyevich Gogol은 15년 뒤 무덤을 팠을 때 산 채로 묻힌 것이 밝혀졌다. 그렇지 않았으면 고골은 어쩌면 자살자의 전당에 들 수 있었을 것이다.

그렇다. 모든 인생이 굴곡이 있듯이 어느 죽음이든 '무엇인가'가 개입된다! 진정한 자살은, 스스로 삶에 무관심할 때만 가능하다. 그 무관심은 단순한 싫증이나 혐오를 넘어, 삶에 아무런 의미를 찾지 못하는 순간에 오는 '완전한 상실'이다. 그래서 죽음으로 나아간다. 죽음은 결코 잠이나 휴식이 아닌 경험하지 못한 세계다.

그러나 전혀 다른 죽음도 있다. 릴케Rainer Maria Rilke(1875~1926)는 스물네 살때 루 잘로메Lou Andreas Salomé를 만났다. (니체Friedrich Nietzsche가 실연했고 프로이트Sigmund Freud가 관계했던 그 잘로메다.) 그녀는 러시아 장군의 딸로 작가였으며 릴케보다 열네 살이나 많았다. 거기에다 남편까지 있었다. 그래도 둘은 사랑에 빠졌다. 루의 남편과 함께 세 사람은 두 차례나 러시아 여행을 했다. 그러나 얼마 뒤 릴케는 루와 헤어져 조각가 클라라 베스트호프와 결혼한다. 클라라와 헤어진 뒤로는 유럽의 여러 도시들을 여행했다. 릴케는 많은 여성과 연애담을 남겼지만 루를 평생 잊지 못했다. 릴케는 쉰한 살인 1926년 9월 장미가시에 손가락을 찔렸고 이로 인한 패혈증으로 그해 12월 29일 죽는다. (세월이 지나 진짜 사인死因은 백혈병이라는 주장이 나왔다.) 그는 죽기 직전 여자 친구에게 생을 찬미했다.

잊지 마세요. 그대여. 삶은 찬란하다는 것을.

사실, 릴케의 말처럼 누구에게나 삶이 찬란한 것은 아니다. 누구나 릴케처럼 잘로메 같은 자신을 이해하는 연상의 여자와 사랑의 추억을 가진 것도 아니요, 시적인 영감을 얻기 위해 두이노성을 빌릴 수도 없다. (그는 아드리아해 연안 두이노성에서 『두이노의 비가悲歌Duineser Elegien』를 썼다.) 마찬가지로 누구에게나 릴케처럼 죽음이 잠은 아닌 것이다. 릴케의 묘비에는 그의 유언에 따라 경탄할 만한 시구가 적혀 있다.

장미여, 오, 순수한 모순이여, 기쁨이여, 그 수많은 눈꺼풀 아래, 누구의 잠도 아닌 잠이여.

## 로맹 가리

죽음의 세계는 무無이며, 혹은 그 무조차도 없는 세계일 수 있다. 어느 누가 감히 그것을 증명할 수 있겠는가? 나는 우선 '자살'한 한 작가를 추모하고자 한다.

인간의 가장 아름다운 꿈은 전쟁과 감옥을 만드는 데 이미 쓰였다.

인간의 희망과 절망에 관해 쓴 수작秀作 『새들은 페루에 가서 죽다Les oiseaux vont mourir au Pe'rou』는 로맹 가리Romain Gary(1914~1980)의 단편소설이다. (이 작품이 수록된 같은 제목의 단편소설집이 있다, 김남주 역, 문학동네 간) 그는 이 소설에서 자신의 미래를 예감했다.

페루의 리마 북쪽 10km쯤 떨어진 모래 해변에 수천 마리의 새가 날아와 몸뚱이를 던져 퍼덕이다가 죽는다. 이 해안을 찾아와 바다로 뛰어드는 한 여자를 바닷가 카페를 지키던 남자가 구한다. 그 남자는 아무런 희망도 기대도 없어진 고독한 마흔 일곱의 중년이다.

먼바다에서 다가오는 강렬하기 짝이 없는 고독의 아홉 번째 파도에. 그 누구도 극복할 수 없는 단 한가지 유혹이 있다면 그것은 희망의 유혹일 것이다.

여자는 남자에게 자신이 죽도록 내버려뒀어야 했다고 말한다. 그녀는 '체념'만으로 살아가던 남자에게 '희망의 미끼'가 될 수 있었다. 그녀는 남자에게 그곳에 머물게 해달라고 부탁했다. 그때 그녀의 남편이 찾아온다. 여자는 더 이상 이렇게 살 순 없다고 하지만 심리치료를 받자는 남편과 함께 돌아가기로 한다. 남편은 떠나면서 남자에게 새들이 여기 와서 죽는 이유가 있을 것이라고 말한다. 모래언덕에서 여자가 돌아봤을 때 남자는 사라지고 없었다.

로맹 가리는 유대인으로 1914년 모스크바에서 태어나 열네 살 때 프랑스 니스로 이주했다. 그는 공군 조종사로 2차대전에 참전해 레지옹 드 뇌르 훈장을 받은 군인이면서 로스앤젤레스 총영사를 지낸 외교관이기도 했다. 참전 중 첫 소설 『유럽의 교육』으로 비평가상을 받았고, 1956년 『하늘의 뿌리』로 공쿠르상을 받았다. (그가 에밀 아자르Emile Ajar라는 이름으로 쓴 『자기 앞의 생』이 다시 공쿠르상 수상작으로 선정된다. 이 책 '중간' 참조)

그 후 할리우드에서 시나리오 작가로 활동하던 마흔다섯 살에 영화 '네 멋대로 해라A bout de souffle'의 헤로인인 스물한 살의 진 세버그Jean Seberg를 만났다. (네 멋대로 해라'는 장 뤼크 고다르Jean-Luc Godard 감독의 작품으로 진 세버그와 장 폴 벨몬도라는 두 배우를 탄생시킨 영화다.) 둘 다 기혼자였지만 그런 것이 두 사람의 결합에 장애가 될 수 없었다.

그러나 둘은 8년간의 결혼생활 끝에 장기간 별거한 뒤 이혼했다. 그 1년 뒤에 진은 약물과용으로 죽어 변사체로 발견된다. 다시 1년 뒤 로맹 가리도 '결전의 날'이라는 유서를 남기고 파리에서 권총으로 자살했다. 그 유서의 마지막 문장은 이렇다.

나는 마침내 나를 완전히 표현했다.

인생의 절정에 섰던 로맹 가리는 진에게서 희망을 보았지만 진이 떠난 다음 모든 것이 무의미진 채 '스스로가 잘 알고 있었던' 절망을 넘어서지 못했던 것이다. 그는 끝내 '희망의 미끼'를 잡지 못했다. 그가 사랑했던 아들 디에고의 말을 빌리자면, 아들이 대학입학자격시험인 바칼로레아에 합격하자, '더 이상 만들 것도 말할 것도 없다고 판단했다.' 그는 그런 자신과 마지막 결전에 나섰고 장렬하게 전사했다. 그는 유대인 특유의 근면성으로 인생을 충실하게 살다 갔다.

**어니스트 헤밍웨이**

또 한 사람의 '군인' 어니스트 헤밍웨이Ernest Miller Hemingway(1899~1961) 역시

생의 마지막 전투인 자신과의 싸움에서 엽총으로 자신의 머리를 날려버린 사람이다.

헤밍웨이는 늘 남성호르몬이 넘치는 '마초'였다. 스페인에서는 투우를 하고 아프리카에서는 엽총을 들고 사냥에 몰두했다. 그런 '잡기'들은 대부분 아버지로부터 물려받은 것이었다. 의사인 아버지는 수렵과 낚시, 항해와 야영 등을 즐겼으나 대단히 가정적이고 신앙심이 깊은 사람이었다. 헤밍웨이의 글 쓰는 능력은 어머니 그레이스에게서 물려받았다. 그러나 아들은 부모의 종교는 물론 '사나이의 표본'이 될 것이라는 부모의 기대를 저버렸다. 그는 열일곱 살 때 무신론에 빠졌으며, 죽을 때까지 종교를 혐오했다. (두 번째 결혼 때 신부 폴린을 위해 가톨릭으로 개종한 뒤에도 마찬가지였다.) 불치병에 걸린 그의 아버지가 자살하자 헤밍웨이는 그 책임을 어머니에게 돌리면서 평생 어머니를 적으로 간주했다.

헤밍웨이 문학의 특질은 두 가지다. '폭력에 대한 증오'와 '독창적이며 간결 명료한 문체'가 그것이다. 그러나 실제의 그는 폭력적이었다. 그런 헤밍웨이 문학에 근간을 이루는 폭력에 대한 도덕적 분노는 부모에 대한 반항으로 생겨났다. 아버지는 어린 헤밍웨이가 사소한 잘못을 저지를 때마다 면도칼을 가는 가죽으로 엉덩이를 때렸다. 거짓말을 했을 땐 쓴맛 나는 비누로 입을 씻겼다. (그런 훈육에도 불구하고 헤밍웨이는 평생 거짓말을 입에 달고 다녔다.) 아들에게 걸었던 어머니의 기대는 헤밍웨이에게는 정신적 폭력이었다. 어머니에 대한 증오는 너무 깊어 헤밍웨이는 나중에 지인들에게 어머니를 '그 쌍년'이라고 부르곤 했다. 누이들도 전부 '쌍년'들이었다. 그는 에세이와 시를 썼던 어머니의 문체마저 혐오했다.

　헤밍웨이는 스물한 살인 1920년 이탈리아 전선에서 앰뷸런스 요원으로 복무를 마치고 1차대전의 전쟁영웅으로 돌아와 빈둥거리다 이듬해 파리특파원으로 갔다. 그곳에서 중동전쟁을 취재하는 한편 망명 온 문인들과 어울리며 시와 산문을 썼다. 대학을 못 다닌 그는 지식을 보충하기 위해 엄청나게 책을 읽었다. 나중에 쿠바의 집에 그가 읽은 책으로 도서관을 만들 정도로 그는 모든 작가의 작품을 섭렵하고 모든 분야의 전문서적들을 탐독했다. 에즈라 파운드Ezra Pound는 그때 헤밍웨이의 재능을 알아본 유일한 사람이었다. 파운드의 말이다. '헤밍웨이는 세상에서 가장 뛰어난 산문 스타일리스트다.'

　헤밍웨이의 산문 문체는 훗날 영어를 모국어로 쓰는 작가들의 전범典範이 되었다. 그는 '캔자스시티 스타'지에서 배운 '명료하고 간결하며 직접적인 단어'를 사용해 그만의 독특한 문체를 만들어냈다. 그 신문은 판에 박은 듯한 진부한 표현(문학용어로 클리셰Cliché)을 극도로 싫어했다. 훗날 헤밍웨이는 링컨 스테펀스Lincoln Steffens(이 책 '계량화' 참조)로부터 '전보문체'라고 불리는 더욱 간결한 문체를 전수받았다. 군살도 없고 형용사, 부사도 없는 전혀 새로운 문체였다. 그는 '스승' 파운드에게서도 '딱 하나의 정확한 단어를 찾아 쓰는 것'과 '형용사를 믿지 말 것'을 배웠다. 자신만의 문장에 매료된 헤밍웨이는 다른 작가들의 문체를 한마디로 비평했다.

　이제 바로크시대는 끝났다.

## 두려움으로부터의 도주

헤밍웨이는 스물일곱 살 때인 1926년 『해는 또다시 떠오른다』, 그리고 1929년 『무기여 잘 있거라』가 엄청난 성공을 거두면서 유명 작가로 발돋움했다. 그는 처음 기품 있는 젊은 작가였지만 곧 타고난 폭력성과 마초성을 드러냈다. 그는 투우와 범고래잡이, 심해고기잡이와 맹수사냥에까지 나섰다. 당연히 온갖 사고가 따라붙었다. 평생 그가 겪은 사고와 부상 목록은 몇 페이지로도 부족하다. 1차대전 때는 폭발로 오른쪽 다리에서 파편을 227개나 제거했고 비행기 사고 두 번을 포함해 열 번이나 뇌진탕으로 병원에 실려갔다. 세 번의 교통사고에도 갈비뼈와 무릎만 부서지고 살아남았다. 그는 너무 자주 팔이 부러지고 동공이 찢어졌으며, 화상을 입고, 스스로 쏜 총에 다리를 맞았다. 이런 수많은 사고는 대개 술 때문에 일어난 것이었다.

그래도 그는 모든 두려움을 정복한 남자처럼 보였다. 사파리 복장에 엽총을 들고 담배를 문 채 사진이 찍히는 걸 즐겼다. 그러나 그가 진짜 즐긴 것은 알코올과 여자였다. 서른 살이 되기 전부터 자신을 '파파'라고 부르기를 원했던, '유명한 남자'를 찾는 여자들이 늘어났다. 이와 함께 그의 거짓말도 늘어났다. 그는 심지어 1944년 파리를 나치로부터 해방시킨 최초의 인물이라는 말을 태연히 하곤 했다.

그는 그 무렵 공산주의에 빠져 반공주의자들을 악당으로 매도했다. 그가 나중에 『누구를 위하여 종은 울리나』로 다룬 스페인내전에 뛰어든 것도 내전이 부재지주에 맞선 인민들의 전쟁이라고 보았기 때문이다. 그는 미국 공산당이 카네기홀에서 연 작가대회에서 진실을 말하기 위해 파시즘과 싸워야한다고 말했다. 그러나 헤밍웨이는 막상 미국이 파시즘과 싸운 2차대전에는 참여하지 않았다.

헤밍웨이는 우울증에 시달리면서 그 우울증을 이기기 위해 술을 마셨다. 10대 때 시작된 술로의 도피는 평생 계속됐다. 자연히 약한 과일주에서 와인으로 그리고 위스키 같은 독주로 취향도 옮겨갔다. 20대엔 이미 식사 때마다 와인을 몇 병씩 비워냈다. 쿠바에서는 럼주를 섞은 칵테일을 쉴 새 없이 마셨으며 유럽에 가선 질리도록 마티니를 부어댔다. 술에 취한 헤밍웨이는 모든 작가와 싸웠다. 깨어있을 때도 그는 다른 작가들의 성공을 질투했다. 그가 공격하지 않은 작가는 에즈라 파운드와 제임스 조이스James Joyce밖에 없었다. 그의 이런 불화 근성은 네 명의 아내에게도 마찬가지였다.

여덟 살 연상의 첫 아내 헤이들리는 헤밍웨이가 유명해지기 전에는 생계를 책임졌고 유명해진 뒤에는 계속되는 불륜을 참아내야만 했다. 그녀는 헤밍웨이의 요구로 세 사람의 아침식탁을 차리곤 했다. 아칸소 대지주의 딸인 두 번째 아내 폴린이 그 아침식탁의 멤버였다. 그 불과 몇 년 뒤 헤밍웨이는 아바나에서 제인 메이슨이라는 금발의 젊은 유부녀와 살림을 차렸다. 그러나 그녀의 자살 미수사건이 있자 그녀를 버렸다.

헤밍웨이의 세 번째 아내는 열 살 어린 금발의 마사다. 그는 그녀를 '우리 딸'이라고 부르면서 스페인으로 초청했다. 작가를 지망했던 그녀는 헤밍웨이의 명성에 홀린 여자였다. 헤밍웨이와 마사는 결혼기간 내내 싸웠다. 무엇보다 마사는 다른 여자들처럼 헤밍웨이에게 고분고분하지 않았다. 마사가 본 헤밍웨이는 더러웠으며 너무 이기적이었다. 그리고 그는 늘 술에 취해 있었다. 마침내 8년 만에 그녀가 그를 포기하자 헤밍웨이는 그녀와의 결혼이 인생 최대의 실수였다고 말했다.

헤밍웨이의 네 번째 아내 메리 웰시는 '타임'지의 기자였는데 유부녀였다. 그녀는 헤밍웨이와 결혼하면서 모든 것을 포기했다. 기자직을 그만둔 것은 물론 그의 하녀로서 만족했다. 심지어 헤밍웨이는 정부情婦에게 그녀를 위안부라고 불렀고 그 말을 들은 정부는 그녀 면전에서 '교양 없다'고 모욕했다. 그런 일은 아무것도 아니었다. 메리는 눈앞에 펼쳐지는 숱한 불륜과 모욕을 그가 스스로 죽을 때까지 감내해야 했다.

헤밍웨이가 전쟁이 아닌 여색에 탐닉하게 되면서 자연스레 술은 새로운 전쟁이 되었다. 마흔 살이 넘어서는 위스키 같은 독주를 하루 1L꼴로 마셨다. 이런 알코올중독으로 인해 한때 사고로 파열되었던 그의 간과 콩팥은 엉망 진창이 되었다. 그로 인해 당뇨병과 불면증은 물론이고 수많은 합병증에 시달렸다. 불치병에 걸려 자살한 아버지를 경험한 헤밍웨이는 죽지도 못하고 고통에 시달린다는 공포에 휩싸였다. 1961년 7월 2일 그는 사고를 가장하면서 산탄 엽총으로 그의 머리를 쏘았다.

그는 마지막 전투에서 완벽하게 졌다. 그건 술의 힘을 빌려 도망치다 지친 싸움꾼의 최후였다. 아무도 이 죽음에 개입되지 않았다. 결국 술이 그를 죽인 셈이지만 그를 노벨상으로 이끈 소설은 제 정신으로 쓴 『무기여 잘 있거라』나 20세기 최고의 베스트셀러였던 『누구를 위하여 좋은 울리나』가 아닌, 술에 취해서 쓴 『노인과 바다』였다.


## 아르투르 쇼펜하우어

나는 이미 키르케고르와 카뮈를 언급한 바 있다. (『바다도 비에 젖는다』 '절망' 참조) 카뮈 식으로 말하자면 '더 살 만한 가치'를 깨닫는 것은, 절망을 넘어 진정한 희망을 보았을 때다. 그 희망은 곧 '자유'다. 불가佛家의 '자유' 개념과 거의 일치한다. 즉 모든 것을 버렸을 때 얻는 환희다. 카뮈의 그런 생각을 키르케고르와 섞자면, 그건 '절망'인 '자기 상실'을 이겨내고 자유를 획득하는 일이 된다. 그러나 절망상태의 한 인간이 고통의 벽을 허물어서 희망을 만나고 자유를 얻는 일이, 어디 카뮈가 한 말의 성찬盛饌처럼 쉬운 일인가.

나는 단언하겠다. 모든 희망을 잃고 절벽 앞에 서 있는 자에게 발 아래 까마득히 넘실대는 시푸른 바다에 몸을 던지지 않아도 되는 이유가 있다면, 그건 고뇌 끝에 쥐는 '자유'라는 정신의 지푸라기가 아니라, 현실적인 그 무엇이다. 그래서 철학은 허기진 위장의 고통을 줄여주는 밥 같은 것이 아니다. 로맹 가리가 카뮈에 이르지 못했다고 나는 생각하지 않는다. 헤밍웨이가 자신이 가졌던 공포에 관해 철학적으로 전혀 이해하지 못했을 리도 없다.

쇼펜하우어Arthur Schopenhauer(1788~1860)는 그 자신이 공포로 일관한 삶을 살았지만, 자살하지 않았다. 그 대신 수많은 숭배자를 죽음의 공포를 넘어 그 실행으로 몰아간 철학자다. 공포와 그로 인한 우울증이야말로 이 천재가 생산한 독자적인 철학의 바탕이었다. 그런데 염세철학의 시조인 그가 천연두 같은 전염병이나 도둑과 강도를 겁내고 기껏 바퀴벌레를 두려워한 것은 너무 이율배반적이다. (그는 도둑을 겁내 단검과 장전된 권총을 베개 밑에 두고서야 잠을 잤다.)

그는 어릴 때 은행가인 아버지의 출장을 따라다니면서 7개국어를 배워 구사할 정도로 총명했다. 아버지가 죽자 괴팅겐대와 베를린대에서 자신이 하고 싶었던 철학을 공부하고 예나대학에서 '충족이유율의 네 가지 근원에 관하여'라는 난해한 제목의 논문으로 학위를 받는다. 그 뒤 서른한 살 되던 1819년 쓴 두 권짜리 책이 『의지와 표상으로서의 세계Die Welt als Wille und Vorstellung』다. 이 책은 당시 전혀 읽히지 않다가, 폐렴으로 그가 죽은 1860년이 훨씬 지나 전 유럽을 풍미風靡했다. 출판사 사장에게 보낸 편지에 쓴 예언대로였다.

내 책은 새로운 철학 체계입니다. 말 그대로 새롭습니다. 기존의 것을 새로 표현한 것이 아니라 지금까지 사람들이 한 번도 머릿속에 떠올리지 않은 사고체계로서 최고의 맥락을 가지고 있습니다. 그 사고체계를 사람들에게 이해시키기 위해 힘든 작업을 한 이 책은 훗날 수많은 책의 원전과 동기가 될 것을 확신합니다.

그는 베를린대에서 철학을 가르칠 때 의식적으로 헤겔과 같은 시간에 강의했다. 그러나 학생들로 가득 찬 헤겔의 강의실 옆 그의 강의실은 언제나 텅비어 있었다. 학생들은 헤겔에 열광하면서 쇼펜하우어는 철저히 외면했다.

쇼펜하우어는 그런 사태를 견디지 못했다. 자신의 철학을 이해하지 못하는 대학을 버리고 그는 프랑크푸르트로 돌아가 아버지의 유산에서 나오는 이자로 생활했다.

모든 진리는 세 단계를 거친다. 첫 번째는 조롱받고, 두 번째는 반대에 부딪치며, 세 번째 마침내 자명한 것으로 간주된다.

결국 자신의 이 말처럼, 그의 '진리'는 인정받기 전 세 단계를 거쳤다. 그러나 '철학자 중 가장 정직한 철학자'로 불렸던 이 천재의 생각은 대체로 불가佛家에서 이미 설說하던 것을 바탕으로 한 것이다. (그는 동양철학자 F. 마이어의 영향으로 인도철학을 공부했다.) 쇼펜하우어에게 삶은 '맹목적인 생의 의지'로 표출되는 '끊임없는 욕구의 계속'이다. 따라서 삶은 고통일 수밖에 없다. 이 고통의 근원인 욕구를 버리고 형상세계가 무無로 돌아가는 것은 곧 '의지'를 부정하고 해탈解脫하여 열반悅槃에 드는 것이다. '그러므로…' 쇼펜하우어는 덧붙인다.

생의 의지를 끊고 관조의 세계로 들어가라.

쇼펜하우어의 맹점은 바로 '생의 의지'를 '고통의 근원인 욕구', 즉 근원적 욕구로 이해하여 불가의 가르침을 오해한 데 있다. 이 오해가 수많은 이들을 '아무런 수행 없이' 생의 의지를 끊는 엉터리 '열반'에 이르는 길로 내몰았다. 염세주의는 수많은 자살을 낳았다. 한때 쇼펜하우어를 계승했던 니체 Friedrich Wilhelm Nietzsche(1844~1900)는 광기에 사로잡힌 까닭에 다행히 자살하지 않았다.

## 조지 바이런

'외관적인' 자살은 대부분 용기 있는 자의 선택이 아니다. 자살이야말로 고통으로부터의 궁극적인 도피로서, 가장 비겁한 선택이다. 정말 용기 있는 선택은 죽을 때까지 고통어린 삶과 싸우는 것이다. 그런 의미에서 '군인' 바이런George Noel Gordon Byron(1788~1824)은 결코 비겁하지 않았다.

바이런의 아버지는 방탕한 방랑자였고 어머니는 후처였다. 그는 한쪽 다리가 기형인 독자獨子로 태어났지만 세 살 때 아버지가 객사하고 열 살 때 귀족인 할아버지 형제가 죽는 바람에 졸지에 남작(6th Baron Byron) 작위와 노팅엄셔에 있는 낡은 성을 물려받아 영주領主가 되었다. 성인이 되어 상원의원 자리에도 앉았다.

바이런은 스물네 살 때 스페인, 그리스를 거쳐 터키에 가서 쓴 '차일드 해럴드의 순례여행'이 엄청난 성공을 거두는 바람에 '어느 날 아침에 일어나보니 유명해졌다.' 그는 상원의원으로서 방직공장 노동자들의 소요를 탄압한 것을 항의하는 연설로 명성을 떨쳤지만 사실 그런 반골기질은 '세계'를 향한 것이었다.

그러나 그는 '너무 비겁해서 권총 자살을 할 수도 없는' 자신을 책망하곤 했다. 그런 자기모멸은 해군 제독이었던 할아버지에 비해 아무것도 내세울 것이 없다는 자격지심 때문이었다. 그러면서도 이 창백한 미남 천재시인을 흠모하는 귀족 부인들과 수많은 정사를 벌였다. 그런 불륜은 세간에 널리 알려졌지만 결혼 후에도 멈추질 않았다. 심지어 바이런은 이복동생과도 관계했고 아편과 동성애에도 빠졌다. (이런 소문들은 대개 바이런이 스스로 말해 퍼진 것이다.) 추문에 질린 아내가 별거를 요구하자 그는 영국을 떠나 스위스에서 생활했다.

그 무렵 바이런의 동지는 이상주의 좌파이자 같은 낭만파 시인인 퍼시 비시 셸리Percy Bysshe Shelley였다. 바이런은 베네치아로 가 테레사 귀치올리 백작 부인과 동거하면서 대작 '돈 주안'을 비롯한 수많은 시와 시극을 썼다. 그러다 셸리가 요트 여행 중 익사하고 외톨이가 된 바이런은 마침내 자신의 삶에 의미를 부여할 곳을 찾았다. 그리스 독립전쟁이 터지자 독립군 민병대의 일원이 된 것이다.

그는 1824년 그곳에서 말라리아에 걸려 방혈放血요법으로 기력을 잃은 채 죽었다. (의학이 발달하기 전인 19세기만 하더라도 피를 뽑아내 치료하는 '방혈'은 널리 시행됐다. 조지 워싱턴George Washington도 방혈로 죽었다.) 그는 죽기 전 의사에게 자신은 삶을 걱정하지 않는다면서 과도할 정도로 삶을 즐겼다고 말했다. 임종을 지키려 모인 친구들을 둘러보며 시의 한 구절 같은 '영탄詠歎'을 남겼다.

이 얼마나 아름다운 장면인가!

바이런은 스스로 원했던 죽음의 장면을 보았던 것이다. 서른여섯 살 젊은 나이였다.

## 작가들은 스스로 죽는다

철학자들은 '절대' 자살하지 않는다. 그러나 작가들은 스스로 죽는다.

나는 앞에서 로맹 가리, 어니스트 헤밍웨이, 조지 바이런 세 '군인'에 대해 썼다. 가리와 헤밍웨이 둘은 자신과 치열한 전투를 벌였고 수많은 승리와 패배 끝에 마지막 전투에서 졌다. 그만큼 인생을 나름대로 충실하게 살았다. 바이런 역시 스스로를 모멸하지 않기 위해 군인이 되었고, 전장戰場에서 '전사'했다. 왜 작가들은 자신과 싸움을 벌이는 것일까?

그렇다면 '인간이 사는 이유'를 밝힐 의무를 가진 또 다른 직업군群인 철학자들은 왜 죽음을 두고 싸우지 않는 것일까? 그들은 절망에 다다른 적이 없는 것일까? 쇼펜하우어조차 절망을 구경한 적이 없다는 말인가? 그는 수많은 작가들이 '죽겠다는 일념으로' 섰던 절벽을 멀찍이 떨어져서 바라보면서 그 아래 싯푸른 바다를 그저 상상하기만 했다는 것인가?

나는 자살하지 않은 쇼펜하우어를 꾸짖는 것이 아니다. 다만 철학의 관념성을 염려하는 것이다. 철학자들 역시 관념에서만 놀지 않고 치열했는데도 작가들만 자살했다면, 작가들만 절망을 넘어설 용기나 철학을 가지지 못했다는 말인가? 다시 작가들의 '자살'을 보자. 다음 두 일본 작가들은 위의 세 '군인'들과는 다른 경우다.

## 미시마의 조소

　살아 있었다면 빼어난 감각적 묘사로 가득한 새로운 문체의 스타일리스트라는 이유 하나만으로도 노벨 문학상이 확실시되었던 작가 미시마 유키오三島由紀夫(1925~1970, 평강공위平崗公威가 본명이다.)는 그의 선배 가와바타 야스나리川端康成가 먼저 노벨상을 받자 더 이상 상을 기다리지 않았다. 그는 스스로 무사가 되어 자위대로 쳐들어가 천황제 회복을 주장하며 할복했다. 그건 전투가 아니었고 따라서 그는 '군인'이 아니었다. 그는 자신과 싸운 것이 아니라 자신의 이념을 위해 투쟁했을 뿐이다. 일종의 시위였던 것이다.

　미시마는 동경대 법대를 졸업하고 관료가 되었다가 동성애자의 고통을 다룬 자전적 소설 『가면의 고백』으로 1949년 문단에 나온다. 그를 문단에 추천한 사람은 바로 가와바타 야스나리였다. (한자문화권인 우리가 일본식 발음을 쓰는 것은 옳지 않지만, 두 사람의 이름이 이등박문이나 풍신수길의 경우와 다르게 일본식 발음으로 널리 알려졌기 때문에 그렇게 쓰기로 한다.) 미시마는 그후 주로 소수자들의 고통을 소재로 소설을 썼다. 대표작 『금각사金閣寺』 역시 '아름다움이란 무엇인가?'라는 주제를 다루면서도 주인공 미조구치는 못생긴 데다 말더듬이며 열등감으로 가득찬 인물이다. (소설의 주인공은 '정상인'이 아니다. 『바다도 비에 젖는다』 소설 참조)

　미조구치는 금각사의 금빛 누각을 사랑한다. 핏물이 흐르고 시체가 쌓이는 전란 속에서 금각은 더 아름답다. 설계 자체가 불안해 보이는 금각의 아름다움은, 전쟁의 불안한 상황과 기묘한 조화를 이룬다. 미조구치는 전쟁 중에는 금각과 함께 죽음의 위협에 시달렸으나, 전쟁이 끝나자 자신만 다시 못생긴 소년으로 돌아갔다. 그때 친구 가시와기가 찾아왔다. 그는 함께 걷는 게 부끄러울 정도로 심한 안짱다리였는데도 미인들과 잘도 교제하고 또 차버리곤 했다. 가시와기는 세상을 향해 자신의 수치심을 숨기지 말고 드러내라면서 안짱다리야말로 자신을 인식하는 가장 커다란 증표라고 말한다. 어느 날 미조구치는 국화에 날아드는 꿀벌을 관찰하다가 아름다움이 무엇인지 깨닫는다.

나는 벌이 아니었기에 국화에 유혹당하지 않았고, 나는 국화가 아니었기에 벌에게 사랑받지 않았다.

'내 눈이 금각사의 눈으로 변할 때 세계는 이처럼 변모한다는 사실을' 알게된다. '국화가 정말 아름다울 때는 국화를 바라보는 우리가 꿀벌이 되었을 때며, 강물의 아름다움을 알기 위해서는 물고기가 되어보아야 한다.' 가시와기는 아름다움이 고정된 것이라고 보았지만, 미조구치는 아름다움은 변화하는 것이므로 그 아름다움을 알기 위해서 그 속으로 들어가야 한다는 것을 깨달은 것이다. 마침내 나 아닌 다른 존재가 되기 위해 미조구치는 금각에 불을 지른다.

그것은 금각이 없는 다른 세계로 이행하기 위한 행위다. 그리고 그렇게 행위하는 순간에야말로, 자기 자신이 아닌, 다른 존재가 되어 변화하는 아름다움의 흐름을 알 수 있다. 결국 금각에 불을 질러 태우는 것은 파괴행위가아니라 새로운 삶을 위해 죽는 행위다. 이런 죽음과 삶의 순환에 관한 미시마의 생각은, 네 명의 서로 다른 인물로 태어난 환생輪生을 다룬 4부작『풍요의 바다』로 이어진다.

 미시마에게 소설과 '지식'은 아무런 상관이 없다. (그건 우리 작가들도 그렇다.) '소
설가에게 지식이란 소설의 소재 일부에 지나지 않는다. 초밥집 주인이 재료
에 관해 설명하는 것과 마찬가지다.' 따라서 그가 어떤 철학적 고뇌로 인해
자위대 옥상으로 달려갔을 가능성은 없다. 그는 자살하기에는 너무 위트가
넘치는 작가였다. 그런 위트 뒤엔 세상을 향한 조소가 깔려 있다.

 이 세상을 살아가고 있는 한 우리는 어떤 형태로든 몸을 팔고 있다.

 미시마의 조소는 계속된다. '그런 세상이니 예쁜 여동생이 있다면 욕을 먹
지 않을 정도로만 적당히 이용하라.' '외설은 인격으로부터 분리된 사물로서
의 육체에 대한 성욕에 불과하다.' 미시마가 죽음을 두려워하지 않은 것은,
세상에 대한 이런 경멸이 동인動因이었던 것이다. 그가 죽자 일본의 우익들은
그를 철저히 이용했다. 그는 극우파의 상징이 되었다. 그건 미시마가 절대
원하지 않았던 결과일 것이다.


## 죽음의 미학

 미시마가 죽고 두 해 뒤인 1972년 그의 '스승' 가와바타 야스나리
(1899~1972)가 죽는다. 그는 유서 한 장 남기지 않은 채 밀폐된 맨션의 작가실
에 가스를 틀었다. 그는 최승희崔承喜(1911~1967)의 춤을 사랑했고 젊은 한때는

**106**

전위前衛를 실천했으며 서정抒情에 몰입하기도 했다. 적어도 그의 죽음은 이 세 가지-아름다움과 새로움 그리고 허무가 기묘하게 결합한 것처럼 보였다.

열다섯 살 때 부모가 죽어 큰아버지집에서 자랐던 가와바타는 미시마와는 달리 평생 병약했다. 그는 허무주의에 몰입했으며 나중에 이를 어느 정도 극복한 것처럼 보였다. 적어도 문학적으로는 그랬다. 중편소설 분량인 『설국雪國』과 단편 『이즈伊豆의 무희舞姬(원 제목은 이즈의 용자踊子이다. 용자는 우리의 연희패 춤꾼과 비슷하다.)』가 그의 대표작이다. 두 소설은 소재가 유사하다.

『설국』은 부모 유산으로 무위도식하는 주인공 시마무라가 니가타현 온천 마을의 기생 고마코를 만나는 이야기다. 『이즈의 무희』는 고등학생인 주인공이 이즈를 여행하면서 여관에서 유랑극단의 무희를 만나는 이야기다. 사건도 없고 갈등도 없다. 연애소설이 분명한데도 전혀 연애소설 같지 않은 것이, 가와바타는 단 한번도 소설에서 사랑이 어떠니 이별이 어떠니 가르치려들지 않는다. (그 점이 톨스토이Lev Tolstoi와 너무 다르다.) 소설은 그저 지루할 정도로 사소한 변화들, 그리고 여행지에서 일어나는 그저그런 일상적 행위들을 묘사한다. 감각적 문체가 아니었다면 가와바타는 결코 문학적 명성을 얻지 못했을 것이다. (그런 점에서 일본어가 아닌, 다른 언어로 번역된 이 작품들은 절반의 가치를 잃는다.)

그러나 그런 소설의 무기력함이 가와바타가 자살한 원인은 아니다. 그는 일본의 주요 문학상은 거의 다 받았으며 노벨상도 받았다. 도대체 무엇이 인생의 정점에 있던 가와바타를 죽음으로 내몰았을까. 그도 미시마처럼 환생을 믿었던 것일까. 아니면 늙고 병든 몸으로(그는 죽기 직전 맹장수술을 받았다.) 더 이상 추한 육신을 견딜 용기가 없었던 것일까. 『설국』의 첫 문장은, 소설 첫 문장으로는 가장 유명한 문장이다. '국경의 긴 터널을 빠져나가니 설국이었다.'

가와바타는 죽음을 그저 '터널을 빠져나가는' 과정으로 이해했을까. 가와바타의 문학에서 단서를 찾자면, 설국에서 시마무라가 여관방 벽에 붙은 채 죽어 있다 다다미 위로 떨어져 내린 나방을 집고서 하는 감탄이 있다.

어째서 이토록 아름다운가.

바이런의 마지막 말과 너무나도 흡사한, 아름다움에 대한 영탄. 죽음의 미학은 그 한마디로 족하다.

## 05

# 칭찬 稱讚

칭찬은 고래를 불구로 만든다.

 

'칭찬하기'를 성공한 인생의 비결처럼 말하곤 한다. 그건 간사한 심성을 권장하는 것과 같다. 칭찬을 해서 타인에게 호감을 살 수 있는 건 당연하다. 심지어 적敵으로 부터 칭찬을 받는 순간, 그 적이 심정적으로 한 편이 될 수도 있다. 또 칭찬은 능력을 발휘하게 하는 원동력인 것도 사실이다. 그러나 이런 '의도를 감춘 칭찬'이 과연 칭찬인 것인가.

사육당하는 고래는 조련사가 던져주는 먹이를 얻기 위해 필사적으로 조련사의 눈치를 살핀다. 먹이는 곧 조련사의 칭찬이다. 그런 고래가 조련사의 명령대로 '춤 추었다' 한들, 그건 춤이 아니다. 돌고래는 춤출 수 있는 동물이 아니다! 칭찬에 말 못하는 짐승이 변한다고? 대부분의 돌고래는 '춤을 추어야만 먹이를 얻는다'는 사실에 분노한다. 백 마리의 포획 돌고래 중 돌고래쇼의 상품이 될 정도로 '춤추는' 고래는 한 마리 정도다.

그런데도 고래처럼 춤을 추게 하기 위해 인간에게도 똑같이 칭찬의 먹이를 던질 것인가. 세상이 그렇게 단순한 것인가? 돌고래는 '화를 낼 줄 아는' 동물이다. 그때 돌고래들은 운다. 겁에 질려서도 운다. 마지 못해 춤을 추는 '똑똑한' 한 마리의 고래는 사실은 바다의 깊이를 모르는 불구다.

사육당한 인간 역시 불구다.


## 칭찬은 고래도 춤추게 한다

범고래는 실학자 서유구徐有榘가 쓴『임원십육지林園十六志』에 나오는 '어호漁虎'다. 서유구는 어호가 '이빨과 지느러미가 모두 창과 같다'고 했다. 범고래는 돌고래과 중에서 몸집이 가장 크다. '바다의 늑대', '식인고래'라고 불릴 정도로 사나운 데다 바다표범과 물개, 심지어 다른 돌고래까지 잡아먹는다. 가히 바다의 포식자이자 대식가이다.

그런 범고래를 처음 수족관에서 기른 것은 1964년 캐나다 밴쿠버수족관이다. 범고래는 지능이 높고 길들이기 쉬워 지금은 전 세계 수족관에서 곡예용으로 사육된다.

켄 블렌처드Kenneth H. Blenchard가 쓴『고래가 했다Whale Done! The power of positive relationships』는 책은 미국 올랜도 '시월드'에서 가장 인기 있는 범고래

샴Shamu의 쇼를 소재로 한 책이다. 우리나라에서는 『칭찬은 고래도 춤추게 한다』고 제목을 달았다. (조천제 역, 21세기북스 간)

범고래가 조련사의 지시에 따라 물 밖으로 도약하는 것은 고래의 긍정적 행동 때문이다. 고래가 잘했을 때 조련사는 과도한 칭찬을 하여 그 행위를 반복하게 한다. 그 보상은 먹이와 휴식이다. 못했을 때는 그 행동에 주목하지 않고 재빨리 다른 행동으로 전환하도록 유도한다. 이런 범고래의 조련방법을 직장과 가정의 인간관계에 적용한다는 것이 책의 주된 내용이다.

범고래는 바다의 제왕이다. 영화 '죠스Jaws'의 주인공 백상아리도 범고래에겐 간식거리 정도다. 수컷 범고래는 보통 몸길이가 8~10m, 무게는 6t이 넘는다. 수명은 50~60년 정도다. 범고래가 속한 돌고래과 고래들은 협동사냥을 하고 먹이를 공평하게 나눈다. 범고래는 하루 160km를 이동하고 두 시간 동안 3000m까지 잠수할 정도로 활동반경이 넓다.

이런 범고래에게 수족관은 지옥이다. 비인도적인 감옥에 나지 않는다. 아무리 '칭찬'으로 길들인다 해도 그건 살아남기 위한 '수형受刑'일 따름이다. 좁은 수족관에 화학처리한 물은 범고래에게는 엄청난 스트레스다. 자연히 면역력이 떨어지고 위장약을 달고 산다. 세균성 감염도 잦아 등지느러미는 몇 년이 안 돼 뭉그러진다. 수족관의 돌고래들은 그래서 수명이 절반으로 줄어 30년 정도밖에 못 산다.

## 프리 윌리

범고래가 주인공인 영화가 있다. 사이먼 원서Simon Wincer가 감독한 '프리 윌리Free Willy'(1994, 미국)다.

제시는 어머니로부터 버려져 거리에서 방황하며 살아가는 열두 살 소년이다. 꼬마는 좀도둑질로 경찰서를 제 집 드나들 듯 하는데 어느 날 친구와 마을의 수족관에 들어가 벽에 낙서한 것이 발각되어 두 달간 수족관을 청소하는 벌을 받는다.

제시는 수족관에서 윌리를 만난다. 700파운드가 넘는 웅장한 윌리는 어떤 조련사의 말도 듣지 않고 재주 부리는 것도 거부하는 수족관의 골칫덩어리이자 최고 스타다. 그러나 제시의 계속되는 사랑에 마침내 윌리는 신뢰를 보인다. 둘은 사람과 동물의 장벽을 넘어 우정을 나누면서 의사소통을 하게 된다. 윌리는 제시의 뜻대로 지느러미를 돌려 구르고 다이빙과 도약을 한다.

영화의 클라이맥스는 윌리를 이용하려는 어른들의 음모를 안 제시가 윌리를 바다로 탈출시키는 장면이다. 제시의 신호에 따라 힘찬 도약으로 방파제를 뛰어넘는 윌리! 윌리의 몸에서 뿌려지는 물을 맞으며 제시는 환호한다. 윌리는 이제 자유의 몸이 되어 바다로 돌아간 것이다.

블렌처드의 책이 처세술을 가르친다면, 영화 '프리 윌리'는 생명의 소중함을 가르친다. 윌리가 바다로 가는 장면과 함께 하는 마이클 잭슨Michael

Jackson의 OST는 멀쩡한 어른들을 울게 한다. 처세술로 넘쳐나는, 천박하게 화장化粧한 도시에 산다는 사실을 우리는 극장 안에서 문득 깨닫는 것이다. 그건 잊고 있었던 사랑을, 생명을, 그리고 진실을 되살리는 시간이다. 그렇게 울 수 있는 사람은 '고래를 춤추게 하는 칭찬'을 믿지 않는다. 그가 남을 칭찬하기를 무척 좋아해도 그렇다.

## 우드로 윌슨

사실 칭찬은 좋은 것이다. 상대를 이용할 목적이 아닌, 순수한 마음에서 우러나오는 칭찬은 세상을 아름답게 한다. 칭찬에 인색한 자들은 대개 남을 칭찬할 정도로 생각이 열려 있지 않은 이상주의자나 도덕주의자들이다.

우드로 윌슨Thomas Woodraw Wilson(1856~1924)이 그랬다. 윌슨은 정치학 교수 출신의 미국 28대 대통령이다. 그의 참모 대부분은 단 한번도 대통령의 칭찬을 듣지 못했다. 대학교수 시절 동료 교수를 칭찬한 적도 없었고 정치인이 된 후 동료 정치인들을 칭찬한 적도 없었다. 그는 학자답게 '미사여구美辭麗句'에는 일류였다. 기자들은 윌슨의 말을 경청하고 음미했다. 그가 칭찬에 대해 한 말이다.

칭찬을 좋아하는 자는 유혹도 좋아한다.

윌슨의 이런 '명언'들은 그의 출세에 절대적 요소가 되었다. 윌슨은 프린스턴대 총장을 지냈는데 1910년 뉴저지 주지사로 정치에 나선 뒤 불과 2년 만에 대통령에 당선되었다. 전무후무한 이런 성공은 다분히 운이 따랐다. 공화당 후보로 지명된 태프트William Howard Taft 대통령(일본의 가쓰라 다로桂太郎 총리와 대한제국을 거래한 '가쓰라-태프트 밀약'을 체결했던 바로 그 태프트다.)에 반대하여 전 대통령 시어도어 루스벨트Theodore Roosevelt가 출마했던 것이다. 그 바람에 보수표가 분산되었고 정치와 전혀 어울리지 않는 민주당의 '신사'가 대통령이 되었다.

그런데 정치판은 이런 '도덕주의자'가 설칠 곳이 아니다. 법학과 정치학을 전공했지만, 정치적 이념이나 외교적 안목은 물론 아무런 책략조차도 없던 윌슨 대통령은 중립을 지키다가 뒤늦게 1차대전에 참전하고 민족자결주의를 주창했다. 도덕주의자다운 발상이었다. 그는 국제연맹 창설 공로로 노벨평화상도 받았다.

그러나 윌슨의 민족자결주의는 영국과 프랑스 같은 승전국의 해외영토에는 전혀 적용되지 않았다. 패전국의 소수민족과 식민지만 자결을 외칠 수 있었다. 게다가 막상 미국은 국제연맹에 가입하지도 않았다. 의회가 부결해버린 것이다. 상원의원 로지는 수정안을 냈지만 그건 윌슨의 반대로 부결되었다. 윌슨은 '자신이 낳은 맏이를 제 손으로 죽였다'.

베르사유조약의 23개 강화 조건은 '뻔한 결론'이었다. 협상의 끝은 결국 1차대전이 독일의 전쟁범죄라는 전제 아래 패전국 독일에 가혹하게 부과된 배상과 징벌이었다. 영국 재무부 대표로 협상에 참여했던 존 케인스John M. Keynes는 불합리한 강화 조건의 위험성을 경고했다. 그는 강화 조건은 새 전쟁의 토대가 될 뿐이라며 윌슨 대통령을 '세계 최고의 협잡꾼'이라고 불렀다.

이 말은 케인스의 실수였다. 윌슨의 머리는 '협잡할' 정도로 좋지 못했다. 케인스는 총리 로이드 조지David Lloyd George 경에게 '이 악몽의 현장에서 빨리 빠져나가고 싶습니다'고 말했다.

윌슨 대통령은 그가 쓴 『미국인의 역사History of American People』에서 '민중의 목소리는 신의 목소리'라고 했는데, 이건 루소J. J. Rousseau식 '일반의지一般意志'에서 따온 것이었다. 이런 '일반의지'는 참전 이후에 극명하게 드러났다. 그는 반전연설을 했다 하여 사회주의자 유진 데브스Eugene Debs를 10년형을 주어 교도소로 보냈다.

윌슨은 건강에 문제가 있었다. 그는 1919년 4월 파리에서 첫 발작을 일으킨 뒤 임기를 17개월 남긴 10월 10일 세 번째 발작을 일으켰다. 주치의는 회복이 불가능하다고 말했다. 부통령 토머스 마셜Thomas Marshall이 '벌벌 떠는' 무능력자여서 대통령직은 사실상 부인 에디스 윌슨Edith Wilson이 대행했다. 에디스는 학교 교육이라고는 불과 2년밖에 받지 않았지만 담이 컸다. 그녀는 장관을 해고하고 임명했으며 윌슨의 필적을 위조해 법안에 서명했다. 심지어 국무장관까지 바꿨다. 물론 대통령 명의였다. (미국 역사상 대통령직을 공공연하게 대통령 부인이 수행한 전무후무한 사례다.) 유진 데브스는 애틀랜타 교도소에서 다음과 같이 말했다.

미국 역사에서 공인公人 가운데 우드로 윌슨만큼 철저히 신뢰를 잃고 호되게 비난받고 압도적인 거부와 반대에 부딪힌 채 은퇴하는 사람은 찾아보기 힘들 것이다.

윌슨은 퇴임한 뒤 3년 만에 죽었는데 그로부터 16년 뒤에 2차대전이 일어난다. 윌슨이 주도한 베르사유강화조약은 결국 유럽을 경제적 파국으로 몰아넣었고 2차대전을 불렀던 것이다. 지도자가 마음을 열지 못하고 도덕주의에 빠져 잘못 적용한 정의는, 더 큰 불행을 낳았다.

## 칭찬은 대개 허위다

칭찬에 대해 경계한 말씀은 많이 있다. 현인들은 하나같이 '듣기에 달콤한 말들은 눈을 흐리게 하고 잘못된 길로 안내하는 법'이라고 가르친다. 탈무드에서 하는 말은 더 직설적이다. '너를 비난하는 사람을 가까이 하고 칭찬하는 사람을 멀리 하라.' 소크라테스Socrates는 칭찬 뒤에는 가려진 흑심黑心이 있다는 걸 강조했다.

사냥꾼은 개로써 토끼를 잡고 아첨하는 자는 칭찬으로써 어리석은 자를 잡는다.

그렇다면 칭찬을 부끄러워하는 겸손은 미덕인가? 겸손은 더할 나위없이 훌륭한 처세이지만, 도덕적으로도 그러한가?

프랑수아 드 라 로슈푸코Francois de La Rochefoucauld(1613~1689)는 17세기 프랑스의 정치인이다. 그는 공작의 아들로 태어나 군복무를 마친 뒤 정치판에 들어갔는데 루이13세의 왕비 안 드트리슈가 꾸민 리슐리외Armand Richelieu(루이13세의 재상, 추기경) 축출음모에 가담했다가 배신으로 감옥에 갇혔다. 왕비의 심복인 미모의 슈브루즈 공작부인과 통정하면서 음모에 끌려들어갔던 것이다. 석방된 뒤엔 프롱드의 난이 일어나자 반란군을 지휘하다가 중상을 입기도 했다.

1659년 마흔여섯의 나이에 로슈푸코는 정치를 떠나 귀족 부인들의 살롱을 출입하면서 그가 경험하고 사색한 인간에 대한 생각들을 글로 남긴다. 그 책이 『잠언과 성찰』(이동진 역, 해누리기획 간)이다. 그는 책의 머릿말에서 파란만장했던 인생에서 깨달았던 한마디를 토해놓았다. '우리의 미덕이란 가장 자주 위장되는 악덕에 지나지 않는다.' 그 로슈푸코가 '도덕적 반성'에서 한 말이다.

겸손은 남의 칭찬을 싫어하는 것같이 보이지만, 실은 훨씬 더 완곡하게 칭찬받고 싶은 욕망에 불과하다.

그런데 대개의 칭찬은 허위다. 아첨에 지나지 않는다. 상대의 진면목을 전혀 모른 채 낯 간지러운 찬사를 보내는 것이다. 그래서 칭찬은 무지의 소산이다. 레바논 산골 출신 칼릴 지브란Khalil Gibran은 우리나라에도 잘 알려진 시인이자 작가다. 그는 작가로서 글을 쓰기 전, 로댕Auguste Rodin 밑에서 그림을 배운 덕으로 보스턴에서 북 디자인을 하면서 생계를 꾸렸다. 그런 그를 스타로 만든 작품은 산문시 '예언자The Prophet'다. 이 작품은 인생을 성찰한 뒤 나온 고뇌에 찬 답이라는 평과 함께 현대판 성서라는 상찬을 받았다. (그가 태어난 곳은 예수가 태어난 곳 인근이다.) 이 성자聖者는 세계의 평화와 화합을 얘기했지만 막상 자신은 알코올중독으로 쓰러져 마흔여덟 살에 죽었다. 지브란이 『나는 네 행복을 기린다』에서 한 말을 옮긴다.

칭찬은 이해를 뜻한다.

## 06

# 신앙 信仰

인간은 논증되는 사실들은 믿지 않고, 논증이 불가능한 것들을 믿는다.

신앙이란 논증되는 않는 사실에 대한 것이다. 어느 종교든 종교적 진리란 논증 불가능한 '상상'이다. 그 상상이 사후死後에 증명될 것이든 설사 미래에 증명될 것이든 현재로서는 상상이긴 마찬가지다.

지구상에서 가장 많은 제자와 추종자, 신자를 가졌던 세 종교의 창시자는 모두 유대인Jew이다.

첫 번째는 예수Jejus Christ다. 유대교의 소종파였던 기독교 신앙은 사도 바울로Paulus, Saint Paul와 그의 전도로 회심回心한 시리아의 의사 루가Saint Luke의 노력으로 세계종교로 확대되었다. (루가는 '루가복음'과 '사도행전使徒行傳'을 썼다.)

그 두 번째가 카를 마르크스Karl Marx다. 20세기만 살핀다면 마르크스교教의 신자는 기독교를 능가한다. 레닌Vladimir Lenin, 스탈린Iosif Stalin, 모택동毛澤東, 김일성金日成, 카스트로Castro, 체 게바라Che Guevara 등 마르크스의 제자들, 사이비 제자들, 추종자와 모방자들은 '무신론의 신앙'으로 한때 인류의 절반 이상을 지배했다. 그 신자의 대부분은 스스로 선택하지 않은 신을 믿어야 했다.

세 번째는 알베르트 아인슈타인Albert Einstein이다. 그는 세속에 불을 밝히는 종교나 이데올로기를 만들지는 않았지만 기독교, 마르크스교를 넘는 '과학교' 신자를 만들었다. 과학교 역시 궁극적인 답을 증명하지 못한다는 점에서는 '신앙'이다.

이 세 종교가 인류에 기여한 바는 무엇일까? 기독교는 사랑과 용서를 가르쳤고, 마르크스교는 평등과 가진 자로부터 해방을 추구했다. 진실과 논증의 종교인 과학교는 문명 발전을 이끌었다. 그러나 세 종교 모두 평화와 안식 대신 하나같이 죽음과 연관되었다.

## 로마의 신

313년 2월 서로마의 콘스탄티누스Flavius Valerius Constantinus 대제가 동로마의 리키니우스Valerius Licinianus Licinius와 메디오라눔(오늘날의 밀라노)에서 만나 반포한 밀라노칙령Edictum Mediolanense은 종교적 제의에 로마제국의 중립적 입장을 밝힌 것으로서, 신앙의 자유와 함께 몰수한 교회 재산을 반환하는 것을 골자로 했다. 이 칙령은 로마제국에서 기독교를 공인한 역사적 사건이다.

이때부터 기독교는 정치권력과 결합하여 '인민'에 대한 지배도구로 쓰였다. 로마의 군사들이 골고다 언덕에서 십자가에 못 박았던 예수는 이제 로마의 신이 된 것이다. 그러나 이 칙령은 '종교의 자유'에 대한 시혜가 아니라, 디오클레티아누스Diocletianus 황제 때 시작된 '사분四分통치'의 후계자들이 권력다툼의 와중에 민심을 얻기 위한 책략으로 나왔다.

사분통치는 로마제국을 넷으로 나누어 황제 둘과 부황제 둘이 다스린 제도다. 디오클레티아누스 황제는 286년 막시미아누스Maximianus를 황제(Augustus)로 지명해 서로마를 맡겼고, 자신은 동로마를 맡았다. 그리고 293년 부황제(Caesar)로 갈레리우스Galerius(동부)와 콘스탄티우스Constantius(서부)를 두어 지역을 나누어 다스리게 했다. 황제가 20년간 통치하면 부황제에게 양위하기로 정했는데, 305년 두 황제가 퇴위하자 두 부황제가 황제가 되면서, 세베루스Severus(동부)와 막시미누스Maximinus(서부)가 부황제가 된다. 이때까지는 4분통치의 평화가 지속되었다.

306년 서로마의 콘스탄티우스가 불과 제위 1년 만에 죽자 20년이 안 되었다는 이유로 갈리아군대는 아들인 콘스탄티누스를 서로마 황제로 옹립했다. 이에 동로마 황제 갈레리우스가 세베루스를 서로마 황제로 지명했는데, 막센티우스Maxentius(막시미아누스의 아들이다.)가 스스로 황제가 되면서 세베루스를 죽여 로마제국은 대혼란에 빠진다. 갈레리우스는 리키니우스를 다시 서로마의 황제로 지명했지만 이탈리아, 스페인, 아프리카북부 등의 땅들은 이미 막센티우스가 차지해 헝가리 서부와 판노미아 지역만 다스렸다. 로마제국이 5분된 것이다. (갈레리우스,콘스탄티누스, 리키니우스, 막센티우스, 막시미누스)

311년 갈레리우스가 죽자 동로마 황제 자리를 두고 리키니우스와 막시미누스가 대립했다. 312년 콘스탄티누스는 막센티우스를 죽이고 서로마를 통일했다. 리키니우스는 313년 2월 콘스탄티누스의 이복동생과 결혼하면서 동맹한 뒤 밀라노칙령을 반포했다. 민심을 얻은 그는 막시미누스와 발칸반도에서 전쟁을 벌였다. 결국 막시미누스가 병사하고 리키니우스는 동로마의 주인이 된다. 처남, 매제 간인 콘스탄티누스와 리키니우스 간의 전쟁은 314년에 시작되었다. 둘은 잠깐 화해하기도 했지만, 324년 최후 결전을 벌여 콘스탄티누스가 최종적인 승자가 되었다. 이듬해 리키니우스는 처형됐다.

기독교는 그로부터 1500년간 유럽에 군림했다. 종교가 모든 것을 지배한 그 장구한 기간은 암흑기였으며 야만의 시대였다. 15세기 초 이탈리아에서 시작된 르네상스Renaissance운동이 그리스 로마의 '문예부흥'을 통해 '인간성의 해방'을 추구하고 자연과학이 발전하자, 교회는 무소불위의 지위가 흔들리고 신神은 퇴색했다. 그러나 엄격히 말해 1859년 찰스 다윈Charles Darwin이 『종의 기원The Origin of Species』을 쓸 때까지 인간은 신이 창조한 복제품에 지나지 않았다. (『바다도 비에 젖는다』 '휴머니즘, 참조) 다윈이 이 책을 쓴 것은 르네상스 이후 수백 년이 지난 때였지만, 런던의 신문들이 일제히 다윈을 원숭이로 묘사한 만화를 실을 정도로 민도民度는 낮았다.

**마녀와 이단**

기독교는 종교재판에서 마녀와 이단異端의 이름으로 죄없는 사람들을 화형

火刑에 처했다. 나중에는 세속재판에서도 마녀들이 처형됐다.

1582년 바이에른에서 한 마녀를 화형하면서 48명의 마녀들을 연루시켜 죽인 데서 시작된 '마녀 기록'은 1782년 스위스에서 아인나 겔티가 마녀로 몰려 참수된 마지막 희생까지 공식적인 기록만 4만 명이 넘는다.(이 속에는 잔다르크Jeanne d'Arc도 들어 있다.) 그 숫자는 기독교 순교자의 수십 배에 이른다. 그러나 기록된 마녀사냥은 '빙산의 일각'이다. 17세기 마녀사냥의 '전성기' 때 영국, 독일, 프랑스에서 마녀로 죽은 여인은 60만 명으로 추정된다. (이 숫자는 흑사병과 전쟁 다음 가는, '단일 사건으로 인한 사망 원인'이다. 중세사를 연구한 학자 중엔 14세기에서 17세기까지 마녀사냥의 희생자가 300만 명에 달한다고 주장하기도 한다.)

이단으로 몰려 죽은 사람도 엄청났다. 단적인 예로 1567년 펠리페2세 Felipe II가 임명한 네덜란드 총독 알바공Duke of Alva은 '피의 평의회'에서 1만 2000명을 재판해 1000명이 넘는 칼뱅파 신도를 처형했다. (『혁명의 탄생』, 데이비드 파커 외 저, 박윤덕 역, 교양인 간 참조)

이런 광란의 살인극을 자행하면서 당시의 지식인들이 그 어떤 반성의 흔적조차 남기지 않았다는 것은 무엇을 뜻하는가? 마녀사냥의 주체는 교회다. 인간이 빗자루를 타고 다닌다는 사실을 믿은 교황과 추기경들, 사제들은 도대체 어떤 자들인가? 이제 우리는 겸허히 물을 때가 되었다.

교황을 비롯한 성직자들과 마녀재판에 관련된 판관判官 중 누가 빗자루를 타고 나는 마녀의 비행飛行을 본 적이 있는가?

## 종교전쟁

기독교가 일으킨 '종교전쟁' 역시 끝없이 계속됐다. 11세기 말부터 13세기 말까지 8회에 걸쳐 벌어진 십자군+字軍crusades 전쟁은 '성지' 팔레스티나와 '성도' 예루살렘을 이교도로부터 탈환한다는 명분 아래 전 유럽의 젊은이들을 죽음으로 내몰았다. 교회와 결탁한 왕과 영주들, 상인들은 제각기 새로운 영토 획득이나 상업적 이익 같은 숨은 목적이 있었다.

십자군은 유럽 안에서도 '성전聖戰'을 벌였다. 13세기 초 남프랑스의 이단 알비즈와파를 응징하라는 교황 이노센트3세Innocentius III의 요구에 따라 십자군이 동원됐다. 프라하의 얀 후스Jan Hus는 성서를 유일한 권위라고 주장하고 교황의 세속화를 비판하다 이단으로 몰려 1414년 콘스탄츠공의회에서 화형당했는데 보헤미안들의 반발로 1419년에 '후스전쟁'이 일어났다. 25년간이나 계속된 이 전쟁에도 결국 십자군이 동원됐다.

신구교도 간의 전쟁도 이어졌다. 루터Martin Luther의 종교개혁 뒤에는 1522년 계관시인 울리히 폰 후텐Ulrich von Hutten과 제국기사 프란츠 폰 지킹겐Franz von Sickingen이 기사전쟁을 일으켰고, 츠빙글리Ulrich Zwingli의 종교개혁 뒤에도 1531년 신구 양파 간에 전쟁이 벌어졌다. 독일 신교파 제후와 도시들이 신성로마제국의 카를5세Karl V에 대항해 슈말칼덴동맹Schmalkaldischer Bund을 결성하자 황제는 전쟁으로 제압했다. 16세기 후반에는 위그노전쟁이 있었고, 1570년대 칼뱅파 신도들이 펠리페2세에 저항해 일으킨 네덜란드독립전쟁(네덜란드독립혁명)은 70년 넘게 계속되다가 1648년 베스트팔렌조약으로 비로소 종식되었다. 16세기 후반의 영국과 에스파냐의 전쟁, 17세기 전반 독일에서 벌어졌던 30년전쟁도 신구파 간의 전쟁이었다.


## 죽음의 종교

기독교가 '마녀와 이단'을 살해했다면, 마르크스교는 평등과 해방을 명분으로 그 신자들을 기아와 죽음으로 내몰았다. 비신자들은 당연히 처형됐다. 스탈린의 수용소에서 죽어간 사람은 태평양전쟁의 사망자 숫자보다 훨씬 많다. 기근과 처형으로 죽어간 우크라이나 농민은 600만 명이나 된다. (이 책 '선전' 참조) 중국은 모택동의 '공산혁명'부터 '문화혁명'까지 전쟁과 사회공학으로 인구의 10%가 죽었다.

북한 역시 인민재판과 수용소에서 죽어간 숫자는 엄청나다. 1990년대 기아로 죽은 숫자만 300만 명이다. 기근으로 죽은 이 숫자는 김정일이 회피할 수도 있었기 때문에 명백히 살해에 해당된다. 베트남과 캄보디아에서 사회공학으로 죽어간 사람들 숫자 역시 수백만 명에 달한다. (이 책 '유행' 참조) 쿠바와 남미, 아프리카를 비롯한 '제3세계' 등에서 사회공학으로 처형된 사람은 그곳에서 벌어졌던 어떤 전쟁의 전사자보다도 많았다.

이들 나라의 독재자들은 대개 마르크스교의 교리 중 필요한 것만 골라 썼다. 그들은 사교邪教와 같이 국민들에게 광신狂信을 강요했고 신앙심이 약하거나 저항하는 이들은 가차없이 처형했다. 한마디로 '죽음의 종교'였다. 이런 사이비들이 벌인 살해에 대해 마르크스에게 모든 책임을 물을 수는 없을 것이다. 그러나 적어도 '혁명을 위한 불가피한 폭력'에 대한 책임만은 그의 몫이다.


## 왕이 아닌 지배자

기독교와 마르크스교 두 종교에 비해 과학교는 20세기의 종교다. 과학교의 가장 큰 죄책罪責은 '본의 아니게' 전쟁에 가담한 것이다. 2차대전에서 이 신흥종교의 사제들은 승전의 열망에 편승하여 인민을 살해했다. 과학교의 첫 '성물聖物'은 핵폭탄이다. 아인슈타인을 비롯한 과학자들은 1939년 루스벨트Franklin D. Roosevelt에게 원자폭탄 개발을 건의하는 편지를 보냈다. 그들은 독일이 원자폭탄을 먼저 만드는 것을 두려워했다. 루스벨트는 이 제안을 받아들였고 맨해튼계획Manhattan Project이 수립됐다.

그런데 독일이 무너지자 미국은 태평양전쟁이 끝나기 전에 원자폭탄을 만들어 사용해보고 싶은 충동에 빠졌다. 그런 욕망이 패배가 이미 확실해진 일본의 도시에 아무 거리낌 없이 핵폭탄을 투하하게 했다. 이 야만적인 '실험'으로 무고한 시민들이 영문도 모른 채 죽어갔다. 히로시마와 나가사키 하늘에 한순간 번쩍인 빛과 그 빛 뒤의 열기로 수십만 명이 희생됐다. (히로시마는 피폭 당일에만 10만 명이 죽었고 나가사키는 7만4800명이 죽었다. 나가사키는 최초의 목표지점이 아닌, 오폭으로 밝혀졌다.) 그 빛은 기독교가 밝힌 '구원의 빛'과는 정반대인 '죽음과 멸망에 이르는 빛'이었다. 그건 결코 승전을 위해 불가피하게 내린 결정이 아니었다.

2차대전 후 과학 발전의 속도는 빨라졌다. 몇 천 년 동안 이루었던 성취보다도 지난 60년간 이뤄낸 과학적 성과가 더 컸다. 그러나 필연적으로 과학교는 진보를 내세우며 인류의 지성을 파괴하고, 인류의 계속성에 대한 심각한 의문부호를 가지게 했다.

이 종교들을 만든 세 사람은 모두 유대인이다. 세 사람은 '이립而立'의 나이에 자신의 종교에 대한 기본 골격을 갖추었다. 예수는 광야로 나갔으며, 마르크스는 공산당선언을 썼다. 아인슈타인은 이미 세계에서 가장 유명한 물리학자였다.

세 사람은 완전히 다른 길을 걸었다. 예수가 인류에게 사랑과 용서를 가르쳤다면, 마르크스는 계급혁명과 혁명 뒤의 '평등한 사회'를 내걸었다. 아인슈타인은 기존의 모든 믿음을 흔들었다. 예수는 부자를 경계했고, 랍비 가문 출신 변호사의 아들인 마르크스는 부자를 증오하면서도 예수를 철저하게 부인했다. 그는 '헤겔 법철학 비판 서문'에서 '종교는 인민의 아편이다'라고 써 예수를 공격했다. (이 책 '선전' 참조) 평범한 사업가의 아들인 아인슈타인 역시 좌파였다. 그리고 예수와 마르크스 둘 다 부인했다. 그는 예수와 떨어져 살았으며 마르크스는 알려고도 하지 않았다.

세 사람은 왕이 아니었고 군대를 가지지도 않아 어느 땅도 정복하지 못했지만, 세계를 지배하는 데 부족함이 없었다.

## 알베르트 아인슈타인

'과학교'는 언제 시작된 것일까? 과학은 현대의 종교다. 그런 의미에서 오늘날 무신교無神教 혹은 과학교 신자들의 교주는 아이작 뉴턴Isaac Newton이나 갈릴레오 갈릴레이Galileo Galilei, 찰스 다윈Charles Darwin이 아닌 알베르트 아인슈타인(1879~1955)이다. (세 사람은 과학교의 '선지자先知者'라 할 수 있다.)

취리히 연방공과대에 낙방한 아인슈타인은 재수 끝에 물리학과를 다녔다. 대학을 졸업한 그는 성적이 좋지 않아 대학원 진학을 포기했고 원했던 교사 자리도 얻지 못했다. 아인슈타인은 베른에 있는 특허사무소에 취업해 혼자 그곳에서 물리학을 연구했다. 이 천재는 불과 스물여섯 살 때인 1905년 '운동하는 물체의 전기 역학에 대하여On the electrodynamics of moving bodies'라는 논문을 발표해 빛의 속도는 일정하다는 데 착안해 '시간과 공간은 상대적인 척도에 불과하다'는 결론을 끌어낸 특수상대성이론Special theory of relativity을 세상에 내놓았다.

세계의 주목을 받게 된 아인슈타인은 뒤이어 1907년 질량등가質量等價 공식인 $E=mc^2$을 증명했다. 이 공식은 뒷날 원자폭탄을 개발하는 길을 열게 한다. 1915년에는 뉴턴의 물리학을 완전히 뒤집는 일반상대성이론General theory of relativity을 완성했다. 이 새로운 이론은 케임브리지대 천문학 교수 아서 에딩턴Arthur Eddington이 '중력과 상대성 원리에 대한 보고서Gravitation and the Principle of Relativity'라는 논문을 발표해 세상에 알려졌다.

아인슈타인은 자신의 이론이 성립하려면 세 가지가 입증돼야 된다고 했다. 첫째 빛이 중력장에서 휜다는 것, 둘째는 수성水星의 근일점이동 현상이 이 이론으로 설명돼야 한다는 것, 마지막으로 별빛 스펙트럼의 '적색편이赤色偏移(스펙트럼선이 파장이 긴 적색 쪽으로 몰리는 현상)'가 입증돼야 했다.

아인슈타인은 일식이 일어나면 엄청난 질량의 태양 표면을 지나는 빛이 1.745초만큼 휘어질 것이라고 말했다. 이를 논증하려면 태양이 없는 밤하늘의 별을 찍은 사진과 태양이 있는 상태에서 별을 찍은 사진이 필요했다. 왕립 천문대장 프랭크 다이슨Frank Dyson은 양심적 병역거부자였던 에딩턴을 군대 대신 아프리카로 보내자고 정부를 설득했다. 1919년 5월 29일 서아프리카 프린시페Principe섬으로 간 에딩턴의 원정대는(또 한 팀은 브라질의 소브랄Sobral로 갔다.) 폭풍우가 멈춘 직후 시작된 일식 촬영에 성공했다.

일식 때 찍은 사진의 별은 밤하늘을 찍은 사진에서보다 태양의 위치에서 멀어져 있었다. 멀어진 정도는 아인슈타인의 예측과 정확히 일치했다. 이 관측으로 아인슈타인이 제시한 세 가지 입증방법 중 앞의 두 가지가 입증됐다. 뉴욕타임스는 '하늘에서 빛이 휘어진다-아인슈타인 이론의 승리'라고 제목을 뽑았다. 타임스의 제목은 더 간결했다.

과학혁명-뉴턴이 무너졌다.

그리고 세 번째 적색편이는 1923년 윌슨산 천문대에서 관측됐다.

훗날 카를 포퍼Karl Popper는 이런 아인슈타인의 검증을 요구하는 과학적 태도를 극찬했다. 그러나 상대성이론은 포퍼가 '의도하지 않은 결과의 법칙'이라고 명명한 원자탄 개발을 가능하게 했다. 폴 존슨Paul Johnson은 아인슈타인의 일반상대성이론을 입증한 날인 1919년 5월 29일에 '현대 세계가 시작되었다'고 쓰고 있다. (『모던 타임스』 1권, 조윤정 역, 살림 간 참조)

## 다섯 명의 예외

1869년 바쿠닌Mikhail Bakunin(1814~1826)은 유대인을 두고 '모든 도덕적 감각과 모든 개인적 존엄을 결여한 사람들'이라면서 '다섯 명의 예외가 있다'고 했다. 바쿠닌은 부유한 귀족 가문 출신으로 헤겔 철학의 영향을 받아 무정부주의와 범슬라브주의에 빠졌다. 그는 프라하와 드레스덴의 봉기에 참가한 죄로 시베리아유형을 받았는데 유형지를 탈출하여 스위스에 살면서 마르크스와 격렬하게 대립했다.

그가 꼽은 다섯 명은 예수, 성 바울로, 스피노자Baruch de Spinoza, 라살Ferdinand Lassalle 그리고 마르크스다. 라살까지는 그렇다 치더라도 어떤 연유로 바쿠닌은 '적敵'으로 돌아설 수밖에 없었던 마르크스를 '도덕적 감각과 개인적 존엄을 가진' 것으로 오해했을까. 바쿠닌이 이 말을 했을 때는 너무 궁핍해 『자본』을 러시아어로 번역하는 일을 맡았을 때다. 실제 바쿠닌은 마르크스를 예외로 한 이유를 묻는 친구에게 '적이 경계심을 풀게 하기 위해서'라고 답했다.

바쿠닌은 마르크스와 경쟁상대로 부족한 점이 없었다. 비록 그는 마르크스처럼 '경전'을 남기지는 못했지만 오늘날까지도 좌파의 '원천原泉'으로 마르크스와 늘 대비된다. 역사학자 카Edward Hallett Carr는 『마르크스평전』과 『바쿠닌 평전』을 다 썼다. 그가 둘을 비교했다.

자석처럼 다른 이들을 끄는 사람과 차가움으로 다른 이들을 기죽여 내치는 사람.

바쿠닌은 자존심을 굽히고 제1인터내셔널에 들어갔으나, 마르크스에게 잠복해 있는 광포한 독재獨裁를 보았고 끝내 마르크스의 적이 될 수밖에 없었다. 그래도 바쿠닌은 마르크스의 진면목을 몰랐다. 아마 '진짜 마르크스'는 아내인 예니 베스트팔렌Jenny von Westphalen밖엔 알 수 없었을 것이다. (프랜시스 윈Francis Wheen의 『마르크스평전』에는 바쿠닌에 대해 대단히 적대적으로 기술되어 있다. 정영목 역, 푸른숲 간 참조)


## 인류는 머리 하나만큼 키가 줄었다

마르크스(1818~1883)는 정치경제학자이자 헤겔 '군단'의 철학자였고 역사가였으며 언론인이었고 시인이 되고 싶어한 '낭만주의자'였다. 그리고 그는 그 모두가 아닌, 단순한 혁명가이자 선동가이기도 했다. 그는 아내가 스코틀랜드 귀족의 피를 가진 것을 자랑스럽게 생각한 천박한 계급주의자였으며, 부유한 가문에서 궁핍을 모르고 자라 베를린에서 보낸 대학 시절엔 돈을 흥청망청 써대며 술에 절어 지낸 건달이었다. (아버지가 죽기 전인, 적어도 2년은 그랬다.)

마르크스는 단 한번도 직업다운 직업을 가지지 않아 전당포를 들락거리면서도 포도주와 흡연, 담화로 안락의자에서 시간을 보내는 부르주아 생활 습관을 버리지 못한 무능력자였다. 그는 평생 자본주의와 자본을 추적했지만 실제 돈을 다루는 데는 아무런 재주가 없었다. 그런 타고난 천성은 결코 '게으름'은 아니었다. 그는 몹시 불결해 죽을 때까지 종기에 시달렸지만 그런 불편한 몸으로 대영박물관 도서실에서 책에 파묻혀 지내면서 『자본』을 썼고 수많은 미발표 에세이를 남겼다. (무려 50권 분량이다.)

그는 한 여자를 사랑하여 결혼해서 아이들을 낳고 그 아이들이 죽을 때마다 고통어린 시간을 보낸 '가정적인' 남자였지만, 처가에서 보내준 하녀를 임신시켜 사생아를 낳게 한 뒤에도 돌보지 않고 방치한 파렴치한 남자였다. 그 하녀는 평생 노동자의 수호신이고 싶어한 그가 안 유일한 프롤레타리아였다. 그는 자신의 아이까지 낳은 렌첸에게 죽을 때까지 단 한 푼의 급료도 주지 않다. (이 책 '동지' 참조)

마르크스는 나중 소련에서 '서구에서의 예수처럼' 신의 위치까지 갔다. 스탈린의 말기 1950년대 초가 그랬다. 그 신은 1883년 3월 14일 오후 2시 반에 침실의 안락의자에서 죽었다. 평생의 동지였던 엥겔스Friedrich Engels가 와 문을 열어주려 딸이 잠시 자리를 뜬 탓에 아무도 임종을 지키지 못했다. 죽기 며칠 전 '후세에 남길 말이 없느냐'는 엥겔스에게 마르크스는 꺼지라고 외쳤다.

마지막 말은 생전에 할 말을 못한 바보들에게나 들어라.

마르크스가 땅에 묻혔던 3월 17일 런던 하이게이트 공동묘지에서 있었던 장례식엔 불과 11명만이 참석했다. 엥겔스는 무덤가에서 읽은 조사弔辭에서 '그의 이름과 업적은 많은 세월이 흘러도 사라지지 않을 것'이라고 예언했다. 그는 미국의 동지에게 다음과 같이 말했다.

인류는 머리 하나만큼 키가 줄었다. 그것도 우리 시대에 가장 뛰어난 머리 하나만큼.

## 역사의 수수께끼

'공산주의가 역사의 수수께끼를 푸는 답'이라는 마르크스의 장담은 한 세기가 지나자 무참하게 무너졌다. 공산주의는 오답이었던 것이다. 그 오답이 확인되기 전까지 인류의 절반은 전쟁과 살육 그리고 야만과 기아의 질곡에서 신음했다. 물론 그러한 '지옥'들을 마르크스가 직접 창조한 것은 아니다.

마르크스가 세계적인 인물로 떠오른 것은 사후 33년이 지난 1917년 러시아혁명 때 레닌이 마르크스주의를 소련 공산당의 이념적 토대로 천명한 이후였다. 셀 수 없이 많은 평전의 저자 중에서 냉정을 잃지 않은 편인 프랜시스 윈은 마르크스를 변호한다. '바보가 아니라면 소련의 강제수용소의 책임을 마르크스에게 묻지 않을 것이다. 그러나 안타깝게도 바보는 많다.'(프랜시스 윈

저, 『마르크스평전』 참조) 맞는 말이다. 윈은 평전 서문에서 레오폴트 슈바르츠실트 Leopold Schwarzchild의 마르크스평전 『붉은 프로이센인』의 서문에 나오는 글을 '악의에 차' 있다며 인용하고 있다.

우리 시대의 가장 중요한 사건들은 뒤로 거슬러 올라가면 결국 이렇게든 저렇게든 한 사람, 카를 마르크스를 가리킨다.

그렇다. 우리가 마르크스를 피고인석으로 부른 이유는 마르크스의 방법론과 스탈린의 방법론이 같아서가 아니라, 폭력적 계급혁명을 꿈꾼 마르크스가 바쿠닌이 염려했던 집단화의 폐단을 예측하지 못했다는 건 말이 되지 않기 때문이다. 결국 그는 그가 직접 창조하지 않은 '지옥'의 설계에 일차적인 책임을 질 수밖에 없는 사람이다.

스탈린과 모택동, 김일성은 마르크스의 '적자嫡子'가 아닌 사생아였지만, 윈의 지적대로 그들이 결코 '프롤레타리아 독재' 같은 몇 가지 구호들을 문맥과 상관 없이 끄집어낸 것은 아니다. (윈은 스탈린 등이 '현대 기독교인들이 구약을 이용하는 것과 비슷하게 마르크스의 작업을 이용했다'고 적고 있다.) 문맥을 따질 필요가 있을 정도로 마르크스의 이론은 사실에 근거하지도 않았고, 따라서 그의 말처럼 '과학'도 아니었다. (마르크스의 제일 큰 재능은 부실한 전거로 만들어내는 '일반화'이다. 오늘날 우리 좌파들의 상투적인 논쟁법 역시 부실한 전거로써 행하는 일반화이다.) 마르크스의 사생아들은 마르크스를 지배도구로 썼지만, 그건 그의 교리가 마치 노동자의 천국을 부르는 것처럼 사술적詐術的인 데다 독재에는 너무 편했기 때문이다.

사실 마르크스의 에세이들은 언제든지 핍박받는 자들의 '흉기'가 되기에 족한 선동성과 휘발성을 가지고 있다. 그런 선동성은 자유주의가 확산되던 19세기 말엽에 점화되기 시작하여 러시아혁명으로 첫 폭발을 일으킨다. 마르크스가 생전에 '필연'이라 믿었던 '혁명'이 독일이 아니라 공장노동자가 10%도 안 되는 '농민의 나라' 러시아에서 일어났던 것이다. (독일 역시 총노동자의 3분의 2가 농민이거나 하인, 일용직이었고 공장노동자는 10%가 안 되었다.)

다시 한 세기가 지난 지금, 윈은 '자유주의자들과 포스트모던 좌파들조차 마르크스를 젖혀놓은 지 한참 되는 시점에서 다름 아닌 부르주아 자본가들이 갑자기 마르크스를 천재로 떠받들기 시작'하는, 마르크스도 예측하지 못한 사실에 놀라고 있다. 윈의 지적대로 오늘날 마르크스를 찬양하는 새로운 신자들은 엉뚱하게도 우파들에게서 나온다. 마르크스가 세계화와 금융위기를 한 세기 반 전에 예측한 것이 우연이든 아니든, 그런 현상을 역사의 필연으로 오해하면서 '덜 떨어진' 우파 지식인 그룹이 죽은 마르크스를 살려내고 있는 것이다.

## 폴 새뮤얼슨

경제학자 폴 새뮤얼슨Paul A. Samuelson(1915~2009)은 '노동자의 빈곤화가 일어나지 않았기 때문에 마르크스의 전 저작을 무시해도 괜찮다'고 했다.

실제 오늘날 정규직 임금노동자 대다수는 마르크스 시대와 달리 빈곤계층이 아니다. 자기 집에 텔레비전, 냉장고를 비롯한 편리한 가전제품과 자동차를 소유하고 있는 중산층의 주류를 형성하고 있다. 상위직급은 자영업자 평균치보다 훨씬 더 풍족한 생활을 누리고 있다.

문제는 비정규직 노동자와 평균임금에 못미치는 열악한 노동환경에 놓여 있는 하위노동자들이다. 이들의 낮은 임금구조는 단순히 자본가들의 착취 때문이 아니라 산업구조 탓인 경우가 더 많다. 그래서 현대 자본주의에서 대기업이 중소기업에 누리는 우월적 지위는 감시 대상이 된다. 약자인 중소기업들은 살아남기 위해 비정규직과 저임금의 하위노동자를 양산하기 때문이다.

그런데 마르크스처럼 예수 역시 '영속적 빈곤화에 대한 예측'을 하고 있다. 이런 사실로 인해 오늘날 예수의 가르침을 불신하는 경제학자는 없다. 그렇다면 마르크스에 대한 새뮤얼슨의 불신은 옳은 것인가, 아닌가?


## 노동운동의 메시아

바쿠닌이 꼽은 다섯 사람 중 하나인 라살Ferdinand Lassalle(1825~1864)은 독일 역사가 하인리히 트라이치케Heinrich von Treitschke의 말대로 '노동운동의 메시아'다. 시인 하이네Christian J.H. Heine는 자신이 만난 사람들 중 가장 뛰어난 직관력의 소유자라고 라살을 평했다. (마르크스는 하이네만은 단 한번도 비판하지 않았다.) 천재 혹은 신동으로 불렸던 라살은 서른아홉 살에 요절했다.

그는 1848년 마르크스의 공산당선언에 매료되어 마르크스를 만났고 죽을 때까지 마르크스를 신봉했다. 그러나 마르크스는 엥겔스에게 '귀찮게 쫓아다니는 곱슬머리 흑인 유대인'이라며 라살을 폄하했다. (마르크스는 유대인을 싫어하고 흑인을 무시하는 인종주의적 경향을 자주 보였다.) 1862년 라살이 마르크스의 초대로 런던의 집을 방문했을 때 예니에게 치근대며 호색한 기질을 드러냈다고 말하기도 했다.

라살은 베를린에서 철학을 공부하던 열아홉 살 때 스무 살 연상인 조피 폰 하츠펠트Sophie von Hatzfeldt 백작부인을 만나 그녀의 이혼소송을 대리하게 된다. 법률에 무지했던 라살의 변론은 36회나 진행되면서 발전해 '현란한 변론'으로 주목받게 되고 그를 일약 베를린의 명사로 만들었다. 그는 이 소송에서 유리한 증거를 얻기 위해 '보석함 절도'를 사주했고 그게 들통나 구속되기도 했다. (조직적인 납세거부운동'을 한 죄로 체포되기도 했다.) 결국 7년간의 재판 끝에 1851년 승소해 백작부인으로부터 연금을 지급받게 되었다.

그 무렵 라살은 비참한 삶을 살아가는 공장노동자들을 주목했다. 그는 헤라클레이토스Heracleitos 연구로 두 권의 책을 낸 뒤 1861년 '획득된 권리체계'라는 법철학 책을 출간하면서 정치에 투신했다. (마르크스는 이 책이 자신의 글을 표절했다고 펄펄 뛰었다.) 1862년 라살은 노동자대회에서 '현재의 역사 시기와 노동자 계층의 특별한 관계'라는 제목으로 연설하면서 일약 민중의 영웅으로 떠올랐다. 이 연설이 공공질서 파괴를 조장했다는 이유로 그는 다시 기소되어 2심에 가서야 무죄를 받아 석방되었다.

1863년 라살은 독일노동자단체 준비위원회로부터 노동자 문제에 관한 의견을 요청받고 나중에 전독일노동자동맹 강령이 된 답변을 보낸다. 보통 평등선거를 통해 노동자 계급의 이념이 지배하는 국가를 건설한다는 것이 그 요지였다. 라살은 최초의 노동당 정당인 독일 사회민주노동당 전신前身인 전독일노동자동맹 창립총회에 초청받고 결국 총재로 선출됐다.

독일의 모든 거리에 라살의 사진이 걸렸고 시민들은 열화와 같은 호응을 보냈다. 라살은 그때 노동자들의 '신'이었다. 마르크스는 바다 건너 영국에서 라살의 성공을 질투했다. 제국의 총리 비스마르크Otto Eduard Leopold von Bismarck는 라살을 만나 노동자와 보수파의 연계를 타진했다. 라살은 그해 6월 비스마르크에게 편지를 썼다.

노동자 계급은 본능적으로 독재를 선호하는 사람들입니다.

라살은 노동자의 권리를 보장하는 군주제를 생각했던 것이다. 그러나 라살은 노동자단체의 '메시아'였지 권력을 쥐지는 못했다. 라살은 1864년 스위스로 요양을 갈 정도로 건강이 악화되었는데 그 무렵 불치병이었던 매독에 걸렸다는 것이 정설이다. 그는 주변에 '유대인 콤플렉스'를 내비쳤다. '내가 싫어하는 두 가지 유형의 사람이 있는데 하나는 유대인이고 또 하나는 문필가이다. 내가 그 둘에 다 해당된다.' 마르크스 역시 유대인이자 문필가였다.

## 07
# 진실 眞實

거짓은 동지를 만들지만, 진실은 적을 만든다.

진실은 언제나 불편하다. '불편한 진실'이라는 관용구는 불편하지 않은 진실이 있
는 것 같은 착각을 일으킨다. 인간은 욕심으로 가득 찬 이기적 존재여서 자신이 연
관된 모든 사건의 진실은 불편할 수밖에 없다. 진실에 자유로운 자는 그 사건의 '제
3자'다. 그러나 제3자든 누구든 '그가 자유로운 진실'이 정의에 어긋나는 것이라면,
그의 자유는 곧 비겁이요 방관일 뿐이다.

그리고 진실은 하나다. '하나의 사실에 여러 개의 진실이 있을 수 있다'는 것은 틀
린 말이다. 주관적인 가치판단이 결코 진실일 수는 없기 때문이다.

진실은 진리와 다르다. 진리의 사전적 정의는 '누구나 인정하는 보편적이고 참된
이치'다. 그래서 니체Friedrich Wilhelm Nietzsche식으로 말하자면, 진리란 '없다'. 우리가

믿고 있는 진리에 대한 어떤 확신도 가져선 안 된다. 끝까지 논증된 진리는 그리 흔치 않다. (이 책 '정직' 참조) 종교적 진리를 주장하는 자들에게 물어보라. '진리가 너희를 자유롭게 한다.' (요한복음 8장 32절) 그렇다면 너희는 천국을 보았는가? 철학적 문제에서 '무엇인가' 답을 내놓는 자들에게 물어보라. '당신은 무엇으로 그 답을 증명할 것인가?'

그러나 진실은 그렇지 않다. 어떤 사안이든 진실은 있다. 왜곡되지 않고 거짓에 싸여 있지 않은 '사실 그대로의 실체', 그것이 곧 진실이다. 그렇다면 '학자란 진리를 찾는 사람이고 지식인은 진실을 찾는 사람'이라는 명제가 옳을 수도 있다. (최애영, 『행동하는 지성』, 서울대 불어문화연구소편 '프랑스' 참조) 그러나 이 시대에 진리를 찾는 학자가 과연 누구이며, 진실을 찾아 거친 벌판으로 나선 지식인은 과연 누구인가?

## 불편한 거짓

진실은 적을 만든다. 진실에 접근하지 못하는 인간은 진실을 두려워하거나, 진실로 가는 험한 길을 겁내는 자들이다. 대개 두려움은 자신을 지키고자 하는 욕심에 기인한다. 그리고 욕심으로 인해 자신이 알지 못하거나 도저히 알 수 없는 '실체'를 거짓으로 포장한다. 사이비 성직자들과 교수들이 저지르는 만행이다.

이와는 달리 진실을 알고 있더라도 타오르는 욕망을 주체 못하고 진실을 왜곡하는 자들은 정치인과 변호사들이다. 이 부류는 거짓을 말할 때 표정조차 바꾸지 않는다. 그런 왜곡과 거짓을 행하는 일에 오랫동안 단련되어 있기 때문이다. 정말이지 배운 자들의 '거짓말'은 얼마나 그럴싸한 겉모습을 가지고 있는 것인가!'(『베니스의 상인』에 나오는 말로서, 『바다도 비에 젖는다』'거짓말'에도 인용했다.)

문제는 소위 '지식인그룹'이라고 하는 이런 자들이 스스로의 무지로 인해 '의도하지 않았지만' 왜곡했던 진실을 깨달았을 때 엄청난 적의敵意를 품는다는 사실이다. 그 적의의 대상은 물론 진실이다. 셰익스피어William Shakespeare가 『헨리4세』에서 한 말이다.

진실은 악마의 얼굴을 붉게 한다.

그러니까 그들은 악마다. 그래도 정직한 학자와 진실에 목마른 성직자는 많다. 정치인, 변호사 중엔 그런 '지식인'이 정말 드물다. 그런데 셰익스피어의 '진실'도 죽은 자의 얼굴을 붉게 하지는 못한다. 사람들은 죽은 자에 대해 관대하다. 거기엔 많은 까닭이 있지만, 자신이 아직 살아 있다는 안도감이 배경이 된다. 따라서 죽은 자에 대한 외경畏敬과 칭송은 대개 불편한 진실이 아니라 불편한 거짓이다.


## 박정희와 네루

그런 대표적인 '불편한 거짓'으로, 박정희朴正熙 전 대통령에 대한 평가를 들수 있다. (나는 그동안 많은 칼럼과 방송에서 박정희 전 대통령에 대해 공功이 과過보다 훨씬 큰 인물이라고 평가했다. 이 장의 기술은 그런 평가를 전제로 한다.) 박정희는 국부國富를 일으킨 대신 민주주의와 인권을 철저히 짓밟은 독재자이다. 그가 집권한 18년간 그는 이 나라의 절대권력자였다.

그는 가난한 농민의 아들로 태어나 사범학교를 졸업하고 교편을 잡았다가 만주군관학교와 일본 육사를 졸업했다. 그건 박정희를 친일세력으로 공격하는 자들이 말하는 것처럼 일제에 충성하기 위해서라기보다 가난한 식민지의 교원이 출세하기 위한 방편으로 선택한 길이었다고 봄이 옳을 것이다. 박정희는 그 무렵 설익은 청년에 불과했다. 해방 후 박정희는 육군사관학교를 거쳐 국군장교가 되었는데, 남로당원인 것이 적발되어 사형선고를 받는다. 그러나 백선엽白善燁 장군을 비롯한 만군 선배들의 구명운동으로 살아났다. 그는 6·25전쟁 때 군에 복귀했고 휴전 직후 장군이 된다.

박정희는 두 차례 쿠데타를 일으켰다. 1961년 '5·16 군사쿠데타'로 집권한 것이 첫 번째다. 그는 '반공을 국시國是'로 내걸고 본원적 자본이 고갈된 폐허와 같은 나라에 공업화 바람을 일으키면서 국가 주도의 경제개발계획을 밀어붙였다. 그리고 3선개헌으로 독재의 길에 들어선 뒤 두 번째 쿠데타를 일으킨다. 1972년 10월 17일 '평화적 통일을 뒷받침한다'는 명분으로 초헌법적인 국가긴급권을 발동해 국회를 해산하고 헌정을 중단시켰다. 이른바 유신헌법維新憲法으로 영구집권의 문을 연 것이다. 그는 체제를 지키기 위해 '긴급조치' 등을 통해 언로를 막았으며 반대자를 무자비하게 탄압했다. (이 책 '쿠데타' 참조)

오늘날 박정희를 보는 시각은 둘이다. 많은 사람은 박정희는 이 나라의 국부國父 같은 존재라고 말한다. 그들 중 일부는 박정희의 독재는 언급조차 하지 않는다. 박정희를 반대하는 사람은 그의 잔인한 독재를 부각시키면서 심지어 산업화를 이룬 공로는 '박정희가 아닌 다른 지도자도 가능했다'고 주장한다. 누가 옳은 것인가?

나는 여러모로 박정희를 자와할랄 네루Jawaharlal Nehru(1889~1964)와 비교한다. 네루는 인도를 17년간 통치하면서 일인 독재에 빠졌다. 그는 박정희와는 달리 당대에 세계의 칭찬을 받았던 인물이다. 월터 리프먼Walter Lippmann은 사회주의자인 네루를 두고 '아시아에서 가장 위대한 인물'이라고 썼고, 크리스천 사이언스 모니터지紙는 '세계의 거인'이라고 했다. 그는 세계의 일에 여기저기 간섭하는 등 지도자로 행세하면서 '제3세계' 독재자들을 모아 아시아–아프리카회의를 주도했다. (이 책 '유행' 참조)

그 무렵의 인도는 적어도 한국보다는 모든 여건이 나았다. 그가 박정희와 닮은 점이 있다면, '나 아니면 이 나라가 어려워진다'는 아집我執이다. 그러나 네루는 박정희와 달리 경제는 물론 나라를 통치하는 데 필요한 지식을 가지지 못했다. (그는 케임브리지대를 나왔고 딸 인디라에게 보낸 편지 형식으로 '세계사편력'을 쓴 '지식인'이다.) 경제계획은 완전히 실패했다. 결단력도 없었다. 이슬람을 포용하지 못해 파키스탄의 독립을 막지 못했으며 중국이 티베트를 병합하는 걸 양해했다. 그는 1955년 소련을 방문하고 소련을 진심으로 예찬했다. 모택동毛澤東을 숭배했으며 호지명胡志明을 칭찬하기도 했다. 그 뒤 1959년 막상 모택동이 히말라야 국경선을 조정하자 전쟁을 일으켰다. 그러나 이 전쟁에서 무참히 패배하면서 미국에 구원을 요청해야 했다. 박정희는 그런 네루보다 모든 면에서 월등히 뛰어난 지도자였다.


## 불편한 진실

다시 묻는다. 박정희는 국부인가, 독재자일 뿐인가? 누가 옳은 것인가? 나는 여기 '불편한 진실'을 적어 '불편한 거짓'을 말하려고 한다. (내가 2003년 12월 2일부터 중앙일보 인터넷판에 연재했던 '시대읽기' 첫 회에 쓴 글 '대통령은 기회를 잃고 있다'를 참조하라.)

내가 말하고자 하는 '불편한 진실'은 경제야말로 첫 번째 인권人權이라는 사실이다. 언론의 자유도, 사상의 자유도, 신체의 자유도 다 '먹고사는' 그 다음의 문제들이다. 빈국貧國에서는 '기본권'이 심각하게 논의되지 않는다. 길거리를 헤매는 실업자와 노숙자들에게는 정치적 자유 같은 것이 안중에 있을 리 없다. '인민'이 춥고 배고프면 나라 곳곳 여기저기서 삐걱이기 시작하여 이윽고 골조가 흔들리고 무너진다. 무릇 동서양의 모든 민란은 백성들이 춥고 배고파 일으킨 것이다.

중국 산동성山東省의 등藤나라 문공文公이 맹자孟子에게 물었다. '정치라는 것이 무엇입니까?' 맹자의 답은 이렇다.

항산자恒産者는 항심恒心이요, 무항산자無恒産者는 무항심無恒心입니다.

144

'항산자'라 함은 일정한 생업을 가진 자를 뜻한다. 그리고 '항심'이란 변하지 않는 '지조志操'를 일컫는 말로서, 맹자의 답은 백성들이 먹고살지 못하면 마음의 평화를 잃어버린다는 것이었다. 경제야말로 정치의 최우선 화두임을 지적한 말이다. 이것이야말로 '불편한 진실'이다. 그렇다면 박정희에 대한 일방적인 비난은 '불편한 거짓'이 된다.

## 박정희는 보수인가

또 하나의 '불편한 진실'로, 박정희는 결코 보수주의자가 될 수 없다는 것이다.

공산주의에 반대하여 '반공을 국시'로 내건 것만으로 그를 자유주의자나 보수주의자로 이해할 수는 없다. 무엇보다도 독재를 펼친 사실만으로도 그는 자유주의를 근간으로 하는 오늘날의 보수주의와는 너무 동떨어져 있는 사람이다. 그는 국가의 정책방향을 독단적으로 결정하고 경제개발계획을 밀어붙였다. 그 과정은 철저한 '관치경제官治經濟'였다. 따라서 산업화를 통한 국부國富의 증진이 보수주의의 목표와 일치하였다고 해서 박정희를 보수주의자로 지목할 수는 없는 것이다. 그렇다면 박정희를 추앙하는 사람들이 그를 보수주의자라고 평가하는 것 역시 명백히 '불편한 거짓'이 된다.

박정희는 오히려 일정 부분 좌파적 경향을 보였다. 가난한 서민, 농민들과 잘 어울렸다. 그의 정책목표는 '복지국가'에 있었다. 그 복지국가론이 서구의 진보주의자들이 펼친 '복지국가'와 상통하는 것은 아니었지만 정책의 방향이 진보적이었던 것은 확실하다. 그런 대표적인 정책이 새마을운동이다. 이 운동은 1970년 4월 22일 전국지방장관회의에서 박정희가 제창해 농촌환경정비 사업으로 시작됐다. 그러나 농촌근대화운동에 그치지 않고 관이 주도해 전국적으로 도시, 학교, 기업체, 공장에서 벌어졌다는 데서 사회공학과 매우 유사한 외양을 가지고 있다.

물론 새마을운동을 사회공학으로는 볼 수 없다. 그것이 이념에 근거해 특정한 정치적 목적으로 수행된 것은 아니기 때문이다. 그러나 당시 이 나라의 빈한하고 낙후했던 농촌을 중심으로 '자주, 자조, 자립' 정신을 주창하면서 벌인 개량운동이었다는 점에서 진보정책인 것은 분명하다. 박정희의 진보정책은 또 있다. 그는 이 나라에 의료보험과 국민연금법을 도입했으며 산림녹화운동과 함께 '그린벨트' 정책을 강력하게 시행했다. 그리고 '국민교육헌장'으로 대변되는 교육의 획일화 역시 보수주의와는 동떨어진 집단주의적 정책이다.


## 진실한 것이 신성이다

학문은 '진리와 진실을 찾는 행위'다. 그런데도 나는 학자들을 믿지 못한다. 우리 시대, 이 셀 수 없이 많은 학자와 지식인이 '진리에 목말랐다거나 진실을 위해 목숨을 버릴 각오가 되어 있었다면' 우리는 훨씬 더 고양高揚된 삶을 누릴 수 있었을 것이다. 그런 것은 늘 상상에 그친다.

146

대부분의 학자는 명예에 목말라 하면서도 돈과 권력을 얻기 위해 목숨을 건다. 더 놀라운 것은, 스스로 더러운 욕망의 구렁텅이에 빠져 허우적대면서 자신만은 결코 오류가 아니라고 굳게 믿는 것이다. 저급한 학자일수록 그런 믿음은 강하다. 그래도 오류인 줄 뻔히 알면서 진실을 비방하는 파렴치보다는, 그런 착각에서 헤어나오지 못하는 바보가 더 도덕적이다.

　우리는 늘 '종교적 진리'에 눈감는다. 그러나 그건 엄격히 말해 '진실'이 아니다. '부활'이나 '천국'은, 그걸 진리로 인식하는 신념이라 할 수 있는 '신앙'에 불과하다. 나는 무신론자는 아니지만, 종교적 진리를 말하는 자들에게 늘 두려움을 느낀다. 성직자가 '신의 대리자'로서 본분을 지키지 않고 방자할 수 있는 것은 대중이 가지는 이런 공포가 생각보다 크기 때문이다. 장담하건대 성직자들의 단 10%만이라도 '종교적 진리'에 충실하여 타락하지 않았다면, 살인과 전쟁을 비롯한 폭력의 절반은 없었을 것이다. 포이어바흐 Ludwig A. Feuerbach(1804~1872)가 '종교의 진실'에서 진실이 무엇인지 정의한 말이 있다.

　종교에 있어서는 신성한 것이 진실이며 철학에 있어서는 진실한 것이 신성이다.

　포이어바흐는 '헤겔 좌파'로서 마르크스에게 많은 영향을 끼친 사람이다. 그는 1841년 『기독교의 본질』이라는 책을 썼다. 그는 이 책에서 종교적 사상이나 믿음은, 인간이 '실재'인 이 세상에서 삶의 희미한 반영으로서 창조한 것에 불과하다고 말했다. 따라서 종교는 곧 소외의 증상이며, 우리는 이 세계에서 인간의 운명을 깨달음으로써 스스로를 자유롭게 만들어야 한다고 주장했다. (『인간의 본성에 관한 10가지 이론』, 레슬리 스티븐슨 등 저, 박중서 역, 갈라파고스 간 참조)

역사를 살펴보면 생명을 존중하고 사랑해야 할 성직자들의 욕망 때문에 인류는 훨씬 더 잔인해졌다. 포이어바흐 식으로 말하자면 오늘날 성직자 상당수는 신성을 스스로 훼손하고 있는 셈이다.


## 지식인의 허위의식

내가 궁금해하는 것 중 하나는 독재자, 그것도 인민을 도탄에 빠뜨린 잔인하기 이를데 없는 독재자를 상찬하는 자들의 '진실'이다. 그들의 '종교'는 무엇이며 그들의 '신'은 과연 누구인가.

김대중 전 대통령은 김정일을 두고 '식견 있다'고 평가했다. 국가지도자의 이런 잘못된 평가는 국민의 경계심을 풀고 스스로를 무장해제시키는 결과를 낳는다. 노무현 전 대통령은 북한의 만수대의사당에 갔을 때 '인민의 행복이 나오는 인민주권의 전당'이라고 적었다. 변호사인 그가 '북한이 주권을 가진 국가로서 그 주권이 인민에게 있는 민주공화국'이라는 의미로 이 글을 쓰지는 않았을 것이다. 그가 중국에 가서 모택동을 존경한다고 말한 것은 의례였다고 치자. 그러나 이런 상찬들은 도대체 무슨 목적으로 행해졌는가? 두 분은 과연 자신들의 말이 역사에 어떤 무게로 기록된다는 것을 몰랐을까?

미국의 진보주의 인사로서 『세속적 재화−국부이야기』Man's worldly goods−The story of the wealth of nations』를 쓴 레오 휴버먼Leo Hubeman은 『쿠바혁명사』에서 카스트로Fidel Castro를 두고 '열정적인 인도주의자'라고 적었다. 도대체 휴버먼은 인도주의를 어떻게 이해한 것인가. 사르트르Jean Paul Sartre 역시 카스트로를 민주주의자로 극찬한 바 있다. 그가 카스트로나 스탈린Iosif Stalin에게 찬사를 보낸 것은 지식인들이 진실과 상관 없이 얼마나 뻔뻔스러운지를 깨우쳐주는 좋은 예다. (이 책 '유행' 참조)

카스트로는 학생 시절 권총을 차고 다닌 '깡패'로서, 원칙이나 아무런 이념도 없이 단지 정치경력을 쌓기 위해 설쳤던 무뢰한에 불과했다. 미국은 쿠바 주재 대사 얼 스미스Earl Smith의 판단을 무시하고 카스트로를 '카리브해의 토머스 로렌스Thomas Edward Lawrence(1888~1935, 거장 데이비드 린 감독의 영화 '아라비아의 로렌스'로 알려졌다. 로렌스 역시 진실을 왜곡하고 거짓으로 스스로를 포장한 자였다.)라고 묘사한 뉴욕타임스 기자 허버트 매슈스Herbert Matthews의 말에 속았다. 미국은 카스트로에게 무기를 공급하면서 그의 게릴라전을 도왔다.

1959년 1월 쿠바를 수중에 넣은 카스트로는 최초의 포고령으로 정당을 폐지하고 군법회의를 통해 '적'을 숙청했다. 그는 그때까지 마르크스주의가 무엇인지를 몰랐다. 그 역시 선동을 위해 '민중의 적'이 필요했다. (이 책 '쿠데타' 참조) 스페인 출신으로 부유한 농부였던 아버지 앙헬은 미국을 몹시 싫어했는데 카스트로는 그 영향을 받았다. 게다가 혁명 뒤의 폭정을 본 미국이 자신의 후원자가 될 리 없었으므로 당연히 미국을 적으로 만들어야 했다.

따라서 소련은 자연스럽게 '우방'이 되었고 카스트로는 '마르크스주의자'가 될 수밖에 없었다. 카스트로가 마르크스주의를 이해하여 공산주의자가 됐기 때문에 미국이 그의 적이 된 것이 아니라는 것이다. 그 점이 투철한 이념으로 공산주의자의 길을 걸었던 체 게바라Che Guevara와 달랐다. '좌파 파시스트'가 카스트로의 숙명이었던 것처럼 카스트로가 미국의 '고통'이 된 것 역시 숙명이었다.

레오 휴버먼은 『사회주의란 무엇인가』라는 책에서 다음과 같이 썼다.

사회주의는 자유의 시작이다. 사회주의는 인류를 괴롭히는 가장 심한 해악-임금노예, 빈곤, 사회적 불평등, 불안, 인종차별, 전쟁으로부터 자유로워지는 것이다. 또한 사회주의는 국제적 운동이다. 그 강령-야만적인 경쟁제도를 문명적인 공동사회로 바꾸고, 개인의 복지가 만인의 복지 속에서 실현되는 우애의 사회를 만드는 것-은 세계 모든 나라에서 일치한다. 사회주의는 결코 불가능한 꿈이 아니라, 사회가 진화하는 과정에서 얻어지는 진보의 한 걸음인 것이다.

인류를 질곡에 빠뜨린 해악은 휴버먼이 지적한 '경쟁제도'의 폐단이 아니라 진실을 감춘 채 그런 선동에 나선 바로 휴버먼 같은 자들이다. 휴버먼이 상상하는 '우애의 사회'는 소설이나 영화 속에서도 가능하지 않다. 지적 자만에 빠져 우리 시대에 유토피아는 가능하다고 외치는 '낭만적 좌파'도, 휴버먼처럼 사회주의가 빈곤과 불안 그리고 전쟁을 사라지게 하는 '만병통치약'이란 말은 하지 않는다. (원래 '만병통치약'이라고 하는 약들이란 '위약僞藥'이 아니라면 사기에 불과하다.)

이런 자들을, 내가 어떻게 '마르크스의 개'라고 부르지 않을 수 있겠는가. 아마 마르크스는 휴버먼을 자신의 개라고 부르는 것을 반대할 것이다. 프랑스의 어느 정당이 마르크스주의를 강령으로 내걸자 마르크스는 '적어도 나는 마르크스주의자가 아니다'고 말했다. 마르크스는 완벽주의자였고 자신의 이론이 단 한 자라도 왜곡되는 것을 참지 못했다.


## 세 종류의 거짓말


독재자가 내세우는 세 가지가 있다. 인민이 숭배하고 따를 전형典型과, '역사만이 나를 평가할 것'이라는 오만함으로 당대의 평가보다는 역사에 대해 책임지겠다는 리더십, 그리고 통계다. (박정희 전 대통령 역시 그랬다. 1권 '여론' 참조) 이 셋은 다 진실과는 거리가 멀다.

그중에서도 통계는 언제나 '진실'의 근거로 사용되면서도, 가장 손쉽게 진실을 덮는 무덤이다. 국민소득이나 직업별 평균소득은 노출되지 않는 '지하경제'를 감추고, '행복지수'니 '자유지수' 같은 측정치는 너무 주관적이어서 처음부터 신뢰할 것이 못 된다. (이 책 '계량화' 참조) 통계는, 일기예보처럼 아무도 진실을 알기 위해 레이더를 들여다보지 않는, 책상 위에서 벌이는 '조정調整'으로 생산된다. 그런데도 일기예보는 자주 틀리는 것을 경험하기 때문에 그리 신뢰하지 않지만, 대중은 이상하리만치 통계를 신뢰한다. 디즈레일리Benjamin Disraeli의 명언이 있다.

거짓말에는 순수한 거짓말, 지독한 거짓말, 그리고 통계가 있다.

세 차례나 재무상을 하고 두 차례나 총리를 하면서 대영제국을 완성시켜 빅토리아 여왕Queen Victoria에게 제관을 바친 명재상이 이런 말을 했는가는 아직도 의문으로 남아 있다. (의회의사록을 포함한 공식 기록에는 이 말이 없다.) 그러나 오랜 전통의 민주주의의 나라 영국에서도 통계가 얼마나 진실과 거리가 멀었으면 이 말은 아직도 디즈레일리의 말로 유통되고 있는 것인가.

## 커튼 뒤의 권력

대개의 '음모론'은 사실을 기반으로 한다. 사실 위에 허구가 섞인 집을 짓는 것이다. 세월이 지나 가끔 '음모론'이 진실인 것으로 밝혀지는 경우가 있다. 통킹만 사건Gulf of Tonkin Incident이 대표적이다.

통킹만 사건은 1964년 8월 2일 베트남 통킹만 공해상에서 초계 중이던 미국 구축함인 매독스maddox함을 북베트남 어뢰정이 어뢰와 기관총으로 선제공격한 사건이다. 미국은 즉각 반격해 어뢰정 한 척을 격침했다. 이틀 뒤 8월 4일에는 구축함 조이터너Joy Turner에 대한 2차 공격이 있었으며 미국은 2척의 어뢰정을 격침했다고 발표했다. 이 사건을 명분으로 미국은 베트남에 본격적으로 개입했다. 의회는 8월 7일 선전포고인 '통킹만 결의'를 통과시켰고, 이듬해부터 B-52기로 북폭北暴을 단행하며 지상군을 투입했다. 미국은 베트남의 늪에 빠져들었다. (당시 미국의 대통령은 '위대한 사회The Great Society'를 외쳤던 도덕주의 좌파 린든 존슨Lyndon Baines Johnson이었다.)

1973년 뉴욕타임스는 700페이지에 달하는 국방부 문서를 입수해 통킹만 사건이 조작되었다는 음모론을 내놓았다. 세월이 흘러 기밀문서가 해제되면서 그 음모론은 최소한 일부가 진실인 것이 밝혀졌다. 1차 공격은 미국이 북베트남의 도발을 '유인'했으며, 2차 공격은 미국의 자작극이었던 것이다. (국방 장관이었던 로버트 맥나마라Robert Strange McNamara도 1995년 2차공격은 날조되었다고 시인했다.)

음모론은 그 자체로 흥미를 끈다. 케네디John F. Kennedy 암살사건처럼 범행의 배후가 밝혀지지 않은 경우는 온갖 음모론이 생산된다. 미확인비행물체UFO에 대한 음모론은 외계인의 존재 여부와 함께 가장 오래된 음모론 가운데 하나다. 그런 오래된 음모론 중 하나인 '커튼 뒤의 권력'을 다룬 책은 많다. 그중『빌더버그 클럽El Club Bilderberg』은 미국 정부와 유럽연합, 유엔을 비롯한 세계기구들을 통제하는 보이지 않지만 전지전능한 '정부'인 비밀회의체에 관해 쓴 책이다. (다니엘 에스툴린 저, 김수진 역, 랜덤하우스 간)

이 빌더버그 클럽은 전 세계 주요 국가들의 왕실, 대통령과 총리, 은행가들이 망라된 클럽이다. 그리고 자유국가들에 지배권을 행사하려고 모의하는 비밀단체다. 이 클럽을 좌지우지하는 사람은 세계 금융을 지배하는 로스차일드 가문과 미국 3대 방송 네트워크를 지배하는 록펠러 가문이다. 이 클럽에서 정치인들의 지도부 진입이 결정되고 이라크 침략 시간도 결정되었다. 비록 음모론이지만, 이 비밀단체에서 지난 50년간 그 지위를 그대로 유지한 것은 '페이비언 사회주의Fabian Socialism'라는 사실은 놀라운 것이다. (페이비언주의는 다니엘 에스툴린의 글처럼 민중을 체제 내로 끌어들여서 자본주의적 질서를 정상화시키자는 것이 아니라, 점진적 사회주의를 주장한 온건좌파다.)

그래선지 저자가 주장한 이 클럽의 계획은 경악할 내용으로 차 있다. 몇 가지만 보자. '단일 시장, 단일 군대, 단일 화폐를 가진 세계정부. 유일한 세계 종교. 성장률 제로의 포스트 산업사회.' 성장이 멈춘 사회는 소유자와 노예로 양분된다. 번영과 발전이 있는 사회는 압제가 어려우므로 성장률 제로는 꼭 필요하다는 것이다. 이 책에 저자가 쓴 '허구의 집'을 뒷받침하는 사실 중에는 이런 것이 있다. 전 CBS뉴스 회장 리처드 샐런트의 말이다. '우리가 하는 일은 사람들이 원하는 걸 제공하는 것이 아니라, 우리가 제공하기로 결정한 걸 제공하는 것이다.'

『빌더버그 클럽』에 쓰여 있는 가진 자들이 만든 비밀결사의 계획이 불가능한 것이라는 건 누구나 알 수 있다. 그래서 음모론의 파장은 크나 생명은 짧다. 그러나 이 책에 적힌 대로 세계를 움직이는 주요 인사들이 모여서 집단적으로 정책을 논의했다는 사실은 매우 충격적이다.

### 진실위원회의 진실

노무현盧武鉉정부 들어 역사의 '진실'을 규명하겠다는 운동이 벌어졌다. 처음 친일파를 찾아내 부관참시하겠다는 것이, 곧 백년을 거슬러 가 '동학농민운동東學農民運動'부터 군사정권까지 역사를 다시 쓰겠다는 것으로 확대됐다.

민생은 제쳐두고 정권이 그런 일에 매달렸던 데는, 이 나라 '보수세력'의 뿌리를 잘라내겠다는 숨은 의도가 있었다. (내가 '보수세력'에 따옴표를 한 것은 우리의 보수세력이 자유주의 보수파와 산업화세력 그리고 기득권층이 혼재한 것이기 때문이다.) 소위 과거사 진상규명 운동은 그중에서도 조선, 동아 두 신문과 박정희 전 대통령이 '타깃'인 것은 천하가 알고 있는 사실이었다.

그 일은 한마디로 '희극'이었다. 동학운동을 왕조의 시각에서 '동학란'으로 보든 이념적 시각에서 '동학혁명'으로 보든 그건 역사학자들의 몫이다. 동학 교주가 이제 다시 신원伸寃된다면 그건 왕조시대에나 있을 난센스다. 노무현 정부는 '과거사를 전부 규명해야만 사회 기강이 서고 미래가 있다'고 둘러댔다. 그건 모두의 미래가 아닌, 그들이 바라던 그들만의 미래였을 뿐이다.

정권적 차원에서 역사를 해석하는 것은 또 다른 오류를 낳을 위험한 일이다. 소위 '친일파'로 불리는 '반민족행위자'를 찾아내는 일이 그렇다. 친일파를 미워하지 않고 역사를 읽는 이가 누가 있겠는가? 조직폭력배로 전락할 수도 있는 김두한金斗漢을 종로의 독립군으로 만들어낸 소설과 드라마의 코드도 이런 친일에 대한 민족적 증오심 때문이다. 그러나 광복이 되고 60년이 지나 대부분의 관련자가 죽고 없는데 과거의 증언들과 남아 있는 서증書證만으로 특정인과 특정사건을 심판한다는 것이 가능한 일인가.

전문인력이 투입된 과학수사로 잡힌 범인도 무죄가 선고되는 예를 우리는 종종 본다. 방금 일어난 범죄를 수사하는 것도 이렇게 어렵거늘 항차 60년이 지난 일들을 제대로 규명한다는 것이 말이 되는가. 더욱 당사자들은 어떤 소명조차도 할 수 없는 사자死者들이다. 한 사람에 대한 평가는 그 시대를 살았던 많은 이들에게서 증언을 채취함으로써 비로소 가능해진다. 그 사람이 썼던 글 몇 편이나 몇 번의 연설이 진실의 전부일 수는 없다. 민족을 위한 수많은 일을 했음에도 본의가 확인되지 않은 몇 개의 부역 흔적만으로, 정부가 나서서 '친일 반민족 행위자'로 몰아간다면 그것은 또 하나의 범죄가 될 것이다. 옥스퍼드대를 나오고 영국의 변호사가 되었던 간디도 노무현성부의 잣대라면 자칫 매국노가 될 판이다.

역사적 진실 규명과 화해는 독일과 페루 등에서 추구됐고 다 나름대로 의미가 있었다. 남아프리카공화국은 300년이 넘는 소수 백인지배를 끝낸 뒤 '진실위원회'를 설치했다. 그 위원회는 과거를 응징하기 위한 것이 아니라 미래의 화합을 위한 것이었다. 그러나 노무현 정부가 내세운 '진실위원회'는 정적과 반대파의 박멸을 도모했을 뿐이다. 그들은 광장의 단두대에 죽은 이들을 세웠다. (내가 중앙일보에 연재했던 '시대읽기' 중 2004년 8월 3일 쓴 '누가 광장의 단두대에 죽은 이들을 세우는가'를 참조하라.)

# 08

# 과학 科學

우리가 과학이라는 부르는 것들의 대부분은 최종적인 해답을 구하지
못한 것들이다.

사람들은 무엇인가 증명되지 않은 것을 믿는 경향이 있다. 신비주의神秘主義
mysticism가 등장하고, 초능력을 믿고, 기적奇蹟을 기다린다. 신의 가호를 비는 것도
마찬가지다. '신은 존재하므로 신에 의탁依託한다'는 것을 누가 나무랄 수 있을 것인
가? 그리고 신이 존재하지 않는다는 사실을 누가 무엇으로 증명할 것인가?(나는 '궁극
적인 그 무엇'을 말할 뿐 종교를 예찬하는 것은 아니다.)

과학은 이와는 다르게 논증을 요한다. 과학은 궁극적으로는 신神만이 알 수 있는
답을 찾아가는 학문이다. 그런데도 몽매한 인간들은 과학은 신과 무관하다고 한
다. 답을 찾는 일은 과학과 신학 중 어디가 빠를까? 먼 미래 언젠가 두 학문은 통
합될지도 모르겠다. 그러나 나는 인간에게 한계가 있다는 것을 믿는다. 물리학이

고등학교 교실로 내려갈 일은 영원히 없다. (『바다도 비에 젖는다』 '신' 참조. 우주의 모든 일이 과학적으로 증명되고, 모든 근원적인 문제가 해결되는 경우다.) 우리가 아무리 노력해도 신의 권능에 이르는 지혜를 가질 수 없을 뿐 아니라, 그런 도덕적 자격을 갖추지 못할 것이기 때문이다.

인간이 과학적 지식이라고 믿는 것은, 기껏 우리가 존재하는 우주의 내부, 그것도 마치 거대한 해변에 있는 모래알의 한쪽에서 근근이 바다를 조망하고 사유해서 얻은 생각의 파편 같은 것에 지나지 않는다. 그 모래알 귀퉁이에서 대양의 전모를 짐작이나 할 것인가? 어찌 모래알에 이른 시간의 비밀을 모두 알 수 있을 것인가?

그건 마르크스Karl Marx의 '과학'도 마찬가지다. 역사가 필연이라면, 우리가 한 개인으로서 존재할 까닭이 무엇인가?


## 모두 다 과학자다

과학科學Science, Wissenschaft은 사전적으로는 '자연세계에서 보편적 진리나 법칙의 발견을 목적으로 하는 체계적 지식'을 의미한다. (그 어원은 학문을 뜻하는 라틴어 scire다.)


이 과학이란 단어는 오늘날 원래의 의미인 '자연과학'을 벗어나 온갖 단어와 결합하여 다양한 의미를 만들어낸다. 예컨대 정신작용이나 그로 인한 문화현상을 연구하는 과학이라 하여 철학이나 심리학, 신학, 심지어 역사학, 정치학 등을 '정신과학'이라 부르고, 이미 얻은 지식을 사회에 적용하는 과학이라 하여 의학, 농학, 공학 등을 응용과학이라 부르는 식이다. 결국 이 세상 모든 학문은 과학이 아닌 것이 없고 학자 중에 과학자가 아닌 사람이 없게 된다.

그 가운데서 가장 놀라운 '과학의 확대'는 '사회과학社會科學social science, Sozialwissenschaft'이다. 본래 '사회'란 단어는 '인간의 공동생활'을 가리키는 것으로 17세기 유럽을 지배한 자연법론自然法論으로 인해 생겨났다. 19세기 초에 콩트Auguste Comte가 사회의 여러 현상을 과학적, 수학적 방법으로 설명하려고 하면서 '사회학'을 처음 주창했다. 그 뒤 마르크스주의가 풍미하게 되면서 사회의 제현상을 연구하는 사회학, 정치학, 법학 등 소위 '경험과학經驗科學'들을 사회과학이라 총칭하게 되었다. (1883년에 오스트리아학파 멩거Carl Menger가 처음 이 말을 썼다. 지금은 영국, 독일, 프랑스 등 좌파가 번성했던 나라에서 널리 통용된다.)

이 사회과학이 발견한 '법칙'(사회과학 역시 과학이므로, 법칙의 발견을 목적으로 한다.)은 인간 속성과 활동을 지배한다. 인간사회는 법칙에 따라 움직인다. 바로 이것이 마르크스주의의 대전제다. 그리고 그러한 마르크스주의의 '가정假定'을 믿는 신자들 중 한 부류가, 오늘날 인간의 행위나 인식을 총체적인 구조와 관련지어 해석하는 노엄 촘스키Noam Chomsky, 미셸 푸코Michel Paul Foucault, 클로드 레비스트로스Cloude Levi-Strauss 같은 '구조주의構造主義Structuralism'자들이다. (이 책 '대학' 참조)

## 열린 사회로의 길

카를 포퍼Karl Raimund Popper(1924~1994)는 빈이 낳은 천재 중 한 명이다. (내

가 늘 감탄하는 것은, 빈은 인구에 비해 천재가 아주 많이 나타난 도시이며, 유대인 역시 그 숫자에 비해 천재가 아주 많이 태어난 민족이라는 것이다. 포퍼 역시 유대인이다.) 그는 철학을 공부하던 젊은 시절, 변호사인 아버지(Simon Popper)의 영향을 받아 경제적 불평등에 관심을 가지고 마르크스주의자가 되어 사회주의운동에 뛰어들었다. 포퍼는 철학교수가 되고나서 한때 뉴질랜드로 망명했다가 종전 후 영국에 정착하여 '과학방법론' 등을 가르치며 '과학철학자'로 명성이 높았다.

포퍼는 그의 이름을 알린 초기의 책『탐구의 논리Logik der Forschung, 1934』(나는 이 책을 읽지 못하고, 『위대한 철학책』-제임스 가비 저, 안인경 역, 지식나이테 간-을 읽었을 뿐이다.)에서 과학은 합리적 가설의 제기와 반증을 통한 오류의 수정이 계속되어 시행착오적으로 더 나은 이론으로 나아간다고 말한다. (이를 '비판적 합리주의'라 부른다.) '내가 잘못되었을 수 있다'는 인식과 '실수로부터 배운다'는 인식이 과학하는 자세다. 그래서 과학이 아닌, 사이비과학은 다음과 같이 정의된다.

과학적 이론이 틀릴 수 있다는 사실을 증명할 수 없는 것은 과학이 아니다.

반증 가능성이 없는 과학은 과학이 아니라는 것이다. '자연과학에서조차 완전한 인식은 불가능하다. 우리의 인식은 잠정적인 것이며 비판적 추측에 불과하다. 따라서 과학은 가설에 대한 반증을 끊임없이 제기하고 시도하는 것이다. 가장 오래 견딘 가설과 이론을 우리가 신뢰하더라도 그건 새로운 반증으로 언제든 폐기될 처지에 있다.' 그런 반증 가능성이 없는 사이비과학 중 하나가 마르크스의 역사이론이다.

이 점에서 포퍼는 적어도 헤르베르트 마르쿠제Herbert Marcuse에 비해 정직한 편이다. 평생 마르크스를 배반하지 못했던 마르쿠제는 어떤 의미에서는 마르크스의 위성衛星에 불과했다. 단지 그는 궤도를 자주 수정하는 위성이었다. (이 책 '자유', '관용' 참조) 마르쿠제는 과학은 사실과 역사적 가능성의 분석을 포함하며, 사회적 규범과 정치적 평가도 역시 과학적으로 논증이 가능하다고 보았다.

포퍼는 뉴질랜드 망명 시절 때인 1938년 히틀러Adolf Hitler가 오스트리아를 침공했다는 소식을 듣고『열린 사회와 그 적들Open Society and It's Enemies』을 쓰기 시작해 1945년 출간했다. 전체주의가 세계를 위협하던 때 쓴 이 책은 플라톤Platon과 헤겔Georg Hegel과 마르크스를 '열린 사회의 적들'로 지목한다. 이 책의 '플라톤과 유토피아' 첫머리에 포퍼가 한 말이다.

우리는 금수로 돌아갈 수 있다. 그러나 우리가 인간으로 남고자 한다면, 오직 하나의 길, 열린 사회로의 길이 있을 뿐이다. (이한구 역, 민음사 간 참조)

열린 사회야말로 인류가 살아남을 수 있는 사회인데, 그 세 사람은 '닫힌 사회'로 이끈 '주범'이다. 그는 혁명을 통해 단번에 이루어지는 '완전한 사회'는 존재할 수 없으며(폭력을 동반할 수밖에 없는 혁명은 자유를 파괴할 뿐이다.), 따라서 전체주의에 대립하는 개인주의 사회로서 부분적인 개혁으로 나아가는, '점진적 사회공학piecemeal social engineering'만이 해법이라고 밝혔다. 그리고 이 방법 역시 국가권력을 증가시키는 위험성이 있음을 포퍼는 인정한다. '국가권력은 언제나 위험스러운 필요악이다. 그래서 감시를 소홀히 하면 자유를 잃게 된다.'

포퍼는, 마르크스가 '과학적 사회주의'라고 하면서 필연적인 역사발전으로 내세우는 '자본주의사회에서 공산주의사회로의 이행'은 과학적 법칙에 의한 것이 아니라, 점쟁이의 예언에 가깝다고 했다. '점쟁이가 운수대통을 예언했다. 그런데 큰 사고를 당해 겨우 목숨을 건졌다. 점쟁이의 변명은 이렇다. 큰 사고를 당했는데도 산 것이니 운수대통한 것이다. 이런 점쟁이의 예언은 반증 가능성이 없으므로 과학이 아니다.' 결국 일정한 사회 법칙에 맞춰 혁명으로 이상적 사회를 건설할 수 있다는 마르크스의 생각은, 인류의 자유를 파괴하는 닫힌 사회로 이끈다는 것이다.


## 우연이 지배하는 사회과학

우리가 '사회과학'의 학문성에 대한 의견을 긍정할 수 있다 치자. 즉 사회의 여러 현상을 '논증'하는 것이 가능하다 하자. 그러나 사회의 구성원으로서 실재하는 각 개인의 행위는 반드시 법칙에 따라 행해지는 것이 아니다. 사회의 어떤 현상이 경험적으로 도출되는 결론과 일치한다 하여 과학이 그 현상을 지배하고 있다고 할 수도 없다. 인간 사회는 경험적으로 산출되는 방향성과는 다른 방향성을 띨 가능성이 상존한다. 그건 각 인간은 외관적으로는 대단히 합리적 판단을 하는 개체이지만(이성理性이 지배하는 개체이지만), 한편 대단히 부조리不條理 illogic하기 때문이다. (카뮈Albert Camus의『시지프 신화』를 읽어보라.)

역설적으로, 과학만이 지배하는 사회는 창조적이지 못할 뿐 아니라, 무미건조한 사회가 될 것이다. 모든 것이 '인과因果'의 법칙대로 진행된다면 거기에 '희망'은 없다. 모든 결과를 '우연偶然'이 지배하는 도박에 인간이 몰두하는 것은 단 한 가지, 불예측성에 기인하는 희망 때문이다. 인간은 우연히 행운을 쥐게 되거나 불운을 겪기도 한다.

더욱이 인간이 매순간 하는 여러 선택은 이성적이고 과학적인 판단에 근거한다기보다 감정적이고 모험적인 판단에 근거한 '즉흥적 결정'이 더 많다. 사회과학이 성립한다면, 그러한 경험이 축적되어 하나의 방향성을 가질 때일 것이다. 그러나 그런 일은 불가능하다. '우연'을 배제할 수 없는 한, 그 어떤 방향성도 논리로는 증명되지 않는 '확률 위의 문제'에 지나지 않기 때문이다.


## 신은 간섭하지 않는다

'신'이 이 우주를 만든 것인가? 참으로 이 논쟁은 오래된 것이다.

신학과 과학 사이의 학문적 논쟁이 확대된 것은, 알베르트 아인슈타인 Albert Einstein이나 스티븐 호킹Stephen William Hawking 교수 같은 과학자들 때문만이 아니다. 오히려 20세기 들어 이에 관한 논쟁 대부분은 좌파들이 그들의 '과학'을 믿으면서 촉발한 것이다. 그중에서도 마르크스주의자들(마르크스는 자신의 역사이론을 과학이라고 불렀다.)은 결코 신의 존재나 초월적인 힘을 '믿어서는 안 되는' 유물론唯物論materialism 신앙의 신자들이다.

사실 근대 이후 세계는 무신론자들과 이신론자理神論者들이 주도해 왔다.

이들은 우선 '과학주의자'들이다. 초강대국 미국의 대통령이 성경 위에 손을 얹어 취임선서를 하고, 신의 존재를 믿고 신앙심에 가득 찬 기독교(가톨릭을 포함하여), 이슬람교, 불교, 힌두교의 신자들이 주요 국가들의 정치세력을 이루고 있지만, 그것은 외관일 뿐 또 다른 '종교'인 마르크스주의와 과학신봉주의가 세계를 나누어 지배한 것은 부인할 수 없는 사실이다.

그 이면에는 겉으로는 독실한 신앙을 가진 자들이 내막적으로 이신론자라는 이유도 있다. 그들의 신은 대개 유일신이자 창조주이다. 이신론Deism은 18세기 계몽주의의 산물로서, 이런 신의 존재를 인간의 이성으로서 자각한다는 것이다. 초월적 존재나 힘을 믿지만, 신은 그 이외 이 세계를 직접 간섭하거나 통제하지 않는다는 생각이다. (따라서 기적은 부인된다.) 즉 신은 세계를 창조했지만 세상사에는 무관하다.

신이 인간에게 절대적 자유를 주었다는 이 생각은 기독교적 입장에서는 이단이지만, 엄격히 말하자면 무신론無神論은 아니다. ('무신론적'이라 할 수 있을 것이다.) 『종의 기원Origin of Species』을 써 인류에게 정신혁명을 일으킨 찰스 다윈Charles Robert Darwin(1권 '휴머니즘' 참조)이나, 특수상대성이론으로 과학의 시대를 연 아인슈타인이 대표적인 이신론자들이다. 아인슈타인은 친구에게 보낸 편지에서 다음과 같이 썼다.

내게 신이란 단어는 인간의 약점을 드러내는 표현에 불과하다.

존 로크John Locke, 장 자크 루소Jean Jacques Rousseau, 볼테르Voltaire 같은 계

몽사상가들은 약간씩 다르지만 대부분 이신론자였으며, 이마누엘 칸트 Immanuel Kant 같은 철학자들, 조지 워싱턴George Washington, 토머스 제퍼슨 Thomas Jefferson, 벤저민 프랭클린Benjamin Franklin, 에이브러햄 링컨Abraham Lincoln 같은 정치인들이 이신론자의 범주에 들어간다. (따라서 미국 헌법은 이신론자들이 기초했다고 볼 수 있다.)

## 철학은 이제 죽었다

마르크스주의자들이 패퇴한 지금 이 논쟁은 과학자들에 의해 다시 불붙고 있다. 『만들어진 신The God Delusion』(이한음 역, 김영사 간)을 쓴 생물학자 리처드 도킨스Richard Dawkins 옥스퍼드대 교수는 논쟁에 제대로 불을 지폈다. 그는 신앙으로 인해 빚어진 전쟁과 기아, 빈곤 문제와 함께 창조론의 허구를 역사적 사례를 통해 비판했다. 도킨스에게는 신이 사라진 세계는 인간 본연의 가치를 회복할 수 있어 더 희망적이다. 그가 한 말이다.

종교는 집단적 망상에 불과하다.

호킹 교수는 『시간의 역사A Brief History of Time』와 『위대한 설계The Grand Design』를 써 이 논쟁에 과학자나 신학자가 아닌 보통사람들을 끌어들였다. 『시간의 역사』는 아인슈타인의 '특수상대성이론' 이후 대중을 과학으로 유인한 몇 안 되는 책 중 하나다. 호킹은 이 책에서 '만약 우리가 완전한 이론을 발견하게 된다면 신의 마음을 이해할 수 있을 것'이라고 말했다. 그는 이 책을 쓸 때 이미 우주 창조에 신이 개입하지 않았다는 확신을 가지고 있었다. 이 책이 나오고 20년이 지나 호킹은 다시 『위대한 설계』를 썼다. (레오나르드 플로디노프Leonard Mlodinow가 공저자다. 전대호 역, 까치 간 참조) 책 서두에 나오는 말이다.

철학은 이제 죽었다. 철학은 현대 과학의 발전, 특히 물리학의 발전을 따라 잡지 못했다. 지식을 추구하는 인류의 노력에서 발견의 햇불을 들고 있는 자들은 이제 과학자들이다.

철학이 죽은 것이 아니라, 신이 죽었다는 표현이 더 정확할 것이다. 호킹은 물리학이 우주와 존재에 대한 본질적인 의문을 모두 설명할 수 있게 되었다고 말한다. 그 답은 신이 우주를 창조하지 않았다는 것이다.

그는 양陽의 물질에너지와 음陰의 중력에너지는 균형을 이뤄 결국 에너지 총량은 '0'이라고 설명한다. (이 결론은 불교의 '공空'과 같아 너무 놀랍다. 불교 화두 중 가장 유명한 것이 바로 '무無'이다.) 따라서 우주는 별도의 에너지의 투입 없이 무無로부터 양자요동을 통해 저절로 탄생한다. 무수히 '많은 우주multiverse' 중에 생명에 걸맞은 물리법칙을 지닌 우주도 있게 마련이고 마침 우리가 사는 우주가 그에 해당할 뿐이다. 우주는 창조주의 뜻이 아니며, 창조주가 이 우연을 만든 것이 아니다.

호킹은 '우리가 존재한다는 것, 그리고 우리의 세계가 인간에게 우호적인 것이 되도록 설계되었다는 것은 발생 확률이 낮은 많은 일이 중첩된 결과'라고 한다. 그의 말대로라면, 인류는 엄청난 행운을 누리고 있는 셈이다. 호킹은 자신의 발견으로 '철학이 죽었다'고 했지만, 일찍이 철학자 비트겐슈타인 Ludwig Wittgenstein은『반철학적 단장反哲學的 斷章』에서 과학자에 대해 다음과 같이 정의한 바 있다.

코페르니쿠스나 다윈 같은 사람의 참된 공적은 진실된 이론을 발견한 데 있는 것이 아니라, 결실이 풍부한 새로운 관점을 발견한 데 있다.

왕립 연구소장을 지낸 뇌과학자 수전 그린필드Susan Greenfield 옥스퍼드대 교수는 이런 호킹이 '마치 탈레반처럼 신을 쫓아내려 한다'고 말했다. 그는 '자신이 옳다고 여기는 사람만큼 무서운 것은 없다'며 호킹을 질타했다. 그린필드가 한 말이다.

모든 과학은 일시적이다. 그러므로 어떤 것에 대해서 확실한 대답을 한다는 것은 어려운 일이다.

'과학적 신학'을 개척해 명성을 얻은 알리스터 맥그레이스Alister E. McGrath 킹스칼리지대 교수와 존 레덕스John Ledoux 옥스퍼드대 수학 교수도 당연히 호킹의 반대편에 섰다. 그들은 물리학 법칙 자체가 무에서 유를 만들 수 없다고 호킹을 비판했다. 중력법칙 등 물리학의 법칙은 어떤 조건에서 발생한 결과에 따른 설명일 뿐이지 법칙 자체가 특정 세계를 창조할 수는 없다는 것이다. '제트기 엔진은 물리적 법칙만으로 만들어지는가?' 그리고 '중력의 법칙이란 것도 완전히 없는 낫싱nothing이 아니다.'

제시 버링Jesse Bering 아칸소대 교수는 좀 더 객관적 위치에서 신의 존재를 해석한다. '신이 다수를 변호하지 않는 날은 결코 오지 않을 것이다. 신의 존재를 부인하는 대부분 과학자의 귀에서 신의 속삭임이 사라지는 날도 결코 오지 않을 것이다. 신은 관념도 아니고, 문화적인 발명품도 아니고, 대중의 아편도 아니고, 그저그런 것도 아니다. 신은 자연선택에 의하여 영원한 것이 되어버린 하나의 사고방식이다.' 그래서 버링이 내린 결론은 이렇다. (『위험한 생각들』 존 브록만 편저, 이영기 역, 갤리온 간)

과학은 신을 침묵시키지 못할 것이다.

자, 당신은 누구의 편에 설 것인가? 이 문제에 있어 '중도'는 없다. 호킹의 말은 월권越權인가, 아닌가? 당신이 호킹에 경도傾倒되고 가슴속에 휴머니즘을 가지고 있다면, 당신은 '진실한 좌파'가 될 가능성이 있다. 신을 믿는 과학자는 있지만, 신을 믿는 '마르크스'는 없다! (그는 '종교는 인민의 아편이다'라는 경구를 남겼다. 이 책 '선전' 참조) '이신론자' 아인슈타인의 말을 옮긴다.

종교 없는 과학은 절름발이며, 과학 없는 종교는 맹목盲目이다.


## π의 끝

기독교 신자이면서도, 신의 존재를 의심한 또 한 사람의 과학자 칼 세이건 Carl Sagan(1934~1996)은 『코스모스Cosmos』, 『창백한 푸른 점Pale Blue Dot』이란 책을 써 우주를 베스트셀러의 소재로 만들었다. 그는 『창백한 푸른 점』에서 신이 인간을 위해 이 거대한 우주를 안배할 리 없다는 종교적 의문을 제기한다. (『바다도 비에 젖는다』 '별' 참조)

그가 쓴 소설 『콘택트Contact』(이상원 역, 사이언스 북스 간)는 인류가 외계의 지성체와 조우하는 이야기다. 이 소설은 영화로도 만들어져 조디 포스터Jodie Foster가 주인공 애로웨이 박사로 열연했다. 소설은 우주에는 수학적 질서가 존재한다는 것을 전제로 하고 있다.

소설의 소재로 등장하는 π는 원의 둘레를 지름으로 나눈, '원주율'의 숫자다. 3.1415926로 시작해서 그 끝을 모르는 숫자이기도 하다. 소수素數(1과 그 자신의 수 외에 자연수로는 나눌 수 없는 수, 2 3 5 7 11 13 17 19 23 ….)가 끊임없이 계속되는 것처럼 π의 끝은 아무도 모른다. 아무리 똑똑해도 그 마지막 자리를 계산한 사람은 없다. π는 숫자가 무작위로 나오지만 0에서 9까지의 숫자가 각각 10%씩 나타난다. 4444처럼 같은 숫자가 반복되는 경우도 있다. 이 π의 끝은 언제 밝혀질 것인가?

수학은 현재의 우리 우주에만 적용되는 과학이자 '진리'일지 모르겠다. 어쩌면 그럴 것이다. 수의 법칙이 존재할 수 없는 혼돈의 우주, 혹은 수의 법칙과 전혀 다른 차원의 계산대가 슈퍼마켓에 놓여 있는 행성이 없다고 누가 장담할 수 있을 것인가? 아니면 데카르트Descartes의 말처럼 수학만이 신뢰할 만한 유일한 지식인 것인가? (이 책 '정직' 참조)

## 멋진 신세계

올더스 헉슬리Aldous Leonard Huxley(1894~1963)가 쓴 『멋진 신세계Brave New World』(1932)는 과학이 모든 것을 지배하는 과학만능의 사회에 대한 경고다.

포드 기원 632년(컨베이어벨트로 T형 자동차가 대량생산된 1913년이 기원 1년이다.) 인간은 더 이상 어머니 자궁에서 태어나는 것이 아니라 유전자 조작과 인공수정으로 부화한다. 인류의 고향은 인공부화국의 유리관이다. 인간은 5등급으로 분류되어 기계조작으로 양육된 뒤 할당된 역할을 자동적으로 수행한다. 부화된 인간은 불안과 고통, 슬픔, 죄의식 같은 감정이 제거되고 사랑과 신앙은 철저히 금지된다. 그리고 불안하거나 우울해지면 '소마'라는 신경안정제를 먹고 곧 쾌활해진다. 인간은 당연히 부모가 존재하지 않아 '어머니를 가진 놈'이란 말은 가장 큰 욕이다.

소설은 수정 당시 직원의 실수로 감수성과 개인 감정을 가진 버나드 마르크스와 어머니의 몸에서 태어난 백인 남자 존이 존의 어머니와 함께 문명세계로 오면서 전개된다. 존은 문명세계에 동화되지 못하고 고립을 자초하다 자살하게 된다.

헉슬리가 그린, 과학이 지배하는 사회는 유토피아Utopia가 아닌 디스토피아Dystopia다. 헉슬리의 상상이 현실화되어 가고 있는 지금, 우리는 '과학의 발전이 인류에게 더 나은 미래를 약속하는 것인가'라는 근본적인 질문에 다시 봉착한다. 예컨대 생명공학은 인간에게 구원의 손길이 될 것인가?

# 09

# 중간 中間

중간은 편한 곳이지만 아무 소득도 없는 곳이다.

이념의 중간은 없다. 있다면, 그것은 필요에 따라 이익을 취하기 위한 기회주의에 불과하다. 좌우로 달아나는 두 마리 토끼를 무슨 재간으로 잡을 것인가? 등소평 鄧小平의 흑묘백묘론黑猫白猫論은 경제성장을 위한 시장경제를 도입하겠다는 취지였지만, 제대로 말하자면 사회주의를 포기한다는 이론이다.

그런데 정치인들은 왜 중간지대를 찾고 중도中道라는 표현을 쓰는가?

자신의 이념이 잘못된 것을 깨닫고 반대편의 이념을 수용하기 위해 중도라는 표현을 쓴다. 어느 한쪽의 이념으로 무장한 자가 반대편 쪽에 선 사람들을 끌어들일 목적으로 중도라는 표현을 쓰기도 한다. 그런데 그런 것들보다는 이념에 무지하기 때문에 중도라는 표현을 쓰는 경우가 더 많다.

## 흑묘백묘론

'흑묘백묘론'은 중국 사회주의 수정론으로서, 중국판 '제3의 길'쯤 된다. 나라의 경제가 성장할 수 있다면 자본주의든 사회주의든 상관없다는 등소평의 논리다. (중국에서 말하는 사회주의는 마르크스주의 아류의 모택동毛澤東식 공산주의를 의미한다.) 즉 선한 목적을 위해서라면 수단은 무엇이든지 괜찮다는 뜻이다.

'흑묘백묘'는 실사구시實事求是를 뜻하는, 등소평의 고향 사천성四川省의 속담이다. 등소평이 '쥐 잘 잡는 고양이가 좋은 고양이'라는 고향의 속담을 끌어들인 건 사회주의의 실패를 인정하고 싶지 않은 고육지책이었다. 그는 모택동의 계급투쟁위강론階級鬪爭爲綱論이 허구에 찬 것임을 진작 알고 있었다. '흑묘백묘론'은 결코 양시론兩是論이 아니며, 중도론은 더욱 아닌 것이다.

등소평은 20세기를 거의 완전히 살고 간 사람이다. (그는 1904년 사천성에서 태어나 1997년 북경北京에서 죽었다.) 그래서 중국에서는 '백년소평百年小平'이라 부른다. 오늘날의 중국을 건설한 사람은 모택동이라기보다 등소평과 주은래周恩來 (1898~1976)다. 등소평은 모택동처럼 농부의 아들인데 비해 주은래는 지주의 아들이다. 둘은 아주 비슷한 경로를 걸었다. 둘 다 프랑스에 유학하면서(등소평은 1918년 여섯 살 많은 주은래는 1920년에 파리로 갔다.) 마르크스주의에 빠졌고, 유학 후 모스크바를 거쳤으며, 귀국해서는 모택동이 주도했던 대장정大長征에 참여했고, 둘다 문화대혁명 때 '주자파走資派(공산당 내 자본주의 추종세력)'로 몰려 비판받았으며, 평생 공산주의자로 살았다. (『대륙의 지도자 등소평』, 등용 저, 정인갑 역, 북스토리 간. 『주은래와 등영초』, 리홍 등 저, 이양자 역, 지식산업사 간 외에도 두 사람에 대한 평전은 많이 있다.)

둘의 차이가 있다면, 주은래는 한때 주자파였으나 뼛속까지 공산주의자여서 스스로 '무소유'를 실천했고, 등소평은 부국강병을 위해 마르크스주의 이론을 포기하면서 시장경제를 수용한 점이다. '당연히' 주은래는 1인자 모택동 밑에서 총리직을 수행했고, 등소평은 모택동을 비롯한 원칙주의자들로부터 핍박받았다. 주은래는 뛰어난 처세로 2인자로서 겸양하며 살아남아 등소평을 보호했다. (『바다도 비에 젖는다』 '2인자' 참조) 만약 주은래가 일찍 죽었다면 등소평은 권력을 쥐지 못했을 것이고 오늘날 중국의 경제적 번영은 없을 것이다.


## 중간을 넘다


등소평은 1977년 권력을 쥐자 이듬해 인재들을 서유럽 5개국으로 시찰을 보내 자본주의를 견학하고 배워오게 했다. 그 자신은 미국과 일본을 방문하여 산업시설과 시장경제의 우수성을 직접 확인했다. 그는 1981년 과거 모택동이 주도했으며 자신을 내몰았던 '문화대혁명文化大革命'을 '내란'이라고 규정했다. 그는 브리태니커백과사전 편집자와 만나 이렇게 말했다.


시장경제가 자본주의 사회에서만 존재할 수 있고 자본주의 시장경제만 있다는 생각은 정확하지 않다. 사회주의 국가에서 왜 시장경제를 할 수 없는가? 사회주의 국가의 시장경제는 자본주의라고 말할 수 없다. 시장경제는 봉건사회에서 시작되었다. 당연히 사회주의에서도 할 수 있다.

그러나 중국의 사회주의는 시장경제가 작동할 수 있는 서구의 사회주의-사회민주주의가 아니라, 마르크스주의가 변형된 공산주의를 의미하는 말이었다. (중국은 '공산당' 일당독재국가임을 상기하라.) 중국은 당시 집단생산제와 배급제를 실시하고 있었다. 그는 1992년 인민대표자회의를 앞두고는 좀 더 솔직해졌다. 그때는 이미 중국에 개방의 광풍이 몰아칠 때였다.

개혁, 개방이 자씨資氏(자본주의)냐 사씨社氏(사회주의)냐를 판단하는 기준은 그것이 사회주의 생산력 발전에 유리한가, 사회주의 국가의 종합국력을 증강시키는데 유리한가, 인민들의 생활수준을 향상시키는데 유리한가에 달려 있다.

등소평은 단 한번도 공산주의-사회주의를 포기한다는 말을 한 적이 없었다. 오히려 그는 만년에 '공산주의 이상은 위대한 것이고, 사회주의는 경애로우며 사회주의를 위해 일평생 투쟁하는 것은 가치가 있다'고 말했다. 이 말은 정치적으로 일당독재를 계속하는 중국의 최고권력자로서는 불가피한 것이었다. 그러나 그가 받아들인 것은 '사회주의 아래에서의 시장경제'가 아니라, 시장경제가 작동하는 자본주의였다. 시장경제는 자본주의라는 환경, 즉 '시장'이 없으면 존재하지 못하기 때문이다. 거기에다 시장경제는 닫힌 사회에서는 불가능하므로 필연적으로 체제 개방으로 진행하기 마련이다. 다만 중국은 사회주의 이념에 맞춰 '일당독재'와 그에 수반하는 '국가자본주의' 체제를 버리지 못하고 있을 뿐이다. (최근 좌파 학자들은 '시장사회주의'라는 신조어를 만들어냈다. 『르몽드세계사』 르몽드 디플로마티크 기획, 권지현 역, 휴머니스트 간 참조)

등소평이 이런 결과를 몰랐을 리 없다. 그가 죽고 난 뒤 사유재산제를 용인하는 '물권법'이 시행되었다. 1976년 천안문사건天安門事件(중국의 민주화 요구 대중반란)이 있었던 수도 북경에서, 2008년 개방의 상징인 올림픽이 열렸다. 그 32년 동안 정치체제는 바뀌지 않았지만, 중국은 이미 '중간을 넘어' 다시는 공산주의로 되돌아갈 수 없는 다리를 건넜다.


## 불평등할 권리

마거릿 대처Margaret Hilda Thatcher는 1975년 여성으로서는 처음으로 보수당 대표가 되었다. 그녀는 의회 연설에서 '불평등할 권리'를 언급했다.

사회주의자들이 호도해도 그 누구도 다른 사람과 똑같을 수는 없다. 우리는 모든 사람이 불평등해질 권리를 갖는다고 믿는다.

이 '불평등할 권리'야말로 '평등권'의 핵심이다. 대처는 1979년 총선에서 승리하여 총리가 된 뒤 3기를 연임하면서 끊임없이 왼쪽으로 가던 영국을 오른쪽으로 돌려세워 나라를 구한 여걸이다. 영국은 '복지국가'라는 이상으로 빚은 '독주毒酒'에 만취해서 케인스식 '사회민주적 합의의 정치'에 빠진 채 허우적거렸다. 그녀는 그런 영국을 다시 일으켜 명성을 회복시켰다. 흔히 '영국병'이라 하는 복지로 인한 중병을 치유한 그녀의 보수주의 정책과 이념을 '대처주의'라 하고, 그녀가 주도한 변혁을 '대처혁명'이라 부른다. 영국 하원은 2002년 규칙까지 변경하면서 생존 인물로는 처음으로 그녀의 동상을 세웠다.

대처에게 좌파와의 타협은 없었다. '중간'은 처음부터 그녀에게 고려나 선택의 대상이 아니었다. 중간이란 것은 이름만 그럴듯할 뿐 좌파에 굴복하는 것에 다름 아니었기 때문이다. (서울대 박지향 교수가 쓴, 대처의 뛰어난 평전 제목이 『중간은 없다』이다. 기파랑 간) 그녀는 경제적 자유주의를 실천하고 법과 원칙을 구현했다. 무엇보다도 무소불위의 권력을 휘두르던 광산노조를 와해시키고 인쇄공노조를 패퇴시켰다. 엄청난 적자를 내던 방만한 공기업들을 민영화해 경쟁을 도입하고 흑자 구조로 바꾸면서 국민들의 담세율을 크게 낮췄다.

그녀는 늘 자신이 믿는 것은 '이론'이 아니라 '상식'임을 강조했다. 그런 상식 중 하나는 '번영해야만 약자를 도울 부의 축적이 가능하다'는 것이었다. 그녀는 공산주의와 사회주의를 혐오해 '철의 여인The Iron Lady'으로 불렸다. 이 별칭은 소련의 공산당서기장 브레즈네프Leonid Brezhnev가 붙여준 것이다. (메릴 스트립Meryl Streep이 타이틀 롤을 맡은 대처의 전기영화 제목이기도 하다.)


## 제3의 길

그녀는 통치한 지 11년 만에 1991년 총리직에서 물러났다. (메이저John Major 에게 당대표 선거에서 졌다.) 그런데 막상 '대처주의'는 메이저의 보수당 정부가 아니라, 블레어Tony Blair의 노동당 정부에서 이어졌다. 1997년 총리가 된 블레어는 과감히 사회주의 정책들을 포기하면서 노동당을 '사회주의 계급정당'에서 대중정당으로 변모시켰다.

그는 사회보장제도는 개인이 책임을 다했을 때 누리는 것이라며 복지제도부터 개혁했다. 블레어는 가족을 중시하고 법과 질서를 강화하는 보수주의의 길로 나아갔다. 과거 노동당으로서는 상상할 수도 없는 노동시장 유연성 정책도 대처주의와 같았다. 그는 자신의 이런 정책을 '제3의 길'이라 불렀다. 그러나 그 길은 '제3의 길'이 아니라 명백히 우파의 길이었다. 중간은 없었던 것이다. 블레어 역시 3번의 총선에서 승리하고 10년간 집권했다.

그 무렵 베스트셀러였던 『제3의 길The Third Way : The Renewal of Social Democracy』(한상진 박찬욱 역, 생각의 나무 간)은 1998년 사회학자 앤서니 기든스 Anthony Giddens 런던대 교수가 쓴 책이다. 이 책은 새로운 중도 이론서로 널리 알려졌는데, 부제 '사회민주주의의 개선改善(renewal은 '개선'이라는 뜻 외에 '부활'의 뜻도 있다.)'에서 보듯이 사회주의의 부족한 부분, 잘못된 점을 고쳐 새로운 이념 모델을 제시한 책이다.

대부분의 사회학자가 그렇듯 기든스 역시 사회주의자이며, 그중에서도 구조주의 좌파 학자다. 그는 자본주의의 모순인 빈부격차와 불평등을 극복하려 하면서도 사회주의의 오류를 수정하기 위해 자본주의의 유연성을 받아들인다. 그러나 사회민주주의와 마찬가지로 신자유주의 역시 냉전시대에나 적합했던 낡은 사회모델로서 이제 효용가치가 없다고 주장했다. 기든스는 이것은 결코 좌우의 타협이 아니라 사회경제적 변화에 맞춰 사회주의를 복원하는 길이라고 말했다.

그러나 그런 '말장난'에도 불구하고 그가 제시한 '제3의 길'은 명백한 '사회주의 원칙의 포기'에 지나지 않는다. (기든스가 쓴 표현대로 '사회주의의 사망'이다.) 제3의 길은 오히려 '자본주의의 보충론'으로 보아도 하등 이상하지 않다. 나는 이 책이 집단주의가 본격적으로 풍미하여 인류를 질곡框梏에 빠뜨렸던 20세기가 끝나가는 1998년에 출간된 것을 주목한다. 마르크스주의는 20세기 전체에 걸쳐 실험된, 인류 역사에서 기억하고 싶지 않은 '시행착오'이기 때문이다.


## 회색인

시인이든 소설가든 문필가들은 대체로 체제비판적이다. 그들은 늘 어두운 곳을 관찰할 뿐 밝은 곳을 보지 않는다. 그것은 문인들의 특권이기도 하다. 사실 밝은 곳을 볼 이유도 여유도 없다. 어두운 곳에서 벌어지는 온갖 '생존과 정의의 문제'들과는 달리 밝은 곳은 작가가 굳이 눈길을 줄 문제도 없을 뿐더러, 감명을 줄 특별한 사건도 벌어지지 않는다.

작가들은 자신들의 이념이나 사상에 대한 어떤 확신을 가지지 않은 채 종종 사회주의의 대열에 선다. 그것은 작가들이 대체로 휴머니즘에 충실하기 때문이다. 그러나 이념은 인간을 이해하는 문제로서, 철학적으로 '근원'을 다루는 문제다. 이 문제에 천착하지 않으면 결코 좋은 작품이 나오지 않는다. 단순한 에피소드로 이루어진 사소설私小說은 베스트셀러가 되고 평단의 옹호를 받는다 해도 문학사에 남을 감동을 주지는 못한다.

이 이념 문제를 본격적으로 다룬 소설은 많다. 예를 들면 이데올로기의 '무용無用함'을 짚은 미하일 숄로호프Mikhail Sholokhov의 장편『고요한 돈강Tikhii Don』과 인간이 이념 앞에 얼마나 무력한지를 쓴 최인훈崔仁勳의 중편『광장廣場』이 그것이다.『고요한 돈강』은 12년간에 걸쳐 쓴 4부작이고『광장』은 그것보다 더 긴 16년 동안 수차례의 '개정' 작업을 거친 작품이다. 숄로호프는 이 소설의 명성으로 1965년 노벨상을 받았으며 스탈린상을 받기도 했다.(일월서각 출간본이 가장 충실하다. 한편 작가 솔제니친Aleksandr Solzhenitsyn은『고요한 돈강』은 숄로호프의 작품이 아니라고 폭로했다.)

『고요한 돈강』은 러시아 공산혁명을 배경으로 백군白軍과 적군赤軍(볼셰비키혁명군대) 사이를 오가는 코자크 청년의 이야기다. (코자크의 뜻이 '자유인'이다. 실제 코자크 사람들은 반혁명 대열에 서 백군에 가담했다.) 주인공 그리고리 메레호프는 유부녀 아크시냐와 사랑에 빠지는데 그리고리가 자신의 의사와는 무관하게 백군과 적군을 오가게 되면서 소설은 비극적 결말을 향해 달려간다. 결국 그리고리는 이념과 상관 없이 파괴되어 가족과 사랑 모든 것을 상실한다. 소설의 제목 '고요한 돈강'이 상징하듯, 이념이나 정치는 장대한 역사의 큰 흐름으로 보면 미미한 다툼에 불과하다.

『고요한 돈강』이 이데올로기의 무용함을 다뤘다면,『광장』은 이데올로기에 친 회색灰色적인 인간에 관한 이야기다. 소설에서 광장은 체제와 이념을 상징하는 곳이다.

주인공 이명준은 월북한 아버지 때문에 사상을 의심받다가 애인 윤애를 저버리고 북으로 간다. 그에게 남한의 광장은 경제의 광장이고 썩은 광장이다. 그는 월북해서 노동신문 편집국에서 일하게 되지만 그곳은 혁명의 흥분 속에 있는 핏빛공화국이 아니라 잿빛공화국임을 깨닫는다. 그는 은혜라는 간호원을 만나 사랑에 빠지는데 낙동강 전투에서 재회한다. 그러나 은혜는 밀애를 나누던 동굴로 오지 못하고 전사한다. 명준은 포로가 되는데 정전 뒤 남과 북을 피해 제3국행을 택한다. 그러나 중립국으로 가는 배에서 그는 바다로 뛰어든다.

『광장』 역시 『고요한 돈강』처럼 이데올로기가 한 인간을 파괴해가는 과정을 냉정하게 보여준다. 이명준이 그리고리와 다른 것은 그리고리가 이념에 관해 아무런 선입견이 없는 데 비해 이명준은 스스로 한쪽을 택하고 실망해 간다는 점이다. 이런 류의 인간형은 스스로 '중간'에 놓인 자로서, '회색인'이라고 부른다.

## 완전히 희거나 검은 것은 없다

회색은 검은색과 흰색의 중간색이다. 검은색은 죽음의 색이자(정확히는 죽은 자에 대한 위로이자, 죽은 자에 용서를 비는 뜻이다.) 모든 것을(모든 색을) 포용하고 용서하고 받아들이는 색깔이다. 그래서 검은 옷은 차갑지 않고 때를 타지 않는다. 사실은 모든 때가 감춰진다. 이런 검은색은 기독교에서는 악마, 지옥, 나쁜 짓을 상징한다. 흰색은 검은색처럼 죽음을 가리키기도 하지만, 그 본령은 고결, 순수, 무결점, 무조건을 의미한다. 청빈과 검소함을 나타낼 때도 흰색을 쓰고 적에게 항복하거나 저항하지 않겠다는 표시로도 쓴다.

검은색과 흰색은 양극에 놓여 있지만 가장 잘 조화되는 색이다. 두 색으로 디자인된 옷은 고급스럽고 기품있게 보이게 한다. 그러나 두 색이 합쳐진 회색 옷은 자칫 우중충하여 사람을 늙어보이게 한다. 그래도 회색 옷은 검은색 옷과 흰색 옷의 장점을 다 가지고 있다.

흰색과 검은색에 대한 또 하나의 정의가 있다. 로맹 가리Romain Gary가 에밀 아자르Emile Ajar라는 필명으로 쓴 『자기 앞의 생La Vie devant soi』은 창녀의 아들로 태어난 모모라는 아이가 늙은 창녀 로자 아주머니와 살아가는 밑바닥 삶의 현장을 그린 성장소설이다. 이 소설의 주제는 '사랑'이다. 소설을 읽다보면 스스로에게 묻게 된다. 남루한 삶이 왜 이토록 가슴 저미게 하는가? 그건 사랑의 실체를 느끼기 때문이다. 그래서 '사랑 없이 살 수는 없다'는 당연한 말이 경구警句로 울려온다. 소설 속의 한 구절을 옮긴다. (용경식 역, 문학동네 간, 로맹 가리에 대해서는 이 책 '자살' 참조)

완전히 희거나 검은 것은 없단다. 흰색은 흔히 그 안에 검은색을 숨기고 있고, 검은색은 흰색을 포함하고 있는 거지.

## 기회주의

회색은 한편 수사학적으로 기회주의적이란 뜻이다. 중간, 중용中庸, 중도中道를 의미하기도 한다. 선과 악의 중간값을 의미하기도 해서 위선, 음흉, 양다리, 스파이, 우유부단을 가리키기도 한다.

기회주의機會主義opportunism는 확고한 원칙 없이 유리한 쪽에 빌붙어 이익을 얻는 것을 가리키는 말로, 원래 마르크스주의자들이 썼던 용어다. (기회주의는 이익을 좇아 행동한다는 의미의 경제학의 용어가 아니다.) 레닌Vladimir Il'ich Lenin은 1902년 '무엇을 할 것인가?'에서 반대파의 오류를 기회주의라고 매도했다. 그 뒤부터 멘셰비키와 마르크스주의 수정론 등 레닌과 스탈린Iosif Stalin의 적대세력 및 비판세력은 전부 기회주의로 비난받는다.

오늘날 기회주의란 말은 자유주의 세계에서도 광범위하게 쓰인다. 이념이나 사상 혹은 정책에 있어 뚜렷한 정체성을 가지지 않고 시세에 따라 이익을 좇아 여기저기 빌붙는 자를 가리킨다. 자신의 처지에 따라 말을 바꾸고 처신을 달리하는 자들이 곧 기회주의자들이다.

그렇게 보면 정치인의 대다수는 기회주의적이다. 정당들의 강령 정강정책마저도 이념지향적이지 못하고 기회주의적인 '미사여구美辭麗句'로 점철되어 있다. 주요 정당들은 '친서민'을 내세우면서 기업과도 친하며, 자유와 평등을 함께 지향한다. 쉽게 말해 대중의 모든 기호를 충족하겠다는 것이다. 심지어 상당수 정치인은 이념은 불필요하다고 당당히 말하곤 한다. 이 말은 보수, 진보 어느 쪽으로부터도 비난받지 않겠다는 속내를 드러낸 것이다. (이명박 대통령은 취임사에서 이념을 넘어 실용으로 간다고 했다. 그가 즐겨 내세운 것이 '중도실용'이다. 나는 이를 두고 '영혼이 없는 정부'라고 불렀다.)

이러니 정당들의 스펙트럼은 매우 넓어, 이념으로는 도저히 구별할 수 없을 정도다. (2011년 들어 민주당이 '무상급식, 무상의료, 무상보육'의 '보편적복지'를 주장하고 한나라당이 선별적 복지를 주장하면서 스펙트럼이 잠시 좁아졌다.) 그 결과 정당들의 지지기반은 계층이 아니라 지역이다. 지역감정을 없애자면서 지역감정에 의존도가 가장 높은 부문이 바로 정치인 것이다. (역설적으로 말하자면 지역감정은 정치인들이 증폭시킨 것이다.) 이런 기회주의적 풍토로 인해 당적을 바꾸는 것조차 조금도 이상하지 않다. 정치인 스스로가 이념으로 무장하지 않았으니 오로지 입신양명에만 눈이 멀어 권력을 좇아다니는 것이 부끄럽지 않은 것이다.

정치인들이 내건 슬로건은 더욱 기가 막힌다. '개혁적 중도보수'나 '담대한 진보' 같은 말은 성립될 수 없는 말들이다. 중도보수란 말도 이상하지만, 그것이 가능하다 하더라도 보수주의는 '개혁적'이 아닌, 점진적 변화를 추구하는 것이다. (대처주의처럼 우파정책으로 대전환을 하는 것이라면 '개혁적'이라는 말이 가능할 것이다.) 그리고 진보는 원래 '담대한' 이념이다. 기존의 틀을 깨고 나아가는 것이 진보이며 '정치경제학'적으로도 진보는 자유보다는 평등에 치우친 이념으로서 담대함을 조건으로 한다. 따라서 담대한 진보라는 말도 이상하긴 마찬가지다. (이 말은 쓴 이는 아마도 오바마Barack Obama 대통령의 책 제목이자 캠페인에 등장한 구호였던 '담대한 희망The Audacity of Hope'에서 차용했을 것이다.) 이런 슬로건은 그 자체가 기회주의적이다. 이런 말들이야말로 데카르트Descartes가 비판한 '어리석고 믿을 수 없는 말'이며, 아나톨 프랑스Anatole France가 비꼰 '멍청한 말'인 것이다. (이 책 '정직', '유행' 참조)

# 2부 마르크스의 개

지식이 단지 밥벌이 수단으로 전락한 지 오래되었다. 그건 지식이 필요에 따라 정의와 진실을 공격하는 무기가 될 수 있다는 걸 의미한다. 이 시대, 박사 학위는 가을 낙엽처럼 흔한데 진정한 지식인은 참으로 만나기 어렵다. 거리에는 돈과 권력에 빌붙으려는 법률가, 교수, 언론인, 평론가, 성직자들로 넘쳐난다. 나는 자신을 파는 그 숫자가 창녀의 숫자와 거의 일치한다는 것을 알고 놀란다. 가임여성 11명 중 한 명이 매춘賣春에 종사하거나 언제든 매춘에 응할 태세가 되어 있다. 성인 남성 11명 중 한 명은 천박한 화장化粧을 한 채 언제든 자신을 창녀처럼 팔 자세가 되어 있다. 그들이 바로 지식인들이다. 몸을 파는 것이나 지식을 파는 것이나 매춘이기는 매한가지다. 그러나 창녀는 정신을 팔지는 않는다.

# 10

# 계량화 計量化

타인의 심장을 냉혹하게 저울에 얹으면서도, 자신의 양심을 저울에
얹는 좌파는 없다.

자신의 욕망을 측정할 수 있는 인간은 없다. 그런데도 무엇이든지 수치화數値化할
수 있다고 믿는, 우매한 자들이 있다. 예컨대 행복지수, 부패지수 같은 걸 재고, 이
나라의 자유는 몇 점이고 저 나라의 자유는 몇 점이라는 식으로 수치화한, 이상한
통계를 내는 자들이다. 어떤 객관적인 근거도 없는 그런 통계를 정부와 기존의 제도
를 공격하는 무기로 쓴다. 그건 좌파의 아주 오래된 버릇이다. 그러나 한때 그들이
지구상에서 가장 행복한 나라, 자유로 충만한 나라, 부패하지 않은 나라 그리고 희
망의 나라라고 한 스탈린Iosif Stalin의 나라는 지금 어디 있는가?

## 불행한 동물

인간은 통제되지 않는 욕망의 동물이다. 그것이 짐승과 다른 점은 단순히 생존과 번식을 위한 욕구를 넘어서 끊임없는 갈증에 기인한다는 점이다. 그래서 말하겠다.

인간은 왕국을 가져도 불행한 동물이다.

'욕망은 꽃을 피우나 소유는 모든 걸 시들게 한다'(프루스트Marcel Proust의 『산문 散文』에 나온다. 『바다도 비에 젖는다』 '꿈' 참조) 이 말은, 진실이다. 그러나 인간은 욕망이 덧없다는 걸 깨달았다고 해서 욕망에서 벗어나는 존재가 아니다. 프루스트의 경구警句는 분명 욕망의 덧없음을 말하는 것이지만, 사실 그 덧없음이란 것은 욕망의 충족에도 만족하지 못하고 더 큰 욕망에 사로잡히기 때문에 깨닫게 되는 것이다. 결국 인간의 욕망은 스스로를 구속하고 결박하는, 풀 수 없는 동아줄이다.

인간은 '한계효용체감限界效用遞減의 법칙'이라는 경제학의 법칙이 적용되는 동물이다. 재화財貨를 소비할수록 그 한 단위의 효용인 '한계효용'은 점차 줄어든다. (무한리필을 내건 가게가 망하지 않는 이유이기도 하다.) 그러나 한편 인간은 '다들 한 개밖에 못 가지고 있는데도 백 개를 가진 자가 한 개를 더 가지기 위해' 투쟁하는 동물이다, 한 개를 가진 자의 그 한 개를 빼앗는, 잔인하면서 어리석은 동물이기도 한 것이다.

왜 어리석은가? 한 개를 가진 자의 전부인 한 개를 빼앗으면, 빼앗긴 자는 죽는다. 그는 아무것도 더 창출하지 못하게 되어, 결국 백한 개를 가진 자에게도 아무런 도움이 안 되기 때문이다.


## 독재자와 통계


좌파는 모든 것을 계량화한다. 정확하게는, 좌파는 모든 것을 계량화할 수 있다는 데서 출발한다. 마르크스Karl Marx 이후 좌파의 주장에는 대체로 각종 통계와 수치들이 따라붙어 있다. 그러나 그 통계들은 숫자가 나열된 것 외에 어떤 의미도 없다. 그들이 보고 싶은 것만 보고 듣고 싶은 것만 듣기 때문이다.

원래 계량화를 즐기고 통계를 내세우는 걸 좋아하는 자들은 독재자들이었다. 통계의 변화를 내세워 국민들에게 자신의 독재를 긍정하게 만드는 것이다. 예를 들자면, 박정희 전 대통령은 인구증가율 감소와 함께 수출액과 일인당 국민소득의 증대를 내세웠다. (당시는 산아제한이 지상의 목표였다.) 좌파 역시 계량화에 나서는 건 자신들의 이념의 핵인 '공정 분배'의 근거를 만들기 위한 것이기도 하지만, 그것보다는 사회공학에 나선 대부분의 좌파가 독재자이거나 독재자와 다름 없는 성향을 가지고 있기 때문이다. 놀라운 건 좌파는 그런 성향을 '시대정신'으로 부르거나, '개혁정신'으로 부르곤 한다는 사실이다.

마르크스가 공산주의이론을 스스로 '과학'이라고 주장한 저변에는 바로

이 계량화에 대한 자부심이 깔려 있다. (그러나 『자본Das Kapital』에 인용된 수치들은 대부분 잘못된 표본에서 추출한 것이었는데, 심지어 40년 전의 낡은 자료가 동원되기도 했다.) 좌파 중에서 가장 순진했던 편인 아인슈타인Albert Einstein이 모든 것을 계량화하는 태도를 비판한 말이 있다.

계량화되는 것이라고 다 중요한 것은 아니며, 모든 중요한 것이 계량화되는 것도 아니다.


## 링컨 스테펀스

언론인 링컨 스테펀스Lincoln Steffens(1866~1936)는 매쿨루어스지MaCulure's Magazine의 편집자였는데 미국 정재계政財界의 부정을 폭로하는 운동을 펼쳐 명성을 얻었다. 그는 '기득권층'의 부패뿐 아니라 자본주의 체제를 혐오한 좌파였다. 스테펀스는 윌슨Woodrow Wilson 대통령이 파견한 공식 사절단을 따라 러시아에 갔다. 당시 러시아는 스탈린Iosif Stalin의 잔혹한 농민학살이 있은 직후였다. 그는 러시아를 살펴본 후 돌아와 전시산업위원회 위원인 버나드 바루크Bernard Baruch에게 말했다.

나는 미래를 다녀왔습니다. 제대로 효과를 발휘하는 미래를.

스테펀스가 보고 온 것은 러시아의 참혹한 현실이 아니라, 계량화한 수치였다. 그는 독재자 스탈린이 내세운 숫자의 현란함에 취해 언론인으로서의 눈을 잃어버린 '맹인'이었다. (스탈린같이 엉터리 수치조차 내세우지 못하는 김정일에 감탄하는 이 나라의 몇몇 이상한 '종북좌파'들 역시 그렇다.) 그래도 스테펀스는 유토피아를 꿈꾼 '진짜' 좌파였다. 스테펀스의 변명을 옮긴다.

아무것도 끝난 것은 없다. 세상의 모든 것은 여전히 미완성의 상태로 남아 있다. 가장 위대한 그림도 아직 그려지지 않았다. 가장 위대한 희곡도 아직 쓰여지지 않았다. 가장 위대한 시도 아직 읊어지지 않았다.

스테펀스는 인류는 끝없이 진보하는 것이라는 당연한 믿음을 가졌고, 공산주의가 그 진보의 과정이라고 확신했던 것이다. 그러나 그는 무엇보다도 그림이나 희곡, 시 같은 예술작품조차 모두 점수를 매겨 계량화할 수 있다고 믿은, '무서운' 두뇌를 가진 자였다. 아마 그는 자신이 거짓말을 하고 있다고 생각하지 않았을 것이다. 그는 다만 공산주의자들의 실체를 간파할 지식은 물론 안목도 냉철함도 없었던 사이비 지식인이었을 뿐이다.

## 메릴린 먼로

그런 링컨 스테펀스를 진심으로 존경한 사람은 메릴린 먼로Marilin Monroe(1926~1962)였다. 백치미의 대명사인 먼로는, 실제는 지식을 갈망했다. 그녀는 '너무 무식해서 아들을 키우기에 적합하지 않다'는 이유로 첫 남편에게서 버림받은 여인이다. 그녀 자신도 누군지 모르는 아버지와 정신병자인 어머니 사이에 태어났다. (실제 아버지는 어머니 글래디스 베이커의 직장 동료인 스탠리 기포드로 밝혀졌다.) 고아원까지 갔던 그녀는 지식을 습득할 교육기회를 제대로 가지지 못했다.

그나마 배우가 된 뒤 첫 영화(스쿠다 후 스쿠다 헤이Scudda - Hoo! Scudda - Hay!)는 출연한 대부분이 잘려나갔다. 카메라에 어울리지 않는다고 20세기폭스사에서 해고당하기도 했다. 그녀는 여배우로서 '부적합한' 외모에 좌절할 수밖에 없었다. 그런 먼로를 스타덤에 오르게 한 것은, 생계 때문에 달력용으로 찍은 누드 사진이었다. 그녀는 나중에 '왜 그런 사진을 찍었느냐'는 질문을 받고 '너무 배가 고팠다'고 대답했다.

먼로를 스타로 만든 또 하나의 자산은 그녀가 창안한 '먼로 워크Monroe Walk'다. 타이트한 스커트에다 굽높이가 서로 다른 하이힐을 신은 뒤 다소 뒤뚱거리며 걷는 불균형적인 걸음거리와 이때 일어나는 엉덩이의 미묘한 움직임은 고혹적인 눈웃음, 약간 벌어진 입술 등과 함께 섹시함의 상징이 되면서 '먼로류類'로 불렸다.

스타가 된 뒤 먼로는 그에 걸맞은 지식을 소원해 대학의 미술강좌를 듣곤 했다. 그리고 할리우드에서 기피인물이었던 스테펀스의 책을 사서 읽었다. 연기력을 늘리기 위해 뉴욕에서 리 스트래스버그Lee Strasberg로부터 연기를 배우기도 했다. 그런 노력 끝에 얻은 지식으로 먼로는 그녀의 '영혼'을 지켰다. 그녀의 말이다.

할리우드에서 여자의 인품은 머리 모양보다 중요하지 않다. 할리우드는 키스 한 번에 1000달러를 지불하지만, 영혼에게는 50센트만 지불한다. 나는 1000달러 자리를 자주 거절했기에 50센트짜리는 지킬 수 있었다.

독자들은 먼로 당시의 헐리우드 역시 여배우를 성적 상품으로 간주했다는 것을 알 것이다. 그래도 그녀의 진술은 계량화의 방법을 써서 자극적이다. 먼로는 스테펀스를 읽으면서 부지불식간에 그 방법을 배웠던 것이다.

그녀가 죽은 뒤 사람들은 그녀에게 더욱 열광했다. 그건 백치미나 죽음의 의외성 때문이 아니었다. 먼로야말로 계량할 수 없는 매력을 가진 배우였기 때문이었다. 그녀는 상처로 얼룩진 영혼을 그 매력으로 감추고 있었다. 그 영혼을 남자들이 짓이겼다. 아인슈타인, 아서 밀러Arthur Asher Miller, 프랭크 시내트라Frank Sinatra, 이브 몽탕Yves Montand, 케네디 대통령John F. Kennedy. 당대의 학자, 작가, 배우, 가수, 정치인인 먼로의 남자들은 평생 무지와 애정 결핍 상태에서 지식을 갈망했던, 연약한 내면을 가진 한 여인의 '찢어지고 곪은 상처에 소금을 대고 문지른' 잔인한 자들이었다. (따옴표 안의 글은 안드레아 드워킨 Andrea Dworkin이 『마이 스토리』 서문에 쓴 표현이다.) 먼로가 스테펀스 같은 좌파를 존경하고 아인슈타인이나 이브 몽탕, 케네디 같은 좌파들과 관계하다가 버림받은 사실은 많은 것을 시사한다.

1954년 결혼한 조 디마지오Joseph Paul DiMaggio만은 예외였다. 9개월 만에 파경을 맞았으나 1962년 먼로가 죽기 직전에 그들은 재결합을 약속했다. 디마지오는 그녀가 죽은 뒤 20년 넘게 매주 장미꽃을 그녀의 무덤에 바쳤다. 프로야구의 스타였던 디마지오만이 '계산된 탐욕'이 아닌, 진실한 사랑을 했던 것이다.


## 가난하고 무지해서 행복하다

행복지수가 제일 높은 나라는 놀랍게도 방글라데시다. 부탄이 선정되기도
하고 코스타리카, 바누아투(뉴질랜드 옆 섬나라)가 선정되기도 한다. 주로 이런 통
계를 내거나 측정을 하는 곳은 좌파 성향의 연구소거나 시민단체들이다. (그들
만이 휴머니스트인 것은 아니라는 점을 상기하라.) 방글라데시는 인구가 1억5000만이 넘는
'대국'이지만 일인당 국민소득은 600달러가 채 안 되는 최빈국이다. 부탄은 험
준한 히말라야 산맥에 위치한, 문맹률이 40%나 되는 인구 70만의 왕국이다.
코스타리카는 인구 350만의 소국으로 스페인 식민지에서 독립한 나라다. 일
인당 국민소득은 5400달러 정도인데 높은 인플레이션에 시달리고 있다.

이 이상한 결론은 도대체 무엇인가? 물론 행복은 주관적 감정이고 소득이
나 지식과 직접적인 함수관계를 가지는 것은 아니다. 그러나 '모두가 가난한
가운데서 하는 만족'이 '모두가 잘사는 가운데서 가지는 불만'보다 낫다고
할 수 있을 것인가? 또한 '앎' 때문에 얻는 고통을 무지해서 겪지 않는다고
해서 그것이 더 행복한 삶인 것인가?

행복지수는 주로 삶의 만족도, 미래에 대한 기대, 실업률, 이웃에 대한 사
랑 등 '삶의 질'을 종합적으로 고려해 산출한 것이라고 한다. 이런 '삶의 질'
에서 방글라데시나 부탄이 서구의 경제강국이나 복지강국들보다 더 낫다는

결론은 놀라울 뿐이다. 이 행복지수가 옳은 것이라면 서구의 복지제도는 명분을 잃는다. 명백하고 객관적인 수치가 존재하는 교육수준, 소득수준, 의료수준, 평균수명, 지니계수, 범죄발생빈도에 대한 통계와 선거제도를 비롯한 민주적 제도, 언론의 자유 등을 고려해 산출한 결과는 분명 다를 것이다. 그렇지 않다면 문명은 그 자체가 죄악이 된다.

그런데 인간은, 똑같이 1000원을 벌더라도 남들이 만 원을 벌 때 1000원을 버는 사람은 '불행하다'고 느끼지만, 남들이 같은 1000원을 벌거나 800원을 벌 때 1000원을 버는 사람은 '행복하다'고 느낀다는 것이다. 빈부격차가 적은 대신에 다같이 못사는 사회가 다같이 잘살더라도 빈부격차가 큰 사회보다 행복지수가 높다는 것은, 불행은 늘 남들과 비교되는 데서 느낀다는 걸 깨닫게 한다. 결국 만 원을 버는 사람과 1000원을 버는 사람이 혼재한 사회는 1000원을 버는 사람과 800원을 버는 사람이 혼재한 사회보다 불행한 사회다. (그래서 '사촌이 논 사면 배 아프다'는 우리 속담은, 그렇게 저열한 것이 아니라 인간의 속성을 드러내는 것일 뿐이다.) 구약성서에 다음과 같은 구절이 있다.

집에 진수성찬을 차려 놓고 다투는 것보다 누룽지를 먹어도 마음 편한 것이 낫다. (잠언17:6)

이런 연유로 좌파들이 내놓는 '보편적 복지' 선전이 먹혀들고, '고등학교 평준화' 같은 '하향평준화' 정책에 대한 대중의 반대가 적은 것이다.

# 11
# 유행 流行

인간은 자신의 영혼을 파는 데도 돈을 쓴다.

유행은 '시체時體'다. (흔한 용례로 '시쳇말로…'라고 쓴다.) 유행은 군중의 전염병이다. 미국의 변호사이자 사회학자 데이비드 리스먼David Riesman은 1950년『고독한 군중』을 써 명성을 얻었다. 리스먼은 이 책에서 현대 대중사회의 '이름 없는 고독한 군중nameless lonely crowd'을 분석했다. 고도소비사회를 살아가는 이 군중은 외로움에서 벗어나기 위해 필연적으로 '외부지향적' 성향을 가진다. (『바다도 비에 젖는다』 '텔레비전' 참조) 그런 성향이 유행이라는 전염병이 창궐하는 온상이다.

인간은 유행에서 자유로울 수 없다. 유행에 가담하기 위해서라면 지옥까지도 따라가는 존재다. 인간은 본래 자유로운 동물이면서(사르트르Jean Paul Sartre식 표현으로, '숙명적으로 자유로운 존재'이면서) '집단에서 소외될지 모른다'는 불안에 늘 빠져 있다. 남과 다른

196

겉모습은 물론이고  남과 다르게 의식한다는 것은, 그 '남'들이 구성하는 '전체'에서 제외된다는 것을 뜻한다. 그건 '남'들이(정확히 말하자면, '남들을 통해 인지하는 전체가') 의미하는 '안전함'을 잃는 것이다.

'집단에 들어있다, 어딘가에 소속되어 있다'는 것만으로 안심하는 인간은 사실 얼마나 나약한 존재인가? 집단주의集團主義collectivism는 거기에서 싹이 튼다. 거대자본은 이 점을 이용해서 유행을 만들어내고 돈을 번다. 권력은 여론을 만들고 더 강한 권력을 누린다. 오늘 당신들이 입고 있는 옷, 신고 있는 구두, 들고 있는 가방, 부르고 있는 노래, 쓰는 말투, 당신들이 가담한 SNS사회통신망Social Networking Service, 당신들이 믿고 있는 '진실'은 내일 죽은 자의 옷과 구두, 죽은 '진실'이 될 수 있다.

보아라. 그러므로 유행은 '시체屍體'다. 그것이 영혼을 파는 일이기 때문이다.


## 집단 광기

겉모습을 치장하는 옷이나 구두, 머리 모양 따위의 유행보다 무서운 것은, 사상의 유행, 그것도 집단적 광기狂氣다.

본래 좌파적 사고의 뿌리는 인간을 따뜻한 시선으로 바라보는 휴머니즘이다. 19세기 원류 좌파들은 휴머니스트가 많았다. 그러나 20세기에 쉬지 않고 분출하던 좌파 운동은 폭력적인 집단 광기에 불과했다. 그것은 나치즘과 똑같이 통제되지 않은 야수성을 드러내면서도 또 다른 전체주의全體主義totalitarianism의 모습을 가지고 있었다. 기존의 부자와 권력자를 대체한 무산자無産者의 왕이자, 노동자의 왕들 역시 예외없이 권력의 탐식자였던 것이다. 그 왕들은 마르크스敎의 사제들이자 마르크스Karl Marx(1818~1883)의 사생아들이다. 일찍이 바쿠닌Mikhail Bakunin은 이를 예견하고 마르크스를 공격했다. (이 책 '국가' 참조. 프리드리히C. J. Friedrich와 브르제진스키Zbigniew Brzezinski는 공저『전체주의 독재국가와 전제정치Totalitarian Dictatorship and Autocracy』에서 현대 전체주의의 공통점으로 '완벽한' 미래사회를 제시하는 공적公的 이데올로기, 권력을 독점하는 대중정당, 사회를 통제하는 비밀경찰, 여론 조작을 위한 매스미디어의 독점, 저항 가능성을 배제하는 무기의 독점, 경제의 중앙집권적 통제를 꼽았다.)

자신의 사생아들이 필연적으로 자유와 창의를 억압하고 완전한 통제를 실현한 디스토피아dystopia를 구현하게 되리라는 걸 예상했다면, 아니 그럴 가능성을 조금이라도 알았다면, 마르크스는 아마 자신의 저작著作인 『자본 Das Kapital』(자본론)을 포기했을 것이다. 명성과 자기만족에 굶주렸던 그가 사후의 평가에 연연하지 않았을 것이라고 누가 장담할 수 있겠는가. 그래도 마르크스는 역사발전의 법칙을 믿어 '프롤레타리아 독재'라는 희망을 버리지 않았을까? (실제 마르크스는 평가에 민감해서 책을 받은 찰스 다윈Charles Darwin이 보낸 의례적인 감사편지에도 대단히 기뻐했다.)

그의 저작 『자본』은 그의 일생처럼 무책임한 논증으로 넘쳐난다. 20세기 들어 이 책으로 인해 창궐한 '집단주의'와 '평등주의'라는 바이러스는 어떤 전쟁이나 질병보다도 무서운 치사율을 보였다. 스탈린Iosif Stalin과 김일성金日成의 수용소, 크메르 루주Khmer Rouge의 학살이 대표적 예다. (정확히 말하자면, 김일성이나 카스트로Fidel Castro 같은 자들은 '공산주의'를 실천했다기보다 단지 지배도구로 사용했을 뿐이다.) 사제들과 추종자들은 살인을 멈추지 않았다. 한 줌도 안 되는 자들이 가졌

던 '숭고한 이상'을 실현하기 위해 러시아, 중국, 캄보디아, 베트남, 쿠바, 아
프리카, 북한에서 적게는 수백만, 많게는 수천만의 '인민'이 잔혹하게 살해됐
다.

그 광기의 소용돌이는 이제 멈추고 있다. 1990년대 초 러시아 자유주의혁
명이 시작이었다. 중국도 개방의 길을 걸었다. 폭력에 기대는 좌파의 나라는
지금까지 지속적으로 감소했다. 폭력에 의존하는 독재국가 역시 꾸준히 줄
었다. 마르크스가 오늘의 세계를 목격한다면 무슨 변명을 할 것인가?


## 마르크스의 개

마르크스는 '지식인'으로 불린 자들에게는 첨단 '패션'이었다. 그들은 불로
뛰어드는 나방처럼 검게 입을 벌린 마르크스의 무덤 속에 뛰어들었다. 사르
트르(1905~1980)는 마르크스를 채 알기도 전에 마르크스를 사모했다. 에른스
트 블로흐Ernst Bloch, 헤르베르트 마르쿠제Herbert Marcuse는 오래전부터 내려
오던 유토피아Utopia(1516년 토머스 모어Thomas More의 소설에서 유래했다)라는 망상을 꾸
고 있었다. 수많은 '지식인'이 피비린내로 가득 찬 무덤 속에서 희망을 찾고,
평등을 부르짖고, 폭력적인 계급혁명을 외쳤다.

그들은 마르크스의 개였다. 그들은 마르크스의 냄새를 좇아 그가 한 '말
씀의 뼈'들을 핥고 또 핥았다. 그러나 죽은 마르크스의 해골을 지키는 개들
가운데엔 마르크스를 전혀 이해하지 못하거나 마르크스를 모르는 자들이

더 많았다. 그래도 그들은 마르크스의 시체 옆에서 죽었다. 나는 정말, 마르크스의 무덤에 스스로 순장殉葬된 마르크스의 개들을 이해할 수 없다. 지식인들이란 자들이 자진하여 '폭력'이라는 집단 광기에 빠진 것은 불가사의할 정도다.

그것은 당시 '마르크스적인 사고'야말로 지식인을 판단하는 가장 큰 징표였기 때문이다. 지식인들은 유행에 뒤떨어지지 않기 위해 필사적으로 마르크스를 탐닉했다. 그들은 자발적인 노예였다. 그리고 세계가 이런 집단 광기에 동조하여 이 노예들에게 열광했다. 단적으로 노벨 문학상이 수많은 좌파 작가에게 주어졌는데도 '명백한 반反마르크스주의자'에게 수여된 적은 1953년 처칠Winston Churchill이 유일하다. 작가들이 체제비판적인 속성을 가진 걸 감안하더라도 이는 놀라운 일이다. 처칠은 작가가 아니었다. 그의 수상 이유는 '전기와 역사서에서 보여준 탁월함과 고양된 인간적 가치를 수호하기 위해 행한 훌륭한 연설'이었다. (처칠은 『제2차 세계대전』과 『영어사용민의 역사』를 썼다.)

### 킬링필드

옷이나 향수만큼이나 지식의 유행을 만든 곳도 파리였다. 그것은 오래된 전통이었다. 예를 들면 파리의 공화주의자들은 자신들의 애국심을 드러내기 위해 '조국La patrie'이라는 단어를 만들어 썼다. 물론 이 말은 유행을 탔고 지금도 범세계적으로 쓰이고 있다. 말하자면 파리는 지식을 유통시키는 상가商街였다. 그리고 그 상가는 새로운 유행을 만들기 위해 언제나 진보적일 수밖에 없었다.

　프랑스 지식 상인들은 자신들의 창작뿐 아니라 독일을 비롯한 이웃나라에서 생산된 여러 '진보적 사상'을 받아들여 적절한 시기에 유행상품으로 유통시켰다. 20세기 들어 '마르크스'는 그 가운데서 가장 많이 팔린 상품이다. 유물론과 과학적 사회주의, 집단주의(혹은 집산주의集産主義)와 결정론決定論 determinism들이 적힌 카탈로그가 지적 허영에 찬 '인텔리겐치아intelligentsia'들을 유혹했다. 그중에서 1920년 무렵 파리로 유학 와 '마르크스'를 비롯한 몇 가지 유행 상품을 산 등소평鄧小平, 주은래周恩來, 호지명胡志明 등 동양 청년들은 몇 갑절의 이문을 제대로 남겼다. 그들은 모스크바로 가서 판매기술까지 익힌 뒤 자신들의 조국에 돌아갔다.

　파리의 복제 상술은 참으로 놀라운 재주였다. 하이데거Martin Heidegger와 후설Edmund Husserl의 현상학現象學을 불과 1년쯤 읽고, 세련되고 매력적으로 보이게 약간의 가공을 거친 뒤 '실존주의實存主義existentialism'라는 라벨을 붙인 사르트르가 대표적인 예다. 사실 사르트르는 처음에는 이 용어를 몰랐다. 그는 자신이 가공한 상품을 '존재의 철학'이라고 불렀다. 그러나 미디어가 만든 '실존주의'라는 용어가 광범위하게 알려지자 그는 '실존주의는 휴머니즘이다'는 팸플릿을 내고 같은 제목의 강연을 했다. 1945년 10월 29일 샹젤리제극장에서 한 이 강연은 입추의 여지가 없는 대만원이었다.

　그가 가공한 부분은 '정치적 행동주의'였다. 그러자 둔탁한 현상학은 매력적인 모습의 또 다른 철학으로 바뀌었고 급진 성향의 젊은이들에게 '마법의 철학'이 되었다. '파리지앵Parisien'들은 멋으로 바지 뒷주머니에 실존주의 팸플 릿을 넣고 다녔다. 곧 세계의 젊은이들이 이를 흉내냈다. 이를 두고 카를 포 퍼Karl Popper는 '고상한 파시즘'이라고 비난했고, 카뮈Albert Camus는 자신은 실 존주의자가 아니라면서 사르트르와 싸웠다.

사르트르의 이 히트상품은 용도가 다양했다. 실존주의는 전체주의적 폭력 을 옹호하면서 마르크스주의와 여러 부분에서 융합해 급진좌파를 낳았다. 이 상품의 구매자는 주로 아시아, 아프리카, 남미에서 온 야심가들이었다. 그러나 그들의 조국은 큰 후유증을 앓아야 했다.

1973년 미국이 베트남에서 빠져나온 뒤 1975년 4월 인도차이나반도의 '엘 리트 공산주의자'들은 국가 차원의 사회공학Social engineering 프로그램에 나섰 다. 캄보디아 크메르 루주Khmer Rouge가 시행한 '전원화田園化 정책'은 바로 그 런 국가개조작업이다. (루주는 영어 reds, 즉 '빨갱이'를 뜻하는 프랑스어다.) 이를 집행한 중 앙당의 직업정치인 20명 중 핵심인 40대 여덟 명은 모두 사르트르의 제자였 다. 그 여덟 명은 '앙카 류(고등조직)'로 불렸는데, 다섯이 교사 그리고 셋은 대 학교수, 공무원, 경제학자였다. 그들은 모두 공산당원이었고 프랑스 급진좌 파의 '불가피한 폭력(필수적인 폭력)'이라는 개념을 수입하여 국민 200만 명을 잔 인하게 죽였다. (200만은 캄보디아 인구의 5분의 1로 최소한의 추정치다.)

이 악마의 현장을 취재했던 뉴욕타임스 기자 시드니 션버그Sydney Schanberg 는, 그를 도운 통역관 디스프란Dith Pran이 크메르 루주에 체포되었다가 근근 이 탈출하여 다시 해후하는 과정을 담은 『디스프란의 생과 사, 어느 캄보디

아인의 이야기』를 써 1980년 퓰리처상을 받았다. 한때 좌파였던 롤랑 조페 Roland Joffe 감독은 1984년 첫 작품으로 이 선버그 기자의 이야기를 다룬 '킬링필드The Killing Field'를 찍는다. 영화는 크메르 루주의 잔인성을 전 세계에 고발함으로써 사이비 지식인들이 그 어떤 병균보다 무섭다는 걸 가르쳤다. 이 영화를 프랑스 지식인들이 격찬한 것은 대단한 아이러니다.

## 철학계의 야바위꾼

물론 캄보디아에서 자행된 잔혹한 살해의 책임이 전적으로 사르트르에게 있는 것은 아니다. 그러나 그는 사회공학에 동의했고, 그에 수반되는 폭력을 인과율因果律에 따라 어쩔 수 없이 감내해야 하는 과정으로 이해했다. 심지어 그는 이런 '불가피한 폭력'을 '필수적인 폭력'이라고 말했다.

놀라운 건 1960년 이전의 사르트르가 '자유의지free will'를 믿었다는 사실이다. 자유의지는, '세상의 모든 일은 우연이나 선택의 자유에 의한 것이 아니라 앞서 일어난 사건의 인과법칙에 따라 결정된다'는 결정론과는 정반대되는 생각이다. 이 자유의지는 사르트르 철학의 본질이자 실존주의의 출발점이었다. 그런데도 사르트르가 마르크스의 무덤 속으로 뛰어든 것은 무슨 연유에서일까? 그는 왜 아시아와 아프리카에서 벌어진 사회공학과 이로 인한 대량학살에 동조하고 이를 부추겼을까? 그는 1952년부터 공산당을 지지하기 시작해 '공산당의 진실'이 이미 서방세계에 널리 알려진 1956년 무렵에도 노골적으로 지지를 계속했다. 말년에 사르트르는 자신은 '공산당원도 아니었고 공산당에 동조하지도 않았다'고 변명했다. 그건 명백한 거짓말이다. 그의 모순적인 행적은 그가 공산주의에 무지했다는 것과, 대중의 관심이 줄어들면 견디지 못하는 성격 말고는 달리 설명할 길이 없다.

오래전부터 프랑크푸르트학파의 일원으로 사회민주주의자인 막스 호르크하이머Max Horkheimer는 사르트르를 '철학계의 사기꾼이자 야바위꾼'으로 불렀다. 사르트르는 1980년까지 살았지만 1968년 학생운동 당시에 이미 '퇴물'이 되어 있었다. 사르트르의 영향력이 줄어들자 독재자들의 초청도 줄어들었다.


## 제3세계

파리는 단순히 지식을 유통시켰을 뿐만 아니라, 가공하고 변형했으며, 재생산했다. 파리에서 재생산된 용어들은 한둘이 아니다. 몇 개의 예를 보자.

파리는 '제3세계'라는 말을 만들었다. 1952년 인구통계학자 알프레드 소비Alfred Sauvy는 논문 '세 개의 세계, 하나의 지구Three Worlds, One Planet'에서 시에예스Emmanuel-Joseph Sieyes가 1789년에 말한 '제3신분'을 차용하여 이 말을 썼다. '제1세계'가 탐욕스러운 자본주의 국가라면 '제2세계'는 강제수용소로 상징되는 전체주의적 사회주의 국가다. '제3세계'는 '식민지에서 해방되어 자유롭고, 평화를 사랑하며, 근면하고, 자본주의와 사회주의의 죄악에서 벗어난' 비동맹국가들이다.

이 말을 본격적으로 유통시킨 데는 사르트르의 공이 컸다. 사르트르는 시몬 드 보부아르Simone de Beauvoir와 함께 아시아, 아프리카 등 '제3세계'의 여러 독재자를 만나고 다녔다. 그는 가는 곳마다 '제3세계'의 역할과 함께 독재자들을 찬양했다. 카스트로Fidel Castro에게 '쿠바는 혁명으로 직접민주주의 국가로 태어났다'고 극찬하고, 티토Josip Broz Tito에게는 유고슬라비아는 '내 철학을 실현한 나라'라고 치하했다. 그는 모택동毛澤東을 '위대한 인물'로 숭배했으며, '제3세계'의 정신적 지주인 스탈린Iosif Stalin을 미화했다. 그가 1954년 7월 러시아를 방문하고 파리로 돌아와 리베라시옹지紙와의 인터뷰에서 한 말이다.

'소련 시민들은 여행을 다니지 않는다. 여행이 금지돼서가 아니라 그들의 훌륭한 나라를 떠날 욕구가 없기 때문이다. 소련 시민들은 우리보다 더 많이 효율적으로 정부를 비판한다. 소련에는 완전한 비판의 자유가 있다.'(『지식인의 두 얼굴』 폴 존슨 저, 윤철희 역, 을유문화사 간 참조)

식민지에서 해방된 저개발국가들은 동질감을 느끼면서 제3세계라는 기치 아래 모여들었다. 모두 낮은 민도民度에다 가난한 유색인종 나라였다. 1955년 4월 18일 반둥에서 열린 아시아아프리카회의는 이런 제3세계를 세력화한 모임이다. 이 회의에 참석한 제3세계의 지도자들, 수카르노Sukarno(인도네시아), 주은래(중국), 네루Jawaharlal Nehru(인도), 우 누U-Nu(버마), 모함메드 알리Mohammed Ali(파키스탄), 은쿠루마Kwame Nkrumah(가나), 노로돔 시아누크Norodom Sihanouk(캄보디아) 등은 이때만 해도 순수했다.

그들은 '직업정치인'들이었다. 자본주의와 스탈린 둘 다 배척했지만, 프롤레타리아 국가를 유토피아로 생각했다. 그 당연한 귀결로 그들 대부분은 곧 자본주의와 부르주아의 폐단을 씻어내는 잔혹한 과정을 시작했다. 자국의 인민들을 고통에 빠뜨린 폭정暴政이 이어졌다. 그리고 자신들이 벌이는 그런 폭정을, 하나같이 '불가피한 폭력'으로 이해하고, 인민을 위해 벌이는 사회공학으로 믿었다. 그렇지 않은 지도자는 네루뿐이었다.

## 남북문제

'제3세계'가 유통기간을 다하자, 파리의 지식상인들은 '남북문제North-south Problem'라는 새 말을 내놓았다. 이 이상한 말은 20세기 후반 유행하기 시작해 지금까지도 광범위하게 쓰이고 있다.

원래 '남북문제'는 자본주의국가와 사회주의국가의 대립을 뜻하는 '동서문제East-West Problem'에 빗대어 북반구의 선진공업국과 남반구의 저개발국가 간의 경제력 격차 문제를 일컫는 것으로서 1959년 프랭크스O. Franks 로이드은행 총재가 처음 쓴 말이다. 이 말을 장 자크 세르방 슈레베르Jean Jacques Servan Schreiber가 1967년 다국적 자본의 지배를 다룬 『미국의 도전Le Deli Americain』이란 책에서 상품화했다.

그가 지목한 북쪽은 '죄가 있는' 부자 나라고, 남쪽은 '죄가 없는' 가난한 나라였다. 북쪽은 미국과 EEC 국가들(EC를 거쳐 마스트리흐트조약으로 EU로 확대됐다.), 캐나다, 일본뿐 아니라 남반구의 오스트레일리아가 포함되었다. 남쪽엔 멕시코를 포함한 적도 북쪽의 나라가 11개국이나 들어 있었다. 그런데 그중 사우디아라비아는 세계에서 일인당 국민소득이 가장 높은 나라였다. (상세한 것은 폴 존슨이 쓴 『모던 타임스』를 참조하라. 조윤정 역, 살림 간)

## 구조주의

'구조주의構造主義Structuralism' 역시 파리가 만들어낸 패션 상품이다. 오래전 제네바대의 언어학자 페르디낭 드 소쉬르Ferdinand de Saussure(1857~1913)는 언어를 기표記表signifiant와 기의記意signifié의 체계로 분석하고 기의는 기표에 의해 의미를 지니는 것으로 보았다. 언어가 대립을 기반으로 하는 가치체계, 즉 '구조'라는 생각은 뒤늦게 파리에서 대환영을 받았다.

한때 이 구조주의라는 괴물은 세계를 휩쓸었다. 파리의 '지식인'들은 마치 근원적인 문제를 찾아낸 양 들떴다. 그 결과 철학, 문학(오늘날 구조주의로 총칭되는 누보로망nouveau roman이란 말은 사르트르가 만든 것이다.), 정신분석학, 사회학, 인류학에 이르기까지 인문학, '사회과학' 전반에 구조주의라는 바람이 몰아쳤다. 미셸 푸코Michel Foucault(철학), 자크 라캉Jacques Marie Emile Lacan(정신분석학), 클로드 레비스트로스Claude Levi-Strauss(인류학), 롤랑 바르트Roland Barthes(작가) 같은 이들이 20세기 후반 세계를 풍미했다.

이 구조주의는 자연스럽게 20세기 후반 포스트모더니즘postmodernism과 연결되어 태풍으로 비화했다. 기존의 틀을 여지없이 깬다는 것, 무엇보다도 개성과 다양성 그리고 우의성寓意性, 가벼움 등에 대한 추구는 쉽게 대중에게 먹혀들었다. 이 와중에 가장 극적인 것은 구조주의의 생각, 즉 모든 사물의 유기적 관계를 전제로 하는 구조 우위의 생각이 마르크스주의와 절묘하게 결합하면서 두 용어가 거의 동의어로 사용된다는 것이다. 오늘날에도 마르크스주의에 경도된 자들은 스스로를 구조주의자라고 부르곤 한다. (아마 구조주의 좌파가 태반인 우리나라 대학의 사회학과 교수들은 이를 부인할 것이다.)


## 사회주의, 집단주의와 결정론

거슬러 올라가면 '사회주의社會主義Socialism'라는 말도 파리가 만든 말이다. 생시몽주의자였던(생시몽주의는 생시몽Comte de Saint-Simon의 인간해방사상을 실천한 사회개혁주의를 말한다.) 피에르 르루Pierre Leroux는 19세기 초 논문 '개인주의와 사회주의'에서 프랑스혁명의 정신인 자유, 평등, 박애를 어느 하나도 희생시키지 않는 이념은 사회주의라고 썼다. 엥겔스Friedrich Engels는 이를 받아 자신들의 '과학적 사회주의'와 대비해 르루를 '유토피아적 사회주의자'로 불렀다. 영국에서는 로버트 오언Robert Owen의 추종자들도 사회주의자라고 불렸다.

그러나 '생산과 분배를 사회적인 것으로 바꾼다'는 의미에서는, 사회주의와 공산주의Communism(Collectivism도 공산주의로 번역된다.)는 같은 말이다. 공산주의는 '사적유물론史的唯物論'과 '잉여가치론'을 바탕으로 보다 정교해지면서 개량적 사회주의를 비판하고 계급혁명을 주장하는 점에서 사회주의와 다를 뿐이다. (마르크스가 '공산당선언'에서 공산주의라는 용어를 쓴 것은 바로 이 개량적 사회주의와 차별화하기 위한 것이다.)

　집단주의와 결정론 역시 오래전 파리의 지적 풍토가 만들어낸 말들이다. 1970년대 구조주의에 경도된 유럽은 자본주의의 나라 미국을 주 공격 대상으로 삼았다. 그 공격의 최일선에는 '의식화한' 교수들과 젊은이들이 있었다. 그들은 파리의 지식 상인들로부터 집단주의와 결정론 같은 낡은 무기들을 사들여 무장했다. 그래도 이 오래된 무기들은 미국이 엄호하는 자유민주주의와 자본주의를 공격하는 데는 매우 유용하게 쓰였다. 당시 아메리카니즘 Americanism은 집단주의와 반대되는 개인주의個人主義 Individualism와 결정론에 반대되는 '자유의지'를 대표했다. (미국은 청교도주의, 개인주의, 실용주의의 바탕 위에서 건국되어 집단주의가 전염될 가능성이 매우 낮다.)


## 시장적 사회주의

　마르크스주의 경제학자로서 미국의 스탠퍼드대와 시카고대에서 강의한 랑게Oscar Richard Lange는 조국인 폴란드의 자유노조운동을 보면서 시장적 사회주의市場的 社會主義, Market Socialism라는 말을 처음 썼다. 그는 하이에크의 계획경제불가능론에 반대하여 '경쟁적 사회주의' 경제이론을 폈다.

　동유럽은 이미 오래전부터 집단주의의 오류를 자각하고 있었다. 정부의 계획에 따라 기업을 직접적으로 통제하는 경제운용 방식이 한계에 다달았다는 것은 너무 명확했다. 따라서 기업과 시장에 자유를 다시 부여하는 것은 필연이었다. 그건 마르크스주의의 결정론과 정반대되는 결과였다. 소련 공산당 서기장 고르바초프Mikhail Sergeyevich Gorbachev는 1985년 '페레스트로이카perestroika(개혁)'로 개방을 추진했는데 그 과정은 사회주의를 유지하면서 시장주의를 받아들이는 것이었다. 동독이 무너지고 동구권이 소련의 사슬에서 벗어나 개방 대열에 본격적으로 합류하면서 시장주의는 광범위하게 도입됐다.

파리의 지식 상인들은 당연히 이 새로운 상품을 팔았다. 르몽드를 비롯한 프랑스의 신문들은 공산주의 국가들의 변절을 '시장적'이란 그럴듯한 수식어를 붙인 별종의 사회주의로 정의했다. 중국이 자본주의를 수용하는 '변절'에 동참하자 이 신조어는 전 세계적으로 쓰이기 시작했다. 그러나 그건 엄격히 말해 공산주의의 사망진단에 지나지 않았다. (이 책 '중간' 참조)

## 모방과 차등화

100년 전 독일의 사회학자 게오르크 지멜Georg Simmel은 막스 베버Max Weber가 '자본주의의 정수'를 담았다고 평가한 책『돈의 철학The Philosophy of Money』에서 다음과 같이 쓰고 있다.

카를 마르크스는 생산중심이론적인 사회학 이론으로 산업사회를 평가하면서, 자본주의사회는 가증스러운 돈에 대한 탐욕auri sacra fames으로 인해 생산을 통한 끊임없는 재화의 획득에 절대적 의미를 두고 있다고 한다. 그러나 정보사회는 소비중심사회 이론으로 결코 소비는 소수 유한상류계층의 호사스러운 사치가 아니다.

마르크스주의의 오류가 속속들이 드러난 지금이야 지멜의 이 말은 당연하게 들리지만, 공산주의가 제대로 '실험'되지 않은 시대를 감안하면 지멜이 보여준 통찰력은 놀라운 것이다. 지멜은 1904년 '유행'이란 논문에서, 유행을 다음과 같이 풀이했다.

인간은 자신이 다른 사람들과 동일한 행동을 하기를 원하면서도 한편으로 결코 다른 사람들과 똑같이 행동하기를 싫어하는 동물이어서tendency to identify with and seperate oneself from society 유행은 다른 사람의 행동을 모방하고자 하는 욕구와 모방하지 않으려는 욕구라는 상반된 사회심리적 욕구로 나타난다.

유행의 핵심은 상류층을 추종하는 것으로 상류층에서 중류층, 다시 하류층으로 가는 하향식으로 작용하는 것이다. 하류층이 상류층을 모방하여 유행에 따라 상품을 구매하는 현상을 하비 라이벤슈타인Harvey Leibenstein은 '선전편승효과bandwagon effect'라고 불렀다.

그런데 상류층은 하류층이 모방imitation하는 것이 싫어 모방하려는 하류층으로부터 도피하려 하는 결과 그들과 하류층을 차등화differentiation시켜줄 수 있는 유행을 창조한다. 원래 상류층은 흰 빵, 중하류층은 보리빵을 먹었다. 그런데 중하류층이 흰 빵을 먹자 상류층은 차등화를 원해 보리빵을 먹게 되었다. 이 예에서 보듯이 일단 중하류층이 모방해버린 상류층의 생활양식을 상류층은 경멸하는 경향이 있는데 이것이 유행을 만드는 또 다른 원동력이다. 이처럼 대중화된 상품을 기피하여 하류층의 것을 중류층이, 중류층의 것을 상류층이 모방하지 않으려는 효과는 '속물효과snob effect'다. 남들이 사지 못하는 고가의 제품을 사고 싶어하는 현상이 그것이다.

베블런T. B. Veblen은 '유한계급론'에서 '상류층의 두드러진 소비는 사회적 지위를 과시하기 위해 자각없이 행해진다'고 지적하면서 물질만능주의에 빠져 허영심으로 인한 사치에 매몰된 부자들을 비판했다. 부자들이 선호하는 사치품은 가격이 오르는데도 소비가 줄지 않거나 더 늘어난다. 이런 현상이 곧 '베블런 효과veblen effect'다.


## 헤르베르트 마르쿠제

오늘날 우리에게 '소비'는 과연 무엇인가? 소비는 우리에게 어떤 '정체성正體性identity'을 주는가? 이 문제에 대해서는, '마르크스의 위성衛星' 헤르베르트 마르쿠제(1898~1979)의 답변을 경청할 필요가 있다. 마르쿠제는 한때 미국에 마르크스를 유행시키고, 서유럽의 청년들을 사회전복을 꿈꾸는 이단異端의 신도로 거느렸던 '마르크스교 하버드 교구의 주교'다.

마르쿠제에 있어서 유행이란 곧 '개인성의 상실'이다. 자본주의는 사람들에게 소비를 통해 정체성을 획득할 수 있다는 잘못된 신념을 강요한다. '욕망'은 결코 채워지지 않는 것인데 기업들이 이윤을 창출하기 위해 대중의 욕

212

망을 증폭시키거나 굴절시킨다. 이미지나 기호를 조작하여 소비를 조장하는 것이 자본주의의 본질이다. 대중 스타를 모델로 등장시켜 상품의 이미지를 그 스타와 일치시키는 조작이 그 예다.

사람들은 이런 선전에 넘어가 진정 원하지도 않고 필요하지도 않은 소비를 추구하게 된다. '상품 소비를 위한 부속품'으로 전락하는 것이다. 그 결과 상품은 사용가치가 아닌, 욕망을 부추기는 이미지와 기호들에 의해 소비된다. 따라서 상품의 질보다는 포장과 광고가 구매를 결정하게 하는 요인이다. 그리고 이런 소비행태를 통해 경제적, 사회적 차이는 가속화된다.

미디어와 소비사회이론으로 유명한 프랑스 사회학자 장 보드리야르Jean Baudrillard는 이런 현상을 두고 '모사된 이미지가 현실을 대체한다'는 '시뮬라시옹simulation이론'을 주장했다. 현대인은 미디어를 통해 '실재實在가 가상실재假想實在로 전환된' 인위적 대체물인 '시뮬라크라simulacra'의 미혹 속에 산다는 것이다. 그 과정에서 소비행위가 단순히 구매에 따른 쾌감을 주는 걸 넘어 그러한 기쁨을 낳는 기호와 욕망을 재생산하게 되고 시뮬라크라의 지배가 계속된다.

## 대량 동조

유행은 사람들의 시각을 바꾸는 일이다. 그건 치마 길이나 넥타이 넓이 같은, 하나의 조류潮流라고 부를 수 있는 단순한 현상이기도 하지만, 가끔은 진화하는 것이기도 하다. 그러나 대부분의 유행은 무지한 다수가 벌이는 집단 최면이거나, 생각 없이 가담한 '동조同調'에 불과하다.

　지적 회의주의에 빠져 신랄한 풍자를 거듭했던 작가 아나톨 프랑스Anatole France(1844~1924, 그는 니체Friedrich Wihelm Nietzsche와 동시대의 인물로서 여러모로 비교된다. 1921년 노벨상을 받았다.)는 위트에 찬 말을 많이 남겼다. '무지는 행복까지는 아니더라도 확실히 생존의 필수조건이다.' '안다는 것은 전혀 중요하지 않다. 상상하는 것이 가장 중요하다.' 같은 말들이 그것이다. 그가 무지한 다수가 보내는 호응을 비꼬았다.

　멍청한 말이 수백만 명의 공감을 얻더라도 이는 여전히 멍청한 말일 뿐이다.

　오늘날 인터넷을 통한 엄청난 말의 생산과 '대량 동조'를 그가 보았다면, 그는 다음과 같이 자신의 말을 수정했을 것이다.

　멍청한 말은 수백만 명의 공감을 얻음으로써 더욱더 멍청해진다.

## 12
# 동지 同志

함께 우산을 쓰면 연인이 되지만, 함께 비를 맞으면 동지가 된다.

도둑의 아내는 도둑질을 범죄로 여기지 않는다. 설령 그녀가 도둑질이 나쁜 줄 알더라도, 남편의 도둑질만은 도둑질이 아니다.

그래서 도둑의 아내는 도둑의 동지다. 적어도 동지라고 부를 수 있으려면 영혼의 교감이 필요하다. 동지는 같은 뜻, 같은 목적을 가진 자다. 아내나 남편, 자식 같은 가족공동체라면, 선악善惡이나 이해利害를 생각하지 않고 동지로 묶일 수 있겠지만, 단지 공동의 이익을 위해 싸운다는 명분 아래 뭉친 경우를 동지라고 할 수는 없다. 그건 조합組合에 불과하다. 우리는 조합원을 동지라고 부르지는 않는다.

나는 인간사회가 '만인의 만인에 대한 투쟁'이라고 한 홉스Thomas Hobbes에게 언제든 한 표를 던질 수 있다. 단지 같은 편이라는 이유만으로 동지라고 하기엔 인간은 너무나 이기적인 존재이다.


## 집단주의적 사고

'동지'라고 부르는 자를 조심하라. 그는 마르크스주의자가 아니라면 사기꾼이 틀림없다.

동지라는 호칭을 쓰는 자들은 두 부류다. 하나는 집단주의적 사고에 빠진 자들이다. 마르크스주의자들과 그 아류들이 널리 쓰는 호칭이 '동지'다. (북한에서는 '동무'로 변질되었다.) 또 하나는 사기꾼들이다.

둘의 차이는 크지 않다. 사기꾼들은 언제든 배신할 준비가 되어 있다. 집단주의에 함몰된 자들 역시 자신이 그런 허방에 남아 있을 이유가 사라질 때 재빠르게 몸을 뺀다. 결국 수렁에 빠져 허우적대는 자는 동지라고 불린 '도구'들이다.

설사 그런 두 부류에 들지 않더라도 동지라고 부르는 자들을 경계하라. 평화로운 세상에는 '동지는 없다'. 동지는 곧 사상적思想的 전우戰友다. 역으로, 전우는 전쟁터에서 함께 목숨을 걸고 싸운 동지다. 당연히 선악과 함께 모든 이해를 초월한다. 함께 목숨을 걸었던 관계라면, 그러한 사실 하나만으로도 세상의 어떤 사람보다 가깝다고 여긴다.

그러나 전장戰場이 아닌 곳에서 동지라고 부르는 관계는, 자신을 위한 '보호관계'거나, 상대에게 빌붙는 '의존관계'에 불과하다. 대부분의 사상전思想戰은 목숨까지 걸지는 않는다. 말하자면 '전장'이 아닌 것이다. 이 세상에는 자신이 믿는 '진리'를 위해 목숨을 바치는 사람은 없다! 이념이나 진리를 위해 이해利害를 초월한다는 건 벌건 거짓말이다.

## 파스칼

인간을 동지라고 하기보다는, 개를 동지라고 부르는 편이 낫다. 인간과 개를 명징明澄하게 대비한 파스칼Blaise Pascal(1623~1662)의 얘기를 적는다.

파스칼은 박명薄命한 천재였다. 그는 수학이나 과학에 많은 업적을 쌓았다. 열두 살 때 유클리드 기하학의 중요한 부분을 발견하고 열여섯 살 때 원추곡선에 관한 논문을 써 학자들을 놀라게 했다. 열아홉 살엔 아버지의 세무업무를 돕기 위해 계산기를 발명했다. 스물세 살 때 압력 측정을 해서 그의 이름인 파스칼은 오늘날 압력 단위로 쓰이고 있다. 그는 순열, 조합, 확률 등 수학이론을 정립하고 적분법을 창안했는데 그중 확률론은 노름에서 딴 돈을 공정하게 배분하기 위한 것이었다.

서른한 살 때 이미 명성에 시들해진 파스칼은 학문에 대한 열정보다 신에 대한 헌신을 택한다. 그는 포르 루아얄 수도원에서 칩거하면서 불과 서른아홉 살로 죽을 때까지 세상을 관조했다. 그는 늘 명상에 들었으며 많은 메모를 남겼다. 몸이 허약해 수많은 질병에 시달렸지만 정신은 더욱 맑아졌다. 가난하고 병든 사람을 보살피면서도 자신의 병에 대해서는 신에게 감사했다. 그리고 다시 건강해질까 진심으로 두려워했다. 그는 신을 사랑했고 헐벗은 이웃을 사랑했다.

사랑은 비교할 수 없을 정도로 숭고한 질서에 속해 있다.

그가 죽고 나서 누이동생 질베르트와 친지들이 그 메모를 모아 책을 냈다. 오늘날 『팡세Pensées』라고 불리는 이 책의 원 제목은 '종교 및 기타 주제에 관한 파스칼 씨의 팡세'다. 이 팡세에서 파스칼이 사람에 대한 생각을 한마디로 정리했다.

나는 인간을 관찰하면 할수록 내가 기르는 개를 더욱더 사랑하게 된다.

이 말은 개에 대한 찬사가 아니다. 무지하고 가난한 사람들을 사랑했던 파스칼이 인간에 대한 경멸을 말한 것은 더더욱 아닐 것이다. 파스칼은 다만 인간의 기만성欺瞞性에 대해 말했을 뿐이다. 그 '기만'은 개와 같은 짐승들의 단순한 속임수와는 다르다. 대개 인간이 저지르는 기만은 고도의 계산 아래 이루어지는 것이기 때문이다. 그리고 믿음에 대한 배반인 까닭이다. 개가 주인이든 아니든 은혜를 베푼 사람의 뒤통수를 치는 것을 본 적이 있는가?

## 쿠드라프카

인간이 개를 기르는 이유는, 개의 장점이 인간의 장점보다 훨씬 많기 때문이다. 아무런 장점이 없는 멍청한 개도 최소한 주인을 배신하지는 않는다. 개는 인간에게 가장 충직한 동반자인 것이다. 인간은 그런 개를 인간보다 먼저 우주로 보냈다. 지구 생명체로서 우주를 처음 비행했던 개 '쿠드라프카'의 죽음을 본다.

제2차세계대전의 전리품으로 스탈린Iosif Stalin은 독일 과학자들을 '포로'로 끌고 갔다. 그들의 도움으로 소련은 1957년 10월 4일 무게 83.6kg의 구형球型 인공위성 스푸트니크1호를 쏘아올렸다. 그 사건은 냉전시대 미국에 대한 소련의 첫 승리였다. '아무런 쓸모 없는' 독일 장군이나 데려간 미국은 엄청난 충격을 받았다. 그 다음 달인 11월 3일 소련은 무려 508kg이나 되는 스푸트니크2호를 쏘아올린다. 소련 우주과학의 비약적인 발전을 바라볼 수밖에 없었던 미국은 거의 정신적 공황상태에 빠졌다.

스푸트니크2호에는 개 한 마리가 타고 있었다. 우주에서의 생명 반응을 보기 위해서였다. 두 살배기 라이카종種으로(라이카는 '짖는 녀석'이라는 뜻이다.) 이름은 '쿠드라프카'. 모스크바 시내에서 길을 잃고 헤매던 녀석이었다. 쿠드라프카는 다른 두 마리와 함께 좁은 공간에서 취식과 배설을 할 수 있도록 훈련 받았다. (서방에는 '라이카'가 이름으로 알려졌다.)

개는 우주선에 부착된 의자에 고정되어 있는 우주복을 입고 있었다. 조금도 움직일 수 없는 몸에 각종 신호장치가 붙여졌다. 언론에 공개된 우주선 속의 개는 자신의 운명을 모른 채 소파 모양 의자에 길게 앉아 앞발을 오므리고 눈을 감은 채 입을 벌리고 있는 모습이었다. 우주선 내부에는 산소발생 장치와 함께 이산화탄소 제거장치, 섭씨 15도로 온도를 조절하는 장치, 그리고 일주일분의 식량과 배변장치가 있었다. 당시 기술로는 우주선의 귀환이 불가능했으므로 쿠드라프카는 일주일이 지나면 독극물이 든 마지막 식사를 하도록 예정되어 있었다.

쿠드라프카는 스푸트니크호가 발사되기 전 사흘간이나 선실에 갇혀 있어야 했다. 이 동안 과학자들은 추운 선실에 호스를 통해 열기를 불어넣었다. 11월 3일 발사 후 쿠드라프카는 지구 상공 166km를 돌면서 지속적으로 건강한 생체신호를 보내왔다. 그리고 예정대로 일주일 뒤 죽었다. 소련 당국은 쿠드라프카가 별다른 고통 없이 죽었다고 설명했다.

그러나 2002년 공개된 진실은 달랐다. 러시아 생물학문제연구소 디미트리 말라생코프 박사는 휴스턴에서 열린 세계우주대회에서 쿠드라프카의 죽음에 대한 진실을 폭로했다. 그 진실은 이렇다. 온몸이 묶인 쿠드라프카는 발사 때의 엔진 굉음과 진동으로 겁에 질려 발버둥쳤으며 심장박동수는 세 배나 증가했다. 스푸트니크2호는 발사 직후 단열재가 떨어져나가면서 선실 온도가 섭씨 40도 이상 치솟았다. 발사 다섯 시간이 지났을 때 쿠드라프카는 더 이상 생명신호를 보내오지 않았다. 말라생코프 박사는 쿠드라프카가 네 번째 궤도비행을 할 때 과열과 긴장으로 죽은 것 같다고 추측했다. 쿠드라프카의 주검을 실은 스푸트니크는 지구를 2750바퀴 돈 뒤 발사 4개월 만인 1958년 4월 4일 대기권으로 진입하면서 폭발했다.

쿠드라프카는 죽기 전 다섯 시간 홀로 공포와 싸웠다. 개는 의자에 묶인 채로 공중으로 끝없이 솟아오르는 자신을 이해하지 못했을 것이다. 개는 사람에게 가장 친화력을 보이는 동물이다. 쿠드라프카가 감당하지 못했던 건 비단 굉음과 흔들림 그리고 밀려오는 뜨거운 열기뿐이 아니라, 갑자기 자각한 '혼자라는' 절망이 아니었을까. 아무도 동반하지 않은 미지未知로의 여행, 쿠드라프카에게는 모든 것이 미지였다. 그 미지는 쿠드라프카에게는 견딜 수 없는 공포였고 너무 잔인한 형벌이었다. 그를 태운 우주선의 이름 스푸트니크는 '동반자'라는 뜻의 러시아어다.

쿠드라프카가 죽은 지 3년 반이 지나 1961년 4월 12일 소련은 최초의 우주인 유리 가가린Yuri Gagarin이 탄 보스토크1호를 쏘아올렸다. 미국인들은 다시 충격에 빠져 거의 한 달간 헤어나지 못했다. 취임한 지 석 달이 채 안 되었던 케네디John F. Kennedy 대통령은 그해 5월 '1960년대가 끝나기 전에 유인우주선을 달에 착륙시키겠다'고 선언했다. 미국은 이 무모한 아폴로계획으로 1963년부터 매년 50억 달러를 쏟아부었다. 결국 케네디의 약속대로 1969년 7월 20일 닐 암스트롱Neil Armstrong, 에드윈 올드린Adwin Aldrin을 달에 보냈다.

그러나 그 일은 인간에게 달이라는 '환상'을 빼앗은 것 외엔 아무런 의미도 없었다.

## 세계를 흔든 열흘

마르크스Karl Marx에게는 엥겔스Friedrich Engels(1820~1895)라는 동지가 있었다.

마르크스는 자본주의에 대해 읽지도 배우지도 않았으며, 자본 활동을 한 경험도 없었다. 뒷날 런던의 대영박물관 도서관에 파묻혀『자본』을 쓸 때까지 그는 자본은 물론 자본주의에 대해 완벽하게 무지했다. 여러 평전을 읽어보면 그는 자본의 흐름이나 운용에 관해 어떤 체험도 없었으며, 어떤 탐구도 없었다. 그럴 시간조차 없었다. 무엇보다 마르크스는 '돈' 자체를 몰랐던 것이다.

본대에서 술과 싸움질로 1년을 보내고 베를린대로 전학한 뒤에 마르크스는 강의실에 거의 가지 않았다. 그는 낮에는 주로 역사책과 철학책을 읽고 밤에는 아버지가 보내준 돈으로 술집에서 '청년헤겔주의자'들과 흥청망청 시간을 보냈다. 그런 부르주아 계급의 '탕아' 생활은 4학년 때인 1838년 5월 아버지가 죽을 때까지 계속됐다.

1841년 예나대에서 학위를 받은 뒤 일자리를 찾지 못한 '마르크스 박사'는 1842년 쾰른으로 가서 '라이니셰 차이퉁(라인신문)' 편집장이 된다. 그가 엥겔스를 처음 만난 것은 1842년 11월 16일 이 신문 편집실에서였다. 그러나 석 달이 좀 지난 1843년 1월 신문이 폐간되자 마르크스는 6월 19일 예니 베스트팔렌Jenny von Westphalen과 결혼하고 파리로 이주했다. 그곳에서 마르크스는 창간호이자 종간호가 된 '독일-프랑스 연보'를 펴냈다. 이 잡지에 엥겔스는 마르크스가 '천재의 작품'이라고 평가한 '정치경제학 비판'을 기고해 둘의 인연이 이어졌다. 엥겔스는 맨체스터에서 독일로 가다가 마르크스를 만나기 위해 파리에 들렀다. 1848년 8월이었다.

엥겔스는 아버지가 방직사업을 한 까닭에 '자본'을 알았다. 무엇보다도 맨체스터에 있는 공장 덕분에 프롤레타리아 '계급'이 탄생한 영국의 노동 상황을 대강이나마 파악하고 있었다. 두 사람은 의기투합하여 열흘간을 포도주에 취했다. 뒷날 엥겔스는 그때 둘은 '모든 이론적 분야에서 의견이 같다는 것이 분명해졌으며, 우리의 공동작업은 그때부터 시작되었다'고 술회했다. 『마르크스평전』을 쓴 프랜시스 윈Francis Whynn은 그 열흘을 '세계를 흔든 열흘'이라고 표현한다. (『마르크스평전』, 정영목 역, 푸른숲 간 참조)

대학을 다니지 않은 엥겔스는 군복무를 하러 간 베를린대에서 사숙私塾한 유물론을 평생 신봉한 부르주아였다. 나중엔 유물론의 대가大家였다. 엥겔스는 사실 대단한 수재였다. 그는 짧은 시간에 자신의 생각을 정리하고 글로 써내는 비상한 능력이 있었다. (마르크스는 병적인 '완벽주의자'였으므로, 글을 빨리 쓰는 것은 불가능했다.) 이 능력으로 그는 나중에 뉴욕 데일리 트리뷴지에 마르크스의 이름으로 150여 회나 글을 썼고(고료는 물론 마르크스가 받았다.), 마르크스가 죽고 난 다음에는 그의 메모를 정리해 1885년 『자본2』를 펴냈다. (마르크스의 악필惡筆을 해독할 수 있는 사람은 엥겔스와 마르크스의 아내 예니 베스트팔렌뿐이었다.)

엥겔스는 1842년 처음 맨체스터에 갔을 때 알았던 메리 번스라는 공원工員과 3년 뒤 재회해 1850년 무렵부터 동거했다. (그녀의 동생 리디아도 함께 산 '이상한 가족

구조였다.) 1863년 초 그녀가 죽었을 때 마르크스가 냉담했다는 이유로 둘 사이는 딱 한 번 삐걱거렸다. 그 사건 외에는 엥겔스는 언제나 마르크스의 후원자였으며 친구였으며 보호자였다. 둘은 동지였으며 서로를 보완하는 관계였다.

마르크스에게는 자본주의에 대한 '직접적인 지식'과 노동현장에 대한 지식, 그리고 무엇보다도 엥겔스의 돈이 필요했다. 엥겔스는 마르크스의 박학과 그런 박학에 기초한 온갖 잡동사니 지식을 한 줄로 꿰는 두뇌에 경탄했다. 둘은 부르주아라는 것과 감성적인 시를 쓸 줄 아는 것 외엔 공통점이 별로 없었다. 그런 둘의 동지적 관계가 죽을 때까지 계속된 것은 엥겔스가 단한 번도 마르크스를 질투하거나 그에게 불평하지 않았기 때문이다. (메리가 죽었을 때도 그랬다.) 엥겔스는 마르크스를 만난 지 40년이 지난 1881년 둘의 관계를 회고했다.

어떻게 천재를 질투할 수 있는지 나는 도무지 이해할 수가 없다.


## 둘만의 고립

엥겔스는 늘 젊은 여자를 탐하며 부유한 독신자로서 쾌락을 좇은 '부르주아지 사회주의자'였다. (오늘날 '강남좌파'와 아주 유사하다.) 마르크스 역시 평생 부르주아지 생활 습관을 버리지 못했다. 그러나 돈을 버는 데는 너무 무능해 늘 빚쟁이에 시달렸다. 엥겔스는 마르크스에게 질 좋은 와인과 함께 아버지 회사에서 '축낸' 돈을 정기적으로 보내 '돈'에 무능한 부르주아지를 도왔다.

막상 마르크스는 '프롤레타리아 독재(이 말은 블랑키Louis Auguste Blanqui가 처음 썼던 말이다.)'를 꿈꾸면서 늘 부르주아적 도덕과 관습을 조롱했다. 그러면서도 부르주아적 취향은 죽을 때까지 계속됐다. 그는 베란다가 있는 집과 고급 와인과 시종을 부리는 생활을 동경했고 능력껏 흉내냈다. 관대한 벗 엥겔스의 도움이 가장 컸다.

마르크스는 평생 집 밖의 노동자를 만난 적도 농민과 대화한 적도 공장을 찾은 적도 없었다. 마르크스 자신도 스스로가 부르주아라는 것을 늘 자각하고 있었다. 그는 그 신분 때문에 1864년 제1인터내셔널-국제노동자협회의 대표를 사양했다. (프랜시스 윈은 여러 마르크스평전에 적혀 있는 '마르크스는 노동계급 출신의 사회주의자를 경멸했다'는 통설을, 재단사였던 마르크스의 추종자 게오르크 에카라우스를 예로 들며 부인한다.)

집안의 하녀 렌첸(독일어 발음으로 렌헨, 본명은 헬레네 데무트)이 마르크스가 알고 있던 유일한 프롤레타리아였다. 그나마 그 프롤레타리아는 온갖 궂은 일을 도맡아 하면서도 평생 단 한 푼의 임금도 받지 못했다. 심지어 마르크스는 그녀의 육체까지도 '이용했고', 그 결과 그녀는 마르크스의 아이(프레디, 헨리 프레드릭 데무트)를 낳아 노동자 집에 양자로 보내야 했다. (그 패덕悖德은 루소Jean Jacques Rousseau나 입센Henrik Ibsen, 톨스토이Lev Nikolaevich Tolstoi에게서 본 패륜과 너무 닮았다.)

엥겔스를 제외하고는 그 어떤 프롤레타리아도, 어떤 철학자나 혁명가도 마르크스에게 동지가 될 수 없었다. 마르크스는 1851년 엥겔스에게 보낸 편지에서 '우리 둘이 찾게 된 진정한 공적公的 고립'이라고 표현했다. 마르크스는 아는 철학자와 혁명가들과는 전부 원수가 졌고, 모르는 자들은 전부 비판의 도마에 올렸다.

그런 적들의 명단을 적은 종이의 길이는 계속 늘어났다. 1850년 빌리히 August Willich(바덴 반군사령관을 지낸 극좌파. 후에 미국으로 이주해 남북전쟁 때 북군에 참여했다. 마르크스는 이를 두고 '공상가보다 더 심한 모습을 보였다'고 비꼬았다.)가 결투를 신청했을 때 마르크스를 대신해 응했다가 머리에 총상을 입은 콘라트 슈람Konrad Schram조차 몇 달 안 가서 그 명단에 올랐다. 노동자대회에서 만난 노동자들은 동지가 아닌 그의 '병사'에 불과했다.

마르크스가 자랑스럽게 생각한 귀족 출신 아내 예니 베스트팔렌은 평생 '동지적 관계'였지만, 그는 돈에는 너무 무지해서 그녀를 고통에 빠뜨렸다. 그녀가 마지막으로 마르크스에게서 '동지'를 느꼈을 때는 1864년 빌헬름 루푸스 볼프라는 노동자가 죽으면서 마르크스에게 증여한 재산을 처분한 820파운드로 잠시 경제적 고통을 벗어났을 때였다.

'부르주아 부부'는 횡재한 돈을 지체없이 쓰면서 짧은 호사를 했다. 그 돈은 평생 마르크스가 글을 써서 번 돈보다 컸다. 마르크스는 3년 뒤인 1867년 오랜 산고産苦 끝에 출간한 『자본』 1권에 엥겔스가 아닌 볼프에게 헌사를 썼다. '프롤레타리아의 용맹하고, 충실하고, 고귀한 옹호자인 내 잊을 수 없는 친구 빌헬름 볼프에게'. (김수행 교수 번역본은 이 헌사가 없다.)

마르크스의 서재 벽난로 위 선반에는 딸과 부인, 엥겔스 그리고 볼프의 사진이 있었다. 아마 마르크스가 잊을 수 없었던 것은 노동자 볼프가 아니라, 그 돈이었을 것이다. 마르크스의 만년은 좀 나았다. 1870년 여름 엥겔스는 가족 사업의 지분을 팔아 매년 350파운드를 마르크스에게 연금으로 보내 그의 궁핍을 해결했다. 이 돈으로 마르크스는 부르주아 생활을 계속할 수 있었다.

그러니까 『자본』을 썼던 마르크스는 평생 '돈'에 무지했던 것이다. 그 무지를 유일한 '동지' 엥겔스가 메웠다. 역사에 가정假定은 무의미한 것이지만, 마르크스가 예나대에서 학위를 받고 쓸 만한 자리를 얻었거나, 엥겔스가 파리로 가서 마르크스를 만나지 않았다면, 20세기는 전혀 다른 시간이 되었을 것이다.

## 괴테

이기심은 인간성의 기본이다. 그 어떤 위인도 그렇다. 생각의 중심은 늘 자신인 것이다. 괴테Johann Wolfgang von Goethe(1749~1832)가 멋진 비유를 남겼다.

방앗간 주인은 생각한다. 보리는 내 풍차를 돌게 하기 위해 자란다고.

사랑도 마찬가지다. 대개 사랑은 상대에 대한 독점욕이 동인動因이고 그런 독점욕은 이기심에서 나온다. 사랑하므로 느끼는 행복감은 역시 이기심의 결과다. 레프 톨스토이Lev Nikolaevich Tolstoi는 그런 행복감이 인간을 더욱 이기주의자로 만든다고 했다. 아마 그 말은 톨스토이가 체험으로 깨달은 말일 것이다. 톨스토이는 적어도 돈과 여자에 대해서만은 철저한 이기주의자였다.

인간은 그런 이기심의 대상들을 '동반자'로 선택한다.

# 13

# 관용

寬容 tolerance

좌파의 관용이란 비아냥이거나 조소이며, 우파의 관용은 무관심이거나 체념
이다.

대개 스스로를 좌파나 진보라고 부르는 자들이 쓰고 있는 관용이란 가면 뒤에는, 예외 없이 근거 없는 분노와 허세에 가까운 오만傲慢이 빚어내는, 조소嘲笑와 모멸이 뒤엉킨 맨얼굴이 숨어 있다. 그런 그들의 동질성에는, '읽고 싶은 책만을 읽고 듣고 싶은 말만 듣는' 이단異端 마르크스교敎의, 패거리의식이 깔려 있다.

이에 비해 보수 혹은 우파를 자칭하는 자들의 관용은 터무니없는 예의에 불과하다. 상대를 존중하는 척 하면서 가끔 고개를 주억거리고 심지어 맞장구까지 친다. '적어도 나는 좌파의 말을 알아듣는다'는 표정에는, '자신도 깨어 있다'는 암시를 하는 비굴한 미소가 번져 있다. 그러나 속살은, 무지無知로 인한 무관심이거나 완전한 체념이다.

문제는 그들의 그런 처신이 어떤 신념에서 나오는 것이 아니라, 출세를 위한 방편으로 좌파가 되거나 기회주의적 처세로 우파가 되다 보니 생기는 현상이라는 데 있다. 그래서 둘 다 사이비요, 매명주의자賣名主義者에 불과하다. 서랍 속에 감춰 놓은 그들의 진짜 사전에는 관용이란 아예 없거나, 있더라도 작고 희미한 글씨로 쓰여 있거나, 아주 엉뚱한 의미로 적혀 있다.

진짜 좌파는 예의 바르고 진짜 우파는 겸손하다.


## 관용의 역설

관용은 약자가 외치고 강자가 베푸는 것이다. 약자의 관용을 필요로 하는 강자는 없다. 정치협상이나 노동쟁의 같은 집단적인 투쟁처럼 강약이 뚜렷이 구별되지 않거나, 둘 다 강자인 경우를 제외하면 관용은 대체로 소수자, 소외자, 빈자貧者 등 약자의 이익에 속한다.

어떤 선의善意의 협상에서도 약자는 결코 강자와 대등한 자리에 앉을 수 없다. 그래서 관용이 많이 요구되고 강조되는 사회일수록, 관용의 기준이 마련되어 있지 않다면, 자칫 강자만의 천하가 된다. 그런 사회는 트라시마코스Trashimakos의 말대로 '정의는 강자의 이익이다.'(『바다도 비에 젖는다』 '휴머니즘' 참조) 즉 강자가 모든 정의를 재단할 때 약자는 오직 관용만을 기대하게 되고, 강자는 너그러운 마음으로 약자에게 숨 쉴 좁은 공간을 허락하게 되는 것이다.

한편 처음부터 정의가 완벽하게 결정되어 있다면, 힘의 논리가 그 정의를 왜곡할 여지가 줄어든다. 그러나 관용의 여지 역시 그만큼 줄어들 수밖에 없다. 단적인 비유를 들자면, 형법 조항이 모든 경우를 상정해 세밀하게 양형量刑까지 정하고 있어서 판사의 재량裁量이 끼어들 여지가 전혀 없을 때 어느 피고인이 판사에게 관용을 기대할 수 있겠는가? 재량이 전혀 필요 없는 재판을 굳이 인간이 할 필요도 없다. 그런 재판은 컴퓨터가 수행하는 편이 경제적으로도 훨씬 낫다. 그러나 컴퓨터가 하는 재판을 도대체 누가 좋아하겠는가?

상앙商鞅의 시대에 관용은 없었다. 상앙은 정해진 법규를 위반하면 법에 적힌 대로 처벌했다. 재판관에게 어떤 재량권도 없었다. 법대로 하다보니 태자의 스승의 코를 베고 얼굴을 먹으로 떴다. 세상이 바뀌자 상앙은 거열형車裂刑을 받았다. (이 책 '약속' 참조)

그래서 정의나 혹은 정의에 의한 판단을 미리 확정할 수는 없다. 그러나 재판관에게 위임한 범위가 넓을수록 '원님재판'이 되듯이, 권력자에게 너무 많은 권한이 위임되면, 관용은 오히려 권력자의 편리한 지배수단이 될 수 있다. 곧 관용은 자유의 확대라는 외관을 지닌, 자유의 한계다. 이것이 '관용의 역설'이다.


**강자의 보험**


오늘날 문명국일수록 관용은 보험으로 작용한다. 문명국은 '소수 보호'와

'정의 실현'이란 명분을 내세워 관용이 작용할 여지를 넓게 둔다. 그런데 그 혜택은 소수에게 돌아가는 것이 아니라 강자가 누린다. 그래서 이념을 떠나 강자는 문명국에서 더 강하다.

특히 다수多數가 권력을 가진 강자의 위치에 서면, 여론조작(『바다도 비에 젖는 다』'여론' 참조)을 통해 쉽게 반대를 억누른다. 이데올로기는 쉼 없이 재생산된다. 여론을 만드는 소수의 매체를 독점해 반대에 대한 통제가 가능해지는 것이다. 다수결의 원리가 민주주의 요체이면서도 위험한 까닭이 여기에 있다.

마르쿠제Herbert Marcuse는 이것을 '억압적 톨레랑스'라고 하면서 강자의 여론 통제를 새로운 불관용이라고 고발했다. 그는 자본주의 사회에서 추구하는 행복과 자유는 사이비라고 말한다. 그런 억압으로부터 '해방'되기 위해 학생, 지식인, 여성 같은 국외자 집단이 의식의 변혁주체가 되어 자본주의 체제를 혁명적으로 전복해야 된다는 것이다. (마르쿠제는 현상을 정확히 읽으면서도, 마르크스Karl Marx에서 헤어나지 못하고 늘 이상한 결론을 낸다.)

다수가 매체를 통해 소수를 조정하거나 통제하는 이런 사회에서는 대중은 반대가 존재하는 것만으로 '자유가 보장되고 있다'고 믿는다. 매체를 장악한 권력은, 포퓰리즘에 빠진 무지한 대중을 묶어낸 선동가들이 아니면, 부富에 기반을 둔 자들이 형성한 '이너서클inner circle'이다. 이 통제되지 않는 중추 세력에 들면 피아彼我의 구별이 무의미해진다. 서로가 보험保險이 되기 때문이다.

권력을 가진 쪽이 정적政敵에게 사회통합을 명분으로 사면권을 행사하는 것은 그런 속사정이 있는 것이다. 즉 '고도의 민주사회'에서는 여야로 갈려 싸우면서 관용이란 미명 아래 서로를 보호한다. 대중은 이런 사실을 번연히 알고도 속아넘어간다.


## 톨레랑스는 '그럴듯한 이유'에 불과하다

다민족, 다문화의 나라인 프랑스는 '톨레랑스tolerance'의 나라다. 프랑스 인들은 대개 이 톨레랑스를 '공존의 원리'라고 설명한다. 즉 반대파의 존재를 인정하고 사회의 다양성을 보장하면서, 자신 역시 반대파로부터 위협받지 않겠다는 것이다. 논어論語 자로子路편에는 '공존'에 대한 말씀이 있다.

군자는 달라도 서로를 인정하고 소인은 같아도 싸운다. (군자화이부동, 소인동이 불화君子和而不同, 小人同而不和)

이때의 '화이부동'이 톨레랑스와 비슷한 말이다. '지식인'이라 불리는 프랑 스의 얼간이들은 전 세계에 이 공존의 원리를 수출해서 마침내 유엔이 1995 년을 '세계 톨레랑스의 해'로 선포하게 했다. 거기에는 프랑스의 '다양성'이야 말로 인류가 진일보한 증거라는 자부심이 깔려 있다.

그런데 관용은 과연 공존의 원리인가? 톨레랑스는 엄밀히 말해 정치적 이 유로 탄생했다. 나바르의 왕이었다가 프랑스 왕이 된 앙리4세Henri IV는 위 그노Huguenot(신교도)에서 가톨릭으로 개종한 뒤 1598년 4월 13일 낭트칙령The

Edict of Nantes을 선포해서 신앙의 자유를 허용한다. 이것이 그들이 말하는 '톨레랑스'의 기원이다. 프랑스는 이날을 '톨레랑스가 승리한 날'로 지정했다.

이 칙령은 신교와 가톨릭의 공존을 표방한 것이지만, 지긋지긋한 종교전쟁을 종식시킨 신앙의 화해를 위해서가 아니라 왕권 강화를 위한 방편이었다. 세 조각(나바르, 기즈가문, 몽모라시가문)으로 갈라진 프랑스를 통합하기 위한 불가피한 수단이었던 것이다. 그 뒤에도 톨레랑스는 여러 영역에서 정치적 수단으로 쓰였다. 따라서 당연히 국가의 이익이 문제될 때 톨레랑스보다는 국가의 이익을 우선시했다. 유대인에 대한 인종주의적 시각이 적나라하게 드러난 드레퓌스 사건(지식인들의 항의로 재심 끝에 비로소 무죄가 선고되었다. 이 책 '지식인' 참조)이 그 단적인 증거다.

오늘날 톨레랑스가 공자孔子가 말씀한 '화이부동'이 아니라는 한 예를 보자. 『타자로서의 자기 자신Soi-meme comme un autre』(김웅권 역, 동문선 간)을 쓴 '크리스트교 좌파' 철학자 폴 리쾨르Paul Ricoeur는 파리대에서 철학을 가르치다 자신의 이념을 구현하기 위해 1966년 낭트대로 옮겼다. 제2차세계대전 종전 후 그 역시 현상학에 경도된 '지식인' 그룹에 속했다. 그러나 1968년 학생운동이 좌절하자 급진적 학생들은 리쾨르를 공격하고 결국 대학에서 해임됐다. 급진 좌파의 앵톨레랑스intolerance(불관용)를 몸소 체험한 리쾨르는 톨레랑스를 새롭게 정의하는 것으로 자신을 위로했다.

톨레랑스는 용인할 수 없는데도 받아들일 수밖에 없을 때 꾸며대는 그럴듯한 이유다.

공존의 원리라는 것이, 사실은 마지 못해 수용하는 태도라는 것이다. 프랑스 학술원에서 한 정의 역시 마찬가지다. '톨레랑스는 막을 수 없는 것을 너그럽게 받아들이는 것이다.' 적어도 공자의 '화이부동'은 '막을 수 없는 것을 마지못해 수용하는 것'이 아닌 문자그대로 상대와의 공존을 의미한다.

## 두 형식의 금지

프랑스의 톨레랑스는 종교적 관용 외에도, 자유주의와 개인주의의 확산에 따라 자신과 타인의 문화적 차이를 인정하는 '사회적 관용La tolérance sociale', 법규와 그 실제 적용의 차이를 인정하는 '시민적 관용La tolérance civile'으로 확대되어 왔다. 톨레랑스는 나와 다른 사람의 차이를 인정하고 그 사상의 자유를 보장하는 것이다. 이브 샤를 자르카Yves-Charles Zarka가 이를 간단히 정의했다.

관용은 자신을 다른 사람의 위치에 놓아보는 것이다.

즉 동의하지 않지만 그 입장을 이해한다는 것이다. 바로 우리의 '역지사지易地思之'다. 그래서 불관용은, 곧 타인의 처지에 서보지 않고 타인의 입장을 이해하지 못하는 것이 된다. 볼테르Voltaire(1694~1778)는 명저 『관용론』에서 앵톨레랑스를 다음과 같이 설명했다.

불관용은 우리와 똑같이 생각하지 않는 사람을 선험적으로 유죄라고 평가

하도록 유도하는 정신적 자세다.

이러한 불관용은 '금지'로 나타난다. 이 금지는 행위론으로 보면 두 가지 형식이다. 하나는 '해서는 안 된다'는 것이고, 또 하나는 '하지 않아서는 안 된다'는 것이다. 행위를 금지하는 전자보다도 행위를 강제하는 후자가 불관용의 정도가 높다. 후자는 실체적인 행동을 요구하는 것으로서 일반적으로 더 고통스럽기 때문이다.

그러나 불관용이 필요할 때가 있다. 예를 들면 공동체의 유지를 위한 의무를 다하지 않는 것을 관용할 수는 없다. '살상 거부' 혹은 '집총 거부' 등의 양심의 자유를 내세워 징집을 거부함으로써 국방의 의무를 기피하거나 회피하는 경우가 여기에 해당한다. 이러한 양심의 자유를 광범위하게 인정하거나 정치적인 이유로 관용하면, 공동체는 와해될 수밖에 없다.

종교적 관용 역시 한계가 있다. 특정 교리가 공동체에 위해하거나 타인의 권리를 침해할 때는 관용의 범위를 벗어나게 된다. 예컨대 수술을 받아야 하는 자식의 수혈을 '수혈 금지' 교리에 따라 부모가 거부하는 행위는, 자식의 생명권을 침해하는 것이므로 결코 허용할 수 없는 것이다.

## 또 다른 앵톨레랑스

과연 톨레랑스는 유엔이 인류의 가치로 선포할 정도로, 선기능善機能을 하

236

는 것인가? 여기에는 한 전제가 있다. 톨레랑스를 필요로 하는 사회는 제도 적으로 민주적인 장치가 마련되어 있고, 적어도 외관적으로 자유가 제약받 지 않는 문명국이어야 한다는 것이다. (예컨대, 김정일이 지배하는 동토凍土에서 톨레랑스가 무슨 소용이 있겠는가.)

그렇다면 적어도 유엔이 톨레랑스를 요구할 정도의 문명국에서, 예컨대 아 직도 상대의 종교를 인정하지 않는 사회가 존재하는가? 상대의 사상을 '굳 이' 직접적인 폭력이나 폭력적인 수단으로 제압하는 사회가 있는 것인가? 문 명국에서 이런 문제는 20세기에 대체로 해결된 것이다. 그런데 이런 근본적 인 문제가 아니라면 특정 문명국가에 유엔 등이 톨레랑스를 요구하는 것은 명백한 내정간섭이 된다.

위의 질문에, 세계의 모든 일에 아무런 전문적인 지식 없이 간섭하기 좋아 하는 '지식인'들의 대답은 늘 '그렇다'이다. 그러나 그 대답의 근거로 제시 되는 여러 지적은 오류 투성이다. 예를 들면, 미국의 NGO '프리덤 하우스 Freedom House'는 몇몇 나라의 언론이 너무 자본에 맡겨져 있어서 소수의 의견 이 제약받는다며 '언론 자유의 위축'을 비판한다. (이 기준으로 발표한 자료를 보면, 대한 민국은 근근이 자유국의 반열에 올라 있다. 이런 류의 수치화는 장난에 불과하다. 이 책 '계량화' 참조) 그러 나 그런 비판을 하는 '지식인'들의 나라 미국은 전국 네트워크 망을 가진 지 상파 텔레비전 채널 3개 모두 다 거대 자본인 로스차일드 가문과 록펠러 가 문에 장악되어 있다. (『빌더버그 클럽』, 다니엘 에스튤린 저, 김수진 역, 랜덤하우스 간을 참조하라.)

왜 그들은 자신들의 조국인 미국의 언론이 자본에 예속된 것은 비판하지 않는가? 미국의 언론은 경영진으로부터 완벽하게 독립해서 자본과 무관하게 자유로운가? 왜 미국의 '지식인'들은 공산주의자들의 진입을 막고 있는 자신들의 조국은 비판하지 않으면서, 휴전 상태에 놓여 있는 한국의 국가보안법에 이의를 제기하는 것인가?

더 직접적인 질문은 이것이다. 왜 유엔이나 시민단체의 허울 뒤에 숨은 몇몇 얼간이들은, 자신이 전혀 이해하지 못하는 다른 문명국의 특정 정책들을 자기들 기준으로 비난하는가? 그것은 또 다른 앵톨레랑스가 아닌가?

## 좌파들의 자기모순

관용은 결국 상대가 자신의 사상을 표현하는 것을 존중하거나, 이해하거나, 참고 견디거나, 관심을 두지 않거나, 무시하거나, 체념하는 것 중 하나다. 그렇더라도 관용이란 상대에 대한 무조건적인 이해나 용서, 혹은 인내가 아니다. 그것은 단지 상대의 존재를 인정하는 것에 불과하다. 그래서 관용은 개인주의를 바탕으로 하고 있으며, 관용은 개인주의의 조건이다.

집단주의, 전체주의 사회에서는 관용의 여지가 거의 없다. 따라서 마르크스주의자들, 더 나아가서 광의의 좌파들이 유독 '톨레랑스'(그들은 관용이란 용어 대신에 이 용어를 고집한다. 물론 톨레랑스를 단순히 '관용'이라고 번역하기에는 부족한 '무엇'이 있다.)를 강조하는 것은 난센스다. 실제 집단주의가 오랫동안 유지됐던 소련이나 중국은 공산주의 외에 어떠한 이념도 용인하지 않는 독재국가였다. (중국은 지금도 일당독재를 계속하고 있다.)

웃기는 것은 우리 사회에서 좌파들이 톨레랑스를 들어 개인주의를 공격한다는 사실이다. 이것은 좌파들의 자기 모순에 속한다. 프루동Pierre Joseph Proudhon의 경고처럼, 좌파들이 개인주의를 공격하는 것은 야만적 예속 상태로 돌아가자는 것이기 때문이다. 그 예속 상태는 당연히 관용이라고는 없는 노예사회다.


## 모든 표현은 관용되는 것인가


한 좌파 의원은 어느 방송 토론에서 '표현의 자유'를 절대적인 자유라면서, 어떤 경우에도 침해받을 수 없는 헌법상 가장 중요한 '절대적' 권리라고 주장했다. (솔직히 나는 그 순간 놀랐다. 내 앞에 앉은 그 의원은 법학을 전공한 변호사였기 때문이다.)

그 방송은 2008년 봄과 여름에 걸쳐 벌어졌던 소위 촛불시위 와중에 있었다. 그는 어떤 집회와 시위든 제한 없이 허용되어야 한다는 주장을 하고 싶었던 것이다. 그래도 버틸 수 있는 사회는 없다. 그건 공상에 불과하다는 것을 나도 그도 잘 안다.

표현의 자유가 소중하다 해서 '표현'이 타인의 권리와 충돌하고 그 권리를 침해했을 때도 우리는 관용을 들어 그 표현을 용인할 것인가? 예컨대 타인의 사생활을 침해하고 명예를 훼손하는 경우, 그런 위법 사실을 표현의 자유라는 명분으로 눈감아야 하는 것인가? 그렇지 않다는 것은 모든 헌법 교과서에 적혀 있다.

　표현의 자유는 민주주의를 관철하는 데 가장 중요한 자유다. (표현의 자유로서 대표적인 것이 '언론의 자유'와 '집회 결사의 자유'다.) 그래서 '사전억제의 금지' 등 표현의 자유를 보장하는 원칙이 성립되어 있다. 그렇다고 해서 결코 절대적 자유는 될 수 없다. 표현의 자유는, 다른 자유와 같이 '국가안전보장 질서유지 또는 공공복리'를 위하여 필요한 경우 법률로써 제한할 수 있는 것이다. (헌법 37조 2항. 모든 문명국은 이와 유사한 '법률유보조항'을 두고 있다.) 그리고 '명백하고 현존하는 위험clear and present danger'이 있을 때에 한하여 표현의 자유가 제한된다는 기준이 확립되어 있다. 미국 홈스Holmes 판사의 이 판례는 지금도 광범위하게 인용된다.

# 14

# 약속 約束

맹세가 굳은 약속은 지켜지지 않는다.

약속에 대한 두 가지 '진실'이 있다.

첫째, 약속이 지켜지는 것은 그 강도強度와 반비례한다는 것이다. 지키기 어려운 약속일수록 약속을 지키겠다는 걸 다짐하는 법이다. 그래서 다짐하고 다짐할수록 그 약속을 어기게 된다. 위난을 당해 한 약속은 더욱 그렇다. 그 약속이 곤궁한 시간을 넘기기 위한 방편에 불과하기 때문이다.

둘째, 개인이든 국가든, 정의롭지 못한 일들을 함께 행할 때 죄의식에서 벗어난다는 것이다. 공범의 존재가 위법성에 대한 감각을 둔하게 하고 범죄로 나아가게 하는 것과 같다. 인간은 얼마나 간사한 동물인가? 위정자들이 인민을 배신할 때, 가진 자들이 못 가진 자들을 배신할 때, 배운 자들이 못 배운 자들을 배신할 때를 살펴보

라. 부끄러운 일들은 대개 '약속 때문에 불가피했다'는 변명을 숨기고 있다. 약속이라는 명분 아래 정의롭지 못한 일을 행하는 것이야말로 인간을 비극적으로 만든다.

정의롭고 올바른 일들은 굳이 희생犧牲의 피를 바르거나 손가락을 걸지 않아도 지켜진다. 정의는, '보이지 않는 약속'이기 때문이다.


## 비극의 뿌리

프랭클린 루스벨트Franklin D. Roosevelt(1882~1945) 대통령은 1936년 동부의 좌파언론, 진보주의 젊은이들, '지식인'이라고 불리던 좌파 교수들의 지지로 탄생했다. 루스벨트는 공화당으로부터 '비열한 공산주의자'로 공격받았지만 실상은 공산주의를 전혀 몰랐다. 그런 무지無知로 인해 그는 집권하자마자 아무런 고민 없이 소련(소비에트연방공화국)을 승인했다. 그런데도 루스벨트에게 경고음을 울리는 언론은 없었다. 오히려 뉴욕타임스는 스탈린Iosif Stalin의 나라를 '유토피아'로 묘사한 르포 기사를 태연히 실었다. (이 책 '선전' 참조)

언론인 링컨 스테펀스Lincoln Steffens는 죽기 얼마 전 '모든 길은 모스크바로 통한다'고 썼고(이 책 '계량화' 참조), '뉴딜New Deal'정책을 작명한 스튜어트 체이스 Stuart Chase(뉴딜정책은 그의 책 『뉴딜』에서 따온 것이다.)는 '왜 러시아 국민들만 세계를 다시 건설하는 즐거움을 누리는가?'라고 썼다. 제1차 뉴딜정책을 맡았던 렉스퍼 터그웰Rexford Tugwell 컬럼비아대 경제학 교수는 스탈린 방식의 통제경제를 주장하기까지 했다.

대공황의 여진이 가라앉은 1940년대에는 미국에도 공산당이 성행했다. 거기엔 부자의 비도덕성도 한 원인이었다. 한 예로 J. P. 모건이 3년간 한푼의 소득세를 내지 않았다는 사실은 자본주의에 대한 엄청난 회의를 불렀다. 스스로 공산당원임을 밝히는 자도 많았다. 루스벨트의 참모들 중에도 친소련파는 물론 공산주의자가 널려 있었다. 행정부에는 소련 간첩이 암약했다. 심지어 백악관의 외교특보로 스탈린을 면담하고, 뉴딜정책 담당관과 상무장관을 지낸 루스벨트의 최측근 해리 홉킨스Harry Hopkins(그는 소련은 미국의 훌륭한 고객이 될 것이다'고 주장했다.)는 나중에 소련의 비밀간첩으로 밝혀졌다.

백악관의 젊은 참모들은 전체주의 국가 소련이 영국보다 세계평화에 더 기여한다는 평가를 내렸다. 그들은 '정의'가 무엇인지를 몰랐다. 루스벨트는 110억 달러어치 무기를 소련에 원조했다. 그는 인내심을 가지고 공산주의를 대하면, 공산주의는 자본주의의 좋은 점을 받아들인다는 '수렴주의이론'을 신봉했다. 아마 루스벨트는 공산주의를 '이해하고 포용한' 유일한 미국 대통령일 것이다.

그는 '사심 없이' 소련을 도왔다. 국무부와 대사관을 거치지 않고 루스벨트는 스탈린과 직접 교섭했다. 해리 홉킨스가 거간꾼이었다. 1943년 11월 열렸던 테헤란회담Teheran Conference에서 스탈린은 루스벨트를 '손바닥 위에서 가지고 놀았다'(영국 참모부 대표 앨런 브룩Alan Brooke 경의 말이다.) 그 결과 스탈린의 제의로 북프랑스상륙작전이 결정됐다. 총사령관이 된 아이젠하워Dwight D. Eisenhower 장군은 유럽 내륙으로 진군을 늦추면서 동유럽을 소련의 수중에 떨어지게 했다. 그나마 그리스를 구한 것은 완고한 제국주의자인 처칠의 공이었다. 그 덕분으로 지중해 연안의 민주주의는 근근이 지켜졌다. (그리스는 영국 군이 주둔하고 있었는데 1944년 내전이 일어나자 영국군은 유혈 진압하여 공산주의 세력을 축출했다.)

미국의 관심은 하루빨리 태평양전쟁을 종결짓는 것이었다. 그런데 열렬한 친중국파였던 루스벨트는 이상하게도 동아시아에 대한 아무런 지정학적 지식이 없었다. 동아시아의 역사는 전혀 몰랐다. 비극은 거기서 일어났다.

## 얄타회담

무지한 자가 한 약속은 엉뚱한 피해자를 낳는다. 루스벨트는 정의를 몰랐고, 공산주의를 몰랐고, 동아시아를 몰랐고, 무엇보다도 자신이 무슨 일을 하는지 몰랐다.

루스벨트는 1945년 2월 얄타회담Yalta Conference에서 '소련이 1945년 8월에 일본과 전쟁에 들어갈 경우' 그 대가로 외몽골, 사할린 남부 및 그 부속도서와 쿠릴열도를 달라는 스탈린의 요구에 논쟁 없이 동의했다. 처칠Winston Churchill은 이 이상한 합의를 묵인했다. 영국은 2차대전에서 분명 승전국이었다. 그러나 늙고 힘 빠진 제국에 불과했다. 얄타에서 그의 발언권은 자연히 위축됐다. 그로서는 극동까지 신경 쓸 여유가 없었다.

처칠은 그로부터 6개월 뒤 실각했다. 영국은 오래전 재정적으로 파산 위기에 몰려 있었다. 존 케인스John Keynes는 1945년 8월 내각에 '파산보고서'를 제출했다. 그러나 영국은 외관적으로는 전성기 때처럼 보였다. 노조 출신인 외무장관 어니스트 베빈Ernest Bevin은 믿었던 소련에 실망한 뒤 '제국의 위상을 위해' 애틀리Clement Richard Attlee 총리를 설득하여 비밀리에 핵개발에 나선다. 그런데도 영국의 영광은 오래가지 못했다. 한때 지구의 땅 3분의 1을 지배했지만, 그 모든 것이 사라지는 데는 종전 후 불과 25년밖에 걸리지 않았다.

거기에다 루스벨트는 태평양전쟁에 전혀 기여가 없는 스탈린과 한반도를 절반씩 전과戰果로 나누는 비밀협정을 맺는다. 그에게는 중국의 향방만이 문제되었을 뿐 한반도는 아무런 가치 없는 '쓸모 없는 땅'에 불과했다. 루스벨트는 4선에 성공했으나 1945년 4월 뇌출혈로 갑자기 사망했다. 태평양전쟁은 일본의 끈질긴 저항으로 시간을 끌고 있었다. 트루먼Harry S. Truman이 이 전쟁을 끝낼 책임을 물려받았다.

트루먼은 1945년 8월 6일 히로시마에 우라늄 핵폭탄을 투하하고 8월 9일 나가사키에 플루토늄 핵폭탄을 투하했다. 그건 명백한 '야만'이었다. 이로써 일본의 패전은 확실해졌다. 이튿날인 8월 10일 소련은 만주국 국경에 160만 명을 배치하고 일본에 선전포고를 했다. 그 몇 시간 전 일본은 연합국에 무조건항복을 타전해 왔다. 그러니까 스탈린은 이미 항복한 일본에 선전포고를 한 셈이었다.

일본의 최종적인 항복결정은 8월 14일이었지만, 그건 공식적인 절차에 불과했다. 15일 낮 12시에 일왕이 항복을 선언했고, 9월 2일 요코하마에 정박한 미주리 전함 갑판에서 항복문서에 서명했다.

이로써 소련은 피 한 방울 흘리지 않고 승전국이 되었다. 스탈린은 멍청한 루스벨트와 얄타에서 한 합의에 따라 엄청난 땅을 얻었다. 한반도의 비극은 그때 시작됐다. 루스벨트는 죽기 직전에야 스탈린의 '음모'를 깨달았다. 그러나 그는 비밀협정 당시는 물론, 죽을 때까지 '조선'을 알지는 못했을 것이다. 머리가 비어 철학이 빈곤했던 자의 어리석은 약속 때문에 한반도는 그후 6·25전쟁이라는 비싼 대가를 치렀고 지금까지 분단으로 고통받고 있다. 월터 리프먼Walter Lippmann이 1932년 루스벨트에 했던 촌평을 옮긴다.

그는 공직에 필요한 중요한 자질도 없으면서 무척이나 대통령이 되고 싶어 하는 유쾌한 남자일 뿐이다. (폴 존슨 저, 조윤정 역,『모던 타임스』 1권 참조)

결국 루스벨트의 무지가 한반도의 분단을 불렀다. 그렇다고 분단이 계속 되는 것까지 루스벨트의 책임으로 돌릴 수는 없다. 그건 분단 당사자인 이 나라의 지도자들, 그리고 '지식인'들의 무지 탓이다. 공산주의를 왜곡했던 사이비 진보주의자들과 공산주의에 대한 이해가 부족한 문민정부들, 수렴주의 이론에 빠져 포용정책을 지지했던 학자, 언론인, 성직자들이 그들이다. 그들 가운데는 얼치기 마르크스주의자들도 있다.

## 국가 간에 약속은 없다

약속은 곧 계약이다. 사회의 여러 제도와 규범은 공적公的인 약속, 공적인 계약이다. 사적 계약이든 공적인 규범이든 이 약속이 지켜지지 않으면 인간

사회는 야만의 원시림이 될 것이다. 그러나 약속이 선善에 기반하고 그 절반이라도 지켜졌다면 법정은 사라졌거나 훨씬 적게 지어졌을 것이다.

국가 간의 약속인 조약도 마찬가지다. 역사는 조약의 무의미함을 가르친다. 대부분의 조약은 당사자 사이에 힘이 기울면 휴지가 된다. '평화조약'의 가면을 쓴 채 조인된 조약들의 실상은, 정략적으로 탐욕을 감추고 있는 약속에 불과하다. 그런 데다 사인私人 간의 약속과 다르게, 조약의 이행을 담보하는 법정도 없다.

결국 전쟁이 국가 간의 분쟁을 해결하는 최종 방법이다. 역사시대가 시작되고나서 거의 모든 시기, 모든 장소에서 전쟁이 벌어졌다. 전쟁이야말로 평화조약들이 '상대를 공략하기 위한 정략에 불과한 것'임을 증명한다. 대개 전쟁은 상대가 약속을 어긴 것을 명분으로 삼기 때문이다. (이 책 '평화' 참조)

그래서 개인 간이든 국가 간이든 힘이 작동하지 않는 약속은 무의미하다. 개인 간의 약속은 공권력이라는 힘이 작동하지만, 국가 간에 힘은 군사력이다. 외교력은 언제나 미봉책에 그칠 뿐이다. 말하자면, 국가 간에 약속은 없다. 더 큰 '정의'라는 것이 늘 존재하기 마련이므로.

## 성사의 약속

'성직의 약속은 군함보다 튼튼하다.' 오래된 로마 교회의 격언이다. 그런 성직의 약속에 가톨릭 7성사聖事 중의 하나인 '고해성사告解聖事sacrament of penance'가 있다. 죄 지은 자가 '성찰'과 '통회痛悔' 뒤에 사제에게 자기의 마음을 열어 죄를 고백하는 것이다. 사제는 이때 들은 죄에 관하여 함구해야 한다. 죄의 고백을 받을 때, 사제는 신을 대신하기 때문이다. 신의 대리자로서 이 함구의 약속이 지켜졌기 때문에 오늘날까지 고해성사는 성사로서 존속될 수 있었다. 가톨릭의 긴 역사에서, 사제가 고백받은 죄를 기억하고 그 죄를 제3자에게 말한 전례는 한 번밖에 없다. 단 한번 성사의 약속이 깨어진 사건을 옮긴다.

1차대전의 끝에 호엔졸레른 왕가, 합스부르크 왕가, 로마노프 왕가 등 전통의 세 왕조가 무너졌다. 이 세 왕조는 로마제국의 계승자를 자처한 독일제국, 오스트리아-헝가리제국, 러시아 제국으로, 로마의 혈통을 잇는다는 뜻으로 모두 독수리를 왕실의 문장紋章으로 썼다.

이 왕조시대엔 민족주의보다 왕조에 대한 충성심이 앞섰다. 세 왕국은 모두 다민족국가였다. 합스부르크 제국은 독일인 1200만 명, 마자르인 1000만 명, 체코인 850만 명, 크로아티아인 570만 명, 폴란드인 500만 명, 루테니아인 400만 명, 루마니아인 330만 명과 많은 소수민족으로 구성되었다. 러시아 역시 57%는 피지배 다민족이었고 여러 종교가 뒤섞여 있었다. 독일은 비교적 민족적 동질을 유지했으나 많은 소수민족이 있었다. 그 무렵 유대인은 중부 유럽에만 1000만 명이 넘었다.

이 세 왕조가 무너지자 유럽은 민족주의와 인종주의의 열풍에 휩싸였다.

역사에 깜깜했던 우드로 윌슨Woodraw Wilson 대통령이 내놓은 민족자결주의
가 이 열풍을 부채질했다. (민족자결주의는 주민투표로 민족의 선택에 따라 국경선을 정하자는
것이다.) 독일은 바이마르공화국이 들어선 뒤로부터 반유대주의anti Samitism(반
시오니즘anti Zionism과는 다르다.)로 인한 갈등이 증폭됐다. 유대인은 독일 인구의
0.75%밖에 안 되었지만 독일 전체 부의 절반 넘게 쥐고 있었다. 거기다 사회
민주당 소속의 유대인들은 요직을 독차지했다. 바이마르공화국 헌법을 기
초한 휴고 프로이스Hugo Preuss 초대 대통령과 프리드리히 에베르트Friedrich
Ebert를 비롯해 주요 장관들도 유대계였다.

그들은 자신들이 유대인이라는 걸 의식하지 않았다. 레온 트로츠키Leon
Trotskii, 로자 룩셈부르크Rosalia Luxemburg, 오토 바우어Otto Bauer 같은 유대인
마르크스주의자들조차 민족자결주의에 동의하면서도 유대인의 민족자결은
부인할 때였다. 그 무렵 외무장관에 임명된 발터 라테나우Walther Rathenau 역
시 유대인이었다.

그는 아인슈타인Albert Einstein의 친구였다. 그가 어느 날 아인슈타인을 찾
아왔을 때, 아인슈타인은 장관직을 사임하라고 충고했다. 유대인이 그런 고
위직에 있는 것이 다른 유대인에게 도움이 되지 않는다는 이유였다. 장관에
임명된 뒤로 우익언론의 표적이 되었던 라테나우는 아인슈타인이 '그 어떤
현실주의자보다 속세의 일을 잘 아는 이상주의자'라고 느꼈다. 그는 그 충
고를 무시했다. 그는 날마다 살해협박을 받았지만 자신이 '완전한 독일인'이
라 생각했기 때문에 괘념치 않았다. 시오니즘에 반감을 가지고 있었던 라테
나우는 아인슈타인에게 팔레스타인은 그저 모래땅일 뿐이라고 대답했다.

1922년 4월 라테나우는 '라팔로조약Treaty of Rapallo'에 서명했다. 레닌 Vladimir Lenin 치하 소련과의 외교관계를 복원하고 경제협력을 약속한 조약이었다. 이런 조약을 체결한 것은 '스스로에게 사망선고를 내린 것'과 같았다. 유대인이자 자유주의자인 그를 전부터 증오하고 있던 우익 광신도들은, 이제 그가 '볼셰비키에게 독일을 팔아넘겼다'고 비난했다.

그 무렵 베를린에서 어떤 사람이 라테나우 암살계획을 고해성사했다. 그 계획을 들은 사제는 때마침 베를린에 체류 중이던 교황사절 파첼리Pacelli 추기경에게 교회규칙을 어기고 이를 말했고 추기경은 총리 요제프 비르트Joseph Wirth에게 알렸다. 비르트는 다시 라테나우에게 암살계획을 전하면서 조심할 것을 당부했다. 라테나우는 이뿐 아니라 여러 경고에도 아무런 위험이 없는 것처럼 행동했다. 6월 24일 아침 라테나우가 컨버터블 승용차의 덮개를 열고 가다가 신호에 멈춰섰을 때 젊은 남자 두 명이 옆에 차를 대고 기관단총으로 난사한 뒤 수류탄을 던졌다. (『아인슈타인평전』 데니스 브라이언 저, 북폴리오 간 참조)

베를린의 사제는 더 큰 정의를 위해 군함보다 튼튼한 약속을 깼지만 자만에 빠진 한 자유주의자의 목숨을 구하지는 못했다.


## 레프 톨스토이

톨스토이Lev Tolstoi(1828~1910)가 여행길에 어느 시골에서 일곱 살 난 어린 소녀를 만났다. 소녀는 톨스토이가 허리에 둘러맨 백합꽃이 수 놓인 가방을 가지고 싶어했다. 톨스토이는 소녀에게 이튿날 꼭 가방을 주겠노라고 약속했다.

다음날 오후 톨스토이가 소녀가 사는 곳에 갔다. 그런데 소녀는 전날 밤에 이름 모를 병으로 갑자기 죽어 그 부모가 이미 땅에 묻었다고 했다. 톨스토이는 소녀의 어머니에게 묘지까지 안내해 줄 것을 부탁했다. 묘지에 간 톨스토이는 무덤 앞에 가방을 놓았다. 소녀의 어머니가 아이가 죽었으니 이제 그 가방이 필요없다면서 사양하자, 톨스토이는 말했다.

따님은 죽었지만 나의 약속은 죽지 않았습니다.


## 미생지신

잘못된 약속은 적어도 자기가 한 말을 지키려고 노력하는 사람에게는 심적 고통을 준다. 그 약속이 다른 정의와 충돌할 때 더욱 그렇다. 때로 큰 정의(그 정의 자체가 스스로에게 한 약속일 수 있다)를 내팽개친 채 작은 약속에 연연한 자가 있다. 한 예를 보자. 사기史記 열전列傳 소진蘇秦편에 '미생지신尾生之信'이라는 고사故事가 나온다.

'미생이 여자와 다리 아래서 만나기로 약속하고 기다렸으나 여자는 오지 않았다. 물이 밀려오는데 떠나지 않고 교각을 끌어안고 죽었다

(信如尾生與女子期於梁下女子不來水至不去抱柱而死).'

미생이 여자를 기다리는 중 아마 비가 왔을 것이다. 오지 않는 여자를 미련스럽게 기다리다가 물에 빠져 죽었다는 얘기다. 연소왕燕昭王에게 소진은 이 고사를 들면서 자신이 미생같이 신의信義 있음을 설파했다. 소진은 귀곡선생鬼谷先生의 제자로서 진혜왕秦惠王에게 유세하였으나 받아들여지지 않자, 연나라에 가서 6국 합종合縱의 이익을 설득해서 조趙, 한韓, 위魏, 제齊, 초楚를 포함해 6국의 재상이 되어 진나라와 대항한 자이다. 결국 소진이 말한 신의는 자신의 출세 방편이었던 셈이다.

공자孔子가 '신의를 강조한 것'을 비판한 장자莊子 우언寓言을 읽으면, 도척盜跖조차도 융통성 없는 미생을 비웃는다.

이런 인간은 찢어발긴(책형磔刑을 당한) 개나 물에 떠내려 가는 돼지, 아니면 쪽박을 들고 빌어먹는 배랑뱅이와 다를 바 없다. 쓸데없는 명목에 구애되어 소중한 목숨을 가벼이 여기는 인간은 진정한 삶의 길을 모르는 패거리다.

전국책戰國策의 연책燕策에도 미생의 신의는 '단지 사람을 속이는 데 불과할 따름'이라 하고, 회남자淮南子의 설림훈說林訓에서도 미생의 신의는 '차라리 상대방을 속여 순간의 위험을 피하고 후일을 기하는 것만 못하다'고 하였다. 이 미생에 관해서 가장 적확的確한 논평을 한 이는 조선조 중종 때의 대유 이언적李彦迪이다. 그의 손자 이준李浚이 편찬한 회재집晦齋集을 보면, 언적은 이 고사를 말하면서 '미생은 신의를 잃지 않으려고 다리 기둥을 끌어안고서 죽었으니 심히 변통이 없는 자'라 하고 신의에는 크고 작은 것이 있다 하였다.

반드시 신의를 지키려 하기보다 오직 의義에 따라서 할 뿐이다. 작은 신의를 지키면서 대의를 해친다면 어찌 족히 도道라 하겠는가.

생각해 보라. 다리 밑(양하梁下)에서 남녀가 만나기로 하였다면, 두 사람이 무슨 떳떳한 관계였겠는가. 그런 부적절한 관계를 지키기 위해 목숨을 버린 미생의 신의가 존중받을 것인가.

## 증자의 돼지

더 기막힌 것은 '증자曾子의 돼지'라는 고사다. 증자는 공자의 문하생으로, 유가儒家에서는 공자로부터 적손 자사子思에게 그 사상을 잇게 한 종성宗聖으로 추앙한다. 한비자韓非子에 다음의 고사가 전한다.

'증자는 몹시 가난했다. 하루는 증자의 아내가 시장에 가려 하는데 어린 아들이 따라가겠다고 울며 보챘다. 증자의 아내는 집에 있으라고 아이를 달래면서 시장에 다녀와서 돼지를 잡아 맛있게 고기를 구워주겠다고 약속했다. 그녀가 돌아오니 증자가 시퍼런 칼로 돼지를 잡으려 하고 있었다. 깜짝 놀라 농담으로 한 얘기라며 항의하는 아내에게 증자는 거짓말을 하면 아이가 거짓말하는 것을 배우게 되며 어미도 믿지 않게 된다며 끝내 돼지를 잡아 구워 먹었다.'

도대체 증자에게 정의는 무엇인가? 돼지를 잡는 것으로 일곱 살짜리 아이에게 가르친 것이, 과연 약속을 지키는 '신의'인가?

  증자에게는 당연히 돼지를 잡아 구워먹어야 거짓말이 아닌 '참말'이 되는 것이다. 그러나 증자는 그 '참말'이라는 윤리적 틀에 갇혀 아이에게 거짓말보다 더 나쁜 걸 가르치고 만다. 자기가 원하는 것은 무엇이든지 얻을 수 있다는 오만과 함께 어이 없는 균형감을 심은 것이다. 또한 아들을 달래기 위해 던진 아내의 무심한 말 한마디 때문에, 돼지의 생명을 빼앗는 잔인함을 가르친 것은 아닌가?


## 타이타닉

1912년 4월 15일 타이타닉Titanic호는 '잘못된 약속' 때문에 침몰했다.

  4만5000 마력에 6만t이 넘는 이 배는 당시 최신형의 초호화 여객선으로 건조됐다. 선주 화이트 스타라인White Star Line은 '대양의 여왕Queen of Ocean'이라고 이 배를 선전했다. 4월 10일 낮 12시15분 영국 서샘턴항에서 뉴욕으로 여왕이 첫 항해에 나설 때, 사주社主 요셉 브루스 이즈메이J. B. Ismai 경은 스미스Edward J. Smith 선장에게 '어떤 일이 있어도 예정 시간을 지켜 뉴욕에 도착할 것'을 지시했고 4월 20일까지 유럽에 돌아올 것을 요구했다. 스미스는 타이타닉의 선장이 되기 직전 자매선인 올림픽호를 몰다가 순양함 호크호에 옆구리를 부딪친 일로 기가 죽어 있었다. 늙은 선장은 자신의 명예회복을 위해 이즈메이 경의 요구를 수락했다.

타이타닉은 그 약속을 지키기 위해 모든 위험을 무시했다. 항해 중 빙하가 떠다닌다는 경고를 적어도 다섯 차례나 받고도 영하 1도의 북대서양 최단 노선을 22노트(1노트는 1시간에 1해리인 1852m를 달리는 속도)의 무서운 속도로 질주했다. 그러나 '대양의 여왕'은 자신의 앞 길을 밝힐 탐조등조차 없었으며, 2명이 배치된 망대 외엔 아무런 관측도 없었다. (타이타닉이 대서양을 가장 빠르게 횡단하는 선박에 수여하는 '푸른 리본The Blue Ribbon'을 욕심냈다는 주장도 있다. 당시 '푸른 리본'은 타이타닉보다 작지만 7만 마력의 괴력을 가진 모리타니아Mauritania호가 1907년부터 달고 다녔다.)

4월 14일 밤 11시40분 여왕은 빙하에 부딪쳤다. 여왕은 여섯 군데나 구멍이 났다. 분당 150t의 바닷물이 쏟아져 들어오자 배를 설계했던 토머스 앤드루스는 선장에게 여왕이 침몰할 수밖에 없다고 말했다. 스미스 선장은 1등석 손님들에게 격식을 갖추어 사태를 설명한 다음에야 무전실로 가 SOS를 쳤다. 그에게는 2201명 승객의 생명보다 힘 있고 돈 있는 1등석 승객들에 대한 예의가 더 소중했던 것이다. 타이타닉은 1178명을 태울 수 있는 구명정 20척이 있었으나 구명정에 신참 선원을 보낸 바람에 711명 외엔 구조하지 못했다. (첫 구명정엔 정원 65명에 28명만이 탔다. 여자와 아이들만 태운 결과였다.) 스미스가 조금만 현명했더라면 467명을 더 살릴 수 있었다. 그는 여왕과 함께 4km의 심해로 가라앉아 나름대로 명예를 지켰다.

타이타닉이 침몰한 뒤 오랜 세월이 지나고 나서 수많은 의문점이 드러났다. 타이타닉에는 당시 세계 최고의 부자인 존 아스토르John Jacob Astor IV와 벤저민 구겐하임Benjamin Guggenheim, 이사도르 스트라우스Isador Strauss를 비롯한 유럽과 미국의 부호들이 타고 있었다. 그들은 이 여왕의 첫 항해에 모두 초대받은 손님이었다. 그런데 3등석 승객 173명을 구조하면서도 아스토르를 포함한 부호들을 구조하지 않았다는 것은 이상하지 않은가? 그 부호들은 화이트 스타라인의 끈질긴 초대를 수차례 거절하다가 마지못해 응락한 사람들이다.

그 외에도 이상한 점은 많다. 스미스 선장은 북대서양 뱃길에 익숙했고 무엇보다 빙산의 경고를 수차례 받았다. 배가 빙산에 부딪쳤을 때 노련한 스미스 선장은 이상하게도 SOS 신호를 늦췄다. 게다가 구조신호로 쓰이는 붉은색 조명탄 대신 축제용인 흰색을 사용했다. 이런 의문점 때문에 타이타닉의 침몰을 음모로 보는 견해가 있다. 미국 연방준비은행의 창설에 반대하는 부호들을 한꺼번에 없앤 로스차일드 가문과 예수회의 범죄라는 것이다.

## 상앙

춘추전국시대 열국을 통일한 나라는 진秦나라다. 진은 원래 열국의 중심도 아니었고 패권을 잡은 적도 없었다. 북서 변방의 진이 중국을 통일한 바탕에는 상앙商鞅의 부국강병책이 그 밑거름이 되었다. 후세에 '법가法家'라 부르는 그 부국강병책은 '약속'은 반드시 지킨다는 데서 출발한 법치의 실현이었다. 사기史記 상군열전商君列傳을 중심으로 본다.

상앙은 원래 공손앙公孫鞅인데 위衛나라 왕손으로 위앙으로도 불렸다. 그는 위魏나라로 가 정승 공숙좌公叔座 집안에서 중서자中庶子라는 속관으로 있었다. 위앙의 능력을 알아본 공숙좌는 죽기 전 문병 온 위혜왕에게 후임으로 위앙을 천거하면서 만약 중용할 생각이 없으면 차라리 죽이라고 한다. 위혜왕은 그 진언을 무시했다. 위앙은 위나라에서 도망쳐 진효공秦孝公이 천하의 인재를 구한다는 소문을 듣고 진나라로 갔다. 위앙은 대부 경감의 천거로 진효공을 만나지만 요순시대 성군의 '제도帝道'만 얘기했다. 두 번째 갔을 때도 옛 하夏나라의 '왕도王道'를 실천하는 것만 말했다.

세 번째 면담에서 비로소 위앙은 진효공에게 '패도覇道'를 말한다. 위앙은 제도나 왕도와 달리 패도는 민심을 거역할 수밖에 없다는 것을 진언했다. 거문고 소리가 고르지 못할 때엔 새 줄로 갈아야 하듯 정치도 단호한 개혁을 해야 성과를 얻는 것인데, 백성은 우선 당장 편안할 도리만 바랄 뿐이지 백년 뒤의 이익은 생각하지 않는다, 따라서 패업을 성취하려면 엄격히 백성을 다루어야 한다는 것이다.

위앙은 패업의 방법으로, 나라가 부유해야만 비로소 군사를 쓸 수 있고 군사를 쓸지라도 강해야만 싸워서 적을 무찌를 수 있다고 하였다. 나라가 부유해지려면 산업에 힘을 기울여야 하며 군사를 강하게 하려면 상으로 유인해야 하며, 또 백성에게 국가가 목적하는 바를 알려야 하며, 동시에 엄벌로써 백성을 위협해야만 한다고 하였다. 상벌이 분명하면 정령政令이 반드시 실시되는데 그러고도 부강하지 않는 나라는 없다는 것이다.

진효공은 위앙을 좌서장左庶長(오늘날의 총리)으로 삼아 정사를 맡겼다. 위앙은 우선 모든 법령부터 뜯어고쳤다. 그리고 새 법령을 선포하기 전에 함양의 남문에다 나무를 세우고 방을 붙였다. 누구든지 나무를 북문으로 옮겨 세우는 자에게 십금十金을 준다는 내용이었다. 사람들이 이를 의심하니 상금을 오십금으로 올렸다. 마침내 한 사람이 나무를 옮기자 위앙은 약속대로 그에게 오십금을 주었다. 소문은 삽시간에 온 나라에 퍼져 백성들은 위앙이 한 번 말하면 반드시 실행한다는 것을 믿게 되었다.

위앙은 도읍을 옹주에서 함양으로 옮기고 지역을 현으로 구분하고 모든 땅을 개간하고, 세법稅法을 만들면서 토지를 국유화하는 한편 남자는 밭을 갈고 여자는 베를 짜게 하는 근로의 의무를 지게 했다. 그리고 많은 소출을 올리고 베를 많이 짠 집은 국가의 부역을 면하게 했다. 인두세를 거두면서 아들이 둘일 때는 반드시 분가하게 하고, 벼슬은 전쟁에서 세운 공로에 따라 주었다. 적을 죽이면 계급을 올리고 후퇴하면 참형에 처했다. 공로가 없는 자는 아무리 부자라도 삼베옷을 입게 하고 수레 대신 소를 타도록 했다. 개인적인 일로 싸우면 둘 다 참했고, 다섯 집이 서로 보호하고 열집이 서로 감시하도록 하는데 만약 부정을 알고도 고발하지 않으면 열 집을 다 참했다. 통행증이 없는 자를 재우면 처벌했고 죄 지으면 전 가족을 비복으로 삼았다.

법령을 비판하는 자는 국경지대에 군졸로 보냈는데 대부들도 새 법을 비판하다가 벼슬을 잃고 변방의 군졸로 쫓겨났다. 심지어 태자가 천도와 변법變法을 따를 수 없다고 하자 태자 대신 그 스승의 코를 베고 얼굴을 먹으로 떴다. 사람들은 길에서 아는 이를 만나도 입을 다물었고, 물건이 떨어져 있어도 줍지 않았다. 창고마다 곡식과 재물이 쌓였고 개인 간에 싸움이 없어졌다. 전쟁 때는 용감하여 마침내 천하제일의 강국이 되었다.

진나라는 초楚나라를 쳐서 상商 땅을 빼앗고 모든 나라를 위압했다. 이에 주현왕周顯王은 진효공에게 방백方伯의 칭호를 내렸다. 패업의 완성이었다. 진효공은 위앙에게 상 땅을 주고 상군商君으로 봉했다. 위앙을 상앙으로 부르게 된 연유다.

그러나 진효공이 죽자 위앙의 시대도 끝났다. 태자는 진혜문공秦惠文公으로 등극하자 이튿날 위앙을 정승에서 물러나게 했다. 그 다음 상 땅으로 가는 위앙을 쫓아가 죽이라고 명한다. 수많은 백성이 위앙을 죽이러 가는 군사를 따랐다. 위앙은 변장한 채 달아나다 해가 져 여관에 들었는데 통행증이 없어 거절당한다. 위앙은 자신이 만든 법에 자신이 걸려든 것을 한탄했다. 그는 도망 다니다 상 땅에서 잡혀 압송된 후 오우분시五牛分屍를 당했는데 백성들이 달려들어 그 시체를 뜯어 씹어 순식간에 시체가 없어졌다. 그 일족도 다 죽음을 당했다. 상앙을 두고 내가 했던 말을 다시 적는다. (『바다도 비에 젖는다』 '공포심' 참조)

법이 성盛하면 백성의 원한이 하늘에 미친다.


## 나폴레옹

약속을 지키는 사람은 존중받을 자격이 있다. 대개 그런 진중한 사람은 약속을 잘 하지 않는다.

루소Jean Jaucqes Rousseau는 '약속을 쉽게 하지 않는 자는 그 실행에 있어서는 가장 충실하다'고 하고, 나폴레옹Napoléon Bonaparte은 '약속을 지키는 최선의 방법은 약속을 하지 않는 것'이라 했다. 나폴레옹은 1804년 자신이 만든 민법전Code Napoléon(나폴레옹민법전으로 부른다.)을 유럽에 보급하여 '계약자유의 원칙liberty of contract'이 지배하는 시대를 열었다.

스스로 황제가 되어 반혁명反革命으로 나간 나폴레옹이지만, 오늘날 자유민주주의와 시장경제주의의 기초가 된 '계약자유의 원칙'은 그가 전파한 것이다. 그 계약법은 다음과 같은 라틴어 법언法諺에 터잡고 있다. (계약자유의 원칙은 '사적 자치私的自治의 원칙'이라고도 하며 소유권 절대의 원칙, 과실책임의 원칙과 함께 근대민법의 3대원칙이다.)

약속은 지켜져야만 한다. pacta sund servanda.

# 15
# 정직 正直

배운 자들에 비해 못 배운 자들이 더 정직한 것은, 그들이 진실을 감추는 방법을 모르기 때문이다.

몇 천, 몇 만 명을 파멸시킨 자들의 면면을 보라. 대개 그들은 최고학부를 나온 엘리트라고 불리는 자들이다. 그들의 드러난 범죄는 빙산의 일각이다. 그들은 대개 그럴듯한 직책을 가지고, 대단히 도덕적인 체 하면서 거드름을 피운다. 그런 배운 자의 부정직不正直은 때로 수만 명을 죽인다.

그렇다고 해서 문맹자文盲者를 도덕적이라고 부를 수는 없다. 대개 못 배운 자들은 어쩔 수 없이 정직할 뿐이다. (문맹은 글자의 해독과는 상관이 없다. 글자를 알고 의미를 해독해도 이해하지 못하면 그는 문맹이다.)

## 데카르트

말도 되지 않는 엉터리 정책이라도 열렬히 지지하는 학자 둘은 있다. 그 정책을 만든 자와 토론에서 그 정책을 찬성해 점수를 딸 자다.

이 말은 데카르트Descartes의 말을 패러디한 것이다. 나는 정말이지 학자나 교수들 절반은 정직하지 않다고 생각한다. 대부분의 정책은 좋은 점과 나쁜 점을 다 가지고 있어서 토론회의 어느 편에 앉는다고 해서 '정직하지 않다'고 할 바는 아니다. 그러나 도저히 토론의 대상이 되지 못하는 명백한 '오류'도 있다. 대개 그런 정책들은 사익私益을 목적으로 입안된 것이거나, 정략적인 목적으로 나온 것들이다. 그럴수록 그럴듯한 명분을 달고 있다. 그런 정책을 정색하고 변호하는 자들은, 대체 무슨 생각에서 학자가 되기 위해 책을 읽은 것일까.

나는 두 철학자를 말해 '정직'이 얼마나 어려운 것인가를 보이려 한다. 둘다 정직한 학문인 수학을 신봉했다.

먼저 데카르트다. '생각한다(의심한다), 고로 존재한다. Cogito, ergo sum.' 이 '코기토Cogito 명제'는 인간을 신에게서 해방시킨 회의론懷疑論Skepticism의 출발점이다. 그리고 회의론이야말로 인류의 가장 위대한 발견이다. 이 명제를 낸 근대철학의 시조 데카르트는 『방법서설』(원제는 '이성을 잘 인도하고 뭇 학문에서 진리를 찾기 위한 방법서설'이다.)에서 철학자의 거짓을 개탄했다.

아무리 어리석고 믿을 수 없는 주장을 해도 철학자 한두 명은 그걸 두둔하기 마련이다.

데카르트에 의하면, 철학은 많은 학자의 주장이 서로 다를 뿐 아니라 그런 견해 속에는 의심의 여지를 가지고 있다. 따라서 여타 학문들은 철학을 기초로 세워지는데 철학에 대해 의심을 가지게 되니 모든 학문은 전부 의심스럽고 믿을 것이 못 된다는 것이다. 다만 수학만이 그 이치의 확실성과 자명함이 있어 신뢰할 만한 유일한 지식이다.

데카르트는 1596년 프랑스 루렌주 라에이에서 태어나 1650년 2월 11일 54세를 일기로 스웨덴에서 죽었다. 그는 어머니로부터 허약체질을 물려받았는데(어머니는 그를 낳은 후 1년 만에 죽었다.) 어릴 때 '작은 철학자'로 불렸을 정도로 비범한 구석이 있었다. 그래서 앙리4세가 세운 흐레슈학교에서 스콜라철학과 물리학을 배웠으나 수학만이 믿을 수 있는 학문이라 하여 수학연구에 골몰했다. (그는 해석기하학을 창시했다.) 1612년 열여섯 살 때 파리로 와 사교계를 출입했지만 싫증을 느끼고 한적한 생제르맹에서 명상에 들었다가 '완전한 고요를 누리기 위해' 1617년 홀랜드 육군에 입대한다. 그 곳에서 데카르트는 사색 끝에 1619년 11월 10일 '무엇인가'를 발견했다. (이 '무엇인가'는 아마 철학적 '근원'일 것이다.)

1621년 제대한 뒤 데카르트는 파리로 돌아와 가산을 정리하고 독일, 스웨덴, 스위스, 이탈리아를 여행하는 '방랑'에 나선다. 30년전쟁이 계속되자 1628년 다시 군에 지원했다가 파리로 돌아온 뒤 철학에 매진하면서 홀랜드로 이주해 20년간 그곳에서 살았다. 그는 허울 좋은 이름과 번거로운 교제를 싫어한 나머지 사람들이 그를 찾는 것을 피해 열세 번이나 집을 옮겼다. 1649년 스웨덴 여왕의 초청으로 그녀에게 강의하기 위해 스톡홀름으로 갔는데 여왕은 군함을 보내 그를 맞았다. 그곳에서 여왕에게 그를 소개한 샤누우 프랑스대사가 앓아눕자 그를 간호하다가 병이 전염되어 죽었다.

이 위대한 학자의 간판은 작았다. 그는 늘 명성 같은 것에 초연했다. 그의 신조는 '잘 숨는 자만이 잘 산다'는 것이었다. 어찌 현인賢人이 아니겠는가. (『바다도 비에 젖는다』'간판' 참조) 그는 흄David Hume을 비롯한 몇몇 철학자를 제외한 대부분의 근대철학자처럼 독신이었는데, 사생아인 딸이 하나 있었다. 그 딸은 다섯 살 때 죽었는데(당시 영유아 생존율은 매우 낮았다.) 데카르트는 나중에 '그 슬픔은 내 생애 가장 큰 슬픔이었다'고 술회했다.


## 비트겐슈타인

가장 '정직했던' 철학자 비트겐슈타인Ludwig Josef Johann Wittgenstein(1889~1951)은 '말할 수 없는 것에 관해서는 침묵을 지켜야만 한다'고 했다. (『바다도 비에 젖는다』'침묵' 참조) 그는 제자 노먼 멜컴에게 보낸 편지에서 철학자의 부정직을 염려했다.

자신의 목적을 위해 위험한 말들을 쓰는 여느 기자들보다 우리를 더 양심적으로 만들지 않는다면, 철학을 공부할 필요가 무엇이겠는가.

비트겐슈타인은 진정한 회의론자였다. 그는 1889년 빈에서 철강사업을 하는 아버지와 음악가인 어머니 사이에 5남3녀 중 막내로 태어났다. 빈이 낳은 이 천재는 1903년 린츠의 국립실업학교에 입학하지만 성적은 신통찮았다. 그 무렵 위로부터 세 형들이 자살하는 불행한 가족사를 겪게 된다. 그는 아버지의 권유로 베를린공대를 거쳐 맨체스터대에서 공학을 공부했다. 이 때 수학에 빠져들면서 케임브리지 트리니티로 가 버트런드 러셀Bertrand Russell 을 만난다.

러셀의 영향으로 비트겐슈타인은 본격적으로 철학에 매진했다. 1913년 아버지가 죽고 이듬해 1차대전이 터지자 그는 군에 입대해 포병으로 근무하면서 명저 『논리철학논고』를 메모했다. 종전 후 이 책이 출간되면서 그는 철학계의 신성新星으로 떠올랐다. 그러나 그는 교사양성교육을 받고 1920년 시골에 있는 초등학교 교사로 갔다. 1926년 학생 체벌로 인해 교사직을 그만둔 뒤엔 수도원 정원사로 일하는 등 '노동자'로 있으면서 그는 철학에서 도피를 계속했다.

그러다 1929년 케임브리지로 돌아온 비트겐슈타인은 『논리철학논고』로 학위를 받고 1936년까지 강의와 연구로 보냈다. 그러나 트리니티연구원 생활이 끝나자 더 이상 케임브리지에 미련을 두지 않았다. 그는 소련에 가서 노동자로 살려고 했으나 포기하고 노르웨이의 오두막에서 『철학적 탐구』를 썼다. 그러다가 다시 케임브리지로 와서 1939년 교수로 임용되지만 이를 마다하고 약국 배달사원 같은 노동을 하면서 지냈다.

놀라운 것은 비트겐슈타인을 철학으로 이끈 사람이 러셀이라는 것이다. 러셀은 명성을 좇아 '저잣거리로 나온 철학자'다. 그는 68권이나 되는 엄청난 저작을 남겼다. 그중에서 베스트셀러가 된 『행복의 정복』을 비트겐슈타인은 '굉장히 참기 어려운 책'으로 평가했다. 사실 이 책은 도저히 러셀이 썼다고 볼 수 없을 정도로 '수준 높은' 도덕에 기반하고 있다. 말하자면 러셀의 '허위의식'인 셈이다.

그런데 비트겐슈타인이 소련 노동자가 되지 않은 건 현명한 선택이었다. 러셀이 『행복의 정복』에서 '글을 쓰지 말고… 소련 노동자가 되어보라'고 독자들에게 권하고 있기 때문이다. 러셀은 폴 존슨Paul Johnson의 지적대로 자신은 돈벌이 목적으로 글을 쓰면서도, 대중의 철학적 접근을 경계했다. (『행복의 정복』은 우리도 여러 출판사에서 펴냈다.)

비트겐슈타인은 1944년 케임브리지 철학과 교수로 결국 강단에 서지만 교수직을 혐오해 3년 뒤 사임하고 아일랜드로 가 해변 오두막에서 살았다. 새들이 그의 어깨 위에 앉아 쉬었다는 전설이 전해진다. 그는 그곳에서 1949년 전립선암 진단을 받고 1951년 4월 29일 죽을 때까지 남은 열정을 쏟아 스승 무어George Edward Moore의 신실재론新實在論을 비판한 『확실성에 관하여On Certainty』를 썼다. 병마와 싸우면서 벌였던 그 작업은 스승의 가르침에 대한 보은報恩이었다. (이영철 역, 책세상 간으로 나와 있다.)

비트겐슈타인은 '멋진 삶을 살았다고 전해 달라'는 유언을 남겼다. 단어 하나 하나의 정직함에 모든 것을 걸었던 그는 자신의 삶을 '멋진 삶'이라는 말로 완벽하게 표현했다. 그는 진실로, 자신에게 정직했던 것이다. 그가 '반 철학적 단장反哲學的 斷章'에서 한 말이다.

자기 자신을 속이지 않는 것만큼 어려운 일은 없다.

그렇다. 우리 모두는 자신부터 속이고 있다. 진정 모르는 것을 안다고 속이는 것은 늘 있는 일이다. 사랑하지 않으면서 사랑한다고 믿고 있는 것은 그 대상이 무엇이든 습관이 되어 있다. 그런 거짓은 어떤 궁극적인 사건에 부딪쳤을 때 비로소 극명하게 드러난다. 길거리를 바라보라. 온갖 악행을 저지르는 자들이 고개를 쳐들고 거리를 활보할 수 있는 건 그들이 자신부터 그 악행을 속이거나 감추고 있기 때문이다. 비트겐슈타인은 한발 더 나간다.

거짓말을 하지 않는 사람은 거짓을 하지 않는 것만으로 독창적이라고 할 수 있다.

그리고 그는 덧붙였다. '진실을 말하는 것은 거짓말을 하는 것보다 그저 약간만 더 고통스러운데 지나지 않는다.' 이 말만은 어쩌면 빈말일지도 모르겠다. 아마 비트겐슈타인이 후학들을 위로하는 말일 것이다. 사실은, 진실을 말하는 것이 거짓말을 하는 것보다 훨씬 더 고통스러울 것이다. 그 자신이 그랬다. 그는 진실만을 갈구해야 하는 철학교수의 삶을 '살아있는 죽음'으로 여겨 오히려 노동자의 삶을 희망하고 실천했다. 비트겐슈타인의 간판 역시 작았다.

## 유신헌법

그래도 데카르트가 비난한 것은 어리석은 주장을 두둔하는 철학자의 우둔함 정도다. 비트겐슈타인이 염려한 부정직 역시, 의도한 부정직이 아닌, 치열하지 못한 철학자에 대한 염려일 뿐이다. 문제는 학자의 우둔함이나 치열하지 못함이 아니라, 사위詐僞의 주장인 줄 번연히 알면서도 이를 옹호하는 학자의 몰양심과 부정직이다.

그 대표적 예가 박정희 시대의 유신헌법維新憲法에 찬동한 학자들이다. 유신헌법은 1972년 10월 17일 박정희朴正熙(1917~1979) 전 대통령이 기존의 헌법을 폐지하면서 제4공화국을 연 '헌법'이다. (내가 따옴표를 한 것은 외관으로는 그것이 헌법인 까닭이다.) 형식적으로는 제7차 헌법 개정이었지만 엄밀히 말해 기존의 헌법을 '파괴'한 것으로서 '헌법의 제정'이라고 해야 맞다. 따라서 비상계엄을 선포하고 유신헌법을 제정 선포한 것은 명백히 쿠데타에 속한다. (박정희는 5·16과 10·17, 두 번의 쿠데타를 한 셈이다. 한 번은 명백한 반란이고, 한 번은 일종의 친위쿠데타다. 이 책 '쿠데타' 참조)

유신헌법이 내세운 명분은 '평화적 통일 지향'과 '한국적 민주주의의 토착화'였다. 그러나 그런 명분에도 불구하고 유신헌법은, 헌법의 원리를 무시한, 헌법이 될 수 없는 '형식적 헌법'에 불과했다. 이런 '헌법'을 두 사람의 헌법학자가 기초했다. (두 분은 고시위원이었고 대학교수였다. 이미 고인이 된 두 분의 이름을 여기에 적고 싶지 않다.)

유신헌법의 이론적인 배경은 카를 슈미트Carl Schmitt의 사상이다. 카를 슈미트는 나치를 옹호한 헌법학자로서 '정치신학, 독재론, 정치적인 것의 개념'을 써 국가를 수호하는 독재를 정당화했다. 그의 사상은 그가 쓴 『정치신학』 머리에 적힌 말로 압축된다. 주권자란 예외 상태를 결정하는 자이다.

맞는 말이다. 유신헌법은 바로 이 '예외 상태'였다. (이 책 '국가' 참조) 그러나 예외 상태를 조작해내고 합법성을 가지기 위해 주권자에게 결정을 강요하는 것은 독재자다. 주권자의 자발적인 결정이 아니라는 것이다. (설사 자발적 결정일지라도 침해해선 안 되는 근본규범이 있다. 유신헌법은 그 근본규범을 훼손한 '헌법'이었다.) 슈미트는 학자로서 정직하지 못했다.

유신헌법은 국민투표에서 투표율 91.9%, 찬성 91.5%로 확정되었다. 당시는 이미 문맹률이 아주 낮은, 교육받은 시민의 시대였다. 그럼에도 불구하고 유신헌법에 대한 높은 투표율과 찬성률은 무얼 의미하는가? 이는 대중이 선동과 공포에 취약하다는 것을 단적으로 보여주는 좋은 예다.

대중이 선동에 취약한 또 다른 증거를 보자. 2008년 소고기협상에 반대하여 일어난 촛불시위 때 시위를 선동했던 세력들이 내세운 '직접민주주의'가 그것이다.
이 허구에 찬 '공상'을 두고 당시 국회의장이 '민주주의의 꽃'이라고 평가했다. 우스운 일이다. 나는 이런 현상을, 선동에 넘어간 민중이 스스로 선하다고 판단하여 모든 것을 재단하려고 드는 집단적 광기로, '민중독재民衆獨裁'라 부른다.

하나 더 짚을 문제가 있다. 이런 '형식적 헌법', 즉 헌법적 허울을 가진 '비헌법非憲法'에 의해 집행된 공적인 행위의 적법성이다. 그중에서 가장 직접적인 '부정의不正義'는 그런 비헌법으로 치른 시험에 합격해서 법조인이 된 자들이 재단한 정의다. 그들이 '유신헌법에 동의하지 않는 양심'을 가졌더라도 외관적으로 유신헌법에 동의해 법조인이 된 이상 '부정의'라는 비난은 피할 수 없다. (유신헌법이 비헌법이라면, 당시 헌법시험은 '당연무효'다.)

법적 안정성 때문에 그런 법조인의 자격과 그들이 행한 판단이 효력을 계속 가진다는 것은 비극이다. 그들이 대법원장이 되고 대법관이 되어 정의를 판단하는 것보다 더 우스꽝스러운 일이 있겠는가?(나 역시 유신헌법을 공부하고 유신헌법으로 시험을 보아 법조인이 된 '무자격자'에 속한다.) 그런데도 마치 자신은 유신헌법 같은 엉터리 문서와는 하등 상관 없는, 정직한 법률가처럼 행세하는 것은 얼마나 부끄러운 일인가?


## 행정수도 이전

나는 또 하나의 엉터리 정책으로, 소위 '행정수도 이전'을 들겠다.

행정수도 이전은 노무현 전 대통령이 2002년 대통령선거 캠페인 때 급조해낸 정책이다. 이 공약으로 캐스팅보트였던 충청도 표를 잡아 대통령이 된 뒤 그는 '재미를 좀 보았다'고 털어놓았다. 그러나 행정수도를 옮기는 것이라고 강변했지만 그건 '수도 이전'을 뜻했다. 경제수도, 문화수도가 따로 있지 않는 한 행정수도 이전이란 말은 교언巧言에 불과했다. 따라서 국회의 결의만으로 가능한 것이 아니었다. 노 전 대통령은 취임한 뒤 '지방화와 균형발전 시대 선포식'에서 다음과 같이 말했다.

"구세력의 뿌리를 떠나서 새 세력이 국가를 지배할 터를 잡기 위해 천도遷都가 필요하다."

이 얼마나 놀라운 말인가? '천도'란 제왕이 서울을 옮기는 것이다. 그리고 그 천도가 구세력의 뿌리를 떠나 새 세력의 지배를 위한 것이라면, 그건 공공연한 '혁명'이다. 오늘날 그런 혁명은 계급혁명 외엔 없다. 자유민주주의 국가에서 '국가를 지배할 새 세력'이 별도로 존재할 리 없기 때문이다. 노 전 대통령의 '천도론'은 기존 지배세력인 '부르주아지'를 타도하고 새로운 지배세력으로 '프롤레타리아트'가 등장한다는 것 외엔 달리 해석할 길이 없는 말인 것이다. 그런데도 당시 의회 다수당이었던 한나라당은 충청도 출신 의원들의 읍소와 충청도 민심 때문에 한심하게도 그 공약을 추인하는 성격의 특별법에 찬성했다. (그 무렵 내가 중앙일보 인터넷판에 연재한 '시대읽기' 칼럼 중 '대한민국의 서울은 서울이다'와 '대통령이 말하는 지배세력은 누구인가'를 참조하라.)

결국 서울을 옮기는 일을 행정수도 이전으로 포장했던 '트릭'은 헌법재판소에서 위헌으로 결론났다. 헌재는 수도가 서울이라는 것이, 한국어가 공용어인 것처럼 '불문헌법不文憲法'에 속한다고 판단했다. 그럼에도 불구하고 어리석은 야당은 집권당인 열린우리당과 다시 '야합野合'한다. (내가 '야합'이란 표현을 쓴 것은 비공개로 일곱 차례나 열린 위원회의 회의록이 공개되기는커녕 존재조차 하지 않기 때문이다.) 그 결과 '행정복합도시'란 걸 만들어 사실상 행정부를 거의 다 옮겨가는 편법적 수도분할안인 '세종시'안에 합의했다. (행정복합도시를 줄여 '행복도시'라고 부른 것은 또 다른 정치적 트릭이었다.) 한나라당은 이를 권고적 당론으로 채택하고도 막상 본회의 표결에는 거의 참가하지 않았다.

행정복합도시를 만드는 명분은 행정수도안의 명분 그대로 '국토균형발전'과 '수도권 과밀해소'였다. 그러나 최소한 명분만이라도 달리 구해야 했을 것이다. 인구 10만의 행정도시를 건설한다 한들 국토가 균형발전할 리도 만무하고, 2000만 명이 들어찬 수도권의 과밀이 해소될 까닭도 없기 때문이다.

그래서 세종시가 건설되어 행정부가 분산되면, 행정의 낭비와 비효율은 엄청날 것이라는 주장은 당연했다. 국가의 위기대처능력 저하는 말할 필요조차 없었다. 이런 연유로 2009년 수정론이 등장한 것은 필연이었다. 그러나 과거 세종시를 추진했던 세력들의 반대로 결국 수정론은 좌절되었다. 수정론에 반대한 이유는 세종시안이 '국민과의 약속'이라는 것이다. 그러나 정치 세력 간의 밀실 합의가 어찌 국민과의 약속이 되는 것인가? 거기다가 세종시안은 국민 과반수 이상이 반대하고 있었다. 이런 엉터리 명분을 댔던 학자들과 정치인들은 유신헌법을 기초하거나 찬성했던 헌법학자들처럼 역사에 패배자로 기록될 것을 나는 믿는다. 그것이 곧 정의이기 때문이다.

### 국가의 선의

'정직이 최선의 정책이다. Honesty is the best policy.' 이 격언은 여러 선인先人들의 글에 있는 오래된 잠언이다. 세르반테스Miguel de Cervantes(1547~1616)가 쓴 풍자 소설『돈 키호테Don Quixote』에도 나온다.

그런데 대개의 정책은 그 정책으로 말미암아 불이익을 받는 자가 있기 마련이다. 좋은 약이 입에 쓴 것처럼 좋은 정책이지만 우선은 국민들에게 고통을 수반하는 것도 많다. 그래서 정치인들은 정책을 설명할 때 정책에 따르는 불이익과 고통은 가급적 감추고 싶어한다. 때로 왜곡하기도 한다. 파스칼Blaise Pascal이『팡세』에서 한 말이다.

불가피한 경우에 법을 억지로라도 왜곡하지 않으면, 나라는 망하게 될 것이다.

여기에 민주주의의 딜레마가 있다. '다수의 의사에 따르면 나라가 망한다'는 사실이 전제될 때, 당신이 지도자라면 당신은 민주주의에 순종할 것인가? 그렇지 않으면 진실을 감추는 구국救國의 독재로 나아갈 것인가? 그 어떤 경우라도 정치인이 부정직하게 정책을 호도해선 안 된다는 말은 거짓말이다. 우리가 알고 있는 위대한 지도자들은 전부 국민들을 속였다!

문제는 부정직이 선의善意에 기반한 것이 아니라 지도자의 탐욕에 기인하거나 무능력을 감추기 위한 수단으로 범해지는 경우다. 당대에 그걸 알 수 없기 때문에 그런 지도자들도 살아남았다. '국가의 선의'는 훗날의 사가史家들이 평가하는 것이지, 당대에 평가받는 것이 아닌 것이다.

# 16
## 대학 大學

대개 대학이란 교수들의 직장에 불과하다.

대학이 학위를 파는 상점으로 전락한 것은 오래된 일이다. 대학에서 인간을 향상시키는 강의는 기껏 한둘 정도다. 전공과목이 아닌 대부분의 강의 내용은 학점을 따면 즉시 잊혀진다. 심지어 상당수 학생은 전공과목 강의조차도 기억하지 못한다. 결국 선의善意의 학생들도 몇 년간 도서관에서 책을 읽는 시간을 벌기 위해 돈과 함께 열정을 낭비한다. 나머지 학생들은 말할 필요조차 없다. 그래서 얻는 소득은 취업 외에는 실제 삶에 아무짝에도 소용 없는 학위라는 상품이다. 솔직히 말하자면, '대학에서 학문을 배운다'는 것은 터무니없는 거짓말이다. 한 학기 10여 차례의 강의로 무엇인가를 가르칠 수 있는 학문은 없다.

## 지적 허영심

일찍이 디즈레일리Benjamin Disraeli는 대학은 '빛과 자유와 학문만을 하는 장소여야 한다'고 했다. 그 말처럼 대학은 학문을 함으로써 지적知的 우월성을 추구하는 곳이다. 처칠의 말을 빌리자면 '장사를 배우는 곳이 아닌, 지식을 배우는 곳'이며 '어떻게 살아야 할 것인가를 배우는 곳'이다. (1948년 5월 오로스대 연설)

인간은 누구나 지성知性intelligence을 추구하고 지적 우월감을 즐기는 존재다. 지성은 과거 이성理性reason의 동의어였다. 대학은 지성을 갖춘 '합리적인 reasonable' 인간을 배출했다. 지식이 보편화되기 전까지만 하더라도 '지적이다'는 데 대한 동경은 인간을 향상시킨 중요한 동인動因 중 하나였다.

그러나 지금 대학이 추구하는 지성이란, 인간을 비극悲劇적 존재로 전락시키는 요소가 되고 있다. 지적 우월감이 인간을 파괴하는 맹독猛毒으로 변질된 것이다. 지적으로 타인보다 우월하다는 '선민의식選民意識elitism'으로 인해 지성은 지성에 반하는 폭력을 수단으로 스스로를 구체화시켰다. 지성이 '인간이 인간을 지배하는' 도구로 된 것이다. 그리고 이 '지성의 도구화'는 지성에 대한 동경을 더욱 가속화했다. 그러한 동경으로 인해 인간은 필연적으로 지적 허영심에 빠졌다.

문제는 '지적 허영심'이란 구덩이에서 평생 헤어나지 못하는 얼치기들이다. 이를테면 '정치경제학'(이 명칭을 추적하면 『정치경제학 원리Principles of Political Economy, 1848』

를 쓴 존 스튜어트 밀John Stuart Mill(1806~1873) 훨씬 전부터 존재했지만, 널리 쓰이게 된 것은 마르크스 Karl Marx와 그 '제자'들로 인한 것이다.)에 백지 상태인 자가 읽은 『자본Das Kapital』은 '바이블'이 되어버린다. '경전經典'을 나름대로 이해하고 맹신盲信하게 되어 으스대기까지 한다. 제대로 지성을 양성하지 못하고 기껏, 여러 종류의 이런 맹신자들을 양성하는 곳이 오늘날의 대학이다. 말하자면 대학은 다품종의 불량 복사품을 양산하는 공장이다.

그런데 좋은 대학은 학생 스스로 좌파가 되지만, 나쁜 대학은 교수가 좌파를 만들어낸다. 전자는 위험하지 않다. 스스로 간 자는 진실을 아는 순간 스스로 돌아온다. 후자야말로 매우 위험하다. 그 학생들을 되돌릴 길이 없기 때문이다. 젊은 한때는 누구나 휴머니스트가 된다. 휴머니즘은 청춘의 특권이다. 그리고 젊은 세대가 변화를 구하는 것도 당연하다. 그 또한 청춘의 특질이다. 역설적으로 말하자면 '진보적이지 않은' 20대에 희망을 걸 수는 없다. 그러나 그 시기를 지나면 이 특권이 생각처럼 선善한 것이 아니고 정의롭지도 않다는 것을 깨닫게 된다.


## 배우지 못한 자의 상식

정규교육은 필요하다. 그러나 대학이 인류 문명에 일정부분 기여한 바 있지만 그 공헌도는 매우 적다. 그조차도 엄격히 말해 '지식의 보편화'에 의한 기여인 것이지, 문명 발전에 직접적인 동력을 제공한 것은 아니다. 지난 수백년의 인류사를 살펴보면 거대한 물길의 방향을 튼 것은 위대한 몇몇 영웅,

현인들과 그를 따르는 시민이었지 대학이 아니었다. 대학은 민주주의의 진전이나 산업혁명에 별다른 중요한 역할을 하지 못했다.

정규교육을 받지 못한 세계적인 인물은 셀 수 없이 많다. 존 스튜어트 밀은 정규교육은 전혀 받지 못했다. 공리주의자였던 아버지 제임스 밀James Mill은 존을 자기 후계자로 키우기 위해 직접 교육했다. 그 무학無學의 존이 쓴 『자유론On Liberty』은 존의 생전에 이미 거의 모든 영국 대학에서 교재로 쓰였다. 토머스 에디슨Thomas Edison은 정규교육이 얼마나 틀에 박힌 것인지를 말할 때 대표적으로 회자膾炙되는 인물이다. 그에 대한 많은 일화는 기계적이고 제한적인 정규교육 커리큘럼의 맹점을 잘 보여준다.

사실 어느 시대나 학교의 교육은 제한적이다. (톰 슐만이 시나리오를 쓴 영화 '죽은 시인의 사회Dead Poets Society'를 보라.) 불과 열세 살까지 교육받은 토머스 페인Thomas Paine은 『상식Common Sense』을 써서 미국독립혁명의 사상적 근거를 제공했다. 그는 학교에서는 가르치지 않는 넓은 시각으로 '지극히 단순한 사실, 평범한 논의, 그리고 상식'을 볼 수 있었다. 배우지 못한 페인의 『상식』이 인류를 진일보시킨 것이다.

노벨상을 받고 문호의 반열에 오른 작가들 가운데 정규교육을 마치지 않은 이는 많다. 귄터 그라스Günter Grass는 불과 열네 살까지 교육받았다. 그는 독일 제국노동봉사대에 근무하다가 열일곱 살인 1944년 무장친위대에 입대하여 미군 포로가 된다. 이때의 경험이 그를 평생 좌파 작가로 묶어두지만 그가 쓴 소설 『양철북』은 독일어를 모국어로 하는 작가들의 작품 중 발군이다. 어니스트 헤밍웨이Ernest Hemingway 역시 열여섯 살에 정규교육을 끝냈다. 그는 대학이 아닌 신문사에서 터득한 새로운 문체로 모국어인 영어가 '문학'에 쓰이게 했다. 고등학교를 중퇴한 윌리엄 포크너William Cuthbert Falkner는 미국 작가로는 가장 많은 박사 학위논문에 인용된 작가가 되었다. 풍자와 기지로 가득찬 글과 말로써 한 시대를 풍미했던 버나드 쇼George Bernard Shaw는 곡물상을 하던 아버지가 망하는 바람에 초등학교만 근근이 마치고 복덕방 사환으로 일했다. 『눈먼 자들의 도시』를 쓴 조제 사라마구Jose de Sousa Saramago는 고등학교를 마치고 기능공으로 가야 했다. 역대 수상자 중 최고령 작가였던 도리스 레싱Doris Lessing은 기껏 열세 살에 정규교육을 끝냈다.

정치인 가운데 해리 트루먼Harry Truman은 늘 대학에 못 갔다는 열등감에 빠져 있었지만, 대학을 나온 대통령들이 가지지 못한 결단력을 보였다. 그는 에이브러햄 링컨Abraham Lincoln처럼 정규교육을 마치지 않고 독학으로 법률가가 되고 대통령이 된 인물이다. 그는 반소, 반공의 트루먼독트린으로 제2차 세계대전 후 국제정치의 방향을 잡았다. 고등학교를 겨우 마친 트루먼이 세계를 구했다.


## 대학은 필요 없다

모택동毛澤東은 정규교육을 불신했다. 그건 농민의 자식으로 태어나 뒤늦게 중학교와 사범대를 다닌 것 외엔 별다른 교육의 혜택을 입지 못한 탓도 있다. (그가 받은 정규교육은 다 합쳐 4년 정도다. 이 책 '경쟁' 참조) 그러나 그것보다는 독학으로 얻은 지식으로 인해 엉뚱한 지적 우월감을 가졌기 때문이다. 결국 이런 우월감에서 생긴 '배운 자에 대한 불신'이 문화혁명의 배경이 되었다. 모택동이 한 말이다.

사람은 책을 많이 읽으면 읽을수록 어리석어진다.

모택동은 정통 마르크스주의자는 아니었지만, 모택동의 그 말은 적어도 그를 추종했던 마르크스주의자와 그 아류들에게는 들어맞는 말이다. 인문학적 사고가 넓어질수록 '마르크스는 없다'는 것을 알게 되기 때문이다. 주자파走資派였던 등소평鄧小平이 그런 '어리석은 자'에 속했다.

아마도 모택동은 학생들이 책을 읽는다고 믿었던 것 같다. 모택동이 인터넷에 전적으로 의존하는 요즘 대학생을 보았다면 생각을 바꿨을 것이다. 그는 1976년 죽기 직전에, 강청江青에 의해 숙청당했다가 복권된 청화清華대 총장에게서 보고를 받았다. 모택동이 3분을 주겠다고 하니까 총장이 답했다. '30초면 됩니다. 지금 대학생은 중학교 교재로 배우고 있습니다. 사실 대학생의 학문 수준은 초등학교 수준입니다.' 모택동은 문화혁명이 낳은 비극을 죽음이 임박한 그때서야 깨달았다. '이런 상태가 계속되면 당이 붕괴될 뿐 아니라 민족 자체가 망하고 말 거요.' 모택동의 말이었다.

마거릿 대처Margaret Hilda Thatcher 총리 역시 대학을 좋아하지 않았다. 옥스퍼드대를 나온 그녀는 총리가 되기 전 교육부 장관을 지냈다. 그녀는 사람들에게 늘 가르치려는 태도를 보였는데 그런 그녀가, 막상 대학을 싫어했던 것은 대학이 제 기능을 다하지 못하기 때문이었다. 그녀는 대학이 나태, 마약, 성적性的 방종의 온상이라고 생각했다. 교수들은 '게으르고 국가보조금을 받아먹으며 특권을 즐기는 기생충'이었다. (박지향 저, 대처 평전 『중간은 없다』, 기파랑 간 참조)

19세기 미국 개발시대에 랠프 에머슨Ralph Waldo Emerson은 미국민의 정신적 지주였다. 그는 하버드대 신학부를 나와 칼라일Thomas Carlyle(『프랑스혁명』과 『차티즘Chartism』을 쓴 급진적 성향을 가졌으면서도 『영웅숭배론』을 쓰고 보통선거의 민주주의를 비판할 정도로 복합적인 성격의 사상가였다.)을 통해 칸트Immanuel Kant를 배우면서 '선험적先驗的 철학주의'를 세웠다. 그는 '초월주의운동'을 벌이면서 자연에서 고독과 희열을 찾는 '신비적 이상주의'에 빠졌던 인물이다. 에머슨은 '처세'라는 글에서 대학무용無用론을 펼쳤다.

대학교육에서의 여러 가지 유익한 점 중 하나는, 그것이 그 어떠한 효용도 없다는 것을 보여준다는 것이다.

## 교육에 대한 환상

미국적 진보사상인 '위대한 사회Great society'를 주창했던 존슨Lyndon Baines Johnson 대통령은 교육에서 그 해법을 찾았다. 당시 '보편적 교육만이 민주주의를 지탱할 수 있고'(영국의 역사가 매콜리Thomas B. Macaulay) 대학에 투자된 돈과 교육의 확대에 비례해 국가가 성장한다는 주장들이 풍미했다. 폴 존슨Paul

Johnson은 『모던 타임스Modern Times』에서 1960년대는 '교육에 대한 환상이 세계를 지배했다'고 적고 있다. 그 부분을 요약한다. (조윤정 역, 살림 간 참조)

'폭발적인 교육 확대가 일어났다. 1960년에서 15년간 미국의 대학은 2040개에서 3055개로 늘었다. 학생수는 360만 명에서 940만 명으로 증가했고 교육비용은 연간 450억 달러로서 당시 화폐가치로서는 가히 천문학적이었다. 영국에서도 대학 시설은 두 배로 늘어났고 프랑스, 서독, 캐나다, 호주 등이 뒤따랐다. 그러나 믿었던 교육의 신화는 일어나지 않았다. 교육에 대한 투자는 국가성장과 함께 노동계급의 중산층화를 촉진하여 중산계급민주주의가 올 것이라는 예측은 빗나갔다. 고등교육에 대한 투자와 반비례하여 학업성취도는 떨어졌고 정규교육을 받은 자들의 범죄율은 가차 없이 증가했다. 대졸 후 전문직은 찾기 어려워졌으며 교육기간과 봉급의 비례관계도 무너져서 교육에 의한 평등도 달성되지 않았다. 1974년 대학입학 남성비율은 34%로 떨어졌다.'

지금 한국은 대학진학률이 80~84%에 이르고 있다. 이 비율은 역사상 어느 나라도 달성하지 '못한' 전무후무한 것이다. (장하준은 『그들이 말하지 않는 23가지』에서 2007년 유네스코 자료라고 하면서, 대학진학률을 핀란드 94%, 미국 82%, 덴마크 80%, 한국 96%, 그리스 91%, 리투아니아 76%, 아르헨티나 68%라고 한다. 이는 명백한 오류다. 우리나라와, 캐나다 56%, 일본 55%를 제외하면 50%를 넘는 대학진학률을 보이는 나라는 없다. 장하준 저, 위 책, 부키 간 참조) 그렇다면 과연 우리의 대학교육은 민주주의에 얼마나 기여했으며, 평등을 달성하는 데 얼마나 보탬이 된 것인가?

확실한 것은 이 나라에는 지식이(정확히는 학벌이) 부와 명예 혹은 권력을 가지는 데 필수적이라는 인식이 일반화되어 있다는 사실이다. 이 엄청난 대학진학률이 비정상적이란 말을 듣지 않으려면 너무나도 당연한 두 조건이 충족되어야 한다. 첫째 대학생이 충분한 수학능력을 가져야 한다는 점, 둘째 급격히 늘어난 교수들이 가르칠 수준에 있어야 한다는 점이다. (우리 대학진학률은 1963년 12%, 1973년 23%, 1983년 42%, 1993년 58%, 20010년 84%로 늘어났다.) 나의 대답은 둘 다 절반도 충족하지 못하고 있다는 것이다.

거기에다 고등교육의 확대가 성공한 정책이 되려면 다시 두 조건이 따라붙는다. 하나는 대학 졸업생들이 자신이 전공한 분야가 도움이 되는 직업을 선택할 수 있어야 한다는 것, 또 하나는 대학교육에 드는 비용이 가계와 국가 재정에 높은 부담이 되어서는 안 된다는 것이다. 여기에 대한 답은 오래전에 이미 나와 있다.

결국 가계와 재정에 주는 부담에 반비례해 '교육의 확대'는 교육의 전체적인 질적 저하를 불러왔을 뿐이다. 대학은 치열한 학문의 전당이 아니라, 상품에 붙은 상표를 생산하는 공장으로 전락했다. 그것도 모조된 상표 같은 것이다. 루트비히 포이어바흐Ludwig Andreas von Feuerbach가 일찍이 베를린대에서 수학할 때 쓴 글이 있다. (그는 하이델베르크대에서 베를린대로 전학해 헤겔에게서 배웠다.)

이곳에서는 술을 마시고, 결투를 하고, 즐겁게 함께 외출한다는 것이 불가능하다. 이곳만큼 공부에 대한 열정이 강한 대학이 없다. 이 공부의 사원에 비한다면, 다른 대학들은 술집과 다름없다. (『마르크스평전』, 프랜시스 윈 저, 정영목 역,

푸른숲 간 참조)

카를 마르크스(그는 본대를 1년 다닌 뒤 베를린대로 전학했다.)에 대한 여러 평전을 읽어 보면 베를린대 시절의 마르크스 역시 강의실은 멀고 술과 가까웠지만 책읽기에 미쳐 있었다. 그는 헤겔을 공부하고 서정시를 쓰면서 법학서적과 역사서들을 탐독하고 영어와 이탈리아어를 공부했다. 오늘날 우리의 대학들 중에 술집이 아닌 '공부의 사원'은 과연 있기나 한 것인가?

## 교육의 보편화

정규교육이 절대적인 것이 아닌 것은 대학은 스스로 공부하는 곳이기 때문이다. 교수는 학생이 넘어야 할 산, 건너야 할 바다가 어디 있는지만 가르치는 사람이다. 어떻게 건널 것인가는 학생의 몫이다. 좋은 교수는 결코 모든 것을 말하지 않는 안내원이다.

이런 까닭으로 대학에서 이수한 학점의 가치는 천차만별이다. 그런데도 교육에 대한 환상은 변하지 않는다. 학벌이 인간을 선택하는 첫 번째 조건이 되는 사회에서는 이러한 환상은 '신앙'이 된다. 오늘날 정규교육은 계속 확대되고 이러한 교육의 보편화가 성숙한 사회의 조건처럼 오해되고 있다. 그러나 교육의 보편화가 민주주의를 담보하지는 않는다.

허버트 웰스Herbert Wells는 '위대한' 진보주의자였다. 그는 페이비언협회

Fabian Society(점진적 사회주의 운동단체, 영국 노동당의 기반이 되었다.)에 참여했다가 온건한 사회주의 강령을 반대하며 버나드 쇼와 대립했다. 작가였지만 그의 대표 저작이 『역사대강The Outline of History』일 정도로 그는 역사와 『인류의 미래』에 대해 천착穿鑿했다. 100권이 넘는 저서 중엔 『투명인간』, 『타임머신』, 『우주전쟁』(원자폭탄을 예언한 최초의 소설이다.) 같은 공상과학소설도 있다. 그는 세계단일국가를 꿈꾸었지만 2차내전은 그런 꿈이 얼마나 허망한 것인가를 깨닫게 했다. 실망한 그가 교육이 인류의 진보에 아무런 도움이 되지 않은 것을 통렬하게 지적한 말이 있다.

히틀러A. Hitler에 열광하고 그의 끔찍한 전쟁을 견고한 산업으로 떠받친 나라가 세계에서 교육 수준이 가장 높은 나라였다.


## 지식인 계층의 확대

『경기순환론』을 썼던 이론경제학자 조지프 슘페터Joseph A. Schumpeter는 『자본주의, 사회주의, 민주주의Capitalism, Socialism, Democracy』에서 자본주의의 자기파괴 경향 중 하나는 지식인 계층의 끝없는 확대로서, 자유를 추구하는 체제의 속성에 따라 사회의 통제권한은 지식인에게 흘러들어간다고 지적한다. 그리고 지식인들의 역할을 부정한다. (이 책 '지식인' 참조)

지식인들은 필연적으로 사회를 파괴하는 역할을 수행한다.

슘페터의 말은 사실로 입증되었다. 존슨 대통령 시대 학생운동은 학내 문제나 시민권 문제에서 정치운동으로 변질되었다. 1964년 미시시피주에서 벌어진 소수인종 시민권운동인 '자유의 여름Freedom Summer' 이후 학원 소요는 하나의 대학문화로 자리 잡았다. 미국 대학은 베트남전 내내 반전운동의 중심에 있었다.

당시 학생들은 하버드대 법대 교수 아치볼드 콕스Archibaid cox가 한 말처럼 '박식하고 총명'했을지 모르지만, 그다지 지성적이지는 않았다. 그들은 우선 파괴적이었다. 학생들이 쓰던 저속한 말들을 두고 역사학자 프리츠 슈테른 Frits Stern은 '독창성'이라고 떠벌였지만 그건 학생들에게 아부한 것에 불과하다. (저속한 말이 '독창적'이라면 우리 모두는 독창적이다!) 1968년 파리소요는 그런 야만적인 학생소요의 결정판이었다. 그리고 그 배후에는 '자유'와 '해방'을 입에 달고 다니는 '당대의 지성' 사르트르Jean Paul Sartre와 마르쿠제Herbert Marcuse가 있었다.

폴 존슨은 대학이 공헌한 '지식의 보편화'로 사명을 다한 곳은 동아시아의 시장국가들, 그중에서도 한국과 일본이 대표적이다고 쓰고 있다. 그 부분을 다시 요약한다.

'일본은 대학이 보편적인 지식을 갖춘 노동력을 제공함으로써 수직적인 경제발전에 성공하였고 한국이 그 뒤를 따랐다. 일본의 전후 성공은 교육을 사회과학 이데올로기가 아니라 산업의 요구에 맞게 확대했기 때문이며 실제로 1960년대 고등교육의 혁명으로 경제적 이득을 얻은 국가는 동아시아의

시장주의 국가뿐이다.'(위 책 참조)


## 사회과학, 인문과학


마르크스는 자신의 이론을 스스로 '과학'이라고 불렀다. 인간의 속성과 행위태양行爲態樣이 '법칙의 지배를 받는다'는 것이 마르크스주의자들의 가정이고 그러한 법칙을 발견하는 것이 '사회과학社會科學'이라는 학문이다. (이 책 '과학' 참조)


1960년대 고등교육의 양적 팽창과 함께 사회공학을 꿈꾸는 구조주의構造主義structuralism는 전 세계를 풍미했다. 마르크스주의는 급격히 세력을 확대했다. 서구 대학들은 재빨리 '사회과학'이라는 용어를 도입했고 이 말은 구조주의 열풍과 맞물려 단기간에 보편화되었다. 이 나라 국립대학인 서울대학교와 몇몇 사립대학이 이 유행을 따라 사회과학대학을 두고 있다. 더 놀라운 것은 몇몇 대학은 아예 '인문과학人文科學대학'을 둔다는 사실이다. 도대체 철학이나 문학을 과학으로 분류하는 자가 누구인가?

(게다가 학문의 명칭을 붙이는 태도는 충격적이다. 태권도나 유도 같은 개별 스포츠를 학문으로 하고, 바둑 같은 기예技藝를 학문으로 '승화'시키는 대학을 어떻게 볼 것인가. 그런 대학에 축구학과 야구학과는 왜 없는지, 모든 것이 '과학화'되고 있는 야구나 축구는 학문이 아닌 것인지 몹시 궁금하다. 나는 태권도학, 유도학, 바둑학 등을 비하할 생각은 추호도 없다. 그러나 바둑학의 박사학위 논문이 나온다면 꼭 한번 읽고 싶다.)


인간사회의 여러 현상은 '과학적으로' 법칙에 따라 움직이는 것이어서 체계화할 수 있는 것인가. '사회과학' 신봉자들이 궁극적으로 믿는 신神은 '사회공학社會工學social engineering'이다. (공학은 과학을 전제로 한다.) 그러므로 '법칙화'야말로 사회과학의 생명이다. 사회과학은 경험과학일 수밖에 없다. 그러나 마르크스주의에서 잉태된 구조주의는 '마르크스주의처럼' 반反경험적이고 실제보다 이론을 옹호했다.

1970년대 마침내 마르크스주의와 구조주의는 세계를 지배했다. (사실 이 둘은 동의어다.) 유럽의 거의 모든 정부는 집산주의集産主義와 '복지국가'라는 유토피아적 사고, 그리고 사회공학의 유혹에 빠진 좌파정권이 장악했다. 그러나 1990년대 마르크스주의는 완벽하게 패퇴했다. 소련은 와해되었고 중국은 스스로를 개량해 '국가자본주의'로 돌아섰다. 핵전쟁의 위험은 급속하게 감소했다.

폴 존슨은 『모던 타임스』에서 이 극적인 '반反혁명'을 두고 '보통사람들의 생각과 바람, 신념을 충실히 따른 뛰어난 대중지도자들의 업적'으로서 철학자, 경제학자, 정치이론가 같은 지식인들의 업적이 아니며 대학은 이와는 아무런 상관이 없다고 적고 있다. (존슨이 '반혁명'이라는 용어를 쓴 것은, 1917년 러시아혁명 이래 지속되어 온 소련의 독재체제가 무너졌기 때문이다. 학문적으로는 1989년부터 진행된 러시아의 정치변혁은 '자유주의 혁명'으로서의 모든 조건을 명백히 충족한 '혁명'에 해당한다. 이 책 '혁명' 참조)

폴 존슨의 지적대로 오늘날까지 하버드, 예일, 스탠퍼드, 옥스퍼드 등 서구의 명문 대학들은 대학의 역할이 사회의 악습을 교정하는 것이라고 주장한다. 아이비리그의 대학들은 오래전부터 좌파 성향을 뚜렷이 했다. 세계의 부와 권력을 '악습'으로 보는 것은 변하지 않는 대학의 특권이 되어 있다. 사회주의적 이데올로기가 '진보'적으로 인류에 봉사한다고 믿고 있는 것이 다. (대학이 스스로 사회공학적 정책을 쓰기도 한다. 옥스퍼드의 일부 칼리지는 학업성적이 우수한 사립학교 학생보다 성적이 떨어지는 공립학교 학생들을 선발하는 차별화 정책을 펼친다.) 과연 이런 대학들이 인류의 미래에 어떤 기여를 할 것인가?

# 17

# 지식인 知識人

지식인이란 쇼 윈도 안에서 팔리기를 기다리는 창녀와 같다.
자신이 팔리지 않았을 때 먼저 팔린 동료를 비웃는 것이 다를 뿐이다.

.

지식인은 없다! 진정 지식인이 필요한 시대에 지식인은 없다.

지식이 단지 밥벌이 수단으로 전락한 지 오래되었다. 그건 지식이 필요에 따라 정의와 진실을 공격하는 무기가 될 수 있다는 걸 의미한다. 이 시대, 박사 학위는 가을 낙엽처럼 흔한데 진정한 지식인은 참으로 만나기 어렵다. 거리에는 돈과 권력에 빌붙으려는 법률가, 교수, 언론인, 평론가, 성직자들로 넘쳐난다. 나는 자신을 파는 그 숫자가 '창녀'의 숫자와 거의 일치한다는 것을 알고 놀란다. 가임여성 11명 중 한 명이 매춘賣春에 종사하거나 언제든 매춘에 응할 태세가 되어 있다. 성인 남성 11명 중 한 명은 천박한 화장化粧을 한 채 언제든 자신을 창녀처럼 팔 자세가 되어 있다. 그들이 바로 지식인들이다. 몸을 파는 것이나 지식을 파는 것이나 매춘이기는 매한

가지다. 그러나 창녀는 정신을 팔지는 않는다. (『바다도 비에 젖는다』 '매춘' 참조)

이 사태는 '지식 인플레이션'에서 기인한다. '지식 인플레이션'은 '진실 인플레이션'을 낳고, 필연적으로 거짓 지식과 거짓 '진실'을 쏟아낸다. (이건 좌우파 모두 마찬가지다.) 그런 오물들이 흘러내리는 거대한 하수下水가 바로 미디어다.


## 지식인의 종말

지식인의 비극을 다룬 책으로 프랑스의 매체학자 레지스 드브레Régis Debray 가 쓴 『지식인의 종말i. f. suite et fin』이 있다.

오늘날 지식인은 집단 자폐증 환자들이다. 전망은 물론 현실감조차 없이 도덕적 나르시시즘narcissism自己愛과 즉흥성에 빠져 특별한 전문 지식도 없는 매스컴에 의해 스타로 떠오른 자들이다. 그들은 뉴스에 반응하고 사진 찍히는 걸 좋아하며, 공격에 대해 집요하게 반격한다. (강주헌 역, 예문 간 참조)

나 역시 이 범주에 들지도 모르겠다. 적어도 이 시대에 지식인으로 불리는 자들 중에 나르시시즘에 빠지지 않은 자가 몇이나 되겠는가? 교수든 언론인이든 변호사든 성직자든 자신을 상품화하기 바쁜 시대에 살면서 누가 누구를 나무랄 수 있을 것인가?

우리 사회 역시 매스컴에 의해 조종되어 온 이런 '사이비 지식인'으로 가득하다. 사이비 지식인인가, 아니면 진정성과 치열함으로 무장한 지식인인가 하는 것은 그 시대의 권력-정치, 경제 문화권력은 물론, 대중 선동에 기반한 포퓰리즘도 포함한다-에 개의치 않고 저항하는가 하는 기준 외에도 역사적으로 그가 말하는 것이 정의에 부합하는가에 의해 가려진다.


## 에밀 졸라

사실, 지식인이라는 용어는 드레퓌스 사건Dreyfus Affair 이후 '진실과 정의에 동의하고 실천하는 사람'을 의미하면서, 대단히 광범위하게 쓰인 '괜찮은' 말이었다.

1894년 9월 프랑스 법정은 유대인 장교 드레퓌스 대위가 '독일대사관에 군사정보를 넘긴' 첩자라는 혐의로 종신형을 선고했다. 군부는 진범을 알았으나 인종주의 편견으로 이를 은폐했다. 드레퓌스의 가족들은 진범으로 에스테라지 소령을 고발했지만 그는 1898년 1월 무죄를 선고받았다. 이에 작가 에밀 졸라Emile Zola(1840~1902)는 로로르L'Aurore지에다 '나는 고발한다!J'accuse!'라는 대통령에게 보내는 공개 편지를 써서 파문을 일으킨다. 그 뒤 탄압을 무릅쓰고 사건의 재심을 요구하는 청원서에 아나톨 프랑스Anatole France, 에밀 뒤르켐Emile Durkheim, 마르셀 프루스트Marcel Froust를 비롯한 작가, 학자, 교수, 언론인 등이 서명했다.

그때부터 대학을 중심으로 서명운동이 광범위하게 펼쳐졌다. 이 현상을 두고 작가 모리스 바레스A. M. Barres는 '지식인 양성소'인 대학이 '프랑스의 원칙을 파괴하고 우리를 바보로 만든다'고 비판했다. 1899년 드레퓌스는 특별사면을 받은 뒤 재심을 요구했고 1906년 마침내 무죄를 선고받았다. (바레스가 틀렸다.) 졸라는 1899년 망명했던 영국에서 돌아와 3년 뒤 이 사건을 소재로 '진실'을 쓰다 가스 중독으로 죽는다.

이 드레퓌스 사건을 계기로 '지식인Les intellectuels'이라는 말이 광범위하게 사용되었다. 이 말은 단순한 지식을 가진 인간을 의미하는 것이 아니라 '행동'하는 것을 의미했다. 사르트르Jean Paul Sartre는 핵무기를 만들기 위해 핵분열을 연구하는 과학자는 '학자'이지만 '지식인'은 아니라고 정의한다. 그 과학자가 핵무기의 재앙을 자각한 뒤 핵무기 사용에 반대하는 선언문을 작성하고 서명하는 순간 비로소 지식인이 된다는 것이다.

사르트르가 한 정의는 거의 한 세기 전 마르크스Karl Marx가 한 정의보다 조금 진전된 것이다. 마르크스는 '공산당선언Communist Manifesto'에서 지식인들을 '노동계급의 이익과 자신을 동일시하는 부르주아지의 한 계층'으로 이해했다. 그 자신이 바로 거기에 속했다.


## 지식인을 조심하라

한때 지식인이란 말은 학자, 교수, 법률가, 작가, 언론인들을 포장하는 최상의 수식어였다. 이러한 '지식인'이란 이름표를 단 좌파 선동가들은, 정치적으로 문제된 공공公共의 사안事案에서 전문가가 아니면서도 공적인 의견을 표명하고 집단적으로 투쟁에 나서는 등 이념을 위해서라면 조금도 망설이지 않았다.

그들은 폭력에 반대한다는 '당연한 글'을 쓰는 한편으로 폭력을 묵인하고 용인하거나 심지어 부추기고 찬양하는 이중적인 태도를 보였다. 적어도 이런 선동가들이 지식인의 반열에 들 수 없는 것은, 그 집단적 투쟁의 대부분이 드레퓌스 사건처럼 반정의反正義에 대한 정의의 싸움이 아니라, 그 반대의 싸움이었기 때문이다.

스탈린Iosif Stalin 같은 잔혹한 독재자들을 옹호하는 일이, 설령 착오에 의한 것일지라도 정의라고 할 수는 없는 것이다. 그런데 '지식인'을 정의한 사르트르야말로 그런 대표적인 스탈린 옹호자였으며 좌파 선동가였다. 그는 '폭력은 인종이나 계급 등 각종 곤경으로 규정될 수 있는 사람들과 도덕적 죄악의 희생자가 될 이들의 정당한 권리'라고 말했다. 그는 마르크스주의자들과 그 사생아들이 자행한 엄청난 살인극인 '사회공학'을 '프롤레타리아 혁명'의 일환으로 이해했다.

우리 사회에도 김정일의 잔인한 반反인권적 행위에 대해 '팩트'를 모른다며 침묵하거나, 사르트르처럼 그러한 폭력을 '불가피한 폭력'으로 이해하는 지식인은 셀 수도 없이 많다. 북한에서 자행되는 반反인륜적 범죄에 눈 감는 것은 정치적 목적 때문이라는 걸 감안하더라도 근본적으로는 그들이 종북주의자從北主義者이기 때문이다.

그들, '반反지성의 지식인'들이 존경하는 노엄 촘스키Avram Noam Chomsky는 사르트르의 제자들인 크메르 루주가 자행한 대학살을 '학살은 없었다'고 외면하거나, 얼토당토않게 미국의 전쟁범죄로 인해 농민들이 잔혹해진 때문이라고 설명했다. 나중에는 그나마도 미국 CIA의 승인으로 집행된 학살로 몰아가면서 마르크스주의와의 관계를 차단했다.

왜 그들은 폭력을 옹호하거나 마르크스주의를 옹호하는 일에 목을 매는가? '팩트'를 무시하는 이런 자들은 지식인이 아니라 그 가면을 뒤집어쓴 악마에 불과하다. (내가 여기서 '팩트fact'라는 외국어를 남용하는 이유는 좌파들이 이 단어를 매우 좋아하면서도 그들이야말로 늘 '팩트'를 무시하기 때문이다.) 지식인들의 이런 작태에 대하여 폴 존슨Paul Johnson은 『지식인의 두 얼굴Intellectuals』의 결론 부분에서 다음과 같이 경고한다. (윤철희 역, 을유문화사 간 참조)

인류의 운명을 발전시키겠다는 계획 아래 무고한 수백만 명의 목숨을 희생시키는 것을 목격한 우리의 비극적인 20세기가 남긴 중요한 교훈은 지식인들을 조심하라는 것이다. 우리는 그들을 권력의 조종간에서 멀찌감치 떼어놓는 데서 그치지 말고, 그들이 집단적인 조언을 내놓으려 들 때는 그들을 특별한 의혹의 대상으로 삼아야만 한다. 지식인들의 위원회를, 회의를, 연맹을 경계하라. 그들의 이름이 빽빽하게 박힌 성명서를 의심하라. 정치지도자와 중요한 사건에 대해 내린 그들의 평결을 무시하라.

## 정의란 무엇인가

지식인은 정의에 공명하는 자다. 오늘날 '시민국가'에서 정의를 구현하는 것은 법이다. (이 책 '공정' 참조) 그렇다면 이 '법'을 전공한 자들은 과연 지식인인가? 법을 적용하고 집행하는 일선에 선 법조인들은 지식인인가? 더 나아가 법을 만드는 일이 본업인 국회의원들은 과연 지식인인가? 나의 대답은 그들 대부분은 절대 지식인이 아니라는 것이다! 그들은 극소수를 제외하고, 지식인의 외양을 뒤집어쓴 사이비에 불과하다. 오히려 권력을 추종하고 일신의 안전이나 도모하는 반지성인이라는 것이 나의 정직한 판단이다.

그렇다면 법은 결점 없이 정의를 실천하는 무기이거나, 정의를 세우는데 필요한 잣대가 되는 것일까? 오히려 정의가 '강자의 이익'으로 굳어지는 도구로 쓰이지는 않는가?('정의는 강자의 이익이다'는 말은 트라시마코스Trashimakos가 한 말이다. 『바다도 비에 젖는다』 '휴머니즘' 참조) 아니면 정의는 이미 법과 상관 없이 쓰레기통에 처박힌 휴지에 불과한 것인가?

이 질문에 답하기 위해서는, 우리는 '정의는 무엇인가?'라는 질문부터 답해야 한다. 결국 좌우파의 논쟁을 포함한 광범위한 선악의 논쟁으로 나아가게 된다. 이 명제에 대한 논의는 하버드대에서 정의론을 강의한 세 교수의 저서에서 극명하게 대립한다.

존 롤스John Rawls는 '정의론A theory of Justice'에서 정의를 '공정성fairness으로서의 정의'로 부른다. 이는 사회공동체가 벌이는 게임의 법칙으로서 '페어플레이fairplay'를 정한 규칙과 비슷하다. 그 첫째는 기본권이 잘 보장된 '평등의 원칙'이고 그 둘째는 자유주의를 유지하는 틀인 '차등의 원칙'이다. 정의로운 사회는 이미 평등한 시민적 자유가 보장되어 있으므로, 다수에게 이익이 되는 '선善'을 위해 소수의 희생을 강요할 수는 없다. 이런 정의로운 사회는 기회균등과 절차적 정당성이 보장되어 소수의 불평등자가 정당한 사회라고 여길 수 있어야 한다고 롤스는 말한다. (『사회정의론』 존 롤스 저, 황경식 역, 서광사 간 참조)

롤스의 자유주의적 정의론를 비판하며 『무정부, 국가, 그리고 유토피아 Anarchy, State, Utopia』를 저술한 노직Robert Nozick은 분배적 정의는 부유한 사람들에게 부당한 세금을 부과하여 권리를 침해한다고 주장한다.

가난한 사람의 복지를 위해 5시간의 노동을 통해 얻은 소득을 세금으로 내는 것은 5시간의 강제노동과 무엇이 다른가?

사회주의 국가는 직업윤리, 기업가 정신, 위험에 도전하는 정신, 신뢰, 창조성 등 인적 자본의 손실에서 출발한 것이다. 기업가 정신으로 생산성이 높아지면 가격이 내려가고 일자리가 늘어 그 이익은 많은 사람에게 돌아간다. 유럽의 사회주의 정권에 의한 '복지국가'들은 실업자만 양산해 경기가 침체되고 전체적인 부富의 하락을 초래했다. 정부는 조세정책으로 약자를 보호해선 안 된다. 이것이 노직의 생각이다.

그가 생각하는 바람직한 국가는 자유에 대한 최소한의 제한에 그치는 '최소국가'이며 이를 '메타 유토피아meta Utopia'라고 부른다. 롤스와 노직이 벌인 자유와 평등에 대한 논쟁은 세계적인 정치철학 논쟁으로 떠올랐다. 노직은 1975년 이 책으로 전미도서상을 받았다. (우리나라에서는 『아나키에서 유토피아로』라는 제목으로 출간됐다, 로버트 노직 저, 남경희 역, 문학과 지성 간 참조)

롤스와 노직의 정의론을 비판하며 '정의Justice'를 쓴 마이클 샌델Michael Sandel은 '공동체주의'를 주장하는 정치철학자다. 그는 자유주의가 가지는 도덕적 한계를 주장하며 공동선을 강조한다. 즉 개인은 사회와 떨어질 수 없는 존재로서, 사회적 연대와 시민적 덕목이 요구된다. (『정의란 무엇인가』, 마이클 샌델 저, 이창신 역, 김영사 간 참조)

롤스와 노직의 책과는 달리 우리나라에서 샌델이 쓴 '정의'가 '정의란 무엇인가'라는 제목으로 베스트셀러가 된 것은 놀라운 일이다. 정의에 목 말랐던 이들이 그만큼 많아진 것일까? 그는 이 책에서 '무엇이 정의인가'라는 질문에 답하는 대신, 노직에 반대되는 '공동체주의'로 자연스럽게 답을 유도하고 있다.


## 반지성주의

뉴욕타임스 칼럼니스트 니컬러스 크리스토프Nicholas D. Kristof는 지식인은 사상에 관심을 가지고 복잡한 문제에 익숙하며 고전을 읽은 사람이라고 정의한다. 그러니까 지식인의 첫째 조건은 책을 읽는 것이고 책 중에서도 고전古典을 읽는 것이다.

그런 의미에서 우리 정치인들의 지적 수준은 대부분 과장되어 있다. 나는 의원들이 그들의 필독서라 할 만한, 팸플릿 수준의 얇은 책인 마키아벨리 Niccolò Machiavelli의 『군주론』을 읽은 자가 10%가 안 된다는 데 어떤 내기든 걸겠다. 사마천司馬遷의 『사기史記』를 읽은 자는 그보다 훨씬 적다는 데도 무엇이든 걸겠다. 신자유주의neoliberalism를 주창하면서 하이에크Friedrich Hayek 나 프리드먼Milton Friedman을 읽은 자가 없는 것은 물론이며, 진보주의를 외치면서 케인스John Maynard Keynes를 단 한 권도 읽지 않았다는 것은 무슨 배짱인가? 더 나아가서 스스로를 좌파라고 규정하는 자 중에서 마르크스의 『자본』을 1회독이라도 정독한 자는 극소수에 불과하다고 나는 믿는다.

그런데도 그들은 모르는 것이 없다! 이런 지식 포장 현상은 우리뿐이 아니다. 반反지성주의는 20세기 이후 전 세계적인 현상이다. 그것은 책을 읽지 않고도 그럴듯하게 꾸밀 수 있는 다채로운 정보 통로가 개발된 탓이다.

아이젠하워Eisenhower 대통령은 2차대전의 전쟁영웅으로, 지식인 색깔은 없었다. 아이젠하워와 대선에서 두 차례 맞붙었던 민주당 후보는 애들라이 스티븐슨Adlai Stevenson이었다. 일리노이 주지사였던 그는 온화한 성격과 정중한 행동의 신사로서 당대의 지식인으로 명망이 높았다. 그러나 50년이 지난 뒤 역사가 마이클 베슐로스Michael Beschloss는 스티븐슨이 '몇 년 동안 책을 읽지 않고도 즐거운 생활을 할 수 있었던' 가짜 지식인인 것을 밝혀냈다.

오히려 전혀 지식인으로 대우받지 못했던 해리 트루먼Harry Truman 대통령이나 쿨리지Calvin Coolidge 대통령은 언제나 책을 읽는 대통령이었다. 트루먼은 고등학교 졸업이 학력의 전부였다. 사람들은 고상하고 어려운 용어를 쓰지 못하고 겸손하고 평범한 단어를 쓰는 트루먼을 시골뜨기라고 냉소했다. 그러나 그는 『투키디데스Thucydides』 같은 고전을 읽었으며 키케로Cicero는 라틴어로 읽었다. 그의 라틴어 실력은 라틴어 구절을 인용하길 즐겼던 대법관 칼 빈슨Carl Vinson에게 틀린 부분을 고쳐줄 정도였다. 그런 진짜 지식인은 전임자인 루스벨트Franklin Roosevelt와 달리 공산주의의 위험을 알고 있었고 6·25 전쟁이 발발하자 미군을 급파하여 한국을 구했다. 쿨리지 역시 라틴어와 그리스어, 이탈리아어로 고전을 읽었다. 그의 외국어 실력이 얼마나 대단했던지 평소 과묵한 그를 두고 어느 기자가 한 촌평이 전해진다.

그는 5개 국어로 침묵할 수 있는 사람이다.

**18**

# 상賞

권위 있는 상일수록 업적이 아닌 명성에 주는 것이다.
그 명성이란 대개 선전으로 만들어진다.

인간은 명예에 약하다. 인간은 진리를 위해 목숨을 걸진 않지만 돈이나 명예 따위에 목숨을 건다. (이 책 '자살' 참조) 알베르 카뮈Albert Camus는 『시지프 신화Le mythe de Sisyphe』에서 '나는 존재론적 주장을 증명하기 위해 목숨을 던진 사람을 한 번도 본 일이 없다. 중대한 과학적 진리를 주장한 갈릴레이는 그 진리의 주장 때문에 생명이 위태로워지자 자신이 주장한 진리를 너무도 쉽게 부인해 버렸다'고 쓰고 있다. (『시지프 신화』, 알베르 카뮈 저, 김화영 역, 책세상 간 참조)

그러나 카뮈식으로 말하자면 '인생이 살 만한 가치가 있느냐 없느냐' 하는 절박한 문제들은, '존재론적 주장'이나 '갈릴레이의 진리'에 비해 너무나도 보잘것없는 사소한 것들인 돈이나 명예 같은 것에 연관되어 있다.

상은 그런 명예의 증거 같은 것이다. 그래서 지식이나 예술을 거래하는 저잣거리에 나온 사람들은 하나같이 상을 탐낸다. 겉으로 상에 무심한 사람일수록 내심으로는 상을 더 원한다. 상을 받음으로써 작품의 값은 치솟는다. 하다 못해 강연료도 오른다. 그래서 상을 목표로 '업적'을 쌓는다. 그런 업적이란 한 패거리에 속한 비평가의 호의적인 평론, 언론을 통한 '해석되지 않는 문장으로 된' 상찬 같은 것들이다.

## 명분과 권위

상에 대한 존중은 권위에 대한 존중이다. 상은 연륜이 쌓일수록 권위도 쌓인다. 많은 상금 때문에 권위가 생기기도 한다. 노벨상Nobel Prize도 처음에는 엄청난 상금으로 인해 권위 있는 상이 되었다. 사후의 명예를 생각한다면 노벨이야말로 훌륭한 선택을 한 셈이다. 그래서 상을 제정하면서 권위를 목적으로 엄청난 상금을 걸기도 한다. 그러나 상금이 많다고 해서 반드시 권위 있는 상이 되는 건 아니다. 상을 만든 동기에 명분이 있지 않으면 권위는커녕 우스개감이 되기도 한다. (1990년에 시작한 '서울평화상'은 상금이 20만 달러이다. 상금이 많기로는 템플턴상The Templeton Prize, 노벨상, 일본국제상 다음이다. 도대체 이 상은 왜 제정한 것인가?)

이 명분을 만들기 위해 문학상은 명성을 가진 선배 문인들의 이름을 붙이기도 한다. 죽은 문인을 기린다는 명분으로 그 이름을 빌려 권위를 만들어내는 것이다. 그중에는 상을 제정한 쪽에서 수상작품집을 출판해서 상금을 포함한 비용을 훨씬 초과한 이익을 보는 상도 많다. 사실 이런 상들은 엄격히 말해 순수한 상이라고 보기 어렵다. (이 비슷한 사례로 신문사들이 기업인이나 자치단체 등에 상을 주면서 고액의 수상 광고를 하게 하는 걸 들 수 있다. 언론사가 아니라도 언론사와 연계하여 홍보비용을 받고 상을 주는 단체도 있다. 이것은 상을 파는 행위에 지나지 않는 명백한 범죄다.)

문인의 이름을 딴 상 중에서 세계적으로 권위를 가진 상은 프랑스의 공쿠르상Le Prix de Goncourt이다. 이 상은 작가로 명성을 떨쳤던 공쿠르 형제의 이름이 붙은 것이다. 에드몽 공쿠르Edmond de Goncourt의 유언에 따라 1903년 아카데미공쿠르가 발족된 뒤 매년 12월 첫째 월요일 파리의 레스토랑 드 루앙에서 그해 최고의 산문을 선정, 발표하고 있다. 이 상은 놀랍게도 상금이 10유로에 불과하다. (우리 돈 1만5000원 정도다. 옛날엔 1프랑을 주다가 EU 가입 전에는 50프랑을 주었다.) 수상작 발표는 방송으로 중계되고 수상작은 당연히 베스트셀러가 된다.

중복 수상이 금지된 이 상을 두 번 받은 사람이 로맹 가리Romain Gary다. 그는 1956년 『하늘의 뿌리』로 수상했는데, 1975년에는 에밀 아자르Emile Ajar란 이름으로 발표한 『자기 앞의 생』이 수상작으로 선정됐다. 에밀 아자르는 물론 수상식장에 나타나지 않았다. 정확히는 수상을 거부했다. 그래도 식장에서 『자기 앞의 생』은 기립박수를 받았다. (당시 로맹 가리는 신예작가인 에밀 아자르를 질투하는 한물간 작가로 폄하됐다. 로맹 가리가 죽은 뒤 비로소 에밀 아자르인 것이 밝혀져 논란을 빚었다. 이 책 '자살' 참조)

언론인의 이름을 딴 상은 단연 퓰리처상Pulitzer Prize이 유명하다. 퓰리처상은 신문인으로 자수성가한 조지프 퓰리처Joseph Pulitzer가 기증한 돈으로 1917년 제정된 상이다. (『바다도 비에 젖는다』 '신문' 참조) 시, 소설 등 문학상 6개 부문 외에도 언론 14개 부문과 음악 부문에 수여한다. 상금은 비교적 적은 1만 달러에 불과하다.


## 다이너마이트가 만든 상

세계의 모든 상 중에서 '객관적으로' 가장 권위 있는 상은 노벨상이다. 템플턴상과 함께 상금도 가장 많다. 노벨상은 다이너마이트를 발명하고 유럽 최고의 부호가 된 노벨Alfred Bernhard Nobel이 과학의 진보와 세계의 평화를 염원한 유언에 따라, 스웨덴 왕립과학아카데미에 기증한 유산으로 1901년부터 주는 상이다.

노벨상은 왕립과학아카데미가 주관하는 물리학, 화학, 생리의학, 문학상과 노르웨이의 노벨위원회가 주관하는 평화상 등 5개 부문으로 시상되다가, 1969년부터 경제학상이 추가되었다. (경제학상의 정식 명칭은 노벨기념상Nobel Memorial Prize이다.) 노벨상엔 수학상이 없는 이유는 공학자 출신인 노벨이 응용과학보다 수학의 가치를 낮게 보았기 때문이기도 하지만, 진짜 이유는 노벨이 사모하던 여인이 수학자와 결혼했기 때문이다. (노벨은 평생 독신으로 살았다.) 노벨상은 공정을 기하기 위해 생리의학상은 스웨덴의 가톨릭의학연구소, 문학상은 스웨덴과 스페인, 프랑스의 세 아카데미들이 선정한다. (아시아권에서 문학상이 좀처럼 나오지 못하는 이유이기도 하다.)

오늘날 노벨상의 권위는 상금보다는 수상자들의 '업적'으로 만들어진 것이다. 수상자들은 세계적으로 '석학'이나 '문호'로 인정받는다. 그런데 세월이 가서 엉터리 수상이 밝혀진 경우도 있다. 그러나 수상은 취소되지 않았다. 1926년에 '기생충이 암을 일으킨다는 사실'을 밝힌 업적으로(정확히는 동물실험을 통해 인위적으로 암 발생을 유도했다는 공로로 요하네스 피비게르가 받았다. 현대적 의미의 최초의 임상시험이라는 의미가 있다.), 1927년에 불치병인 '매독에 말라리아균이 특효인 사실'을 밝힌 업적으로, 1946년에는 심지어 '정신병 치료를 위해 외과적 수술이 필요하다는 사실'을 밝힌 이유로 의학상이 결정되었다.

엉터리 수상이 가장 의심받는 분야는 단연 평화상이다. 평화상은 수상 후보를 50년간 공개하지 않는데 그 시간이 지나자 히틀러Adolf Hitler, 무솔리니Benito Mussolini, 스탈린Iosif Stalin이 후보자였던 사실이 밝혀졌다. 역사상 가장 잔인한 집단살인을 했던 자들이 평화상 후보자였다는 것은 충격적이다. 그 자들이 후보자에 그쳤다 하더라도 평화상이 정치적으로 논의된다는 산 증거다. 2009년에는 세계평화에 기여할 시간을 가지기에는 턱없이 부족했던 오바마Barack Hussein Obama 미국 대통령이 수상했다.(사양했어야 옳았다.) 국제적십자위원회는 세 번이나 평화상을 받기도 했다.

노벨상의 지역편중도 의심받는다. 수상자는 서유럽과 미국이 압도적으로 많다. 1903년 마리 퀴리Maria Skłodowska-Curie는 남편 피에르와 함께 물리학상을 받고 1911년 혼자 화학상을 받았다.(퀴리를 포함해서 두 번 받은 사람은 4명이나 된다.) 그녀의 딸 이렌도 남편과 같이 1935년 물리학상을 받았으며 1965년에는 둘째 사위 앙리 라부이스가 총재였던 유니세프가 평화상을 받았다. 부부 수상은 세 번, 부자 수상은 무려 여섯 번이다.

생존자에게만 시상한다는 원칙 때문에 마하트마 간디Mahatma Gandhi는 노벨상을 받지 못했다. 간디는 1948년 수상자 발표 이틀 전에 암살당했다. (노르웨이 선정위원회는 이 해에 수상자를 내지 않았다.) 당시 사후死後에라도 상을 주어야 한다는 주장이 일었다. 그 덕분에 상이 추증된 경우가 함마르셸드Dag Hjalmar Agne Carl Hammarskjold 유엔 사무총장의 수상이다. 그는 1961년 평화상 후보로 뽑힌 뒤 9월 18일 콩고민주공화국 내분수습을 위해 가다가 비행기 사고로 죽었다.

## 노벨상을 모욕하다

노벨상의 권위를 우습게 본 수상자도 꽤 있다. 버나드 쇼George Bernard Shaw는 1925년 문학상 수상자로 결정되었을 때 독설을 퍼부었다.

올해 나는 무엇 하나 쓰지 않았다. 그 때문에 상을 받게 되었다.

젊은 시절 쇼는 오만했다. 쇼는 '나는 대학을 졸업하지 못했지만 대학교수들보다 더 많은 교양을 쌓았다. 나는 이 세상에서 가장 교양 있는 사람이다'고 떠벌이고 다녔다. 사실 그는 그렇게 교양이 있지 않은 것이 분명한, '방자한 좌파'에 불과했다. 그는 사회주의에 경도되어 저질스러운 비난으로 적들을 공격하는 선동 연설을 멈추지 않았다. 그러면서 자신의 학력 콤플렉스를 늘 신랄한 독설로 이겨냈다. 셰익스피어를 평가하면서 '호메로스를 유일한 예외로, 탁월한 작가는 아무도 없다. 셰익스피어는 내 정신과 그의 정신을 비교했을 때 진정으로 낮게 평가할 수밖에 없다. 그를 무덤에서 파내 돌을 던지고 싶은 심정이다'고 했을 정도였다. 그런 그가 '비평'을 그만두면서 극작가로 변신하고 노벨상까지 받게 될 줄 누가 알았겠는가.

1952년 평화상 수상자 슈바이처Albert Schweitzer박사는 수상식 참석을 통지받고, '산더미 같은 병원 일을 두고 훈장 나부랭이를 받으려고 시간을 내란 말인가'라고 불평했다. 그래도 그들은 상을 거부하지는 않았다.

소설가이자 극작가로서 현대연극의 선구자인 아우구스트 스트린드베리 Johan August Strindberg는 몰락한 상인과 하녀 사이에 태어나 평생 자살을 '보험'으로 여기며 살아간 광인이다. (그의 자전적 소설이 『하녀의 아들』이다.) 그는 죽음의 두려움에 늘 시달려 수없이 자살을 시도했다. 실제 암에 걸려 죽음이 임박했던 1912년 스웨덴 아카데미가 노벨 문학상을 수여할 것이라는 소식을 듣고 '안티노벨상이 내가 받아들일 수 있는 유일한 상'이라고 대꾸했다. '다행히' 그는 그해 노벨상 수상자가 결정되기 전에 죽었다.

## 철학자가 거부한 문학상

막상 노벨상을 거부한 사람은 여섯이다. 히틀러A. Hitler는 1937년 나치정권의 독일 재무장을 폭로한 죄로 수감되었던 정치범 카를 폰 오시에츠키Carl von Ossietzky가 평화상을 받자 격분해 향후 노벨상 수상을 금지했다. (평화상이 자국의 '범법자'에게 수여된 것은 오시에츠키와 1991년 아웅산 수치Aung San Suu Kyi, 그리고 2010년 중국의 류샤오보劉曉波 세 사람이다.) 그 바람에 1938년 화학상 리하르트 쿤Richard Kuhn과 1939년 화학상 아돌프 부테난트Adolf Butenandt, 1939년 의학상 게르하르트 도마크Gerhard Domagk는 수상을 거부하지 않을 수 없었다.

보리스 파스테르나크Boris Leonidovich Pasternak 또한 정치적 이유 때문에 '타의에 의해' 수상을 거부했다. 그를 문학상 수상으로 이끈 『닥터 지바고Doctor Zhivago』는 엄격히 말해 공산주의 체제를 비판한 소설이 아니다. 소설은 주인공 지바고와 라라의 불륜을 큰 기둥으로 해서 지바고의 일생을 추적한 대서사시다. 그 과정에서 러시아 혁명전쟁이 등장하고 지바고 역시 『고요한 돈강』의 그리고리처럼 의도하지 않은 전쟁에 휩쓸린다. (이 책 '중간' 참조. 『닥터 지바고』는 고려원 간이 유일한 완역본이다.)

이 소설은 혁명전쟁의 잔혹함을 표현한 것으로 인해 '10월혁명의 주역인 인민과 소련의 사회건설을 중상했다'는 이유로 출판을 봉쇄당했다. 그렇지만 출판권이 해외로 팔려가 결국 이탈리아에서 초간본이 나오고 범세계적으로 번역되어 베스트셀러가 되었다. 노벨상 수상이 결정되자 소련에서는 파스테르나크에 대한 탄핵운동이 벌어지고 작가동맹에서 제명되었으며 소련 정부는 국외 추방을 검토했다. 파스테르나크는 흐루쇼프Nikita Sergeevich Khrushchyov에게 '조국을 떠난다는 것은 나에게는 곧 죽음입니다'고 쓴 편지를 보내 추방만은 하지 말 것을 읍소했다. 물론 노벨상은 정중히 거부했다.

이들에 비해 자의적으로 노벨상을 거부한 사람은 두 사람으로 둘 다 좌파였고, 상의 거부를 정치적으로 적절하게 활용했다.

장 폴 사르트르Jean Paul Satre는, 철학자 혹은 정치가는 어줍잖은 작품으로
도 문학상을 받을 수 있다는 노벨상 불문율의 산 증거다. (버트런드 러셀Bertrand
Russell과 처칠Winston Churchill이 문학상을 받은 것이 그 예다.) 그리고 이 철학자는 문학상을
우습게 만들어버렸다. 사르트르는 하이데거와 후설을 공부하고 니힐리즘적
소설 『구토』를 써 작가가 되었다. 그가 쓴 '가치 있는 글'은 2차대전 중 썼던
희곡이나 『구토』, 『자유의 길』 같은 소설이 아니라, 무신론적 실존주의 사조
를 낳은 철학논문 '존재와 무L'Etre et le neant'다.

사르트르는 한때 '변증법적 이성비판'으로 마르크스주의와 거리를 두었으
나, 자신의 사시斜視만큼이나 세상을 비뚤게 보면서 평생 좌파 선동을 멈추
지 않았다. 그는 『말』을 출판한 뒤 1965년 노벨상 수상자로 결정되었는데
이 책이 수상 이유였다는 것을 알고 수상을 거부했다. 그러나 사르트르가
수상을 거부한 진짜 이유는 그가 내심 질투를 멈추지 않았던 알베르 카뮈
Albert Camus가 1957년 노벨상을 먼저 받았기 때문이었다. 사르트르는 카뮈
가 『이방인』을 써 문단의 총아로 등장하는데 절대적인 기여를 한 사람이다.
그는 카뮈의 『이방인』에서부터 『페스트』 그리고 사고로 죽기 3년 전 발표한
『전락轉落』 등을 격찬하면서도, 카뮈가 쓴 『반항적 인간』을 두고 극단적인 논
쟁을 벌였다.

또 한 사람의 수상 거부자는 레둑토黎德壽다. 그는 베트남의 노동당 중앙
위 정치국원으로 1968년부터 1973년까지 베트남전 종결을 위한 파리 평화
회담에 월맹 측 대표단의 특별고문으로 파견되어 협상을 이끈 공로로 1973
년 헨리 키신저Henry Kissinger와 함께 평화상 공동수상자로 결정되었다. 동양

인으로서는 첫 번째 평화상 수상자였는데 그는 '베트남에 진정한 평화가 정착되지 않았기 때문에 받을 수 없다'는 전문을 보내고 수상을 거부했다.


## 헨리크 입센

입센(Henrik Johan Ibsen(1828~1906)은 대부분의 좌파가 그런 것처럼 '무지'하고, 오만했다. 그리고 모든 좌파처럼 비열했다. 열여덟 살 때인 1846년 이미, 그는 마르크스가 하녀 렌첸에게 저질렀던 짓과 똑같은 일을 벌였다. 그가 일하던 약국의 가정부로서 열 살이나 많은 엘시 소피 옌스다테르와 관계해 아들을 낳은 것이다. 그는 그 아들 한스 야코브 헨릭센을 평생 방기했다. (법령 때문에 한스가 열네 살이 될 때까지 양육비를 지급했다.) 한스가 마흔여섯 살 때 입센을 찾았을 때 문간에서 5크라운을 주고 아파트 문을 닫았다. 단 한 차례 있었던 부자상봉이었다.

입센은 평생 자유주의, 민주주의, 보수주의, 국가, 정부, 의회제도, 결혼과 가족제도, 그리고 개를 혐오했다. 개를 싫어한 것은 병적인 공포심 때문이었고 나머지는 무지와 이기심 때문이었다. 그는 결혼생활에 염증을 느껴 '결혼은 모든 사람에게 노예의 낙인을 찍는다'고 썼다. 여성해방운동의 출발점이 되었던 『인형의 집』으로 명성을 얻었지만, 여성을 경멸했다. 그러면서도 어린 소녀들을 좋아해 셀 수 없을 정도의 '소녀애少女愛'에 빠졌다. 그러나 섹스에는 관심이 없어 그 대부분은 희곡의 소재로만 이용되었다. 그런데 46세 되던 때는 그가 묵던 여관 주인의 열 살밖에 안 되던 손녀 힐두르 손툰과 관계를 맺었다.

　그의 정치적 사상도 특별한 토대가 없었다. 입센에게 국가는 그저 사라져
야 할 존재였고(그는 스스로가 무정부주의자라고 생각했지만, 무정부에 대한 이해가 전혀 없었다.)
자유주의는 '바리케이드 같은 잡동사니'였다. 그런데도 입센은 지적 우월감
에 빠져 동료 '지식인'들을 경멸했다.(그는 대학을 가지 못했다.) 대중은 말할 것도
없었다. 민주주의는 '무지한 군중'에 불과한 대중이 소수의 지식인과 같은
권리를 누리는 잘못된 제도였다. 그는 늘 '소수는 항상 옳다'는 격언을 인용
하곤 했다.

　그는 대중뿐 아니라 인간 자체에 대한 경멸감과 증오심을 가지고 있었다.
그런 입센이 1888년 3월 20일 크리스티아니아 노동조합에 전보를 보냈다.
'우리 조국의 모든 계급 중에서 제 마음에 가장 가까운 것은 노동계급입니
다.' 이 말은 너무나 뻔뻔스러운 거짓말이었다. 폴 존슨Paul Johnson은 다음과
같이 쓰고 있다.(『지식인의 두 얼굴』 폴 존슨 저, 윤철희 역, 을유문화사 간 참조)

　지갑을 제외하면 그의 마음 가까운 데 있는 것은 아무것도 없었다.

　그리고 존슨은 덧붙인다. '그는 살아가면서 노동자에게 눈곱만치도 관심
을 갖지 않았다. 노동자의 견해에 대해서는 경멸하기만 했다.' 입센이 가장
좋아했던 것은 돈이었고 가장 탐했던 것은 상훈이었다. 그는 늘 명성에 목
말라 했고 언제나 세인의 관심 한가운데 있고 싶어했다. 만화를 그리던 젊
은 시절에는 수없이 훈장을 그리곤 했다.

입센은 마흔한 살인 1869년 처음 훈장을 받았다. 카를15세로부터 바사 훈장을 받은 뒤 샴페인을 곁들인 만찬이 끝나자 그는 훈장을 단 채 귀가했다. 이듬해 그는 상을 중개하는 덴마크 변호사에게 노르웨이에서 자신의 지위가 강화될 수 있도록 단네브르훈장을 받을 수 있게 해달라고 청탁하고, 이집트 왕실 훈장 브로커에게도 편지를 썼다. 그 결과 그해 터키 훈장인 메드지니훈장을 받았다.

그는 왕가 문장紋章이나 귀족 가문의 문장을 단 빈 마차가 지나가도 공손히 모자를 벗고 경의를 표했다. 그런 노력으로 마흔다섯 살 되던 1873년에는 오스트리아 훈장과 노르웨이의 성聖 올라프훈장을 받았다. 그의 소망은 늘어서야 비로소 이루어졌다. 일흔이 된 1898년 드디어 덴마크 국왕으로부터 꿈에 그리던 단네브르 대십자가훈장을 받은 것이다. (그는 그 훈장을 빨리 달고 싶어 공식적으로 수여되기 전 보석상에 가 훈장 견본을 샀다.) 입센은 그런 훈장들을 매일 거울 앞에서 걸어보곤 했고, 훈장들을 주렁주렁 달고 만찬에 다녔다. 그중엔 목걸이로 된 훈장도 있었다.

## 오비앙 응게마

자신의 이름을 건 상을 만들어 이름을 남기고 싶은, 이상한 명예욕에 빠진 사례도 많다. (우리도 문학에 아무런 조예가 없는 정치인의 아호를 붙인 문학상을 만들기도 했다.)

서부 아프리카 적도기니는 인구 50만으로 1997년 일인당 국민소득(GDP)이

1000달러밖에 안 되는 전형적 빈국이었다. 이 나라는 해저유전 발굴로 5억 달러에 불과하던 국내총생산이 2009년 232억 달러로 46배 급증했다. GDP 는 36배 이상 늘어난 3만6100 달러로 아프리카 최고이자 세계 28위가 되었 다. (CIA 통계연감인 'World Fact Book' 자료)

그러자 오비앙 응게마Teodoro Obiang Nguema Mbasogo 대통령은 상금 300만 달러를 출연해 유네스코와 '오비앙 생명과학상'을 제정했다. 응게마는 1979 년까지 폭압정치를 했던 삼촌을 처형하는 유혈 쿠데타로 집권한 뒤, 그 자 신이 30년 넘게 독재를 계속하고 있다. 미국과 유럽연합은 '독재자의 돈으로 만든 과학상은 유네스코의 수치'라며 반발했다. 응게마는 '나를 독재자로 규정하는 것은 식민제국주의자들이 자기네 잣대로 아프리카를 규정하는 것' 이라고 응수했다. 그러나 끝내 첫 번째 수상자를 내지 못했다.

적도기니는 해저유전을 발굴해 돈방석에 앉았어도 대부분의 국민은 하루 1 달러 이하의 돈으로 생활하고 있다. 수도 말라보는 현대화한 도시로 탈바꿈 하였지만 방송이라곤 오비앙의 아들이 소유한 라디오방송국이 달랑 하나 있 을 뿐으로 언론의 자유가 전혀 없는 나라다. 응게마는 김정일, 무가베Robert Gabriel Mugabe 짐바브웨 대통령 등과 함께 최악의 독재자로 선정되기도 했다.

## 정몽주

'이런들 엇더하며 져런들 엇더하료. 만수산萬壽山 드렁츩이 얼거진들 엇더하리, 우리도 이갓치 얼거져 백년百年까지 누리리라.'(하여가何如歌) '이 몸이 죽고 죽어 일백 번 고쳐 죽어, 백골이 진토되여 넋이라도 잇고 없고, 님 향한 일편 단심이야 가실줄이 이시랴'(단심가丹心歌, 두 노래 모두 청구영언靑丘永言에 수록된 원문을 현대 어로 조금 수정했다.)

고려말 정몽주鄭夢周는 이방원李芳遠이 부른 하여가에 단심가로 답하면서 회유에 굴하지 않다가 선죽교善竹橋에서 방원의 가신家臣 조영규趙英珪에게 잔 인하게 주살되었다. 그는 벼슬이 수문하시중守門下侍中에 이르렀으나 그의 호 인 포은圃隱(채마밭에 숨은 이)처럼 늘 은둔을 꿈꾼 현인이었다. 그런 탓에 권력과 시세를 좇지 않고 이성계를 견제하다가 비명에 죽은 것이다. 이방원은 정몽 주를 죽였지만 그 인품을 높이 샀다. 그는 나중에 태종이 되어 정몽주를 포 상하여 영의정에 추증한다. 일찍이 정몽주가 상벌에 대해 한 말이 '포은집'에 남아 있다.

상벌賞罰은 나라의 큰 법규이니, 한 사람을 상 주어 천만 사람을 권장하고 한 사람을 벌 주어 천만 사람을 두려워하게 하는 것이어서, 지극히 공평하 고 지극히 밝지 않으면 그 중도中道를 잃어서 온 나라의 인심을 감복시키지 못한다.

이방원은 정몽주가 설파한 대로 정몽주를 죽여 천만 사람을 두려워하게 하고, 다시 정몽주를 포상하여 천만 사람에게 그의 단심丹心을 권장했다. 그 렇다면 그의 이런 처사는 과연 공평하고 밝아 인심을 감복시켰는가?

오늘날 상의 남발은 우려스러운 현상이다. 정치, 경제, 사회, 문화 전 분야에서 온갖 상이 '범람'하고 있다. 상을 주고받아서 즐거운 건 좋은데 상의 권위는 사라진 지 오래여서 업적을 기리는 일이나 권장, 표창의 의미는 찾기 어려워졌다. 자연스레 상을 나눠가지게 되고 돌아가면서 타게 되니 상이 빛나지 않게 된 것이다. 도가 지나쳐 심지어 상을 사고파는 일까지 벌어진다.

이런 상의 '보편화'는 초등학교부터 시작된다. 초등학교에는 무슨 명목이든지 붙여 모든 아이에게 상을 준다. 이건 1970년대 '열린 교육'을 주창해 교육을 망쳐버린 미국의 영향을 받은 것으로, 하향평준화의 또 다른 형태다. 소수의 아이들에게 상을 주는 것은 상을 받지 못한 아이들을 분발하게 하는 자극제가 된다. 그리고 상을 받은 아이에게는 더욱 노력하게 하는 계기가 된다. 그런데 모든 아이에게 상을 주는 것은 이런 경쟁구도를 훼손하는 것으로, 결국 아이들에게 열심히 노력해도 노력하지 않는 친구와 별반 차이가 없다는 인식을 심는다.

# 3부 인간은 짐승처럼 도덕적이지 않다

우리는 '도적은 나쁜 사람, 의적義賊은 좋은 사람'이라는 두 가지 확신을 미리 가지고 있다. 그러나 의적은 도적이 아니란 말인가? 그렇다면 위의 확신은 편견이 된다. 즉 의적도 분명 도적이라면 '도적은 나쁜 사람'이라는 생각이나 '의적은 좋은 사람'이라는 결론 중 적어도 하나는 편견일 수 있는 것이다. 더 나아가 생각해 보자. 대개 도적들이란 자신이나 가족의 궁핍을 해결하기 위해 나선 자들이다. 최소한 가족의 입장에서는 도적질에 나선 아버지는 의적인 것이다! 그것이 이웃의 궁핍을 해결하기 위해 부호의 집을 턴 의적과 무엇이 다르단 말인가?

# 19

# 선전

宣傳 propaganda

선전이 요란할수록 선전에 넘어간 사람이 치러야 할 대가는 크다.

광고가 많은 상품의 가격이 비싼 것은, 그 광고비가 고스란히 소비자에게 전가되기 때문이다. 상품의 효용效用은 선전으로 인해 증가하지는 않는다. 같은 효용의 상품 중에서 사람들은 광고가 없는 무명無名의 값싼 제품보다는 선전이 요란한 비싼 제품을 산다.

정치도 마찬가지다. 선전은 그 어떤 진실보다도 대중에게 효과적이다. 정치인 역시 선전을 통해 '상품으로서의' '기대가치expected value'를 높인다. 대중은 그 정치인을 사지만 결국은 조작된 이미지를 사는 것이 된다. 종교는 선전을 통해 자신들의 신을 판다. 선전이 많아질수록 신의 가격도 터무니없이 치솟는다.

사이비 종교는 아무런 효험이 없는 조작된 신을 파는 종교다. 그런 사이비 종교들은 공통점이 있다. 그 선전지에 과자에 발라져 있는 설탕처럼 천국으로 오르는 달콤한 층계가 그려져 있는 것이다. 현세現世의 고달픈 사람들과 현재에 불만인 사람들에게 별다른 조건 없이 당장의 천국을 약속한다. 내일 곧 도래할 천국을 외치는 주문呪文은 얼마나 황홀한가? 그 천국은 현실의 모든 질서가 역전된 곳이다.

이 사기꾼 교주들은 종말론終末論이나, 이와 유사한 비극적 상황을 예언하여 겁을 준다. 그러나 종말이 와야 할 시간에 당연히 아무 일도 일어나지 않는다. 그건 믿음이 부족한 때문이지 결코 교주 탓이 아니다, 그러니 다시 천국을 기대하라고 속삭인다. 그들의 경전은 두껍고 난해하지만, 교리는 지극히 단순하다. 대개 그런 교리들은 선동적인 한마디로 요약된다. 예컨대 마르크스교가 내건 '사유제산제의 폐지' 같은 것이다.

그들은 진짜 신을 죽여버렸다. 신들은 폐기되어 이념의 무덤에 실려갔다. 카를 마르크스Karl Marx, 루트비히 포이어바흐Ludwig Feuerbach, 블라디미르 레닌Vladimir Lenin, 버나드 쇼George Bernard Shaw, 에밀 뒤르켐Emile Durkheim, 앙드레 지드Andre Gide, 헤르베르트 마르쿠제Herbert Marcuse, 장 폴 사르트르Jean Paul Sartre…. 신들을 죽인 사이비 종교의 교주와 사제들. 천국에 대한 그들의 예언들을 적은 전단지들은 지금도 사방에 널려 있다.

## 공산주의는 인민의 아편인가

사이비 종교는 선전에 모든 것을 건다.

320

마르크스 역시 '끊임 없는 선전 선동'을 강조했다. 그는 두 차례 신문을 발간했다. 두 번 다 편집장이었는데 한 번은 사주社主를 겸했다. 그러나 도전적이고 전투적인 선전활동으로 말미암아 별다른 성과를 내지 못하고 실패로 끝난다. 그 뒤 브뤼셀과 파리를 거쳐 런던에 정착한 마르크스는 '뉴욕 데일리 트리뷴'에 유럽통신원으로 정기적인 기고를 하는 등 생계를 위한 글쓰기와 함께 여러 매체에 선동적인 논평을 계속했다. (트리뷴에 쓴 500여 편의 글 중 적어도 150여 편 정도는 엥겔스Friedrich Engels가 마르크스의 이름으로 쓴 글이다.)

마르크스는 예나대에서 1841년 학위를 받았다. '마르크스 박사'가 된 이 젊은 '청년헤겔주의자'는(청년헤겔주의자들은 헤겔좌파의 본류本類다. 마르크스는 뒤에 헤겔좌파를 비판한다.) 이듬해 쾰른으로 가서 5월부터 라이니셰 차이퉁(라인신문)에 글을 쓰고 10월에 편집장이 되면서 '무신교無神敎'의 포교를 시작했다. 그 무렵의 마르크스는 대학에서 일자리를 찾지 못한 급진急進 자유주의자에 지나지 않았다. 이때는 마르크스 자신도 80년 뒤 자신이 공산주의교敎의 주신主神의 자리에 오르리라는 것을 상상조차 하지 못했을 것이다.

1843년 불온사상으로 사회혼란을 야기한 덕분에 라이니셰 차이퉁이 폐간되자, 이 신흥 종교의 미래 교주는 갓 결혼한 신부를 데리고 파리로 피난했다. 1845년 마르크스의 복귀를 두려워한 프로이센 경찰은 마르크스의 시민권을 박탈했는데, 마르크스는 그 뒤로 끝내 독일 시민권을 회복하지 못한 채 무국적자로 죽는다.

사실 마르크스는 저널리스트로서의 뛰어난 재능을 가지고 있었다. 대학 시절에 읽은 다양한 책들이 그 재능의 바탕이 되었다. 그가 쓴 짧고 힘 있는 문장은 사람들의 마음을 움직였다. 예를 들자면, 그가 1843년 신혼여행에서 돌아와 쓴 '헤겔 법철학 비판 서문' 같은 글이다. 그 글엔 지금까지 종교 비판으로 가장 많이 인용되는 구절이 있다.

종교는 인민의 아편이다.

이 말은 요절한 시인 노발리스Novalis에게서 빌려온 것이다. (에세이 '기독교세계 또는 유럽 Die Christeneit oder Europa'에 있다.) 죽어 있던 이 경구에 마르크스가 생명을 불어넣었다. 기독교를 능가하는 신도를 가진 '종교'를 만든 마르크스가 젊은 시절 이런 경구를 썼다는 것은 얼마나 아이러니한 일인가. 그러나 마르크스는 평생 저널리스트로서의 재능을 제대로 사용하지 못했다. 그는 언제나 너무 전투적이었다. 그것보다 더 불행한 일은 그 재능이 주로 자신의 명예를 위해 사용되었다는 것이다. 그가 일생 동안 부르주아적인 생활을 포기하지 않은 것이 그것을 증명한다.


## 신이라 칭하는 무리

그러나 당시만 하더라도 그는 자신의 종교 교리조차 없는, 무신교의 젊은 사제에 불과했다. 그런 그가 애덤 스미스Adam Smith, 데이비드 리카도David Ricardo, 제임스 밀James Mill(존 스튜어트 밀John Stuart Mill의 아버지다.)의 경제학을 체계적으로 읽은 때는 1844년 여름 파리에서였다. 그는 비로소 교리를 계시받았다. 그는 그 책들을 읽은 뒤 '경제학, 철학 원고'에 열정이 뚝뚝 묻어나는 청년 휴머니스트다운 글을 썼다.

공산주의는 역사의 수수께끼를 푸는 답이다.

그 뒤에 마르크스는 덧붙였다. '자신이 답인 것을 알고 있다.' 아마 그에게 영감을 주어 그렇게 들뜨게 만든 이는 '임금생존비설'을 주장한 '정치경제학'의 원조 격인 리카도(1772~1823)였을 것이다. 그러나 그 무렵에는 공산주의라는 이름을 쓰거나 엇비슷한 교리를 펴는 무신교의, 다른 사제도 많았다. 파리는 모여든 무신교의 사제들과 교주 후보들로 들끓었다. 예컨대 무정부주의자인 피에르 프루동Pierre Proudhon이나 그의 스승 카를 그륀Karl Grun은 이미 많은 신도를 거느리고 있었다.

말하자면 '공산주의'는 자유주의에 물든 청년들과 혁명을 꿈꾸는 반체제 인사들의 유행이었던 것이다. 나중에 '공산당선언'에서 마르크스는 '집권당으로부터 공산당이라는 비난을 받지 않은 반대당이 있는가?'라고 물었다. 그들은 인류를 파멸로 이끌 미래 종교의 '통일 교리'를 쓰기 위해 서로 경쟁했다. 마르크스는 그중에서 발군이었다.

마르크스가 존경해 마지 않았던 시인 하인리히 하이네Heinrich Heine도 파리에 있었다. 하이네는 마르크스와 같은 유대인으로 마르크스보다 스물한 살이 많았다. 그는 헤겔Georg Wihelm Friedrich Hegel의 강의를 들었으며 그 영향으로 반체제적인 글을 쓰다 추방되어 파리로 갔지만 적어도 무신교도는 아니었다. 따라서 공산주의자도 아니었다. 하이네는 마르크스에게 다니엘서에 나오는 바빌론 왕의 이야기를 해주었다. (하이네가 말한 바빌론왕은 네부카드네자르 Nebuchadnezzar이다. 왕은 예루살렘을 점령하고 성전을 파괴했다. 그가 왕국에서 잔치를 벌이다 하늘로부터 벌을 받아 소처럼 풀을 먹고 네 발로 기었다.)

나는 나의 훌륭한 친구 루게를 계몽시키기 위해 이 책을 권했고, 또 루게보다 훨씬 고집스러운 친구 마르크스, 그리고 포이어바흐, 다우머, 브루노 바우어, 헹스텐베르크를 비롯해 신을 모르고 신이라 칭하는 무리에게도 이 책을 권했다. (상세한 것은 프랜시스 윈 저, 『마르크스평전』 정영목 역, 푸른숲 간을 참조하라.)


## 찰스 마르크스 박사

파리의 평화는 오래 가지 못했다. 마르크스는 어디를 가도 '문제를 만드는 자'였다. 그는 야심차게 창간했던 잡지 '독일-프랑스 연보'를 더 이상 내지 못하고, 1845년 파리에서 쫓겨나 브뤼셀로 가야 했고, 1848년 브뤼셀에서도 추방되어 다시 파리로 가야 했다. 그가 쓴 『공산당선언』을 발표한 직후였다. 그러나 그때까지 세상 어디에도 공산당은 없었다. (『공산당선언』이 영국에서 인쇄된 날은 1848년 2월 24일, 마르크스가 추방된 날은 3월 4일이다.)

실제 공산당선언은, 선언이 나오기 하루 전인 2월 23일 이미 시작된 파리 혁명에 별다른 영향을 미치지 못했다. 프랑스는 왕정이 무너지고 소小부르주아가 주도한 공화정이 출범했다. 혁명의 불은 오스트리아의 3월혁명으로 옮겨붙어 메테르니히Klemens, Furst von Metternich를 실각시키고, 독일과 이탈리아 그리고 영국에까지 번져갔다. 나폴레옹Napoléon Bonaparte이 전파한 자유주의를 탄압하며 근근이 버티고 있었던 빈체제Wiener System는 마침내 붕괴되었다.

마르크스가 이 혼란기를 놓칠 리 없었다. 그러나 이미 공업화가 상당히 진전되어 '프롤레타리아 계급'이 있는 영국에는 포교를 위한 자신의 기반이 없었다. 그는 다시 조국 독일로 돌아가 그나마 '언론의 자유가 조금 남아 있는' 쾰른에서 노이에 라이니셰 차이퉁(신라인신문)을 발간했다. 신문사는 프로이센의 수비대와 유치장 맞은편에 있었는데 식자공들은 의도적으로 붉은 자코뱅 모자를 쓰고 있었다. 그는 그 신문을 통해 때로는 도발적으로, 때로는 온건한 부르주아처럼 위장하면서 포교를 계속했다.

(그가 파리에 있을 때 만든 전단지 '독일 공산당의 요구'에 적힌 '요구'는 자신이 쓴 공산당선언의 10개 항목 중 불과 4개만 수록할 정도로 온건했다. 누진소득세, 의무교육, 운송수단의 국유화, 국립은행 창설이 그것이다. 오늘날 대부분의 자본주의 국가는 마르크스의 이런 '요구'에 충실한 셈이다. 마르크스가 공산당선언에서 부르주아혁명을 '서정적으로' 찬양한 것처럼, 그는 독일에서 부르주아혁명을 기대했고, 부르주아지와 프롤레타리아트의 연합전선을 생각했다.)

마르크스가 쾰른에서 '미친 한 해'(쾰른의 1년은 어떤 의미에서는 마르크스의 전성기였다. 마르크스는 그 1년을 나중에 '미친 한 해'라고 표현했다.)를 보냈을 때 당국은 국외 이주를 권고했다. 그는 신문 종간호를 빨간 잉크로 찍은 뒤 밴드가 연주하는 가운데 적기赤旗가 펄럭이는 신문사를 떠났다. 마르크스와 엥겔스는 프랑크푸르트와 바덴으로 갔으나 아무도 그들의 말을 들으려 하지 않았다. 결국 엥겔스는 '실전 전략을 연구할 목적으로' 바덴의 빨치산 부대장 빌리히August Willich(이 책 '동지' 참조)의 부관으로 '전직'했고 마르크스는 위조 여권으로 파리로 갔다.

그러나 파리의 경찰은 랑보라는 가명으로 신분을 감추고 숨어 있던 마르크스를 찾아냈다. 경찰은 그를 브르타뉴로 추방한다고 통고했다. 그건 마르크스로서는 감내할 수 없는 유배형이었다. 그러나 이제 대륙의 어느 나라도 마르크스를 받아주지 않았다. 믿었던 스위스는 여권 신청을 거부했다. 할 수 없이 마르크스는 '찰스 마르크스' 박사라는 이름으로 도버 해협을 건넜다. 카를Karl의 영어식 발음이 찰스였으니 마르크스가 영국 정부와 선장을 속인 것은 아니었다.


## 자학적인 유령의 탈

모든 선전은 선전의 내용을 축약한 핵심 구절에서 승부가 난다. 오늘날 광고의 '카피'가 그것이다. 그런 의미에서 역사상 어떤 문서도 마르크스가 쓴 공산당선언보다 빈자貧者에게 더 유혹적이지는 않을 것이다. 말하자면 공산당선언은, 종교를 선전하는 팸플릿으로는 가장 큰 성공을 거둔 것이다. 이 선언으로 공식적으로 그 등장을 알린, 마르크스교라는 새로운 종교는 스스로 '자학적인' 유령의 탈을 쓰고 있었다.

한 유령이 유럽을 배회하고 있다. - 공산주의라는 유령이다. 유럽의 모든 늙은 권력은 이 유령을 내쫓기 위해 신성동맹을 맺었다. 교황과 차르, 메테르니히와 기조, 프랑스 급진파와 독일 경찰의 첩자들. (1888년 새뮤얼 무어 번역본을 중역)

이 첫 구절은 공산주의 선전으로는 대단히 문학적이다. '유령'이란 은유는 사람들에게 공포감을 심어준다. (1850년 헬렌 맥팔레인의 최초 영어 번역본은 '무서운 요괴로 되어 있다.) 이 유령은 이후 무려 70년간이나 파리와 쾰른, 런던으로 근거지를 옮겨가면서 전 유럽을 떠돌다가 비로소 자신의 탈을 벗고 러시아에서 실체를 드러낸다. 그리고 놀라운 번식력을 보이며 수많은 변종을 만들어내 한때 전 세계의 절반을 지배했다.

노동자는 쇠사슬밖에 잃을 게 없다. 그들에게는 획득할 세계가 있다. 만국의 노동자여, 단결하라!

공산당선언 맨끝에 격문처럼 적혀 오늘날에도 수없이 인용되는, 잠언과도 같은 이 구절은 장 폴 마라Jean Paul Marat와 카를 샤퍼Karl Schapper의 글을 차용한 것이다. 마라는 프랑스혁명 15년 전인 1774년 스물아홉 살의 나이에『노예제도의 사슬』을 썼다. (그는 프랑스혁명이 일어나자 '인민의 벗Ami du Peuple'을 창간하고 1792년 파리코뮌을 지휘했다. 산악당으로 국민공회 의원이었는데 1793년 반혁명파 샤를로트 코르데Charlotte Corday에게 집 욕실에서 칼에 찔려 죽는다. 이 사건은 수많은 예술작품의 소재가 된다.) '노동자는 쇠사슬밖에 잃을 게 없다'는 말은 마라가 그 책에서 처음 쓴 말이다. '만국의 노동자여, 단결하라'는 말을 한 샤퍼는 영국으로 망명한 독일의 '혁명가'로서 1847년 최초로 공산주의 동맹Bund der Kommunisten을 만들었다. 그 동맹은 마르크스가 런던에 갔을 때 활동기반이 된다.


## 이단의 탄생

레닌Vladimir Lenin(1870~1924)은 마르크스처럼 신문과 팸플릿을 통한 선전의 중요성을 알고 있었다. 레닌도 두 개의 신문에 관여했다. 그리고 일정 부분 성공을 거두었다. '레닌'은 1902년 팸플릿 '무엇을 할 것인가?'를 쓸 때부터 의 필명이고 본명은 울리야노프Ulyanov이다. 적어도 팸플릿을 쓴 레닌에게는, 그 선정적인 질문의 정답은 '무엇이든 할 수 있다'였다.

'혁명'을 위해서라면 그가 무엇이든 할 수 있는 자라는 걸 증명하는 한 예가 있다. 스물두 살 때 레닌은 기근에 허덕이는 농민을 위해 친구가 벌이던 모금운동을 말렸던 것이다. 그 이유는 참으로 섬뜩했다.

굶주림이 농민들로 하여금 자본주의 사회의 근본적인 현실을 숙고하게 만들 것이다.

레닌은 마르크스교에 갓 입문했을 때부터 누구보다 전도에 열심이었다. 그는 평생 마르크스주의를 '객관적 진리'로 믿었고, 또 그렇게 말했다. 폴 존슨Paul Johnson은 '레닌만큼 종교적 열정을 권력의지로 완벽히 바꾸어 놓은 사람은 드물다. 더 옛날이었다면 레닌은 분명 종교지도자가 되었을 것이다'고

적고 있다. (『모던 타임스』, 조윤정 역, 살림 간 참조)

그러나 레닌이 마르크스교의 교리에 충실했던 것은 아니다. 레닌 스스로는 마르크스교의 적자嫡子임을 자부했지만, 그는 마르크스의 역사적 결정론決定論Determinism조차 이해하지 못했다. (역사적 결정론은 부르주아혁명에서 프롤레타리아혁명으로 이행하는 것이 인과법칙에 의한 필연이라는 것으로 잉여가치설과 함께 마르크스교리의 핵심이다.) 레닌은 마르크스의 사생아였던 것이다.

정통 마르크스주의자 로자 룩셈부르크Rosa Luxemburg는 혁명의 강력한 집행을 위해 당에 절대권력을 요구하는 레닌의 태도가 프롤레타리아혁명의 필연적 도래를 주장한 마르크스주의의 모든 '과학적 토대'를 부정하는 것으로서 그 자체가 엘리트적이고 비마르크스적이라고 했다. (그녀는 『러시아혁명과 레닌주의와 마르크스주의』라는 책을 썼다.) 그녀는 혁명정부가 결국 '군사력에 기반한 극단적 중앙집권주의로 변질'될 것을 예언했다. 이 말은 나중에 사실로 입증된다. 당시 레닌이 한 말은 마르크스로부터 한참 멀어져 있다.

혁명인민정부의 특성은 선善과 폭력이 병존한다는 것이다. 선이 없는 폭력은 파괴를 낳고 폭력 없는 선은 무능력하다.


## 로베스피에르의 환생

이 사생아는 혁명 이외의 모든 것을 포기했다. 스케이팅, 체스, 음악 같은 취미생활은 물론 어렵게 자격을 딴 변호사 일도 몇 주 만에 끝냈다. 그는 혁명이 완성된 1917년 11월까지 오직 '저널리스트'로 살면서 선전이야말로 마르크스교의 교세를 넓히는 유일한 수단이라고 확신했다.

레닌은 부르주아 인텔리게치아였다. 부르주아가 그가 속한 '계급'이었다. 이 점은 마르크스와 놀랄 만큼 유사하다. 마르크스가 평생 노동자를 알지 못했던 것처럼 레닌 역시 일생 동안 공장에 가본 일도 없었고 노동자의 생활을 제대로 관찰한 적도 없었다.

레닌이 열여섯 살 때 맏형 알렉산드르 울리야노프Alexander Ulyanov는 알렉산드르3세 암살계획의 공범으로 잡혀 교수형을 당했다. 이 일로 레닌은 정치에 눈을 뜬다. 그러나 그가 마르크스주의자가 된 것은 대학에 간 뒤였다. 그는 1887년 가을 중부 러시아에 있는 카잔대에 입학했으나 그해 말 혁명활동으로 쫓겨난다. 레닌은 카잔에 남아 『자본Das Kapital』을 읽는 한편 청강생으로 법률공부를 해서 변호사가 된다.

변호사 레닌에게 본격적으로 마르크스교 교리를 가르친 사람은 '정치혁명'을 도모하다가 1880년 제네바로 망명해 있던 게오르기 플레하노프Georgii Valentinovich Plekhanov였다. 레닌은 제네바로 가서 플레하노프를 만난다. 플레하노프는 1889년 프랑스혁명 100주년을 맞아 엥겔스가 주도한 제2인터내셔널의 러시아 대표였으며 레닌이 시베리아로 유형 중이던 1898년 러시아 사회민주노동당(러시아공산당의 전신)을 결성한, 말하자면 마르크스교의 주교였다. (플레하노프는 1917년 3월 러시아혁명이 일어나자 귀국했는데 11월혁명 때 볼셰비키와 대립하면서 레닌과 갈라서고 이듬해 죽었다.)

마르크스교의 청년 사제가 되어 1895년 상트페테르부르크로 돌아온 레닌은 노동계급해방운동을 벌이다 체포되어 1897년 시베리아 유형을 가게 된다. 불온서적을 숨긴 가방의 이중바닥이 발각되었던 것이다. 그러나 유형은 비교적 짧았다. 레닌은 1900년 석방된 뒤 뮌헨으로 가 마르토프L. Martov와 함께 그해 말 플레하노프가 창간한 이스크라Iskra(불꽃)지紙에 합류했다. 이스크라지에 관여하게 된 것은, 레닌에게는 물고기가 물을 만난 것과 같았다.

이스크라는 단번에 레닌을 유명하게 만들었다. 이 신문은 마르크스 사후 처음 나온 정치선전지였다. 그러나 당국이 이 이단異端의 신문을 눈감을 리 없었으므로 이스크라는 뮌헨과 런던 그리고 제네바로 본부를 옮겨야 했다. 레닌을 비롯한 볼셰비키는 그 과정에서 온건파 플레하노프, 마르토프, 트로츠키Leon Trotskii의 멘셰비키와 갈등을 빚는다. 트로츠키는 '독재자' 레닌을 로베스피에르Robespierre에 빗대 불렀다. (트로츠키는 1917년 혁명에서 볼셰비키에 입당한다.)

## 내가 말하는 진실 외의 진실은 적이다

1905년 1월 22일. 일요일인 이날은 마르크스가 생전에 꿈꾸었던 '노동자의 반란'이 시작된 날이다. '혁명'은 독일에서 시작할 것이라는 마르크스의 예상을 벗어나 공장노동자가 얼마 되지 않는 농민의 나라 러시아에서 일어났다. (러시아 인구 1억6000만 명 중에 농민은 무려 1억500만 명이었고 노동자는 많이 잡아 1500만 명에 불과했다.) 상트페테르부르크의 노동자 15만 명은 '고통을 견디느니 차라리 죽는 것이 낫다'며 가퐁 신부의 지도 아래 겨울궁전으로 행진했다. 민주적 대의제도와 생존권 보장이 그들의 요구였다. (그러니까 1905년의 혁명은 '프롤레타리아혁명'이 아닌 '자유주의 혁명'이라 할 수 있다.) 차르가 없던 궁전을 지키던 군대는 군중이 해산명령을 무시하고 계속 다가오자 어쩔 수 없이 발포했다.

1000명의 군중이 살해된 그날은 '피의 일요일'로 불렸다. 학살에 항의하여 러시아 전역에서 파업과 소요가 일어났다. 폭력시위는 10개월이나 계속됐다. 많은 인명이 희생된 뒤에도 파업과 폭력시위가 번져가다 전국적인 총파업이 일어나자 니콜라이2세는 10월 17일 두마(의회) 소집을 허락한다고 선언했다. 희망에 찬 레닌은 9월 초 위조 여권으로 상트페테르부르크로 돌아왔다. 그러나 '혁명가'들은 아직 용납되지 않았다. 1907년 부르주아 정부의 혁명조직에 대한 검거령을 피해 레닌은 다시 망명길에 오른다.

혁명세력의 주력부대는 해외로 도피했지만 레닌은 남아 있는 신도들과 연락하면서 1912년 5월 5일 상트페테르부르크에서 지하신문인 프라우다 Pravda(진실)지를 창간했다. (5월 5일은 마르크스가 태어난 날이기도 하다. 이날은 지금 러시아에서 '신문의 날'로 기념한다.) 이 신문은 그때부터 '러시아혁명'의 직접적인 동력이 되었다. 레닌은 프라우다지를 통해 혁명세력에 영향력을 유지했다. 그는 프라우다에 격정에 찬 글을 써서 교리를 전파하고 신도들을 교육했다. 그러니까 단순히 공산주의 선전매체가 아니라 경전 역할을 했던 것이다. 프라우다는 1차대전이 발발하자 정간되지만 1917년 '3월혁명' 뒤 복간된다.

1917년 3월 러시아혁명이 일어났다. 이 혁명은 소련과 러시아에서 부르듯이 '부르주아 민주주의혁명'이다. (11월 '러시아혁명' 전까지 사용하던 율리우스력이 그레고리력에 비해 13일 빨라 러시아에서는 '2월혁명'으로 부른다. 그리고 11월혁명은 '10월혁명' '사회주의혁명'으로 부른다.) 혁명으로 니콜라이2세가 물러나자 레닌은 루덴도르프Erich Friedrich Wilhelm Ludendorff 장군이 제공한 '밀봉열차密封列車'(도중에 독일 노동조합원과 접촉하지 않는다는 조건이 붙은 열차였다.)를 타고 취리히를 떠나 4월 16일 페트로그라드(1914년 상트페테르부르크에서 개칭)로 돌아온다. 그때 볼셰비키는 소수파였다.

혁명대열에 합류한 레닌은 10개 항목의 '4월테제'를 발표했다. '임시정부 타도와 모든 권력은 소비에트로'가 그 기치였다. 하지만 1917년 7월 볼셰비키의 시위가 진압됐다. 레닌은 다시 핀란드로 도피했다. 그러나 사회혁명당 케렌스키Alexander F. Kerensky 임시정부가 경제파탄으로 지지기반을 잃자 레닌은 10월 변장을 한 채 비밀리에 잠입해서 소비에트 중앙위원들을 설득해 무장봉기 결정을 끌어냈다. 트로츠키Leon Trotskii가 조직한 무장단체인 페트로그라드 '군사혁명위원회'는 10월 25일(그레고리력으로 11월 7일이다.) 임시정부 타도에 성공했다.

피 한 방울 흘리지 않은 쿠데타였다. 그것은 선전의 승리였다. 그 증거로 케렌스키 정권이 무너진 그날 문을 닫은 상점은 없었다. 극장은 만원이었다. 심지어 음악회도 예정대로 열렸다. 사람들은 '혁명'을 피부로 느끼지 못했다. 다음날 소비에트대회는 '전쟁의 중단과 토지 소유권의 폐지' 그리고 최초의 노동자 농민의 정부인 '인민위원회 구성'을 결의했다. 마르크스가 꿈꾸었던 '혁명'이 마침내 현실로 나타난 것이다.

새 정부 평의회 의장으로 선출된 레닌은 언론부터 통제했다. 그는 선전의 중요성을 누구보다 잘 알고 있었다. 자신이 말하는 '프라우다-진실' 외에 그 어떤 진실도 적敵이라는 사실을 레닌은 알았다. 그 적들에게 선전을 펼칠 마당을 내줄 수는 없었다. 레닌은 노동자와 농민의 정부에 저항하고 불복종을 호소하거나, 중상과 비방의 목적으로 사실을 왜곡하고 대중을 선동하는 신문은 폐산한나는 법령을 공포했다. 이튿날 10개의 신문이 사라졌고 일주일 뒤 다시 10개의 신문이 없어졌다.

## 지식인의 거짓

1932년 뉴욕타임스 소련특파원 월터 듀런티Walter Duranty(그는 1922년부터 1941년까지 모스크바에 주재하면서, 1929년에는 스탈린Iosif Stalin을 단독으로 인터뷰해 유명해졌다.)는 우크라이나 주민들이 굶어죽는다는 보도는 거짓이라는 특종 기사로 퓰리처상을 받았다. 그 기사가 나가기 얼마 전 영국 기자 맬컴 머거리지Malcolm Muggeridge는 우크라이나 현지를 취재해서 대기근의 참상을 서방에 알렸다.

당시 서구의 '지식인'들은 자본주의 체제를 비판하면서 스탈린(1878~1953)의 계획경제를 치켜세우기 바빴다. 그들은 의도적으로 스탈린을 찬양했고 공산주의가 건설하는 '유토피아'를 미화했다. 그건 지식인들의 돌출욕구 탓도 있지만, 스탈린의 선전에 넘어간 때문이었다. 그러나 지식인들은 진실을 알고 난 뒤에도 오히려 이를 호도하기에 급급했다. 공허한 이상에 목을 맸던 지식인이란 자들이, 아무런 가책 없이 얼마나 사악한 거짓말을 했는지 단적인 예로 몇 가지만 보자.

런던대 해럴드 래스키Harold Laski 교수는 스탈린의 노동수용소가 '죄수들을 완전한 자기 존중의 삶으로 이끌었다'고 주장했다. 1947년 '북한방문기'를 써(『해방전후사의 인식5』에 실려 있다.) 우리에게도 알려진 여기자 안나 루이스 스트롱Anna Louise Strong은 노동수용소가 '수만 명을 교화시킨, 소련 전역에서 평판 높은 곳'으로서 '인간을 개조시키는 소비에트 방식은 매우 유명하고 효과적이어서 범죄자들은 종종 수용을 지원하기도 한다'고 썼다. (이런 글을 쓰는 자를 어찌 언론인이라 할 것이며, 이런 자가 쓴 북한 기행이 무슨 객관적 기술이겠는가?) 버나드 쇼는 한술 더 뜬다. 세상 물정을 알 만한 나이에 술에 취하지도 않은 쇼가 한 말이다.

영국에선 누구나 인간으로 교도소에 들어가 범죄자가 되어 나오지만, 러시아는 범죄자로 들어가 정상인이 되어 나온다. 그러나 나오도록 설득하는 게 쉽지 않다. 내가 아는 한 그들은 원하는 만큼 머무를 수 있다.

이 말은 결코 쇼의 유머가 아니라 진지하게 한 말이었다. 한 시대의 지성으로까지 불린 자가 이따위 말을 했다는 것은, '본색을 드러냈다'는 말로밖에 설명할 길이 없다. (좀 더 상세한 내용은 『모던 타임스』 1권 8장을 참조하라.) 그러나 이런 가짜 '지식인'들이 꿈꾸었던 '유토피아'는 어디에도 없다는 걸 그들 스스로가 잘 알고 있었다. 그들은 처음 스탈린의 선전에 넘어갔고 나중에는 유혹에 눈멀었던 것뿐이다.

사실 스탈린은 '유토피아'에 대해 무지했다. 그는 그럴 만한 지식을 갖추

지 못했을 뿐 아니라, 레닌처럼 학구적이지도 않았다. 더군다나 마르크스가
『자본』에서 쓴 것은 자본주의 경제에 대한 것이지 사회주의 경제에 대한 것이
아니었다. 막상 사회주의 경제체제 운용에 대한 경전은 어디에도 없었다. 일
찍이 바쿠닌Mikhail Bakunin이 염려했던 것처럼 프롤레타리아를 대신해 소수의
전위 엘리트들이 생산요소를 운영했다. 결국 '무계획적인' 중앙집권주의에 의
한 '계획경제'가 들어선 것이다. 그리고 그 성과는 여느 독재자들처럼 엉터리
숫자로 조작되었다.


## 홀로도모르

진실은 이렇다. 당시 소련은 스탈린이 벌인 '관제 기아飢餓 사태'에 빠져 있
었다. 1929년 말 스탈린은 쿨라크kulak(부농)를 분쇄하고 농업집산화로 나간
다는 결정을 내렸다. 스탈린은 농업개혁을 위해 소작농들이 토지를 내놓게
할 목적으로 고의적인 '기아작전'을 벌였다. 그는 도시의 기근을 해결하고 농
민들을 집단농장으로 몰아넣기 위해 곡물을 빼앗았다. 집산화에 반대하는
농민은 총으로 쏴 죽이거나 시베리아로 추방했다.

아이러니컬하게도 처음 구상한 집단농장은 미국의 캠벨농장 같은 대규모
농장을 흉내낸 것이었다. 스탈린은 트랙터를 이용한 대규모 농업으로 생산
을 늘릴 수 있다고 여겼다. 그는 집단농장을 생산자협동조합 정도로 생각
했다. 그만큼 농민과 농업을 몰랐다. 레닌이 프롤레타리아를 전혀 모르면서
'프롤레타리아 혁명'에 나선 것처럼, 그는 농업을 전혀 모른 채 농업개혁을 단

행했던 것이다.

그러다 보니 사회주의국가의 특징대로 '아무도 책임지지 않는' 고장난 트랙터가 여기저기 널려 있었다. 농민들은 곡물을 빼앗기느니 차라리 불태웠고 몇 백만 마리의 가축을 죽여버렸다. 그 결과 대기근이 닥쳤다. 이 강요된 기근으로 600만 명이 목숨을 잃었다. (스탈린은 1942년 8월 '당시 1000만 명의 농민을 처리했다'고 말한 바 있다. 600만 명은 미하일 고르바초프Mikhail Sergeyevich Gorbachev 대통령 때 공개된 정부문서에 기록된 숫자다.) 우크라이나인들은 히틀러 치하 홀로코스트에서 죽은 숫자와 같은 사망자를 낸 이 대기근을 '홀로도모르Holodomor'라 부른다.

듀런티가 기사를 쓰기 전 대기근을 보도했던 영국 기자 맬컴 머저리지는 졸지에 거짓말쟁이가 되어 실직했다. 이듬해인 1933년 3월 영국의 젊은 기자 개리스 존스Garris Johnes는 우크라이나로 가 비극적 상황을 다시 보도했다. 뉴욕 이브닝포스트지는 3월 29일자 신문에서 존스의 기사를 싣고 스탈린의 '악질惡質'을 비판했다. 그러나 존스의 보도는 별다른 반향을 이끌어내지 못하고 묻혔다.

소련은 모든 정보를 통제했고 모스크바에 주재하는 외국 특파원들은 존스의 기사를 부인했다. 듀런티는 '끔찍한 얘기'라며 존스의 기사마저 다시 거짓말로 만들어버렸다. 그는 존스의 기사가 나간 며칠 뒤 '상황은 나쁘지만, 기근은 아니다'고 타전했다. 존스는 이 기사 때문에 어려운 처지에 몰렸는데, 뒤이어 일본의 중국 침략을 취재하다가 내몽골 지역에서 산적들에게 의문의 죽음을 당했다. (그의 가족들은 스탈린의 음모라고 주장했고, 한때 존스를 비서로 데리고 있었던 로이드 조지David Lloyd George 총리도 스탈린의 살해 가능성을 언급했다.) 스탈린은 우크라이나를 죽음의 질곡桎梏으로 빠뜨리면서 태연하게 100만t이 넘는 식량을 수출해서 그 돈으로 무기 공장을 세웠다.

세월이 흘러 1990년 샐리 테일러Sally Adamson Taylor 기자는 '스탈린의 변명'에서 듀런티가 스탈린과 친분을 유지할 생각으로 우크라이나의 참상을 외면했다는 의혹을 제기했다. 듀런티의 수상은 재심을 했으나, 퓰리처상위원회는 '퓰리처상은 어느 한 해의 업적에 대해 주는 것'이라는 이유로 유효하다는 결정을 내렸다. 2003년에는 뉴욕타임스가 컬럼비아대 마크 본 헤이건 교수에게 의뢰한 조사 결과에 따라, 듀런티의 수상을 철회해 달라는 의견서를 퓰리처상위원회에 제출했다. 헤이건은 보고서에서 '듀런티는 소련의 입장을 열정적이고 선동적인 언어로 대변하는 일이 잦았으며 균형감각을 잃었다'고 밝혔다. 진실이 드러나자 우크라이나인들이 보낸 항의서한이 엄청나게 쇄도했다.


## 도쿄 로즈

선전은 적에게 치명적인 타격을 가하는 무기 중 하나다. 손무孫武가 쓴『손자병법孫子兵法』중에 모공謀攻편은 '싸우지 않고 이기는 방법'을 적었다. 그 첫머리에 나오는 유명한 말이 있다. (원문은 남만성이 편역한 현암사 1969년판을 따랐다.)

백 번 싸워 백 번 이기는 것이 최선이 아니다. 싸우지 않고 굴복시키는 것이

최선이다. 百戰百勝 非善之善者也 不戰而屈人之兵 善之善者也

　손무는 이길 수 있는 최상의 방법으로는 적의 계획을 분쇄하는 벌모伐謀이며, 그 다음이 적의 외교를 분쇄하는 벌교伐交, 세 번째로 적의 병사를 죽이는 벌병伐兵, 최하책으로 적의 성을 깨는 벌성伐城이라 하였다. 선전은 심리전의 일환으로 바로 이 '벌모'에 해당한다. 사마천司馬遷이 쓴 『사기史記』항우본기項羽本紀에는, 항우가 해하에서 유방劉邦의 군대에 포위되었을 때 유방의 군대가 사방에서 부르는 초나라 노래를 듣고 전의를 상실했다는 '사면초가四面楚歌'라는 고사가 나온다. 또 다른 벌모의 예로 칭기즈칸Chingiz Khan成吉思汗을들 수 있다. 그는 점령지의 주민을 몰살하고 도시를 불태운 뒤 이를 대대적으로 선전했다. 그는 적의 저항의지를 쉽게 꺾었다.

　현대전에도 선전은 필수적이다. 태평양전쟁 중 미군에게는 보이지 않는 적이 있었다. NHK 라디오를 통해 들리는 젊은 여성의 목소리가 향수병을 자극했다. '제로 아워'라는 라디오 쇼였다. 그녀는 '왜 이 무모한 전쟁에 참가했는가요? 고향에 두고 온 가족, 아내가 그립지 않은가요?'라고 속삭였다. 미군들은 그녀의 목소리에 매료됐다. 전의를 상실하고 멍하니 앉아 고향을 그리워하는 병사가 속출했다. 미군 지휘부는 그녀를 '도쿄 로즈Tokyo Rose(동경의 장미)'라고 불렀다. 아마도 태평양전쟁 중 미군에게 가장 유명했던 여자는 할리우드의 배우가 아니라 그녀였을 것이다.

　'도쿄 로즈'는 목소리 외에는 모든 것이 비밀에 싸여 있었다. 전쟁이 끝날 때까지 340회나 방송이 나가는 동안 아무도 그녀의 정체를 몰랐다. 실종된

아멜리아 이어하트라는 주장이 힘을 얻고 있었다. 일본이 항복하고 그녀는 요코하마에서 체포됐다. 그녀의 이름은 이바 도구리Iva Toguri(일본식 이름은 도쿠리 이쿠코戸栗郁子) UCLA에서 동물학을 전공한 미모의 재원이었다.

무엇보다도 놀라운 점은 그녀가 '완벽한' 미국인이라는 것이었다. 그녀는 미국에서 태어났고 미국에서 자랐다. 그녀가 몸이 아픈 이모를 돌보러 도쿄에 왔을 때 전쟁이 일어났을 뿐이었다. 그녀는 처음 군부의 선전방송 요구를 거절했다. 그러나 생계수단이 없자 호구지책으로 월급 7달러를 받고 라디오 방송국에서 일했다. 많은 사람이 예상했던 심리전의 전문가도 아니었고, 조국인 미국을 배신할 목적을 가진 요부妖婦도 아니었다. (그녀의 방송은 비교적 온건했었다.)

그녀는 도쿄 전범재판소에서 풀려났지만, 미국에서 다시 기소되어 10년 징역형을 받고 시민권을 박탈당했다. 그녀는 6년의 감옥살이를 마치고 1956년 석방되었다. 그 뒤 추가 조사가 결정되고 증인의 증언이 번복됐다. 1977년 1월 19일 퇴임을 하루 앞둔 제럴드 포드Gerald Rudolph Ford Jr. 대통령은 마지막 공식 업무로 그녀를 사면 복권하는 문서에 서명했다. 마침내 그녀는 명예를 회복한 것이다. 그녀는 2006년 9월 27일 90세를 일기로 죽었다. 참으로 파란만장한 일생이었다. 그녀가 죽기 8개월 전에는 미국재향군인회가 전시의 미군을 위무한 공로로 그녀를 표창했다. 같은 사안을 보는 눈이 이렇게 달라졌다.

## 서울 수우

전시에 방송을 통한 선전에 동원된 사람은 도쿠리뿐이 아니었다. 2차대전 후 미국에서 반역죄로 처벌받은 '미국인'은 모두 열다섯 명으로 다섯 명의 방송선전요원이 포함되어 있다. 그중 독일에서 미군을 상대로 선전활동을 펼치던 밀드레드 질라Mildred Gillard는 유럽전선의 '도쿄 로즈'였다. 미군은 그녀를 '액시스 셀리Axis Sally'로 불렀다.

그녀는 웨슬리안대를 중퇴하고 뉴욕 헌터칼리지에 입학했는데 그곳에서 교수로 있던 맥스 코이슈비츠Max Otto Koischwitz를 만났다. 둘은 나중 유럽에서 재회하게 된다. (밀드레드는 맥스가 방송국 PD로 일하던 독일로 찾아갔다.) 전쟁이 벌어지자 그녀는 연합국을 비난하는 선전방송에 나섰다. 그녀는 패전 이틀 전까지 방송했다. 종전 뒤 도망다니다가 체포된 그녀는 1948년 미국으로 송환되고 6년 징역형을 선고받았다. 복역을 마친 그녀는 72세 때 웨슬리안대에서 졸업에 필요한 나머지 학점을 취득했다.

놀라운 것은 에즈라 파운드Ezra Loomis Pound 같은 '지식인'이 자진해서 그런 선전에 가담했다는 사실이다. 파운드는 전체주의가 인류를 구원할 것이라고 확신했다. 아마 그런 믿음은 '지식인'들의 인간에 대한 천박한 이해가 원인이었을 것이다. (히틀러Adolf Hitler나 스탈린을 찬양한 지식인들은 한둘이 아니다. 예를 들면 버나드쇼)

그는 이탈리아에서 200번도 넘는 라디오방송을 통해 조국인 미국과 루스벨트Franklin Roosevelt를 비난했다. 종전 후 미국은 파운드를 차마 감옥에 보내지 못하고 정신병원에 처넣었다. 결코 미치지 않았던 그는 시인들의 탄원으로 15년 뒤 석방되어 이탈리아에서 살다 죽었다.

6·25전쟁 때도 선전방송은 있었다. 서울이 함락됐을 때 이 나라 국회의원 60명이 남아 있었다. 7월 말 그중 48명이 김일성을 지지했다. 그런 반역 정치인들이 모인 회의에 서울에 억류되었던 미국 여성 한 명이 끼어 있었다. 그녀는 도쿄 로즈처럼 방송 선전활동에 투입됐다. 미군은 '서울 수우Seoul City Sue'라고 부르기도 하고, '주먹밥 매기Rice Bowl Maggie'로도 불렀다. '한국전쟁의 도쿄 로즈'라고 하기도 했다. 그녀는 미군들에게 전쟁을 멈추고 집에 돌아갈 것을 호소했다.

그녀의 이름은 앤 웰레스 서Ann Welles Seo. 1901년 아칸소에서 출생한 뒤 1930년 학위를 받고 동아시아 선교를 지원하면서 일제치하의 조선으로 왔다. 그녀는 좌익 활동가였던 서균철과 결혼한 뒤 해방 직후에는 서울의 선교학교에서 아이들을 가르쳤다. 그 무렵 남편 서균철이 적색분자로 체포되기도 했다. 전쟁이 끝난 뒤 그녀는 북한에서 한때 영웅대우를 받았지만, 1969년 이중간첩 혐의로 총살됐다.

북한군의 선전방송에 동원된 사람은 또 있었다. '평양 샐리Sally'라고 불린 여성은 그 정체가 밝혀지지 않았다. 서울대 이인수 교수는 대남선전방송을 하다 미군에 항복했지만, 국군 특무대에 넘겨져 총살당했다.

## 눈물과 불과 피

허깨비는 어두울 때 나타나는 법이다. 모든 선전은 허깨비와 같다. 대중이 사리事理에 어두울수록 선전이 활개를 친다. 대중이 깨어 있지 않으면 그 대중에게 허깨비 같은 환상을 보여주면서 권력을 잡는 선동가들이 등장하게 된다. 대개 그들은 독재자들이다. 히틀러(1889~1945)가 『나의 투쟁Mein Kampf』에서 한 말을 옮긴다.

모든 선전은 대중적이어야 하며, 가장 지적 수준이 낮은 사람들도 다 알 수 있도록 정신적 수준을 조종하여야 한다.

히틀러는 선전의 귀재였다. 그는 선전이 정치의 승패를 가른다는 것을 잘 알고 있었다. 그는 자신이 등장할 무대를 직접 설계하고 제작했다. 음향은 세심하게 증폭했으며 사이키델릭 조명과 서치라이트를 활용했다. 그는 심지어 '송 에 뤼미에르 son et lumiere'라는 야간조명기법까지도 창안해서 썼다. 그가 무솔리니Benito Mussolini(1883~1945)에게서 도입한 뒤 디자인한 제복과 훈장, 휘장 등은 '전체주의적 엄격성과 절도' 면에서 지금도 세계적인 '제복의 전범典範'이 되고 있다.

히틀러가 등장했던 당시의 독일 국민은 서구에서 가장 높은 지식 수준을 가지고 있었다. 고등교육은 광범위하게 실시되었으며 교육열 또한 높았다. 히틀러는 대학 캠퍼스를 선점했다. 혈기방장한 청년들은 언제나 급진적이었고 국가사회주의를 내건 나치의 평등주의는 그런 청년들에게 환영받았다.

더욱이 반유대주의는 당시 유행하던 민족주의 열풍과 맞아떨어졌다. 독일 국민들은 히틀러의 이런 선전선동으로 인해 나치즘에 열광적으로 호응하게 된다.

그 선전은 대중의 감성을 '눈물'로 자극하고, '불'로 끌어올리며, '피'로 격동시켰다. 이 얼마나 놀라운 전략인가? 히틀러는 '제3제국'의 환상을 몇 천만 명에게 쉽고 빠르게 심는데 성공했다. 그건 역사상 가장 불가사의한 사건이라 해도 과언이 아니다.

이런 선전선동을 대중은 여간해선 눈치 채지 못한다. 대중이 알아채는 순간 선전선동의 효과는 반감되기 때문이다. 그리고 그 효과는 대개 대중의 가슴속에 싹트는 불안에서 시작해 그 불안과 두려움 공포 따위를 일거에 해결하는 영웅을 만나는 과정을 거친다. 선전선동에 일가견이 있었던 오스카 와일드Oscar Wilde는 선동에 대해 아주 쉽게 정리했다.

선동가는 쓸데없는 것을 걱정하는 사람들이다. 그들은 비뚤어진 사람들이며, 불안의 씨앗을 뿌리는 무리지만, 선동가가 반드시 필요한 것도 그런 이유 때문이다.

영국 지식층을 조롱하고 흔들었던 와일드는 자신을 비하하는 이 말로 충분히 참회했다.

## 20

# 공정
公正 fairness

짐승은 약자를 죽이면서 웃지 않는다. 주린 배를 채우는 것 이상의 먹이를 탐하지도 않는다.

텔레비전에서 '동물의 왕국'을 볼 때마다 적어도 짐승은 인간보다 공정한 세계를 가지고 있다는 생각을 하게 된다.

굶주림에 지친 사자는 건기乾期의 들판을 헤매다가 무리에 뒤처진 어린 양을 발견한다. 양은 배고픈 사자에게는 초원의 삶을 함께 누리는 공존의 대상이 아니다. 사자는 생존을 위해 약자를 무참하게 죽인다. 그러나 먹이를 죽이고 찢어발기면서 사자는 결코 웃지 않는다. (대부분의 동물은 웃을 수 있는 얼굴근육이 없어 웃지 못한다. 그러나 그들도 기쁨과 슬픔을 소리나 동작으로 표현한다. 게다가 사자나 원숭이가 웃는 걸 보았다는 보고도 있다. 실제 내셔널 지오그래픽에서 촬영한 영상에는 사자가 웃는 모습이 담겨 있다.)

그리고 비록 야수에 지나지 않지만 굶주린 배를 채우고 나면, 더 이상 먹이를 탐하지 않는다. 넘치는 탐욕을 가진 짐승은 없는 것이다! 인간이 이 밀림의 미덕을 조금이라도 이해했다면, 어쩌면 도덕적인 존재가 될 수도 있었을까? 그런 희망이라도 가질 수 있었을까?

사실 양도 먹이를 놓고 서로 싸우는 짐승인 것은 마찬가지다. 스프링벅springbuck은 아프리카에 사는 양이다. 수천, 수만 마리가 무리를 이루어 이동하는데, 앞에 선 양이 풀을 뜯으면 뒤따르는 양들은 먹을 풀이 없다. 당연히 뒤의 양은 앞지르기를 한다. 그래서 스프링벅은 한 마리, 두 마리씩 달리기 시작한다. 드디어는 풀을 뜯는 것조차 잊은 채 모든 양이 전속력으로 달려나간다. 그 넓은 초원을 덮은 풀을 양들은 평화롭게 나누지 못한다. 결국 어느 양도 풀을 먹지 못한 채 풀을 선점할 생각으로 달리기만 한다. 그렇게 달리다가 절벽을 만나면, 달려온 속도 때문에 멈추지 못하고 모두 절벽 아래로 떨어져 죽는다.


## 정의 혹은 사회정의


'공정'은 사전적으로는 '공평과 올바름'이다. '올바르다'는 것은 곧 정의 개념이다. 즉 무엇이 공정인가 하는 논의는, 무엇이 정의로운가 하는 문제와 직결된다. 이 정의 개념을 논할 때 유의해야 할 점이 있다. 그것은 오늘날의 정의는 '소유'를 두고 논하는 문제라는 것이다. (프랑스혁명을 기점으로 '자유'가 한편으로 '소유'를 뜻하게 되면서, 공정은 곧 재화의 공평한 분배를 의미하게 되었다. 이 책 '자유' 참조)


'공평'은 '정의'보다는 '어느 쪽에도 치우치지 않는다'는 평등개념이 그 중심이다. 즉 사회구성원들의 평등이 전제되어 있다. 카뮈Albert Camus는 공정을 '사회정의justice sociale'라고 부르면서 질서에 우선한다고 했다. 400년도 넘는 옛날에 몽테뉴Michel Eyquem de Montaigne(1533~1592)가 『수상록隨想錄』에 쓴 말이다.

평등은 공정의 제1의 요소이다.

따라서 '공정'은 '평등'처럼 진보주의자들이 선호하는 용어다. 좌파들은 이 평등을 강조함으로써 '평등한 빈곤'이라는 결과를 초래했다. 이에 비해 우파가 선호하는 용어는 '자유'다. 자연스레 '공정'이란 단어를 논하기보다는 '정의'라는 단어를 쓰기를 더 선호한다. 그러다 보니 불가피하게 '빈부격차의 확대'가 뒤따른다. 평등한 빈곤이냐, 빈부격차의 인정이냐 이것이야말로 풀리지 않는 숙제다. (보수주의를 설명하는 용어는 가족, 자유, 책임, 도덕성, 성장, 전통, 질서, 법치 등이다. 진보주의의 용어들은 집단, 평등, 관용, 분배, 변화, 민중, 환경, 소수자 등이다.)

## 그것이 법이기 때문이다

우리는 우리가 살고 있는 공동체-국가의 계속성을 담보하고 자유와 생명, 그리고 재산을 보존하기 위하여 '다수의 동의'라는 조건 아래 법을 제정하고 법에 복종한다. 법은 우리가 수긍하는 최소한의 정의이자, '무엇이 공정하다'고 합의한 최소한의 규범인 것이다. 따라서 공정의 실현은 한편으로 법치주의의 실현이다.

그러나 우리가 합의한 실정법상의 공정과 구분해서 정의가 논의될 수 있다. 예컨대 공리주의 또는 공동체주의에 입각하여 '대익大益을 위해 소익을 포기'하여 소수자의 희생을 당연시할 때, 즉 그러한 기본 틀이 공정하다는 데(평등하다는 데) 우리가 합의했다고 하자. (실제 입법 당시 이익교량利益較量을 한 법률, 또는 법률해석에 있어 이익교량은 대단히 많다.) 그렇다면 그 소수자에게 자신의 희생을 강요하는 것이 정의인가?' 즉 우리가 공정하다고 합의한 것은 모두 정의에 부합하는 가? 다시 몽테뉴의 말을 옮긴다.

법률이 신용되고 있는 것은 그것이 공정해서가 아니고 그것이 법이기 때문이다.

이런 '철학적' 질문에서 그 희생이 희생자 개인의 근본적인 권리에 속하지 않은 경우 이를 허용할 수 있다는 사회주의, 집단주의 혹은 최근의 일부 공동체주의자들의 주장과, 그 어떤 경우라도 다수의 이익을 위해 개인의 희생이 허용되어서는 안 된다는 보수주의, 자유지상주의자들의 견해가 있다. 몇 가지 예를 보자.

면세자가 압도적으로 존재하는 사회에서 '과도한' 누진적 소득세는 정당한가? 투기 목적이 아닌 부동산에 종합부동산세라는 징벌적 과세는 정당한가? 특히 그 부동산이 근검절약한 결과이며 납세자의 유일한 재산이라면, 낭비한 빈자를 위해 우리는 선량한 부자의 재산을 빼앗을 권리가 있는가? 남성에게만 병역이 부과되고 남성 중에서도 명백하게 병역면제자가 존재하는데도 제대군인에게 아무런 혜택이 없는 징병제도는 정당한가?

이러한 사안의 전제사실인, 우리가 공정하다고 합의한 것들-법률은 다 옳은 것인가? 즉 법률은 언제나 다 정의로운 것인가? 그렇지는 않은 까닭에 공정하다는 것과 정의롭다는 것은 엄격히 말해 별개의 문제다.

여기에서 유의할 점이 있다. '다수의 선과 이익을 위해 소수에게 희생을 강요할 수 있다'는 명제에 있어 다수는 강자의 집합일 수 있고 약자의 집합일 수도 있다는 것이다. 전자는 파시즘적 전체주의와, 후자는 프롤레타리아 계급혁명과 연결될 가능성이 높아진다. 다수가 강자라면 무엇보다도 '정의는 강자의 이익이다'라는 트라시마코스Trashimakos의 명제가 통용되는 약육강식의 '정글'이 된다.


## 정의는 다수결이 아니다

정의론이든 공정론이든 프랑스혁명 이후 수많은 혁명(쿠데타를 포함하여)을 거치면서 새로운 사회가 건설될 때마다 화두가 되었다. 히틀러Adolf Hitler나 무솔리니Benito Mussolini 같은 파시스트, 레닌Vladimir Lenin, 스탈린Iosif Stalin 같은 마르크스의 사생아들, 모택동毛澤東, 체 게바라Che Guevara와 아프리카, 아시아의 '제3세계' 지도자들 같은 마르크스주의의 아류들이 추구한 사회공학Social Engineering들은 전부 '공정'과 '정의'를 화두로 내걸었다.

아르헨티나의 페론Juan Perón이 이런 잡다한 정의를 모아 '정의주의'를 주창한 바처럼, 쿠데타 세력들도 하나 같이 '정의'와 '공정한 사회'를 내건다. (12·12

쿠데타를 통해 집권한 세력이 창당한 정당 역시 정의를 표방한 '민주정의당'이었다. 그리고 당시의 '삼청교육'이나 '주인의식 강조'는 명백한 사회공학이었다.)

정의가 무엇인가 하는 문제는 사실 무엇이 공정한 것인가 하는 문제와 달리, 학문의 장이 아닌 현실정치의 장에서 다수결로 결정할 문제는 아니다. 그렇다고 톨스토이가 말한 것처럼 '소수가 늘 옳은 것'도 아니다. 정의는 다수결이나 소수의 현인이 내리는 판단만으로 해결할 수 없는 '근원적인 인식'이기 때문이다. 그래서 우리가 합의한 것이자, 자유민주사회의 기본 틀인 공정이 부단히 정의를 지향해야 한다고 말할 수 있을 뿐이다.

## 어디까지 용인할 것인가

우리는 공정으로서의 정의를 논할 때-개별적 사안에서 공정함과 정의를 주제로 토론할 때-늘 간과하는 것이 있다. 바로 '인간은 합리적이면서도 대단히 이기적인 존재'라는 것이다. 그래서 공동체의 일원으로서 공동체만을 위하여 자신의 입장과 무관하게 공정을 논하기보다는(존 롤스John Rawls 식으로 말하자면, 모두가 자유롭고 평등한 관계에서 합의에 참여하는 것이 아니라) 알게 모르게 자신이나 자신이 속한 부분사회의 이익을 위하여 정의를 재단하는 것이다.

우리가 공정을 논하는 것은 '사회적, 경제적 불평등'을 어디까지 허용할 것인가 하는 문제를 논하는 것이다. (불공정unfairness하다고 정의되는 것엔 '당연히 불법적인 것'-선험적으로 우리가 죄악, 범죄로 인식하는 것까지 포함하는 것은 아니다.) **여기엔 공리주의부터**

**350**

평등주의까지 많은 주장이 있다.

예컨대 고소득자에게 고율의 누진세를 부과하는 경우 최소국가와 자유지상주의를 주장하는 로버트 노직Robert Nozick 교수는 가난한 이의 기초생활 영위를 위해 많은 세금을 내는 사람은 그만큼 강제노동을 당하는 것과 같아서 이는 자유주의에 위배된다고 보아 불공정하다고 하지만, 존 롤스 교수의 생각은 재산과 권력의 불평등은 그것이 모든 사람, 그중에서도 특히 최소수혜자에게 그 불평등을 보상할 만한 이득을 가져오는 경우에는 정당한 것으로서, 용인할 수 있을 정도의 누진세는 공동체 구성원으로서 당연한 의무에 속한다는 것이다.

사실 이 문제에 있어서 똑부러지는 절충점은 없다. 어디까지 우리가 불평등을 용인할 수 있는 것인지 하는 문제는 주관적으로 답이 다를 수밖에 없는 문제이다. 게다가 고소득자나 부자들이 그러한 고소득과 부를 형성하는 이유가 다만 행운인 경우부터, 본인의 고통어린 근검절약과 노동에 의한 경우, 그 둘이 섞인 경우 등 다 다르기 때문에 같은 고소득자라고 하여 특정세율이 공정하다 아니다라고 쉽게 재단할 수 없는 것이다.

그리고 자본주의를 신봉한다 하더라도 1인자의 소득과 2인자 혹은 그 이하의 구성원 간 소득의 격차를 우리가 어디까지 인정해야 할 것인가? 그러한 고소득에는 공동체 다수가 공헌한 바는 없는가? 마이클 샌델Michael Sandel 의 '정의론'에 나오는 예인, 마이클 조던 같은 프로 운동선수가 엄청난 연봉을 받고 빌 게이츠William H. Gates가 윈도를 팔아 독점적으로 치부하는 데에는, 공동체가 세금으로 건설한 인프라와 스포츠나 인터넷 정책이 기여한 바가 없는가? 오히려 공동체의 기여가 있기 때문에 그러한 소득창출이 가능하지 않은가?

그렇다고 해서 그러한 고소득에 대한 누진세는 무조건 정당한 것인가? 또한 그러한 행운이나 간섭 요인이 거의 없거나 매우 작은 경우─근검절약으로 많은 돈을 저축하고 그 돈이 바탕이 되어 거부가 된 부자의 예를 보자. 그러한 근검절약이 가능한 데엔 은행제도와 높은 이자율 그리고 공동체가 다같이 노력해서 이룬 낮은 물가상승률이라는 '희미하지만 분명한' 제도적 기여를 부인할 수 없지 않은가?


## 일방만 자유롭다

오늘날 자유민주사회는 '계약의 자유'가 인정되는 사회다. 모든 계약은 상호 이익을 전제로 한다. (공리주의에 부합한다.) 그렇지 않은 계약은 어떠한 외관을 가지고 있더라도 '자유계약'이 아니다.

문제는 이러한 공정과 합법의 탈을 쓴 불공정한 계약이 많다는 것이다. 계약서 앞에 앉은 당사자 모두가 합리적이지도 않지만 무엇보다도 평등하지 않기 때문이다. 즉 일방은 자유롭고 일방은 자유롭지 못하여 사실상 한 쪽이 종속되는 경우다. 민법에는 제103조와 제104조에서 반사회질서의 법률행위와 불공정한 법률행위를 무효라고 하고 있다.

그래서 계약서 상의 내용이 외관적으로 정당성rightness을 띠고 있다 하더라도 공정성fairness을 무조건 담보하는 것은 아니다. 우리가 대기업에 협력업체 등에 대해 공정거래질서를 지키라고 요구하는 이유가 여기에 있다.

## 모로 가면 서울로 가지 못한다

공정을 논의할 때 가장 많이 말하는 것이 '기회의 균등'이다. 우리는 헌법 전문에 '각인의 기회를 균등히' 한다는 선언을 두고 있다. 이는 우리 헌법의 특질로서, 제헌 이후 단 한 차례도 개정되지 않았다. 이 기회균등 선언은 단순히 '재능이 있으면 출세할 수 있다'거나 '노력하면 누구나 성공할 수 있다'는 평등 개념을 넘어 모든 사람이 공정한 기회를 획득해야 한다는 것을 적극적으로 천명하는 것이다. 따라서 기회균등을 저해하는 교육제도, 병역제도, 조세제도 등은 헌법 정신에 위배된다.

이명박 정부는 2010년 8월 느닷없이 '공정한 사회'를 슬로건으로 내걸었다. 그 해석으로 '기회 균등'이 제시됐다. 2011년 8월에는 '공생발전'을 말했다. 이러한 슬로건이 사회공학적 차원에서 나온 것이라면 '무서운 사회'가 되는 결과를 낳을 것이다. 기회 균등을 막는 '편법'의 절반은 '인간적인 관계'로 인한 것인 까닭이다. 그리고 혈연血緣, 학연學緣, 지연地緣이 차단된 사회는 말처럼 가능하지도 않다. (더욱이 '사회공학'적 태도는 자칫 파시즘을 부를 위험성을 내포한다.)

결국 공정한 사회는 각 개인의 도덕적 판단에 맡길 수밖에 없다. '모로 가도 서울만 가면 된다'며 '눈앞의 이익'을 믿을 것인가? 아니면 '신호등을 어기면 차가 엉겨 더 늦어진다'며 '모두의 이익'을 믿을 것인가? 결국 공정한 사회는 사회공학적 문제가 아니라 '민도民度'의 문제인 것이다.

오늘날 자본주의 국가에서 가장 큰 병폐는 노블레스 오블리주 정신을 망각한 '이너서클inner circle'의 패거리화다. 미성숙한 사본주의일수록 더욱 그렇다. 따라서 공정한 사회는 이너서클이 형성되지 않도록 감시하고, 형성된 이너서클을 해체하는 것이 필수적이다. 부나 권력이 이너서클을 형성하고, 특히 부가 계급화된 사회는 원천적으로 공정이 불가능하기 때문이다. (역사적으로 혁명이 일어난 사회는 '부의 계급화'가 고착되었던 사회임을 유념하라.)

# 21

# 평화 平和

평화라는 말의 진정한 의미는 '불안한 시간'이다.

인간은 공존하기보다 투쟁을 선호하는 동물이다. 그래서 개인이든 국가든 평화는 영원히 유지되지 않는다.

역사상 존재했던 모든 국가 중에서 가장 길었던 로마의 평화, 팍스 로마나Pax Romana도 200년에 불과했다. 평화는 언제든 깨진다는 걸 자각한 현제賢帝들의 대비와, 위기를 책임진 지도층의 노블레스 오블리주가 팍스 로마나를 있게 했다. 대부분 국가의 평화는 길어보았자 몇 십 년에 끝났다. 평화가 불안한 시간이라는 것을 잊고 전쟁을 대비하지 않으면, 그리고 전쟁을 두려워해 평화를 구걸하기 시작하면, 평화의 시간은 줄어든다. 그 결말은 파멸이다. 눈 앞에 적이 존재한다면, 평화의 반대말은 전쟁이 아니라 멸망인 것이다.

역사를 살피면, 평화는 적과 공존하여 달성되는 것이 아니라 승리하여 얻는다는 걸 알게 된다. 공존한다는 것은 적을 능가하는 힘을 가진 쪽이 베푸는 선의善意에 불과하다. 친선과 우호는 그리 믿을 것이 못 된다. 그런 것들은 대개 일시적이다. 20세기 들어 우리가 '현대'라고 부르는 '문명시대'가 본격적으로 전개된 뒤에도 두 번의 세계대전을 위시한 수많은 전쟁이 있었다. 그 대부분은 적어도 도덕적으로는 내세울 만한 명분조차 없는, 살육과 파괴에 지나지 않았다.

## 휴지에 쓴 평화조약

힘 없는 나라에 평화는 없다. 국가 간에 평화는 힘을 바탕으로 한다. 역사에 기록된 모든 평화는 돈으로 산 것이 아니라, '비평화적 방법'인 힘을 비축해서 얻은 것이다. 적의 전력戰力과 최소한 대등한 전력을 가질 때 전쟁은 억지抑止되고 평화는 유지된다. ('平'자의 글자 모양을 보면 중간 기둥 옆 양 편이 균형을 이루고 있다.) 이 전력이란 것은 단순히 병력과 무기만을 말하는 것이 아니다. 상대의 도발에 언제든 응징을 가하는 힘이 바로 전력의 핵심이다.

그런데 이 당연한 원리를 모르는 자들이 의외로 많다. 이러다보니 적의 도발이 있더라도 '일시적인 긴장'이나 '의도하지 않은 충돌'로 치부한다. 이들 사이비 평화론자들은 적의 선의를 믿는다. 그래서 상대의 비위를 맞추거나 욕구를 채워주면 전쟁은 억지된다고 말한다.

그건 춘추전국시대 때나 통용되던 논리다. (그러나 전국시대가 끝날 때 결국 '적의 선의'를 믿지 않고 준비했던 진秦이 열국을 멸하고 통일했다.) 그걸 나무라면 '전쟁론자'로 몰아붙이기도 한다. 대개 얼치기 진보주의자나 가짜 민족주의자들이다. 평화는 결코 말만으로 유지되는 것이 아니다. 에리히 프롬Erich Pinchas Fromm(1900~1980)은 『건전한 사회The Sane Society』에서 정곡을 찔렀다.

BC 1500년부터 1860년까지 영구적인 평화의 보장을 전제로 하는 평화조약이 약 8000건이나 체결됐으나 그 효력이 지속되기는 평균 2년 정도에 불과했다.

평화의 약속들이 얼마나 허구에 찬 미봉책인가를 단적으로 설명하는 말이다. 회맹會盟의 의식을 치르든 조약을 맺든, 그 어떤 형식의 약속도 힘이 뒷받치지 않으면 한낱 휴지에 지나지 않는 것이다.


## 이솝은 없다

김대중 전 대통령은 김정일에게 4억5천만 달러를 주고 '정상회담頂上會談'이란 걸 했다. (엄밀히 말해 그건 정상회담이 아니다. 정상국가正常國家의 원수가 비정상국가의 수괴, 그것도 내부의 반국가단체 수괴와 만난 것이 어찌 정상 간의 회담인 것인가? 우리는 이를 제대로 지적한 '정상언론正常言論'을 가지지 못했다.) 그때 나온 '6·15선언'은 김정일의 적화통일정책인 '낮은 단계의 연방제'와 우리의 '남북연합'이 공통점이 있다는 기상천외한 합의였다. 그 합의는 국민의 동의절차를 거치지도 않았다.

평양에서 돌아온 김 전 대통령은 서울공항에서 감격에 겨워 '이제 전쟁은 없다'고 말했다. 테러리스트 김정일을 식견 있는 지도자라 부르며, 그가 핵무기를 개발하면 책임지겠다고도 했다. 그 뒤부터 북한을 개방시킨다는 명분으로 해마다 50만의 쌀(북한 주민 전체 식량의 8분의 1에 해당한다.)을 비롯한 엄청난 지원을 계속했다. 이솝우화를 패러디해서 그는 그런 퍼주기를 '햇볕정책'이라고 불렀다. 이 햇볕정책은 나중에 허구성이 드러나면서 '노벨싱 프로젝트'에 불과했다는 비판을 불렀다.

그건 북한주민을 돕는 일이 아니라 김정일을 돕는 일이었다. 김정일은 김대중, 노무현 두 전직 대통령의 지원으로 기사회생했다. 그는 시간을 벌고 식량을 벌고 돈을 벌었다. 거기에다 우리의 안보태세 해이라는 덤까지 얻었다. 그러나 김정일은 '식견'은커녕 최소한의 도덕적 인품도 없었다. 그는 개방으로 나아가지도 않았으며, 그럴 생각조차 하지 않았다. 햇볕은 있었지만 당연히 '동화 같은 결말'은 없었던 것이다.

오히려 그런 지원이 김정일이 핵무기를 개발하는 걸 도왔다. 그런데 막상 김정일이 핵실험을 하자, 김 전 대통령은 노구를 이끌고 전국을 다니면서 '북한을 자극하면 전쟁이 난다'고 북한탄핵을 말렸다. 노무현 당시 대통령은 한술 더 떠 북한 핵무기가 대남용이 아닌, 미국의 압력에 대항하는 북한의 자위용이라고 김정일을 변호했다. (그는 원래 변호사였다.)

결국 평화를 돈으로 사려 했던 김대중, 노무현 두 전직 대통령의 오류로 인해 평화의 시간은 줄어들고 북한 주민의 고통은 연장되었다. 그것이 두 분의 본의는 아니었을 것이다. 그러나 두 사람은 평화 시에 선의를 베푼 것이 아니라, 아직 오지 않은 평화를 위해 선의를 베풂으로써 평화를 더욱 멀어지게 한 결과를 낳았다. 그만큼 어리석었다. 처칠Winston Churchill의 경구를 옮긴다.

전쟁에서는 결의, 패배에서는 도전, 승리에서는 아량, 평화 시에는 선의.


## 빈자의 평화

가난한 자에게는 평화는 참으로 어려운 숙제다. 부자들은 곳간에 도둑이 들 걸 걱정하지만, 가난한 사람은 그런 걱정 없이 사니 마음 편하다는 말은 '빈자貧者의 자위'에 지나지 않는다. (오늘날 '무소유'를 실천하는 성인은 없다. 이 책 '자유' 참조) 범인凡人들에게 자유를 가능케 하는 것은 곧 재산이기 때문이다. 그리고 자유가 없는 평화란 없는 법이다.

그래서 진정한 자유주의를 실천하려면, 최소한의 자유라도 누릴 수 있는 분배가 뒤따라야 한다. 각 개인에게 평화가 없으면 사회는 살벌한 싸움터로 변한다. 기본적인 분배는 그래서 중요하다. 그렇지 못한 사회는 결국 안전이 위협받는 사회가 된다.

가난한 자를 억압하는 것은 단순한 돈의 위력이 아니다. 돈으로 해결하는 부자들의 습성보다 가난한 자에게 더 위협적인 건 '돈의 시위'다. 아무런 이익이 없는 이런 시위를 통해 부자들은 자신이 성공했다거나, 가난한 자들보다 우월하다는 자만심을 드러낸다. 그리고 그것은 부자들의 함정이기도 하다. 부자들 대부분은 그 함정에 빠져 인생을 낭비한다. 그런데 그런 낭비보다 무서운 것은 가난한 자들이 품게 되는 적대감이다. 내가 방송(MBC 'PD수첩 20주년 특집방송')에서 했던 말을 여기 옮긴다.

부자가 겸손하지 않으면 가난한 자는 예의를 차리지 않는다.


## 평화, 토지, 빵!

마르크스주의 역사학자들의 시각으로는, 평화는 원래 '반혁명反革命'의 구호다. (마르크스주의자들이 말하는 혁명은 곧, 기존 '유산계급의 지배'라는 근본질서의 파괴다.) 레닌 Vladimir Lenin, 스탈린Iosif Stalin을 비롯해 역사에 등장한 모든 집단주의 독재자들은 평화라는 단어를 알지 못했거나, 전혀 다른 의미로 썼다.

인류가 보편적인 자유를 얻는 과정을 살펴보면, 재산을 수호하는 것은 곧 자유를 수호하는 것이었고 질서회복은 곧 안전을 의미하는 것이었으므로, 재산수호와 질서회복을 명분으로 '반혁명세력'은 결집할 수 있었다. 혁명의 당사자 편에서 보면 '평화'란 정치, 경제, 사회적으로 위기에 처한 '보수세력'이 불안한 '민중'(혁명의 배경이면서도 혁명에 가장 취약하고 불안한 '계급'이다.)에게 내건 구호에 불과했다.

즉 '평화'야말로 역설적으로 마르크스주의자들의 노동자혁명을 막은 실질적이자 가장 효과적인 이유였다. 그러나 마르크스주의자들의 '혁명' 역시 평화를 내건다. 예를 들면 1917년 러시아혁명 때 레닌이 내건 슬로건은 세 단어였다.

평화, 토지, 빵!

매우 감성적인 이 슬로건은 대단히 효과적으로 작동했다. '민중'은 1차 대전에 지쳐 있었고, 귀족의 토지 독점과 부의 편중에 숨이 막혔다. 레닌은 '민중' 출신이 아닌 부르주아 출신이었지만 누구 못지않게 '민중'의 고통을 정확히 읽었다. 그는 '토지, 빵' 앞에 '평화'를 넣었고, 그리고 성공했다. 그리고 그 다음은 슬로건과 정반대의 길을 걸었다.


## 평화는 중간계급이 지킨다

마르크스가 '혁명'이 일어날 것을 의심하지 않았던 독일은 그가 살아 있는 동안 끝내 혁명이 없었다. 그의 사후死後 독일에서 벌어졌던 '11월혁명'은 어떤가? 레닌은 러시아혁명에서 성공한 후 서유럽 선진국가들의 혁명이 뒤따를 것을 믿었다. 그는 특히 각국이 벌였던 공업화 경쟁의 맨 앞줄에 있던 독일의 혁명을 확신했다. (당시 독일 생산력은 미국에 이어 2위였고 임금노동자들이 러시아보다 훨씬 많았다.) 레닌은 베를린이 세계 공산주의의 중심이 되고 독일어가 세계의 공용어가 될 것이라고 생각했다.

독일은 1차대전 전에 이미 '계급' 간 갈등이 커져 있었다. 1914년에는 마르크스주의 정당인 '사회민주당'이 창당되었다. 융커Junker(귀족지주貴族地主)들이 정치권력을 독점한 프로이센 제정帝政은 민주적 개혁을 요구하는 신흥 자본가 세력과 충돌했다. 갈등은 1차대전의 발발로 인한 군부독재로 봉합되었는데, 전쟁에서 독일의 패배가 기정사실로 되자 마침내 폭발했다.

처음 사회민주당의 다수파인 '우파'는 수병水兵 그리고 노동자들과 함께 그들의 슬로건을 레닌에게서 훔쳐왔다. 그들은 레닌의 구호에서 '토지' 대신에 '자유'를 넣었다. 사유재산 폐지는 그들로서는 건널 수 없는 강 너머 있었던 것이다.

평화, 자유, 빵!

'토지' 대신에 '자유'가 들어가자 절묘한 배합이 되었다. 브레멘, 함부르크, 베를린, 뮌헨 등에서 공산주의 폭동이 일어나자 군과 경찰 그리고 퇴역장교들이 중심이 된 '자유군단Freikorps'이라는 우익 준군사조직이 사회민주당의 지지 아래 이들을 막았다. 프리드리히 에베르트Friedrich Ebert 총리는 군부 장교단의 우위를 인정했고, 군부는 '혁명적 좌파'를 진압하는 데 동의했다. 사회민주당조차 레닌식 혁명은 두려웠던 것이다.

그러나 1918년 11월 끝내 제정이 붕괴되고 바이마르공화국이 탄생했다. 빌헬름2세는 11월 9일 네덜란드로 망명했다. 그러자 사회민주당은 11월 11일 휴전을 받아들여 세계대전을 종식시키면서 '평화'를 수용했다. 처음에는 수병과 노동자들이 중심이 된 급진 소비에트가 기존 지방정부를 대체했다. 그러나 잠시였다. 다시는 독일에 레닌식 소비에트의 지배는 없었다. 레닌이 예상한 어떤 '일'도 일어나지 않았다.

독일을 비롯한 서유럽에서 혁명적 좌파가 실패한 이유는 제국주의 시대에 성장한 '중간계급'이 있었기 때문이다. (내가 이 글에서 시종 중산층이라 하지 않고 중간계급이라고 하는 것은, 혁명과 반혁명이 주로 마르크스주의 역사학자들의 연구 품목이고 중간계급이란 '학문적' 용어도 일반적으로 그들이 선호하는 용어이기 때문이다.) 레닌은 '영국도 노동당수인 램지 맥도널드James Ramsay McDonald가 아무리 애써도 혁명은 막을 수 없을 것'이라고 말하곤 했다. 그러나 맥도널드는 전후 처리와 평화 유지에 힘써 군축회의와 세계경제회의를 성사시키면서 '혁명'을 막아냈다. 영국 역시 그 배경에는 '중간계급'으로 성장한 신흥자본가들이 있었고, 그들은 급진적 좌파의 발호를 불가능하게 했다.

'중간계급'은 자신들의 재산을 수호하고 가족의 안전을 위해 '평화'에 동의했다. 따라서 그 평화는 마르크스주의자들이 '혁명'에서 외쳤던 '평화' - 부가 편중된 기존 체제의 전복을 꾀하는 '평화'와는 다른 것이었다. 1917년의 러시아는 이 중간계급이 없었다. 1억6000만에 달하는 인구에서 엘리트는 고작 20만 명에 불과했고 부르주아라고 불리는 유산계급은 200만 명에 지나지 않았다. 유일한 교통망이었던 철도는 국가소유였고 산업의 주요 부분을 외국에 의존했다.

## 왕국을 건설한 좌파

톨스토이[Lev Nikolaevich Tolstoi(1828~1910)]가 쓴 『전쟁과 평화Voina i mir』는 1812년 전쟁을 배경으로, 개인이 얼마나 무력無力한 존재인지 그리고 인생의 목적이 무엇인지를 자문하게 하는, 고전古典의 반열에 오른 소설이다. (역사에 대해 이상한 선생님 노릇을 하는 이 소설을 오늘날 누가 썼다면, 결코 이런 평가를 받지 못할 것이다.) 소설에서 안드레이 공작이 숭배하는 나폴레옹과 달리 농민 카라타예프는 '정신적 영웅'이다. 카라타예프 같은 '민중'이 역사를 움직이는 주인공이라는 톨스토이의 사상은, 훗날 레닌으로부터 '이 백작(톨스토이)이 쓰기 전 러시아 문학에 진정한 농부는 없었다'는 찬사를 받는다.

톨스토이는 레닌의 찬사와 어울리지 않게 귀족의 아들이었고 귀족으로 살았다. 그리고 생전에 엄청난 명성을 얻었다. 그는 전 세계의 추앙을 받는 사상가이자 작가였다. 심지어 새로운 기독교를 창시하기까지 했다. 그는 자신을 모세, 공자, 부처, 소크라테스, 더 나아가 하느님과 동격이거나 '하느님의 형'쯤으로 여겼다. 폴 존슨Paul Johnson은 이런 그를 지식인 중에서 '가장 야심만만한 인물'이라면서 다음과 같이 평했다.

그의 뻔뻔함 앞에서는 경외심이 생겨나고, 이따금은 두려움까지 생겨난다. (『지식인의 두 얼굴』 윤철희 역, 을유문화사 간 참조)

톨스토이는 그의 과대망상만큼이나 이기적이고 천박했다. 젊은 시절 그는 자신을 너무나 도덕적이라고 믿었지만, 남들이 보기에는 귀족 신분에 애착을 가진 겉만 번지르르한 '속물(俗物)'에 불과했다. 그는 도박에 빠져 물려받은 토지 일부와 집을 팔아야 했으며, 넘치는 성욕 때문에 유곽을 드나들고 농노 여자들을 범했다. 심지어 어머니 친구와 관계를 가지고도 '계집들이 나를 타락시켰다'고 할 정도로 자기중심적이었다. 그는 '가정의 유지를 위해서 매춘이 필요하다'는 천박한 논리의 글을 쓰기도 했다. ('7만 명의 창녀가 없는 런던을 생각해보라. 가정은 어떻게 살아남을 수 있겠는가. 정숙한 상태로 남아 있을 숙녀와 아가씨는 얼마나 되겠는가.' 위 책 참조) 심지어 자신과의 사이에 사생아를 낳은 유부녀 악시냐를 하인으로 들이면서도 그 아이를 결코 아들로 인정하지 않았다. (이런 패덕은 하녀 렌첸이 낳은 사생아를 팽개치면서 엥겔스에게 불륜의 죄를 뒤집어씌운 마르크스Karl Marx와 너무 닮았다.) 그 아들은 톨스토이의 마구간에서 일하다가 나중에는 나무꾼으로 '강등당했다'.

결혼제도를 믿지 않았던 그는 열여섯 살이나 어린 소냐 베르스와 결혼했는데, 결혼 전의 난잡한 성생활을 기록한 자신의 일기를 강제로 읽게 하고 아내에게도 앞으로 모든 '정보'를 공개할 것을 요구했다. 그녀는 톨스토이와 아이를 여덟이나 낳고 해로했지만 평생 남편을 경원했다. 톨스토이는 돈에 집착했고 토지를 사들였다. 무정부주의자였던 그는 그 땅에 왕국을 건설했고 스스로 통치하면서 신민(臣民)들을 가르쳤다. 그는 자신의 사생아도 사랑하지 않으면서 인류를 사랑하고 구원한다는 망상에 빠져 마침내 스스로의 종교를 만들었다. (이 책 '국가' 참조)

톨스토이는 모든 형태의 폭력에 반대하고 사랑을 부르짖은 평화주의자였지만, 한편으로는 아내와 가족에게 잔인하기 이를데 없는 '정신적 폭력'을 가한 이중인격자였다. 그는 민주주의와 의회제도를 혐오한 반(反)자유주의자였으며, 집산주의集產主義에 빠져 마르크스주의를 반대하지 않았다. 쉽게 말해 그는 '이기적' 좌파였다. (우리의 '강남좌파'와 같다.) 이런 톨스토이를 폴 존슨은 '루소의 사후死後 제자'라고 썼다. (이 책 '국가' 참조)


## 스탈린의 배후

공산주의자가 평화를 말한다는 건 난센스다. 공산주의자들의 공통점 중 하나는 무력武力을 유일한 지배수단으로 삼는다는 것이다.

설사 공산주의가 공동생산, 공동분배의 원칙에 충실한다손 치더라도 그런 원칙 자체가 인간의 자유를 억압할 수밖에 없으므로, 제도적 폭력에 의존하지 않을 수 없다. 자유를 억압하고 인민을 통제하게 되면 그 사회는 필연적으로 독재체제로 가게 된다. 소련 같은 공산주의 국가 혹은 북한이나 쿠바처럼 그 아류 '국가'들이 예외 없이 독재국가인 이유다. (그런 의미에서 공산주의의 반대 말이 자본주의가 아닌 민주주의라고 해서 틀린 것은 아니다.) 아이젠하워Dwight David Eisenhower 대통령은 뉴욕타임스에 다음과 같이 말했다.

'공산주의자들이 이해하는 것은 오로지 무력뿐입니다. 얄타회담에서 스탈린이 했다는 말을 기억하십니까. 교황 비오12세의 견해를 알아보는 것이 중요한 문제로 논의되자, 스탈린은 '교황은 몇 개 사단을 거느립니까'라고 질문했던 것입니다.'

스탈린Iosif Stalin이 루스벨트Franklin Roosevelt에게 했다는 이 질문은 미국 지식인층에 오랫동안 우스개로 떠돌았다. 실제 스탈린은 무력을 배경으로 동유럽과 극동에 위성국가를 경영했고, 내부의 적들을 잔혹하게 처리했다. 그스탈린에게 2차대전 때 당시로서는 천문학적 금액인 110억 달러어치의 무기를 사실상 무상無償으로 지원한 사람은 바로 루스벨트였다. 루스벨트가 기고만장한 스탈린의 배후였던 셈이다.

스탈린이 궁금해한 교황의 군대 '코호르스 헬베티카cohors helvetica'는 1506년 교황 율리우스2세에 의해 세워져 500년 동안 교황을 지켜온, 스위스 시민 106명으로 구성된 근위병 부대이다.

## 22
# 경쟁 競爭

인간도 짐승처럼 먹이를 놓고 싸우지만, 짐승과 다른 점은 그 방식이
비겁하다는 것이다.

'먹이'는 많다. 돈과 권력, 명예, 섹스. 인간이 탐하는 것들은 끝이 없다. 동물은
주린 배를 채우기 위해 먹이를 찾지만, 인간은 포만飽滿과 상관없이 먹이를 찾는다.
추한 것은 그런 식탐食貪이 아니다. 더러운 욕망을 감춘 채 자신은 속물적인 것들과
이미 오래전에 결별한 것처럼 고상함을 떨어대는 두꺼운 낯짝들이다.

그런 두 얼굴을 가진 자들은 대개 배운 자, 가진 자들이다. 배운 자들은 배운 '기
술'을 이용해서, 가진 자들은 돈의 위력으로 탐욕을 채운다. 수십조 원의 그룹을 자식
에게 물려주면서 온갖 편법을 동원해 수억 원의 증여세만 내도록 '절세節稅'한 자가 부
끄러움을 모르고 공공의 영역에 나선다는 건, 인간이 얼마나 후안무치厚顔無恥할 수 있
는 동물인지, 그리고 이 사회가 얼마나 그런 일에 무감각한지 잘 증명해 주는 예다.

그러니까 대개 인간들이 먹이를 추구하는 이유는, 살아남기 위해서가 아니라 남을 지배하기 위해서다. 이 얼마나 우매한 존재인가? 그래서 말하겠다. 능력껏 탐하라. 그러나 그 추악한 탐욕을 숨기고 내 앞에 나서지는 말라.


## 만인의 경향

인간은 '이기적' 존재다. 토머스 홉스Thomas Hobbes는 일찍이 '만인萬人의 만인에 대한 투쟁'을 말했다. 인간은 누구나 불안정한 상태에서 살아가면서 자신의 능력에 의존할 수밖에 없기 때문에 항구적인 갈등을 겪는다는 것이다. 그래서 '인생은 하나의 경쟁이다.' 인간은 오로지 최고가 되려는 것 이외에 다른 어떤 목적이나 목표를 갖는다고 생각할 수 없다. 우리는 다른 사람을 희생시켜 이익을 얻으려 하거나 이미 얻은 재산을 지키려고 한다. 우리 자신의 이익을 위해 타인을 이용한다. 홉스는 이 점을 시니컬하게 말한다.

인간은 타인의 결함을 보고 웃는 경향이 있다.

동정심은 '타인의 불행을 보면서 자신에게 닥칠지 모르는 미래의 불행에 대한 상상 또는 허구'다. 낯선 사람을 돕는 행위에 대해 홉스는 좀 더 회의적이다. 그러한 행위란 '우정을 구매하려는 행위'거나 아니면 공포심에서 유발된 '평화를 구매하려는 행위'에 불과하다. 즉 공포감으로 인해 우리는 다른 사람과 협력하고 투쟁에서 벗어나 평화를 얻는 것이다.

인간은 자신의 이익을 챙길 때 만족한다. 그 만족감은 타인의 존재를 전제로 한다. (광야에 혼자 어슬렁대는 사자처럼 인간이 홀로 남아 고독하다면, 그 역시 사자처럼 다만 먹이를 찾아 헤맬 뿐, 명예를 탐할 이유도 여유도 없다!) 즉 '승자'로서의 쾌감을 '행복'으로 여기는 것이다. 그래서 인간은 상대에게 잔혹한 승리를 거두고서도 웃는 존재이다. 이것이야말로 인간의 비극이다. (이 책 '계량화' 참조)

## 세 사람의 대통령

경쟁은 공정해야 한다. 그렇지 않은 경쟁은 '부정不正경쟁'이다.

방송을 비롯한 언론에서의 불공정은 대중을 마비시켜 그 의사를 왜곡시킨다. 따라서 언론에서 경쟁의 일방을 비호하거나 일방의 패배를 기도하는 '악의惡意가 개입한 순간' 범죄가 된다. (미국 신문들처럼 특정 정당이나 특정 후보에 대한 지지를 밝히는 것을 허용하더라도 언론이 공정함을 잃어서는 안 된다.) 그런 면에서 보면, 2002년 한국 대선에서 방송이 범한 선거개입은 불공정을 넘어 '악의가 개입된' 명백한 범죄였다.

선거를 석 달 앞둔 9월부터 '거의 하루도 빠짐없이' 텔레비전의 메인 뉴스의 첫머리는 '이회창 한나라당 대통령 후보 아들 병역비리사건'에 관한 속보로 채워졌다. 공영방송 두 곳은 물론이고 민영 한 곳도 예외가 아니었다. 이미 1997년 대선 때 우려먹었던 소재였지만 대중은 이 엄청난 '물량공세'에 전혀 저항하지 못하고 노출되었다. 이회창 후보는 '부정하게 아들이 병역을 기피하도록 한 아버지'라는 이미지에서 벗어날 수 없었다.

거기다 노무현 후보와 이념과 정책이 완전히 다른 정몽준 후보와의 '단일화 쇼'가 더해졌다. 방송은 이 단일화 과정을 중계하기까지 했다. 극적인 효과를 노린 한 편의 드라마였다. 노무현 후보는 인기 없던 '민주당'이란 당명을 가급적 노출시키지 않고 '국민후보'라는 것을 내세웠고 방송은 충실하게 이를 도왔다. (정당의 공천을 받은 후보가 정당 대신 '국민후보'를 내세웠다면 선거법 위반이 된다는 것이 내 생각이다.) 노무현 후보는 대통령에 당선된 뒤 방송에 노골적으로 고마움을 표시했다.

존 F 케네디John F. Kennedy 대통령은 좀 더 심한 부정경쟁으로 당선된 경우다. 케네디의 아버지 조지프와 결탁한 마피아는 합법이라는 가면 아래 일리노이주와 텍사스주에서 광범위한 부정을 저질렀다. 그건 금주법시대에 마피아와 결탁해 돈을 번 조지프 스스로의 '신분 세탁'이자, 아들에 대한 봉사였다. 선거 당사자인 케네디가 그런 부정을 몰랐을 리 없다. 당선 뒤 케네디 형제는 그 더러운 결탁을 감추기 위해 상원의원 시절부터 해 오던 마피아에 대한 공격을 강화했다.

선거에서 패배한 닉슨Richard M. Nixon은 부정 경쟁을 알면서도 '미국 대통령의 권위와 미국에 상처를 주지 않기 위해' 입을 닫았다. 그는 알려진 것보다 훨씬 더 도덕적이었다. 마흔 살의 젊은 나이에, 군대 이외에는 아는 것이 없는 무능한 아이젠하워 대통령의 러닝메이트가 된 덕분에, 8년간 백악관의 '실질적인 주인'이었던 닉슨에 비해 케네디는 인지도가 낮았고 소수파인 가톨릭 신자였다. 지식과 결단력도 닉슨이 앞섰다. 그러나 케네디는 텔레비전 시대에 어울리는 매력적인 외모와 무엇보다도 엄청난 돈을 가진 아버지가 있었다. 작가 존 스타인벡John Steinbeck은 텔레비전 토론을 본 뒤 짧게 평했다.

검은 머리카락에 인상을 찌푸리고 있는 닉슨은 전형적인 악당이었고, 짙은 금발에 귀족적이고 표정이 없는 케네디는 악당과 마주친 주인공이었다. (볼프 슈나이더『위대한 패배자』박종대 역, 을유문화사 간 참조)

우파 중에도 부정경쟁의 승리자가 있다. 바로 조지 W. 부시George W. Bush 대통령이다. 정확히 말하자면 부정경쟁이라기보다 경쟁에 이기고도 승리자가 되지 못한 '오류誤謬'의 희생자는 앨 고어Al Gore다. 부시 진영은 부시의 동생 젭이 지사로 있는 플로리다주에서 '몇 개 지역 재검표를 하는 것만으로도 선거결과가 바뀌는 것'을 막아냈다. 그는 11월 7일의 선거에서 승리한 것이 아니라 아버지 부시가 대통령으로 있던 시기에 임명했던 대법원장 덕분으로 12월 9일 대법원에서 5대 4로 승리했을 뿐이다.

연방대법원은 플로리다주의 '수작업 재검표가 - 플로리다선거법에 규정된 유권자의 명확한 의사란 것은 주관적인 판단으로는 다를 수밖에 없으므로 - 헌법상 평등권을 침해한다'는 말도 안 되는 이유로 수작업 재검표를 즉시 종결하라는 결정을 내렸다. 부시보다 전체 33만8000표를 더 얻었던 고어는 투표지를 제대로 읽지 못한 플로리다 개표기의 '오류'가 없었다면, 미국 대통령이 되었을 것이다. 당시 공식적인 플로리다 선거결과는 부시가 537표를 이긴 것으로 되었다. 미국 법대 교수들은 뉴욕타임스에 다음과 같은 광고를 실었다.

판사 다섯 명이 재검표를 중지시켰을 때, 그들은 더 이상 법관이 아니라 부시의 지지자였다.

불행하게도 부정경쟁과 부정선거 그리고 오류로써, 더 정확히는 텔레비전과 마피아와 법관이 개입해 경쟁에서 승리했던 세 대통령은 모두 대통령으로서는 성공하지 못했다.


## 끝나지 않은 경쟁

인생은 어차피 경쟁의 연속이다. 역사란 그런 경쟁 중에서 '정선된 경쟁'의 기록이다. 그리고 승자에 의해 사실은 왜곡된다. 그러다보니 패자는 역사의 기록-명분에서도 패자로 남는다. 이것이야말로 패자의 비극이다.

예외도 있다. 증오로 얼룩졌던 디즈레일리Benjamin Disraeli와 글래드스턴William Ewart Gladstone의 경쟁은 30년간이나 계속되었지만 둘 다 승자였다.(『바다도 비에 젖는다』 '관冠' 참조) 둘은 승패를 주고받으면서 빅토리아Queen Victoria 치세의 영국을 '해가 지지 않는' 제국으로 만들었다. 이와는 달리, 카이사르Gaius Julius Caesar와 폼페이우스 Gnaeus Pompeius Magnus, 엘리자베스Elizabeth1세와 메리 스튜어트Mary Stuart, 스탈린Iosif Stalin과 트로츠키Leon Trotskii 등 1인자의 자리를 놓고 싸우거나 1인자들 간에 벌인 경쟁은 대부분 '일방의 비극'으로 끝났다.

그런 비극 중 모택동毛澤東(1893~1976)과 장개석蔣介石(1887~1975)의 경쟁이 있다. 두 사람의 경쟁은 동아시아에 엄청난 영향을 끼쳤고, 어떤 의미에서는 현재진행형이다. 두 사람은 죽었지만 둘 사이의 두 번째 경쟁은 아직 끝나지 않은 것이다. 천안문 광장에 거대한 초상화로 걸려 있는 모택동은 죽기 얼마 전 '평생에 기억나는 일'로 '나는 장개석을 조그만 섬으로 추방했다'고 말했다. 모택동보다 1년 먼저 죽은 장개석은 그 '조그만 섬' 대만의 시골집 땅 위에 놓인 대리석 관 속에 누워 언젠가는 고향에 묻히겠다는 염원으로 본토수복을 기다리고 있는 중이다.

모택동은 장개석보다 여섯 살이 어리다. 모택동은 소농小農, 장개석은 소금장수의 아들로 둘 다 농촌에서 태어났다. 둘의 닮은 점은 생각보다 많다. 시골출신에다 어린 나이에 어머니가 골라준 문맹文盲의 이웃마을 여자와 결혼하고 그 뒤로 몇 차례 더 결혼했던 개인사史 외에도, 둘은 잔인하고 무자비한 데다 교활하기까지 하면서 강인한 성격을 지닌 점도 같았다.

무엇보다도 가장 큰 공통점은 야망이 컸다는 것이다. 둘은 그 야망 때문에 한 사람은 공산주의자로, 또 한 사람은 자본주의자가 되어 싸웠다. (둘은 자신들의 이념을 체계적으로 공부한 사람들이 아니었다.) 그런데도 둘 다 극단적인 민족주의자였던 것은 놀라운 일이다. (마르크스주의에 빠진 모택동이 더욱 그렇다.) 그건 아마 둘 다 '민족, 민주, 민생'의 삼민주의三民主義를 내세운 손문孫文을 숭배한 때문일 것이다.

둘의 차이점이 있다면 모택동이 소탈하고 모든 것을(전투까지도) 부하들과 함께하는 데 비해 장개석은 오만하고 지배적이었으며 언제나 전장戰場의 뒤쪽에 있었다는 점이다. 그 차이가 결국 승패를 갈랐다. 이 끝나지 않은 경쟁을 본다.

## 모택동

모택동은 열여섯 살인 1909년, 사촌이 보내준 『풍요의 시대에 던지는 경고』(정구량이 쓴 책이다.)란 책을 읽고 중국이 처한 현실을 깨닫게 된다. 정치에 눈을 뜬 것이다. 첫 아내 로쉬가 결혼 2년 만에 병사했을 무렵이었다. 그는 이듬해 상탄에 일자리를 구했지만 지식에 목 말라 고향인 호남湖南성의 장사長沙中학교에 입학한다. 1911년은 국민당의 손문이 급진적인 봉기를 일으켰던 해다. 모택동은 그때 변발을 잘랐고 무한봉기 소식을 듣고 참여하려 했지만 이미 봉기는 끝나 있었다. (무한은 비가 많은 곳인데 그는 고무 덧신을 찾지 못해 지체했다. 만약 그가 덧신을 일찍 찾아 무한봉기에 참여했다면 중국의 역사가 바뀌었을지도 모른다.)

모택동은 1913년 장사사범학교에 갈 때까지 공공도서관에서 애덤 스미스Adam Smith, 찰스 다윈Chales Darwin, 샤를 몽테스키외Charles-Louis de de Montesquieu, 장 자크 루소Jean Jaucqes Rousseau, 데이비드 리카도David Ricardo, 존 스튜어트 밀John Stuart Mill 등의 저작들을 읽었다. 격변의 시기에 그는 이미 몽상가였다. 그 몽상가는 사범학교에서 일생을 바꾸게 한 스승 양창제楊昌濟를 만난다. 모택동은 그에게서 '사회과학'을 배우면서 비로소 마르크스주의를 알게 된다. 루소와 리카도를 거쳐 마르크스Karl Marx에 이르기까지 기본적인 공산주의 이론 골격을 가지게 된 것이다. (세월이 흐른 뒤 마르크스와 모택동Mao, 헤르베르트 마르쿠제Herbert Marcuse는 좌파 청년들의 우상으로서 '3M'으로 불리게 된다.)

1918년 양창제가 북경대학교 교수로 가자 모택동은 북경대 도서관 사서 보조로 채용된다. 그때 도서관주임은 이대소李大釗였다. 이대소는 와세다대에서 신학문을 배운 공산주의자로서 문과대 교수였다. 모택동은 이대소가 '신청년'에 쓴 '볼셰비즘의 승리'를 읽게 되면서 마르크스주의에 완전히 경도된다. 그는 이대소로부터 공산주의에 대해 많은 것을 배운다. (지금 북경대에는 이대소의 흉상이 있다.) 마르크스주의 아류라 할 수 있는 마오이즘Maoism-훗날 중국 헌법 서문에 삽입되고 제3세계에 막대한 영향을 끼친 중국판 공산주의가 북경대 도서관에서 발아한 것이다.

모택동은 1919년 어머니가 위독하자 고향에 와 역사선생을 하면서 '상강평론'이라는 주간지를 발행한다. 4주 만에 강제폐간된 이 잡지의 창간선언문에는 '바야흐로 인류해방을 위한 운동이 시작되었다'는 모택동 나름대로의 공산주의 선전이 적혀 있다. 그해 10월 어머니가 죽었다. 이듬해 1월에는 스승 양창제가 죽고, 그 장례식 이튿날 아버지가 죽는다. 모택동은 아버지의 장례식에 가지 않고 북경에 남아 이대소로부터 공산주의 학습에 몰두한다. 그는 그 무렵 스승의 딸인 양개혜楊開慧와 사랑에 빠져 상해로 가서 동거하다가 결국 결혼했다. 그는 그곳에서 잠시 서점을 경영하기도 했다.

1920년 11월 중국공산당이 창당되고 1921년 7월 23일 상해에서 공산당

1차당대회가 열리자 모택동은 장사지역 대표 중 한 사람으로 참가해서 호남성에 공산당을 건설하는 임무를 받고 장사로 돌아온다. 그 뒤 소련 국제 공산당 조직의 도움을 받아 중국 곳곳의 공장을 살펴보면서 파업 방법을 배우는 한편 노동조합 결성을 도왔다. 1925년 손문은 일본의 침략에 대비해 국공합작國共合作을 성사시킨 뒤 죽는다. (손문은 민족주의에 매몰되어 공산주의의 위험성을 전혀 몰랐다. 오히려 그는 사회주의이론을 상당히 받아들였다.)

이 1차 국공합작에 따라 항일전선이 만들어지면서 1926년 모택동은 장개석을 처음 만난다. 그때 장개석은 이미 국민당 지도자였다. 손문이 죽자 장개석은 후계자 자리를 다투던 경쟁자들을 대부분 죽여버렸던 것이다. (장개석은 직접 권총으로 살해하기도 했다. 그만큼 그는 잔인했고 권력지향적이었다.) 모택동은 장개석의 휘하에 들어가 국민당의 선전부장으로서 6월회의에 참석했고 북부지방의 군벌을 공격할 작전을 기획했다.

## 장개석의 실책

장개석은 절강浙江성 봉화奉化현에서 출생했다. 귀족 가문이었지만 부유하진 않았다. 그는 건강 때문에 개인교습을 받았다. 그러나 일곱 살 때 아버지가 죽자 소금가게를 처분할 수밖에 없었고 어머니의 삯바느질로 생계를 이었다. 어머니는 세금을 못내 감옥에 갇히기까지 했다. 장개석은 후일 회고록에서 그때 '모욕과 천대의 대상'이었다고 술회했다.

장개석이 열 살 때 형마저 죽자 어머니는 장개석에게 모든 희망을 걸었다. 그녀는 장개석이 열네 살 때 모복매毛福梅라는 한 마을에 사는 소녀와 결혼 시켰는데 장개석 모자는 이 어린 신부를 심하게 학대했다. 장개석은 아내의 머리채를 잡고 질질 끌고 다니기도 했다. 그는 선천적으로 오만했고 어릴 때 부터 너무 잔인했다. (1920년 장개석으로부터 버림받은 그녀는 1939년 공습으로 죽었다.)

열여섯 살이 되자 장개석은 학교(피닉스 마운틴스쿨)에 다니기 위해 고향을 떠 난다. 2년 뒤인 1905년 변발을 자르고(모택동보다 6년이 빠르다.) 이듬해 보정保定 군관학교에 입학해 용병술을 배웠다. 그뒤 장개석은 일본의 사관학교에 진 학한다. 그의 어머니는 학비를 마련하기 위해 전 재산을 처분했다. 그런 노 력이 헛되지 않아 그는 신학문을 배운 청년이 되어 중국에 돌아왔다.

그 무렵 그는 이미 정치성향을 가진 청년이었다. 스물네 살 되던 1911년 중국혁명동지회에 가입하고 신해혁명(이 사건으로 청나라가 멸망하고 손문의 중화민국이 탄 생했다.)에 참가했으며, 1918년에는 손문의 휘하로 들어갔다. 그때부터 그는 승승장구했다. 1923년에는 소련에 가서 적군赤軍을 살펴보았고, 1924년에 는 황보黃埔군관학교 교장이 되었다. 1926년에는 국민혁명군 총사령에 임명 되었다.

1926년 국공합작군은 군벌들을 여러 차례 패퇴시켰다. 그러나 1차 국공 합작은 오래 가지 못했다. 1927년 상해上海에서 '쿠데타'가 일어나자, 장개석 은 공산주의자들의 득세를 두려워해 노동조합원 수천 명을 체포한 뒤 무참 하게 살해했다. 모택동은 이때 가족과 헤어져 근근이 상해를 탈출했다. 국민군에게 쫓긴 모택동의 군대는 강서江西성까지 밀렸다.

장개석의 부하들은 공산당에 관계한 사람들을 닥치는 대로 죽였다. 마침내 장사에 숨어 살던 모택동의 아내 양개혜를 찾아내 처형했다. (참수설과 총살설이 있다.) 그건 장개석의 실책이었다. 세 아이들은 모택동의 친구들이 구출했는데, 살아남은 둘은 1936년 소련 공산당이 모스크바로 데려갔다. 모택동은 이를 갈았다. 그는 코민테른에 보낸 보고서에 한 서린 한마디를 적었다.

정치적인 힘은 총구로부터 얻어진다는 것을 명심해야 한다.

아내를 잃은 모택동은 동거하던 하자진賀子珍이라는 여성과 결혼했다. 뒷날 1939년 모택동은 연안延安 동굴본부에서 배우였던 강청江青을 만난 뒤 하자진과 이혼하고 그녀를 네 번째 부인으로 맞았다.


## 대장정

손문이 죽자 장개석은 1921년 결혼했던 진결여陳潔如를 미국으로 보낸 뒤 손문의 미망인인 송경령宋慶齡(그녀는 국민당좌파로 뒷날 장개석과 대립한다. 중국 정부 지도부로 있다가 1981년 죽었다.)에게 청혼했다. 그녀가 거절하자 그는 곧 그녀의 동생인 송미령宋美齡과 결혼한다. 두 자매는 미모에다가 미국 교육을 받은 재원이었다. 특히 송미령은 사교적 성격으로 인해 미국인들에게 마담 장으로 불리며 엄청난 인기를 누렸다.

장개석은 의도했던 대로 그 덕을 보았다. 미국의 언론은 장개석의 치부는 일절 보도하지 않았으며 '라이프Life'지는 수차례 그를 표지에 올렸다. 장개석은 이런 미국 언론의 후원이 큰 힘이 되었다. 이후 몇 년 동안 그는 강서 소비에트가 있는 산악요새를 지속적으로 공격했다. 모택동은 끈질기게 버텼다. 그러나 그는 얼마 견디지 못하고 강서의 정강산井岡山 근거지를 버린다.

1934년 10월 서금瑞金에서 시작된 9600㎞의 '대장정大長征'이 그것이다. 모택동의 제1방면군 8만 명은 군수품을 지고 일렬종대로 고난의 행군에 들어갔다. 그러나 가장 전투력이 보존된 제4방면군과의 합류가 무산되면서 속절없이 병력만 잃었다. 말이 행군이었지 처참한 패주敗走였다. 대장정 과정에서 국민군의 계속되는 포격과 공습으로 모택동의 공산군(홍군紅軍)은 엄청난 사상자를 냈다.

그래도 공산군은 대운하를 건너고 대설大雪산맥을 넘었다. 마침내 1935년 10월 모택동의 군대는 2, 4방면군과 감숙甘肅성에서 합류한 뒤 11개 성을 지나고 18개 산맥을 넘어 368일간의 행군 끝에 중국 서북부의 험준한 산서山西성에 도착했다.

1방면군은 적의 추격에다 혹한과 기아로 병력 대부분을 잃고 불과 1만 5000명만이 연안延安의 계곡에 올 수 있었다. 그중 처음 출발할 때부터 있었던 병력은 7000명밖에 안 되었다. 1~4방면군을 다 합쳐 30만 명에서 3만 명으로 줄어 있었다. 모택동은 이 무렵 연안에서 런던 데일리헤럴드 특파원인 에드거 스노Edgar Parks Snow와 회견했다. 스노는 회견 뒤에 6000마일의 대장정과 모택동의 생애를 서방에 알리는 『중국의 붉은 별Red Star Over China』을 펴냈다.


## 악당이 바꾼 역사

모택동의 대장정은 비록 패주였지만 중국 전역에 공산당의 이념을 알리는 계기가 됐다. 모택동은 장정을 통해 주은래周恩來를 비롯한 동료 가운데서 1인자의 지위를 확고히 했다. 그는 산서의 험준한 계곡에 움츠리며 재기를 도모했다. 장개석은 그런 모택동에게 최후의 일격을 가하기 위해 서안西安으로 왔다. 모택동은 이때 장개석의 부하인 북방군벌 장학량張學良(장작림張作霖의 장남이다.)과 은밀히 접촉했다. 모택동은 그를 부추겨 '반전反轉'을 의논한다. 이 장학량의 배신이 중국 역사의 물줄기를 바꾼다.

장학량은 장개석에게 내전을 중지하고 함께 항일전쟁에 나설 것(內戰中止 一致抗日)을 요구했으나 거절당했다. 1936년 12월 12일 '일급 시카고 갱'(뒷날 미국 대사의 표현이다.) 장학량은 서안西安의 장개석이 머무는 화청지華淸池로 군대를 보내 장개석을 체포해서 감금하는 '서안사변'을 일으킨다. 전 세계가 경악한 사건이었다. 국민당대표 송자문宋子文(손문의 아들이다.)은 장학량 그리고 모택동을 대리한 주은래와 협상을 벌여야 했다.

모택동은 그의 희망대로 장개석을 죽이지는 못했다. 무엇보다도 미국이 적극적으로 개입했다. 여론을 무시할 수도 없었다. 사건 직후 라이프지는 장학량을 '이 주일의 악당'이라고 썼다. 결국 국민군과 공산군은 함께 항일

전쟁에 나설 것을 약속하고, 장개석을 석방하는 데 모택동은 동의한다. 2차 국공합작이 성립된 것이다.

(장학량은 체포되어 10년 금고형을 받았다. 그는 1949년 국민당 정부와 함께 타이완으로 와서 연금생활을 계속했다. 1990년이 되어서야 연금에서 풀려났고 1993년 미국으로 가 그곳에서 죽는다.)

1931년 9월 18일 만주사변으로 대륙침략의 발판을 만들었던 일본은 1937년 7월 7일 노구교蘆溝橋 사건을 일으켰다. 중일전쟁이 벌어지자 개전 초기에 북경北京과 상해上海가 떨어지고 그해 12월에는 국민정부 수도인 남경南京이 함락됐다. 그러나 모택동은 서둘지 않았다. 그는 농촌에서 특유의 게릴라전을 벌였다. 장개석은 도시에 방어진을 마련하고 전쟁을 끌었다. 둘 다 종전 이후 내전에 대비할 요량으로 대일전에 전력을 기울이지 않았다. 그 바람에 일본군은 1945년 8월 15일 종전 때까지 이 지지부진한 전쟁에 105 만이나 되는 대군의 발목이 잡혔다. 그 동안 장개석 군대는 미국의 엄청난 원조로 병참을 확충했다.

힘을 가진 국민당 정부는 1945년 8월 공산당에 세 차례나 회담을 제의했다. 1945년 8월 28일 마침내 모택동, 주은래 등이 중경重京에 와 국민당과 회합했다. 회담은 43일간이나 계속되다가 10월 10일 양측은 '정부와 공산당 대표 회담요록'을 발표했다.

그러나 여전히 국민당 정부는 공산군에게 '해방구'와 군대를 넘겨 달라고 했고, 모택동은 국민당 정부에 48개 해방구의 합법적 지위를 인정하라고 요구했다. 그해 말 모택동과 장개석은 공개적으로 만나 서로 아량을 베풀며

건배했지만, 그건 마음에도 없는 정치적 제스처에 불과했다. 오히려 두 진영은 전쟁이 필연적이라는 걸 잘 알고 있었다.

## 민심이 가른 승부

마침내 최종적인 승부를 겨루는 전쟁이 시작됐다. 내전이 벌어지자 처음에는 장개석의 국민군이 공산당을 압도했다. 그러나 미국이 다시 개입했다. 조지 마셜George Catlett Marshall의 중재 아래 1946년 봄과 여름에 두 차례 휴전이 선포됐다. 이 미국의 '쓸데없는' 간섭으로 '인민해방군'으로 이름을 바꾼 공산군은 재정비할 시간을 벌었다. 소련은 1946년 만주에서 노획한 엄청난 양의 무기(소총 70만 정, 기관포 1만4000정, 탱크 700대)를 모택동에게 넘겨주었다.

더군다나 국민당 정부는 인플레이션에 시달리면서 국민들의 원성을 샀다. 공직자의 비리도 넘쳐났다. 사람들은 국민당 정부를 미국의 꼭두각시 정부로 여겼다. 그 바람에 장개석의 군대는 겉으로는 멀쩡했지만, 사기는 떨어질 대로 떨어졌다. 거기에다 작전실패가 겹쳤다. 모택동의 군대가 공격을 개시하고 1947년 황하를 건넜을 때, 장개석은 황하를 범람시켜 인민해방군에 타격을 준 것이다. 그 일로 많은 시민이 집과 목숨을 잃었고 민심이 급격히 공산군에게 기울었다. 민심이반은 이제 농촌지역뿐 아니라 도시로 번졌다.

1948년 인민해방군은 만주 지역을 빼앗고 남행하면서 북경과 천진天津을 점령했다. 이듬해에는 대륙 대부분이 인민해방군의 손에 넘어갔다. 장개석은

1949년 12월 8일 대만으로 도주했다. 마침내 전쟁이 끝났다. 그 승패는 민심이 갈랐다. 공산군은 어디서든 환영받았고 국민군은 쫓기면서도 동정받지 못했다. 여기서 우리는 몇 천년을 내려오는 경구를 다시 확인한다.

　민심이 천심天心이다.

　이 내전으로 500만 명이 죽었다. 중일전쟁과 그 앞의 내전까지 모두 1200만 명이 목숨을 잃었다. 세계대전에 비교되는 엄청난 피해였다. 대륙은 전화戰禍를 이기지 못하고 폐허가 되었다. 도시 대부분은 불에 타 소실되었다. 전쟁이 멈추자 공산당의 잔인한 숙청이 이어졌다. 수백만 명이 또 죽었다. 모택동에게는 이념이 동족 수백만 명의 목숨보다 훨씬 더 중요했다. 그는 뒤이어 '항미원조抗美援朝'라는 명분으로 6·25전쟁에 개입했다. 중국은 또다시 전쟁에 시달렸다.

# 23
# 자유 自由

자유는 늘 권력의 편에 서 있다.

토머스 홉스Thomas Hobbes는 리바이어던Leviathan에서 '인간의 자유는 단순히 강제의 부재에 불과하다'고 썼다.

그 강제를 만드는 것은 권력이다. 그리고 권력은 대개 정부의 형태를 띠지만, 아무런 외형도 가지지 않은 권력도 많다. 우리는 우리에게 부여되는 강제가 정당하고 수긍할 수 있을 때, 자유를 제한받으면서도 자유롭다고 느낀다. 그러나 설사 그것이 정당한 권력이더라도 누군가의 간섭이 내 집 문턱을 넘어와도 되는 것인가? 대개 문턱을 넘는 권력은 보이지 않는 권력들이다. 이 보이지 않는 권력이 당신을 감시하고 통제하는 것을 당신이 감지하지 못하고 있다면, 그리고 부지불식간에 당신이 그 권력에 맹종하고 익숙해져 있다면, 당신은 믿겠는가?

자유는 습관이다. 종신형을 받고 감옥에 갇힌 죄수에게는 감옥 바깥이 곧 자유이자 간절한 희망이지만, 감옥 안에서 태어나 평생 그곳에서 산 사람이 있다면 그 사람에게는 감옥 안의 생활이 곧 자유인 것이다. 어느 누구든 그 습관을 강제로 빼앗기기 전에는, 자유의 가치를 모른다. 그래서 자유는 가진 자에게는 공기처럼 값이 없지만, 가지지 못한 자에게는 어떤 가격에도 살 수 없는 불가능한 희망이다.


## 무소유를 왼다고 부처가 되는가

자유는 욕심에서 벗어나는 데서 온다. 욕심을 버려 세상의 어떤 것에도 구애받지 않는 경지, 생사의 문제까지 넘어서면, 대자유大自由의 경지다. 그러나 그건 범인凡人으로선 감당할 수 없는 너무 먼 경지다.

석가는 일찍이 '무소유無所有'를 가르쳤다. 부처가 말씀한 무소유란 무엇인가? '가지지 않는다는 것'인가? 그렇지는 않다. 그래서 '무소유'를 광고한 자들은 모두 사기꾼이다. 무소유를 판 자들은 자칫 지옥에 들지 모른다. 내 주머니 속엔 먼지밖에 없다고? 주머니를 잊지 못하면 옷이든 마음이든 주머니를 달지 않으면 될 일을, 그런 멍청한 말이 어디 있는가. 주머니에 먼지밖에 없다는 것을 인식하는 순간 그는 탐욕의 한가운데 있는 땡초에 불과하다. 주머니에 연연하고 있었다면 설사 그 주머니에 먼지밖에 없다 하더라도 그건 무소유가 아니기 때문이다. 그래도 그런 말에 경도되는 이들이 있다. 사기꾼 땡초들은 무소유를 이루기 위해(지옥에 들지 않기 위해) 가진 것을 버려야 한다고 속였다. 그러나 그런 사기꾼들이 지어낸 지옥은 없다!

이왕 불가佛家의 대문을 두드렸으니 따져 묻자. 가지지 않는다는 것? 그리고 가지지 않는 것? 둘의 차이는 크다. '가지지 않는다는 것'은 또 하나의 '욕망'에 불과하다. '무소유' 자체가 탐욕의 목표가 되고 '소유'의 대상이 되는 악순환에 빠져든다. 이 '가지지 않는다'에 대한 집착을 버리지 못하면 재물을 버리고 권력을 버리고 명예를 버리고 세상의 모든 인연을 버려도 결코 무소유에 이르지 못한다.

결국 '가지지 않는다는 욕망'을 지우는 것이 '가지지 않는' 마지막 관문이 된다. 이 둘의 차이를 메우는 것이 구도求道의 길이다. 모든 욕심에서 벗어나 생사生死까지 초탈한 경지, 욕심을 버리고, 욕심이 있었던 자리까지도 버린 경지에 드는 것, 그것이 무소유다. 단언하건대 그건 성인聖人의 경지다. 먹물든 가사를 걸쳤다 해서 다 중이 아닌 것처럼, 무소유를 입으로 왼다 해서 부처가 되는 건 아니다. 경허鏡虛 문중에서 만공滿空의 법을 이은 혜암惠庵선사의 법문을 옮긴다.


## 종탈 법문

어느 날 저녁 혜암이 자리에 누우려다가 시자侍者 효명과 학인學人들이 방 안에 있는 것을 보고 도로 앉더니 목침을 들어올리며 한 말씀을 했다.

이것을 힘으로 뺏지 말고 말로 빼앗아 보아라.

대중이 아무 말도 못하고 있자, 선사께서 다시 물었지만, 끝내 아무도 답하지 못했다. '옛날 성월性月 (혜암의 스승) 스님 문하에 한 선객이 찾아왔는데 이 문제를 내자 밤을 꼬박 새우고도 답을 하지 못했다. 다음날 그가 떠나자 성월이 갓은 돌았다고 하셨다. 자, 누구든 이 목침을 힘으로 뺏지 말고 말로 한 번 빼앗아 보아라.' 그때 막 들어선 청봉이 시자로부터 이야기를 듣고서는 마침 들고 있던 부채를 선사 앞으로 불쑥 내밀었다.

스님이 이 부채를 힘으로 뺏지 말고 말로 빼앗아 보십시오.

그러자 혜암이 빙그레 웃고 목침을 가만히 내려놓으며 말했다. '조주趙州 무無자 화두를 확연히 깨달은 자라야만 이 종탈법문從脫法門을 알 수 있는 것이다.' (강인봉이 편역한 혜암선사 법어집 『늙은 원숭이』에 있는 법문을 많이 줄였다. 열음사 간)

## 두 사람의 에로스

사르트르Jean Paul Sartre(1905~1980)는 전후戰後 상실감에 빠진 유럽인들을 목격하면서 '새롭고 실존주의적인 개인'이라고 표현했다. 현실에 상심한 사람들을 보면서 그는 '우리는 이유 없이 고독하다. 인간은 숙명적으로 자유로운 존재라고 한 건 이런 뜻이다'라고 말했다. 적어도 이 말은 인간에 대한 깊은 천착穿鑿 뒤에 나온 말은 아니다. '정치적 행동'과 '불가피한 폭력'을 강조한 사르트르가 고독과 자유를 상시성常時性으로 파악했다는 건 자기모순이 자 난센스였다.

그렇다면 종전 뒤의 서구사회를 '부자유스럽고 억압적인 것'으로 본 마르쿠제Herbert Marcuse(1898~1979)는 어떤가? 마르쿠제는 열여덟 살에 군 입대 후 사회민주당에 입당한 것을 계기로 공산주의자의 길을 걸었다. 그는 그 무렵 독일공산당의 전신인 로자 룩셈부르크Rosa Luxemburg의 스파르타쿠스단團을 지지했다. 마르쿠제는 제대 후 대학에 진학해 마르크스Karl Marx와 헤겔Georg Hegel, 프로이트Sigmund Freud를 읽었고 평생 이 세 사람의 그림자를 벗어나지 못했다.

대학을 졸업한 뒤 마르쿠제는 고서점 점원으로 있다가 하이데거Martin Heidegger의 '존재와 시간'을 읽으면서 현상학에 눈을 떴다. 그는 하이데거와 후설Edmund Husserl 밑에서 철학 공부를 계속했고 호르크하이머Max Horkheimer, 아도르노Theodor Wiesengrund Adorno와 프랑크푸르트대 사회연구소의 공동발기인이 되었다. 이 무렵 나치 정권의 유대인 박해가 심해지자 1933년 제네바를 거쳐 미국으로 이주했다.

하이데거와 후설의 현상학을 섭렵한 것 말고도 마르쿠제는 사르트르와 많은 동질성을 보인 동시대의 철학자다. 다만 확연히 달랐던 건 사르트르는 어린 여자들과 '에로스'를 직접 실천하고 다녔지만, 『에로스와 문명』을 쓴 마르쿠제는 그게 문명과 어떻게 결부되는지 방에 틀어박혀 고민한 것 정도다. 또 있다. 마르쿠제는 제2차 세계대전이 벌어지자 육군에서 정보분석가로 일했고 종전 후에는 정보조사국에서 중부유럽과장을 지냈다. 사르트르가 포로수용소에서 석방되어 '나치의 입맛을 벗어나지 않는' 희곡을 쓰고 있는 동안, 유대인 공산주의자 마르쿠제는 한때 그의 조국이었던 나라의 정보를 뒤졌다.


## 지식인의 아편

사르트르는 종전 직후 공산주의에 절대적인 지지를 표명했다. 그것이 전후의 광란에 빠진 파리에서 사이비 레지스탕스였던 그가 살 길이었다. 그때부터 사르트르는 그가 '짧은 문장이나 침묵으로도 할 수 있다'던 참여 engagement(앙가주망)를 온몸으로 실천했다. 그는 좌파 시위대의 사령관이었다. 큰 사건이 나면, 사람들은 사르트르의 생각을 읽기 위해 이른 아침 신문가판대로 달려갔다.

사르트르는 스스로 마르크스교의 집사가 되어 판매금지된 '인민의 대의La Cause du peuple'라는 신문 형식의 '선동문'을 거리에서 팔았다. 그러나 그 집사는 교리를 제대로 알지 못했다. 일찍이 드골 정부에 참여했던 사르트르의 대학 동기 레몽 아롱Raymond Aron은 1955년 『지식인의 아편』이란 책을 써 마르크스주의와 사르트르를 혹독하게 비판했다. 두 사람의 논쟁은 대중의 관심사였다. 그 무렵 마르쿠제는 미국에서 마르크스교의 새로운 사제가 되었다. 그의 급진사상, 전복을 꿈꾸는 저항의식은 1960년대 서구 학생운동의 동력이었다.

1968년 '프라하의 봄'을 지나 70년대엔 집단주의의 썩은 악취를 서구 지식인들이 맡게 되면서, 공산주의에 대한 무분별한 열망을 쏟아내 청년들을 오염시킨 사르트르의 과오도 드러났다. 사르트르는 자신은 공산주의를 지지하지 않았다고 변명했다. 그건 뻔뻔스러운 거짓말이었다. 파리사범학교 동기생들인 퐁티Maurice Merleau-Ponty와 아롱의 반反마르크스주의가 옳다는 것을 사람들은 비로소 알았다. (무니에Emmanuel Mounier는 이 논쟁에 끼지 못하고 일찍 죽었다.) 그래도 사람들은 사르트르를 옹호했다.

아롱과 함께 옳기보다 사르트르와 함께 틀리는 것이 바람직하다.

한번 좌파로 기운 대중은 자신들의 실수를 인정하고 싶지 않았던 것이다. 1970년대가 넘어가면서 자본주의의 승리가 확실해지자 마르쿠제는 자신의 교회인 하버드대 강의실에서 마르크스의 오류를 '약간' 고친 새로운 교리를 펴야 했다. 그런 일은 사실 자신의 오류를 감추는 행위였다. 마르쿠제로서는 시인하고 싶지 않은 부도덕이기도 했다.

과거 사르트르와 마르쿠제 두 사람은 지식인의 가면을 쓰고 수많은 사람을 폭력과 파괴, 죽음으로 내몰았다. 그래도 마르크스의 오류를 일부나마 인정한 마르쿠제는 사르트르에 비해 정직한 면이 있었다. 사르트르가 스스로 '정치가'가 되어 '자유'를 강론한 거리의 철학자라면, 마르쿠제는 캠퍼스의 철학자였다. 그는 정신의 영역에서 승화된 '자유의 완성'이라는 '위대한' 용어가 매스미디어를 통해 정치가들의 선전으로 변질해 '무의미한 음향'으로 바뀌는 것을 참지 못했다. 그는 이런 남용이 선진산업사회가 '이상理想의 물질화' 가능성에 직면했다는 것을 보여준다고 강변했다.

## 그라쿠스 바뵈프

영국과 프랑스 그리고 네덜란드에서 시민혁명을 불러온 단초는 대개 신앙 문제에 있었지만 그 배경은 경제불황이다. 굶주림의 고통이 혁명을 부른 것이다. (1917년 러시아혁명조차도 땅에 대한 농민들의 집착이 차르 체제를 무너뜨리는 주요 동인動因이 되었다.) 그런데 초기 시민혁명인 청교도혁명, 명예혁명에서 논의됐던 '시민의 자유'는 가진 자들의 자유였다. 그것은 다른 의미로 '소유권의 자유'를 의미했다. 존 로크John Locke가 말하는 자유도 그랬다.

프랑스혁명에서 비로소 자유를 외친 계층이 늘어났다. 부르주아뿐 아니라 농민과 무산층까지 소유권을 누리고 싶어했고 그것을 자유로 이해했다. 소유할 수 없으면 어떤 자유도 주어지지 않고, 다시 억압받는 빈자로 돌아갈 수밖에 없다는 것을 그들은 체험적으로 알았다. 그것이 급진 자유주의 혁명으로 치닫게 했고, 미국에 이어 왕이 사라진 공화정을 열게 했다. 프랑스혁명 이후 계몽사상이 전 유럽에 확산되면서 자유는 이제 종교적 자유에서 정치적 자유, 그리고 소유권의 자유로 신속하게 확장됐다.

그런 '자유'라는 단어를 생각할 때 나는 한 사람을 먼저 떠올린다. 내가 진정한 좌파라고 믿는 몇 안 되는 좌파 중 한 사람, 좌파의 원류로서 프랑스혁명 때 처형당한 그라쿠스 바뵈프Gracchus Babeuf(본명 프랑수아 바뵈프François Noël

Babeuf, 1760~1797)다. 1797년 5월 26일 프랑스 방돔에서 열린 재판에서 바뵈프는 사형을 선고받았다. 그가 최후진술에서 아들 에밀에게 한 탄식은 우리를 숙연하게 한다.

> 모든 선의 근원인 자유를 유산으로 남겨주기 위해 무척 애를 썼지만, 오직 미래의 속박밖에 보이지 않는다. 나는 너희를 그 모든 악의 제물이 되게 하고 말았다.

바뵈프는 비록 계몽사상가들 수준의 지식은 가지지 못하였어도 거짓을 행하지 않는 용기가 있었다. 바뵈프는 다만 '완전한 자유인'이 되고 싶었던 것이다. 그는 적어도 루소Jean Jacques Rousseau 같은 배덕자背德者는 아니었다. (루소 역시 무학無學이었지만 바뵈프에 비해 잡다하고도 많은 지식, 그리고 명성을 가졌다. 루소는 화려한 언변으로 귀족들과 어울리며 늘 귀족을 흉내냈다. 그는 혁명이 일어나기 10년 전에 죽었지만, 프랑스 국민들로부터 '혁명의 아버지'로 칭송받으며 유해가 팡테옹Pantheon묘지로 이장되었다.)

## 한 자유인의 혁명

그라쿠스 바뵈프는 1760년 프랑스 생캉탱에서 태어났다. 그는 매우 총명했으나 집이 가난하여 피카르디 운하건설 현장에서 막노동을 해야 했다. 그러다가 열일곱 살 무렵 좋은 글씨체 덕분에 법무사 도제로 들어갔다. 그는 그곳에서 인문학적 소양을 쌓는다. 그 후 스물다섯 살 때 토지대장 참사관으로 있으면서 영주領主의 지배가 잔인하고 비정하다는 사실을 알았다. 그때의 경험으로 그는 소유권 제도의 모순을 깨닫는다.

평등분배 이튿날부터 불평등이 일어난다.

바뵈프에게는 자유는 곧 평등이었다. 근원적인 불평등에 눈을 떴던 것이다. 그는 '인권선언만으로 결코 굶주림을 달랠 수 없는 것'이라고 말했다. 그리고 사적私的 소유는 반드시 불평등을 초래하기 때문에, 평등하고 후손들에게 풍요를 보장하기 위한 유일한 방법은 사적 소유를 폐지하는 것이라고 주장했다. (이 생각은 마르크스와 그 추종자들에게 영감을 주었다.) 그 이유는 한마디로 압축된다. '생존권은 소유권보다 우위에 있다.'

프랑스혁명이 일어나자 바뵈프는 바스티유 감옥 점령에 참가했다. 그 뒤 서른세 살 되던 1793년 혁명정부 식량국에서 일할 때 그는 폭리를 취하고자 일부러 식량기근을 조성하는 것을 목격했다. 바뵈프는 자신이 만든 기관지 '인민의 보호자'에 정치적 평등만이 아닌 경제적 평등을 주장한다. 그는 사유재산의 원칙이 새로운 경제적 특권을 만든다고 외쳤다.

굶주린 사람들을 질식시키는 이 무서운 조화보다는 차라리 내란 자체를 택하겠다.

그가 감옥에 갇힌 뒤 일곱 살 난 딸은 굶어 죽었다. 바뵈프는 석방된 뒤 '평등인협회'를 만들어 총재정부의 타도를 기도企圖했다. 그러나 1796년 5월 초순으로 예정한 봉기가 배신자의 밀고로 발각되어 같은 달 10일 체포됐다.

바뵈프가 처형된 뒤 그의 동지 부오나로티Buonarroti는 1828년 브뤼셀에서 『평등주의자 음모의 역사』를 출간하여 한 '자유인'의 혁명을 알렸다. 세월이 흘러 1888년에는 그의 변론 전문全文이 공개됐다. 그는 그 변론에서 '남들이 굶어죽는데도 감히 필요 이상으로 많은 것을 가지려는 추악한 인간들'이라는, 루소가 한 말을 반복했다. '진정한 평등이 없는 정치적 평등은 단지 감질나는 환상에 불과하다'고 그는 덧붙였다. 바뵈프는 루소와 같은 생각을 하고 같은 말을 했지만, 귀족들과 어울리는 호사에 굴종한 루소와는 달리 스스로의 신념에 충실했다.

## 자유가 아니면 죽음을 달라

'자유'에 대한 가장 유명한 말은, 패트릭 헨리Patrick Henry(1736~1799)가 1775년 버지니아주 리치먼드시의 세인트 존 교회에서 한 연설일 것이다. 그 연설은 독립전쟁에 참여할 민병대를 조직하기 위해 열린 버지니아 식민지협의회(일종의 비합법 민중대회였다.)에서 한 것이다. (1805년 윌리엄 워트 변호사가 헨리의 전기를 쓰면서 조지 터커 판사에게서 전달받은 내용이다.)

쇠사슬을 찬 노예가 되는데도 목숨이 그리 소중하고 평화가 그리 달콤하단 말인가? 전능한 신이시여 용서해 주십시오. 여러분들이 취할 다른 길을 나는 알지 못한다. 나에게 '자유가 아니면 죽음을 달라!but as for me, give me liberty or give me death!

패트릭 헨리는 1736년 버지니아에서 태어났다. 불우한 환경에서 몇 년 동안의 초등교육이 그가 받은 교육의 전부였다. 그는 상업에 실패한 뒤 장인이 결혼선물로 준 노예들과 300에이커의 농장을 경영했으나 1757년 화재로 전부 잃었다. 그후 독학으로 법률공부를 해서 변호사가 되었고 버지니아 식민지의회 하원의원으로 당선됐다.

헨리는 본국 의회를 지지하는 의원들이 외쳐대는 '반역자'라는 고함 속에서 '카이사르에게는 브루투스가 있었고 찰스1세에게는 크롬웰이 있었다. 조지3세는 역사의 교훈으로부터 도움을 받을 수 있을 것이다. 이 말이 반역이면 여러분 마음대로 하라'고 연설했다. 그는 급진적 혁명가로 유명해졌고 그 덕에 1776년 버지니아주 지사가 된다. 운명적이다시피 무산가無産家로 전락했던 지식인이 혁명의 선봉에 서게 된 것이다. 미국독립전쟁을 두고 우리가 '혁명'이라 정의할 수 있는 것은, 이런 자유에 대한 확고한 신념이 독립전쟁을 통해 보편화되었기 때문이다.

## 불학자가 선물한 혁명

독립혁명은 7년전쟁의 비용을 메우려고 영국 의회가 제정한 1764년의 설탕법Sugar Act과 그 이듬해 인지세법Stamp Act에 대한 반발로 싹텄다. 식민지 주민들은 귀족의 착취를 피해 바다를 건넌 '자유민'이자, 왕권과 결탁한 가톨릭이 아닌 '청교도'였다. 그들은 '대표 없는 곳에 과세 없다'는 슬로건 아래 폭력 저항을 서슴지 않았다. 새 삶을 위해 온 땅에서조차 착취당할 수는 없었던 것이다.

그러나 영국은 한술 더 떠 식민지에 수출하는 종이, 유리, 차茶 등 원자재에 세금을 부과하는 타운센드법Townshend Act을 제정하고 군대를 파견했다. 1770년에는 세금에 반대하던 시민 다섯 명을 쏘아죽인 '보스턴학살사건'이 일어났다. 그 뒤로 끓어오르던 분노는 마침내 1773년 12월 16일 보스턴차茶사건을 계기로 독립전쟁으로 치닫는다. (세금에 반발한 주민들이 보스턴항에 정박한 배에서 차 상자를 바다에 버린 사건이다. 차값 배상을 목적으로 영국은 보스턴항만을 폐쇄하고 재판운영법 등 여러 강압적인 '불관용법'을 제정한다.)

1774년 '불관용법'들에 대항하여 제1차 대륙회의가 열린 직후인 이듬해 봄, 최초로 영국군과 식민지 주민 민병대 간에 무력충돌이 일어났다. 이제 식민지 주민들은 영국이 조국이라는 생각을 버리기 시작했다. 1776년 8월 제2차 대륙회의에서 대륙군 창설이 결정되고 조지 워싱턴George Washington이 초대 사령관이 되어 독립전쟁을 시작했다.

독립전쟁 직전인 1776년 1월 토머스 페인Thomas Paine(1737~1809)이 군주제를 공격하고 독립의 정당성을 밝힌 『상식Common Sense』을 펴냈다. 열세 살까지밖에 교육받지 못한 페인은 이 팸플릿으로 미국 독립혁명과 프랑스혁명의 사상적 기초를 제공했다. 공화정에 자유라는 이념적 주춧돌을 놓은 패트릭 헨리와 토머스 페인 두 사람 모두 정규교육을 제대로 받지 못한 사람이었다는 점은 놀라운 일이다.

## 실패한 혁명가

페인은 문자 그대로 '혁명가革命家'였다. 미국과 프랑스 어디든 혁명이 있는 곳에 '코가 유난히 긴' 그가 있었다. 페인은 오늘날의 시각으로 '자유주의 좌파' 대논객이라 할 수 있다. 그는 가난, 문맹, 실업, 전쟁 등으로부터 벗어나기 위해 대중교육, 빈민구제, 노인연금, 공공사업 정책을 도입해야 한다고 주장했다.

페인은 1772년 세리稅吏의 부패를 없애려면 보수를 올리는 것 외엔 없다고 주장해 세무서에서 쫓겨난다. 미국으로 간 그는 노예무역에 반대하고 노예해방을 주장했다. 1776년에 팸플릿 『상식』을 펴내 군주제를 비판하고, 프랑스에 가서는 혁명에 참여해 국민공회 의원을 지냈다. 그는 에드먼드 버크Edmund Burke가 '프랑스혁명에 대한 고찰Reflections on the Revolution in France'을 써 혁명의 폭력성과 급진성을 비판하자, 1791년에 '인권'을 발표했다. (버크가 프랑스혁명을 비판한 것을 두고 보수주의의 원조라고 하는 것은 재고되어야 한다. 버크의 사상은 오늘날의 보수주의와는 너무 먼 거리에 있다.)

그러나 페인은 루이16세의 처형에 반대하여 감옥에 갇히게 되고, 석방된 뒤엔 나폴레옹에게 영국 침략을 조언하다 실패한 후 다시 미국으로 간다. 페인은 미국에서 보수주의자들로부터 '추악한 무신론자'로 공격을 받는 불우한 말년을 보내다 뉴욕에서 죽었다. 정치평론가이자 급진주의자인 윌리엄 코벳William Cobbett이 유해를 영국으로 옮겼으나 장례식조차 치르지 못하고 유실되었다.

페인의 팸플릿 『상식』은 당시 50만 부나 팔렸지만 미국독립은 그때만 하더라도 상식이 아니었다. 조지 워싱턴이나 벤저민 프랭클린Benjamin Franklin조차도 1770년대 초까지 독립을 반대했다. 이런 환경에서 페인의 『상식』은 식민지 자유민들에게 광대한 공명共鳴을 일으키고 1776년 7월 4일 미국독립선언서의 기틀이 된다.

## 미국민의 탄생

1776년 6월 12일 제정된 버지니아권리장전은 존 로크의 사상이 바탕이 되었다. 이는 생명권, 자유권, 재산권과 함께 '행복을 추구할 권리'가 인간에게 있음을 천명한 최초의 '대장전大章典'이다. 장전은 '인민The people'에게 신체의 자유, 언론 출판의 자유, 종교 신앙의 자유 외에도 불의의 권력에 저항할 수 있는 저항권抵抗權이 있음을 천명했다. 그 규정은 오늘날 헌법들의 뼈대를 이루는 기본권 조항의 연원이 되고 있다.

그리고 한 달 뒤 7월 4일 대륙회의에서 토머스 제퍼슨Thomas Jefferson(1743 ~1826)이 기초한 독립선언서The Declaration of Independence(정확히는 1775년 제2차 대륙회의의 결정으로 벤저민 프랭클린, 존 애덤스John Adams, 로저 셔먼Roger Sherman, 로버트 리빙스턴Robert Livingstern, 토머스 제퍼슨이 기초했다.)가 채택되었다. 자연법 사상에 터잡아 기술된 초안은 광범위하게 인간의 천부적 권리를 담았는데, 버지니아 농장주들의 반대로 노예무역을 비판한 문장은 삭제됐다. 이 독립선언서 제2장은 인민의 권리를 천명하고 있다.

우리들은 다음과 같은 사실을 자명한 진리로 받아들인다. 즉 모든 사람은 평등하게 창조되었고, 창조주는 몇 개의 양도할 수 없는 권리를 부여했으며, 그 가운데에는 생명과 자유와 행복의 추구life, liberty, and the persuit of happiness가 있다. 이 권리를 얻기 위하여 사람들은 정부를 조직했으며, 통치에 대한 동의로부터 그것의 정당한 권력은 나온다. 어떤 형태의 정부이든 이러한 목적을 파괴할 때에는 언제든지 정부를 개혁하거나 폐지하고, 인민의 안전과 행복을 가장 효과적으로 가져올 수 있는, 그러한 원칙에 기초를 두고 그러한 형태로 권력을 조직화한 새로운 정부를 조직하는 것은 인민의 권리다.

8년에 걸친 지루한 독립전쟁 끝에 1783년 9월 영국은 미국의 독립을 승인하는 파리조약에 서명한다. 이 독립전쟁으로 '독립한 또 다른 영국'이 아닌 '미국America'이 탄생하였고, 역사상 최초로 자유민의 국가이자 '국왕 없는 정부', 즉 민주공화정에 기초한 나라의 국민인 '미국민American'이라는 배타적 국민 감정이 생겨났다.

## 또 다른 아이러니

사실 미국 독립은 불가피한 사건이 아니었다. 인디언의 땅이었던 아메리카에 영국이 새로운 영토를 개척한 것이므로, 인디언들이 독립전쟁을 한 것이라면 모르겠지만 자국민인 개척민들이 벌인 독립전쟁을 불가피한 일로 볼 수는 없다. 독립전쟁 당시 총리였던 노스 경 Lord Frederick North이 '영국의 의회주권議會主權'을 좀 더 일찍이 포기하고 식민지인들의 왕권에 대한 도전에 관용을 베풀었다면, 아마 미국은 영국의 일부가 되어 있거나 지금과는 전혀 다른 통치구조를 가졌을 것이다.

그런 면에서 보면 미국독립혁명은 '제국의 특권계급에 맞선 젠트리gentry와 식민지 주민들의 반란'이라 정의할 수 있다. 처음 다수의 '민중'이 독립에 반대하였지만 결국 제국의 불관용으로 인해 그 '반란'에 식민지의 하층민 대부분이 가담하여 성인 남성 대다수가 군대에 복무했다.

그런데 이렇게 '자유민'의 권리를 주장해 독립했던 미국이 그들을 억압했던 영국보다 노예해방이 늦었다는 사실은 역사의 또 다른 아이러니다. 영국은 1833년 노예를 해방했고 프랑스가 1848년 뒤따랐다. 미국은 1808년 노예무역은 폐지하였지만 남북전쟁 중인 1863년 1월 1일 비로소 링컨Abraham Lincoln 대통령이 노예해방을 선언했다. 그리고 2년이 지난 1865년 수정헌법 13조로써 200만 명에 달하는 남부의 노예를 '법률적으로' 해방하게 된다.

그러나 유색인종은 20세기 후반까지 백인과 동등한 자유를 실질적으로 누리지 못했다. 1964년 8월 '자유의 여름Freedom Summer'은 국가가 체계적으로 인종적 소수를 박해하는 데 대한 항의였다. 미시시피주의 경우 흑인 인구는 45%였지만 6.7%만이 유권자였다! 흑인 시민권 운동의 전환점이 된 이 사건은 6주 동안이나 계속되면서 여섯 명의 흑인이 살해되고 1000명의 흑인이 체포됐으며 서른 채가 넘는 흑인 가옥과 그보다 많은 흑인 교회가 불탔다. 남부 주들의 흑백분리정책은 이런 일을 겪고서야 비로소 종식됐다.(그

때까지 법으로 흑인과 어울리는 것조차 금지했다.) 그 전해 8월 마틴 루서 킹Martin Luther King(1929~1968)은 워싱턴을 행진할 때 '나에게는 꿈이 있습니다'라고 외쳤지만 그 꿈을 이루기에는 너무 많은 피가 필요했던 것이다.


## 자유는 설명할 수 없다

다시 철학으로 돌아가자. 칸트Immanuel Kant가 자유에 대해 언급한 말이 있다.

자유를 온전히 설명하기란 가장 평범한 사람의 이성으로 불가능하듯이 가장 난해한 철학으로도 불가능하다.

칸트에게 자유는 자율自律로서, 감각에 의존하는 가언명령假言命令이 아닌 도덕률에 의한 정언명령定言命令에 복종하는 것이다. 즉 어떤 행동의 도덕적 가치는 그 동기에 있는데 그 동기가 단순히 경험과 감각에 의한 도덕적 판단에 따른 요구가 아니라 그것이 옳다고 믿기 때문에 자신에게 준칙이 된 정언명령에 따를 때만이, 인간은 자유롭다는 것이다. 자신이 어떻게 행동해도 어디에도 걸리지 않고 자유로운 경지가, 말로 설명될 수 있겠는가?(불가佛家에서 말하는 '대자유인大自由人'이 바로 그런 경지다.)

사회주의자, 마르크스주의자, 사회민주주의자 등 명칭을 불문하고 범좌파들의 공통점은 대개 자유보다 평등을 선택한다는 것이다. 그것은 그들이 경제적 평등이야말로 자유의 첩경이라고 믿기 때문이다. 다시 말해 그들이 말하는 자유는, 철학적으로 논의되는 자유와 상관없이 현실적으로 부딪치는 온갖 차별, 불평등, 제약으로부터 해방을 의미한다.

그러나 그러한 '해방'은 '산술적 평등'에 따른 결과만을 추구하는 것으로서, 필연적으로 자유에 바탕을 둔 개인의 창의성을 훼손하게 한다. 결국 좌파들이 추구하는 평등은 인간의 독자적인 발전을 저해하는 비자유로 귀결된다. 자유주의 경제학자 밀턴 프리드먼Milton Friedman이 그런 좌파의 근시안을 나무란 말이 있다.

평등을 자유보다 앞세우는 사회는 결국 평등도 자유도 달성하지 못하게 될 것이고, 자유를 우선으로 내세우는 사회는 보다 큰 자유와 평등을 달성하게 될 것이다.

# 24

# 양면성

兩面性 double sidedness, duality

인간은 원래 흉포하지만 생존을 위해 선한 표정을 짓고 있는데 비해,
짐승은 생존을 위해서만 흉포해진다.

나더러 성선설性善說을 믿으라고? 그래, 믿겠다. 그러나 극소수의 인간에 한해서
다. 인간은 선악을 공유하고 있는 존재다. 대다수 인간은 선한 성품은 아주 조금만
가진, 악인으로 태어난다고 나는 믿는다. 인간은 어차피 이기적 존재인 까닭이다.
그런 이기적 성향이 '훔치고 속이고 빼앗는' 행동으로 나타나지 않는다 하더라도 그
건 다급하지 않기 때문일 뿐이다.

후천적으로 악한 품성이 드는 것이 아니다. 아무리 나쁜 환경에서 자라더라도 본
래 착하다면 그 성품이 없어지지 않는 것과 마찬가지로, 아무리 좋은 교육을 받고
선한 환경에서 성장한다 해도 본래의 악한 성품 역시 사라지지 않는다.

오히려 진짜 악인들은 좋은 환경에서 자라서 제대로 교육받은 자들 중에 있다.

희대의 사깃꾼들, 뇌물을 조금도 부끄럽게 생각하지 않은 고위 공직자들, 가난하고 힘 없는 자를 겁탈한 자들은 최고학부를 나온 존경받는 자들이다.


## 지킬 박사와 하이드씨

소설『지킬 박사와 하이드씨The Strange Case of Dr. Jekyll and Mr. Hyde』는 1886년 로버트 스티븐슨Robert Louis Stevenson(1850~1894)이 쓴 소설이다. 스티븐슨은 변호사 출신으로 1883년 소설『보물섬Treasure Island』으로 명성을 얻은 작가다. 스코틀랜드 에든버러에서 태어난 그는 샌프란시스코를 거쳐 남태평양의 사모아섬에서 살다 죽었는데 그가 죽자 유언대로 그 섬의 바에아산 정상에 묻고 묘비에 그가 쓴 진혼시requiem를 적었다.

여기 그가 애타게 기다려온 곳에 잠들어 있다. 바다가 고향인 항해자, 그리고 언덕이 고향인 사냥꾼이.

스스로의 영혼을 진혼한 이 시에서 보듯, 스티븐슨은 문명에 적응하지 못한 사람이었다. 폐결핵으로 고생했던 그는 사악함이 흘러넘치는 도시를 피해 바다로 갔다. 그건 고갱Paul Gauguin이 타이티섬으로 간 것처럼 문명으로부터의 도피였다. 스티븐슨은 그곳에서 '베일리마Vailima'라는 저택을 지어 11년 연상의 아내 오즈번과 함께 정착했다. 1886년 쓴 이 소설은 1931년 최초로 파라마운트사에서 영화화했는데 프레드릭 마치Fredric March가 아카데미 남우주연상을 받았다.

자비심 깊은 헨리 지킬 박사는 인간에게는 선과 악이 공존하고 있다는 걸 깨닫는다. 그는 두 본능을 분리시키면 인간은 자유로울 것이라고 생각한 나머지 화학약품으로 실험에 나선다. 그 결과 지킬 박사는 자신과는 정반대로 무서운 범죄를 저지르는 하이드로 변신한다. 지킬 박사로 있을 때에 그는 정숙한 여인 뮤리엘의 애인이지만 하이드로 변신하면 단정하지 못한 피어슨을 추종한다. 드디어는 악이 선을 이겨 끝내 지킬 박사로 되돌아갈 수 없게 된다. 하이드는 살인을 하고 경찰에 쫓기다가 자살한다.

이 소설은 단순히 인간에게 선악의 양면성이 있다는 걸 얘기하는 것을 넘어 인간은 근복적으로 악마적 성향을 가진, 악한 존재라는 것을 가르친다.

## 데미안

헤르만 헤세Herman Hesse(1877~1962)가 쓴 『데미안Demian』은 성장소설이라든가, 자전적 고백소설이라는 분석이 따라붙는다. 그러나 데미안은 보기보다 무거운 철학적 요소를 갖춘 소설이다. '완전한' 인간은 선하지도 악하지도 않은, '선악을 공유하고 있는 존재'라는 인식이 그것이다. 한 인간이 성장하면서 스스로를 깨달아가는 과정이, 데미안이 주인공 싱클레어에게 보낸 구절로 묘사된다.

새는 알에서 나오려 싸운다. 알은 세계다. 태어나려는 자는 하나의 세계를 깨뜨려야 한다. 새는 신에게로 날아간다. 신의 이름은 아브락사스Abraxas 다.

심리학자 카를 융Carl Gustav Jung의 말을 빌리자면, 아브락사스는 '삶과 죽음, 저주와 축복, 참과 거짓, 선과 악, 빛과 어둠 등 양극적인 것을 포괄하는 신성神性'으로서 '창조주創造主의 본질'이다. (아브락사스는 선악을 공유한 고대 그리스 신이다. 로마 시대 말기 등장하는 abracadabra라는 주문도 여기에서 유래한다. 그 주문을 적은 돌을 abraxas stone이라 했다.)

## 인사청문회

지식인들이 가지는 양면성은 우리를 늘 실망시킨다. 어느 누구도 도덕적으로 완전무결할 수는 없다. 인간은 명성을 쌓아올리면서 그 이면에 명성에 비례하는 '추함'을 숨기고 있다. 그래서 감히 말하겠다.

어느 누구든 인간은 명성만큼 추악하다.

이 처절한 경쟁사회에서 도덕적으로 우월한 자가 성공한다는 것은 솔직히 말해 불가능에 가깝다. 성공한 자가 도덕성까지 갖춘다는 것은 한마디로 어불성설語不成說이다. 다만 그 '추함'이 사회적으로 용인되는 것인가 하는 문제만 남을 뿐이다. 특히 부와 도덕성을 함께 가진다는 것은 '상상'에 지나지 않는다. 그러니 재벌이 나서 정치나 사회의 다른 분야를 비판하거나 질책하는 것은 너무 희극적이다. 일찍이 예수가 한 말씀이 있다.

밧줄이 바늘귀를 통과하는 것이 부자가 천국에 드는 것보다 쉽다. (마태복음 19:24, 밧줄을 의미하는 원문의 'gamta'를 낙타를 의미하는 'gamla'와 오인해 "낙타가 바늘귀를 통과하는 것"으로 알려졌다. 그리고 예수가 말씀하신 '부자'는 돈을 많이 가진 자라는 뜻만은 아니다.)

이 '용인할 수 있는 추함'이란 '누구나 그럴 수 있다'는 정도의 추함을 말한다. 인간은 자신의 추함을 '필연적으로' 감추는 존재다. 인사청문회는 바로 그 감춰진 '추함'을 들추는 제도다. 청문회란 우리가 참을 수 있는 '추함'이 어디까지인지 실험하는 리트머스 시험지와 같다.

공직 후보자들에게 늘 문제 되는 것은 부동산 투기, 위장전입, 청렴의무 위반, 병역의무 회피 등이다. 적어도 이런 기본적인 도덕성에 흠결이 있는 자가 공복이 되어서는 안 된다는 것은 자명하다. 그런데 이 나라에는 좌우파를 가릴 것 없이 이런 문제에 걸려드는 후보자가 너무 많다. 그건 충분히 이해할 만한 사안도 정략적으로 까발리고 공격하는 정치 풍토에도 기인한다. 이러다 보니 현인은 공직을 기피한다.

공직을 희망한다면 젊은 시절부터 자신을 관리하라고 충고하는 자들이 있다. 청문회에서 '추함'이 드러나지 않은 자는 과연 선하거나, 깨끗한 현자인가? 나는 다시 말하겠다. 미래에 맡을지도 모를 공직을 목표로 자신을 관리하는 자야말로, 가장 추한 자다. 그런 자를 공직에 앉힌다면, 자신에게 될

**408**

지 모를 '오물'을 걱정해서 책임이 따르는 일은 아무것도 하지 않으려 할 것이다. 무엇보다도 모든 책임을 부하들에게 미룰 것이다.

그래서 청문회에서는 국가에 대한 의무를 다했는가, 그리고 돈에 있어 깨끗한가로 도덕적 검증을 압축해야 한다. 그 두 가지 질문이야말로 공직의 기본이다.

## 지식인의 두 얼굴

언론인이자 역사학자인 폴 존슨Paul Johnson은 1988년 『지식인들Intellectuals』(우리나라에는 『지식인의 두 얼굴』이란 제목으로 출간되었다. 윤철희 역, 을유문화사 간)을 썼다. 존슨은 이 책에서 루소Jean Jacques Rousseau, 마르크스Karl Marx, 톨스토이Lev Nikolaevich Tolstoi, 헤밍웨이Ernest Hemingway, 브레히트Bertolt Brecht, 러셀Bertrand russell, 사르트르Jean Paul Sartre, 노엄 촘스키Avram Noam Chomsky 등 주로 좌파 지식인들을 해부했다. 그 첫 번째 항목 '장 자크 루소, 위대한 정신병자' 앞부분에서 존슨은 다음과 같이 묻고 있다.

'지식인들은 그들의 삶을 어떻게 살았는가? 가족과 친구, 동료에게 얼마나 정직하게 행동했는가? 그들은 성적性的, 금전적 문제에서 올바르게 행동했는가? 그들은 진실한 말을 하고 진실한 글을 썼는가? 그들의 주장은 시간과, 실천의 시험을 어떻게 견뎌냈는가?'

존슨의 이 지상紙上 청문회에서 지식인들은 무참히 난자당한다. 그들은 학자나 작가라고 불릴 자격은커녕 인간성 자체를 의심받기에 족한 사람들이다. 우리는 지식인들의 명성 뒤에 감춰진 더러운 곳을 보는 '관음觀淫'적인 취미 때문이 아니라, 그들이 말한 '진실'이 무엇이었는가를 이해하기 위하여 이 무참한 '신문訊問'을 견뎌야 한다. 이 책에서 던져지는 수많은 비난은 우리에게도 똑같이 해당되는 것이기 때문이다.

루소는 테레즈가 낳은 자기 아이들 다섯을 산파에게 고아원에 갖다버리게 한 배덕자이며, 마르크스는 『자본Das Kapital』을 썼지만 돈은 쓸 때 빼고는 아무런 관심이 없었을 만큼 자본에 무지했던 데다, 프롤레타리아혁명을 꿈꾸면서도 평생 프롤레타리아라곤 하녀 렌첸밖에 알지 못했던 자였다. 톨스토이는 종교를 만들며 세계를 바꾸고 싶어했지만 '도적적으로나 지적으로나' 자격 미달이었다. '어머니를 증오한' 헤밍웨이는 평생 사고를 달고 산 진행성 알코올중독자였다. 그래도 이들은 순진한 편에 속해서 사기꾼 기질은 덜했다.

브레히트는 이념의 꼭두각시로서 '프롤레타리아의 가죽옷 밑에 실크 셔츠를 입은' 기회주의자에 불과했다. 러셀은 짭짤한 돈벌이 때문에 '상상 가능한 모든 주제'에 관해 엄청난 분량의 글을 써 68권의 책을 낸 '속세로 나온 철학자'일 뿐이며, 사르트르는 죽은 뒤 그가 내세운 주장 중 어느 것도 살아남지 못한 '행동하지 않는 지성'에 불과했다. 촘스키는 크메르 루주의 잔혹한 폭력을 교묘한 주장으로 면책하면서 '폴 포트의 범죄를 미국의 범죄'로 만든 지적 사기꾼에 지나지 않았다.

## 조작된 예수

체 게바라Che Guevara(1928~1967)는 오늘날 좌파 청년들의 '우상偶像'이다. 체 게바라를 그렇게 만든 건 언론과 평전의 작가 탓이 크다. 장 코르미에Jean Cormier는 그가 쓴 체 게바라 평전의 서문에서 '덥수룩한 수염에 비쩍 마른 그의 모습은 그 옛날 십자가에서 생을 마감한 또 다른 체che, 예수 그리스도와 끔찍하리만치 닮은 모습이었다. 그 둘 다 평등을 위해 투쟁한 박애주의자들이었다'고 쓰고 있다. (『체 게바라 평전』, 장 코르미에 저, 김미선 역, 실천문학사 간 참조)

체 게바라의 평전으로는 이 책이 가장 높은 평가를 받는 것은 작가가 파리지앵의 전문기자로서 체 게바라를 오랫동안 취재해 왔기 때문일 것이다. 그러나 이 '기자'는 서문에서부터 자신의 편향된 시각을 드러낸다. 자신이 단한 번도 보지 못한 것이 분명한 예수와 체 게바라가 '끔찍하리만치' 닮았다는 것이다. 기자는 '사실fact'에 가장 충실해야 하는 직업이다. 장 코르미에는 체 게바라를 이미 예수와 동격시하고 있을 뿐이다.

그는 심지어 이 책의 프롤로그에서 겨울 밤 파리의 거리 모퉁이에서 만났다는 '웅크리고 있던 한 남자'의 말을 빌려 체 게바라를 '제아무리 어두컴컴한 밤일지라도' 하늘의 별로 늘 떠 있는 '진정한 목자'라고 적고 있다. 기자의 놀라운 창작이다. 아니면 파리의 노숙자들은 다 이렇게 문학적인가? '하늘의 별'. 이 말은 거의 모든 체 게바라에 대한 평전과 기사, 팸플릿 등에 등장하는 말이다. 더 놀라운 것은 거의 예외 없이, 게바라를 예수에 비유하고 있다는 사실이다.

독일 슈테른지의 주필을 거쳤던 볼프 슈나이더Wolf Schneider도 다르지 않다. '베레모와 덥수룩한 수염 사이로 꿈꾸는 듯한 그의 눈빛은 전 세계의 몽상가들에게 예수를 떠올리게 한다.'(『위대한 패배자』, 볼프 슈나이더 저, 박종대 역, 을유문화사 간 참조) 오스트리아 신학자 아돌프 홀Adolf Hoel은 한술 더 뜬다. '체 게바라가 많은 사람들에게 예수를 연상시키는 것은 그의 수염 때문만이 아니었다. 그는 빈틈없는 사나이였으며 게릴라요 의사였으며, 온화한 두 눈을 가진 사람이었다.'(『소외된 사회의 예수』, 아돌프 홀 저, 김희은 역, 종로서적 간 참조) 이 문장으로 본다면, 예수 역시 '게릴라'였고 혁명을 원했단 말인가?

무엇이 이처럼 게바라와 예수를 동격으로 만든 것일까? 장 코르미에의 말처럼 게바라는 '평등을 위해 투쟁한 박애주의자'였는가? 아니면 예수가 집단주의에 빠져 허우적댄 사이비 '평등주의자'였다는 것인가?(우리 문화체육관광부는 2010년 말 느닷없이, 사기업에서 연 코르다Alberto Korda 사진전 '체 게바라와 쿠바 A Revolutionary Lens'를 후원하고 있다. 기자들은 '신화 속의 인물을 만난다'고 호들갑을 떨었다. 체 게바라가 그들에게 '신화 속 인물'이라면 결국 '신'이라는 말이다. 이 무슨 망발들인가?)

체 게바라는 엄청난 독서광이었지만 그가 마르크스주의 이론을 체계적으로 공부한 흔적은 없다. 그는 휴머니스트적인 심성을 가졌을지 모르지만 사람의 머리에 권총을 대고 방아쇠를 당겼던 사람이다. 그가 사형을 집행한 '죄수'는 200명이 넘는다. 그는 심지어 쿠바사태 때 미사일을 철수하는 바람에 미국에 핵탄두를 날리지 못하게 만든 흐루쇼프에게 분통을 터뜨렸다. 그의 취미는 공산주의자와는 너무나 어울리지 않는 '사진'과 '골프'였다. (『바다도비에 젖는다』, '골프' 참조. '골프를 치거나 요트를 타는 좌파는 없다.')

**412**

## 리얼리스트

체 게바라는 1928년 아르헨티나에서 '좌파' 성향의 건축사의 아들로 태어났다. 본명은 에르네스토 게바라Ernesto Guevara de la Serna. '체Che'는 친구, 동지를 뜻하는 단어다. 그는 어릴 때부터 천식으로 고생했지만 럭비선수로 뛸 정도로 운동을 좋아했다. 체 게바라는 부에노스아이레스에서 의학을 전공했는데, 의사시험 전 1951년 남미를 여행하면서 광범위한 가난과 빈부격차를 목격하고 '평등'에 눈을 뜬다. (알베르토 그라나도와 함께 '포데로사'로 부른 모터사이클을 타고 8개월간 한 여행은 '라틴여행일기'에 수록됐다. 나중에 로버트 레드퍼드가 '모터사이클 다이어리The MotorCycle Diaries'라는 제목으로 영화화했다.) 의사가 된 후 두 번째 여행에서 그는 농민과 광산노동자의 비참한 생활을 보고 혁명가로서 길을 가게 된다.

1955년 체 게바라는 멕시코에서 피델 카스트로Fidel Castro를 만나 '쿠바혁명'의 대열에 합류했다. 이듬해 12월 쿠바에 상륙한 80명의 해방군은 1959년 1월 1일 독재자 바티스타Batista가 도망칠 때까지 오랜 게릴라전을 벌였다. 체 게바라는 혁명군 중에서 가장 잔혹한 자였다. 그는 바티스타의 부하들을 직접 처형한 것은 물론, 유격전 중에는 탈영하려던 부하를 자신이 직접 총살하기도 했다. 게바라는 '혁명은 모든 것이 용납된다'고 말하곤 했다. 그건 그의 좌우명이라기보다 일말의 양심에 대한 변명일 것이다.

그는 카스트로의 혁명정부에서 공업부 장관과 국립은행장을 지냈다. (카스트로가 회의 중에 '경제전문가economista가 있느냐고 물었을 때 게바라가 공산주의자communista로 알아듣고 손을 들었다가 국립은행 총재에 임명되었다는 일화가 있다.) 은행 총재를 지냈지만 게바라의 꿈은 화폐제도 자체를 폐지하는 것이었다. 카스트로나 게바라는 사실 마르크스주의에 무지했다. 그들은 반미주의로 시종했고 불가피하게 공산주의자가 되었을 뿐이다. (그가 빈부격차에 분노한 것은 사실이지만, 그 분노가 공산주의 이론으로 연결되는 끈은 어디에도 보이지 않는다.)

체 게바라는 1965년 쿠바를 떠나 14명의 세릴라 대원들과 함께 콩고로 간다. 아프리카를 해방하겠다는 원대한 꿈을 실천하기 위해서였다. 체 게바라는 아무도 그를 원하지 않았던 그곳에서 참담히 패배했다. 그는 1966년 다시 볼리비아로 가서 남미 '혁명'을 꿈꾸지만 현지 농민들이 동조하지 않아 실패를 거듭했다. 11개월의 밀림 생활 끝에 1967년 10월 8일 체포되었는데 CIA는 논란과 화제를 몰고 올 재판에 회부되는 것을 피하기 위해 하루 뒤 처형했다. 체 게바라가 내건 구호다.

우리 모두 리얼리스트가 되자. 그러나 가슴 깊이 불가능한 꿈을 가지자!

## 우리 시대의 가장 완벽한 인간

체 게바라를 두고 사르트르는 '우리 시대의 가장 완벽한 인간'이라고 했다. '20세기의 가장 성숙한 인간'이란 표현도 썼다. 사르트르는 시몬 드 보부아르Simone de Beauvoir를 대동하고 1960년 2월 29일 쿠바로 가서 국립은행장인 게바라를 만났다. 유럽에서 이미 명망을 잃고 있었던 사르트르로서는 그때의 상봉이 일생 최대의 사건이었다.

쿠바의 대중은 체 게바라에 열렬히 환호하면서 '혁명이 내린 복수의 천사' 라고 불렀다. 그러나 막상 이 '복수의 천사'를 따랐던 부하들은 그의 잔혹함과 냉혈함을 보면서 공포에 떨었다.

그는 어릴 때부터 불쌍한 이웃집 아이들을 집에 데려와 함께 먹고 자곤 했다. 대학 시절 모터사이클을 타고 남미를 여행할 때만 하더라도 하층민들의 고통을 아파하는 휴머니스트였다. 그 휴머니즘을 실천하는 혁명가의 길에 선 체 게바라는, '인간을 사랑한 혁명가'로 칭송받았지만 실상은 생명을 우습게 아는 살인자에 지나지 않았다. 볼리비아의 밀림에서 체포되었을 때 그는 롤렉스시계 2개와 1만5000달러를 가지고 있었다. 1997년 손목 부분이 훼손된 그의 시체는 쿠바에 가 묻혀 성전이 되어 있다. 30년 만에 악인에서 성인으로 신분이 바뀐 것이다. 이제 알렉산더 폰 쉰부르크Alexander von Schonburg가 쓴 말로 결론을 대신한다.

체 게바라는 비밀리에 처형된 후 처음에는 그리스도를 대신하는 인물이 되었다. 그러나 대중산업이 청교도적인 엄격한 혁명에 보복이라도 하듯, 나중에 그의 초상화는 액세서리로 유행했다. 지금은 체 맥주에다가 체 담배까지 있다. 이것은 아마 귀족 혁명가에 대한 최대의 징벌일 것이다. (『우아하게 가난해지는 방법』, 알렉산더 폰 쉰부르크 저, 김인순 역, 열린책들 간 참조)

## 25
# 편견 偏見 Prejudice

편견은 별다른 이견異見을 내세울 수 없는 의견을 공격할 때 쓰는
말이다.

세상은 나이와 함께 편견을 쌓아가는 자들이 지배한다. 업적을 쌓은 대통령들,
성공 신화를 쓴 기업가들, 영토를 넓힌 왕들, 전쟁 영웅들, 석학으로 존중받는 학자
들이 여기에 해당한다. 대부분의 위인은 편견과 함께 독특한 성격을 가지고 있다.
그들이 성공했기 때문에 편견은 '결단력'으로 칭송받고, 그런 괴팍한 성격은 영웅의
신화를 장식하는 에피소드가 된다.

그 반대로 자신의 생각에 오류가 없는지 언제나 의심하는 습관을 가진 이들이 있
다. 대개 현인賢人들이란 자신의 생각이 사물이나 사건의 한 부분만을 본 결과가 아
닌지, 자신의 오류로 인해 더 좋은 생각이 무시되거나 사장死藏되는 것은 아닌지를
염려하는 것이다. 그래서 자신의 생각이 편견일 수 있다는 걱정을 늘 하고 있다.

이와는 달리 '우유부단優柔不斷'하다거나, 양비론자兩非論者 혹은 양시론자兩是論者로 불리는 자들은 대체로 처세에 밝은 자들이다. 그들은 여론이든 권력자의 의중이든, 언제나 힘에 복종할 준비가 되어 있다. 그들은 지도자가 되기도 어렵지만 설령 지도자가 된다 해도 성공하긴 더 어렵다. 이 세상은 편견에 의한 것일지라도 때를 놓치지 않는 결단력이 있는 자들이 이기도록 짜여져 있기 때문이다.

## 편견조차 없다

사실 대다수 정치인은 편견조차 없다. 지식이 없으니 논리가 없고, 논리적이지 못하니 '견해'라고 부를 만한 것이 없다. 그래서 정치판은 반복되는 거짓말과 불과 내일의 일조차 내다보지 못하는 단견이 넘쳐난다. 그렇지 않은 '이념'을 가진 정치인들은 더 놀랍다. 그들은 스스로 편견을 가지고 있다고 생각하지도 않을뿐더러 명백한 오류조차도 편견이라는 지적을 받으면 화를 낸다.

문제는 이런 정치인들(정상배들이라 불러야 마땅하겠지만, 직업이므로 정치인이라 부르겠다.)을 따라 대중이 편견이나 거짓을 공유한다는 데 있다. 대부분의 정책 대립이 이념이나 지향하는 정책방향의 대립이라기보다 자신의 입장에 따른 선악善惡의 대립이거나 정오正誤의 대립으로 되는 것은 그런 까닭에서다.

따라서 정책의 오류는 많은 시간이 경과한 뒤 대중이 엄청난 피해를 본 다음에야 밝혀진다. (클라크K. Clark의 경구 '정상배는 다음 선거를 생각하고 정치인은 다음 세대를 생각한다'는 말을 상기하라. 『바다도 비에 젖는다』 '정치인' 참조) 자신의 생각이 편견일 수 있다는 자각이야말로 정치인에게는 가장 중요한 덕목인 것이다.


## 악의의 편견

누구나 몇 가지 편견을 가지고 있다. 그런 편견 중에는 스스로 편견인 것을 알고 있는-법률용어를 빌리면 '악의惡意'의 편견이라 부를 수 있는 - 편견이 있다. 예를 들어 '부자는 나쁘고 가난한 자는 게으르다'와 같은 생각은 누구나 편견이라는 것을 알고 있는, 악의의 편견이다. 사람에 따라 그 반대의 진술이 언제든 가능하다는 것을 자신이 잘 알기 때문이다. 그런데도 이런 악의의 편견들을 좀처럼 버리지 못한다. 그런 편견들이 주로 환경에서 오는 까닭이다. 인종과 종교, 지역에 대한 감정은 대부분 이런 악의의 편견이다.

그런 악의의 편견은 사실 거의 모두가 감정적 의견이 고착화된 것에 불과하다. 그래서 그런 편견에 이르는 논리를 갖추지 못한다. 이를 두고 볼테르 Voltaire는 『철학사전』에서 편견에 대해 간단히 정의했다.

편견은 판단을 가지지 않은 의견이다.

프리드리히대왕Friedrich II은 업적을 남긴 왕들 중에서 비교적 이런 악의의 편견을 적게 가진 축에 속한다. 그는 심지어 공화주의자와도 대화했다. 그런 그도 감정적으로 인해 일어나는 생각들을 지울 냉철한 이성을 가지기 힘들었던 모양이다. 그가 볼테르에게 보낸 편지에 쓴 말이다.

편견을 대문으로 쫓아내면 언제나 창문으로 되돌아 들어온다.


## 그래도 지구는 돈다

편견은 적어도 '일리―理 있는 생각'들이다. 토론 상대방에게 '일리 있는 말씀이다'고 치켜세우는 것은, 바꿔 말하면 '당신의 말은 편견이다'는 뜻이다. '일리 있다'라는 말의 의미는 '어떤 면에서는 그렇게 볼 수 있다'는 것이다. 그러나 토론을 보는 관중 입장에서는 '일리'를 가진 쪽의 반대편은 또 다른 일리가 아니라 9리쯤 가졌다고 여기게 된다. 그래서 토론 상대방에게 웃으면서 태연하게 그런 말을 하는 것은 그로 인해 토론에서 이길 수 있다손 치더라도, 너무 잔인하면서 비도덕적이다.

그러나 역설적으로 말해 '편견에도 일리가 있다'는 것은 진리와 편견은 간혹 아무런 차이가 없을 수 있다는 것을 의미한다. 쇼펜하우어Arthur Schopenhauer가 그 까닭을 명징하게 밝혔다.

누구나 자신의 시야의 한계를 세계의 한계로 간주한다.

그래서 진리라는 것은 처음부터 존재하지 않거나, 우리가 진리라고 믿는 것들의 많은 부분은 경우에 따라서는 언제든 편견으로 추락할 수 있는 위치에 있는 것이다. 그런 '진리'가 '현재의 상식'에 불과하기 때문이다. 한 예를 보자.

불과 400년 전만 하더라도 천동설天動說이 상식이었고 '진리'였다. 1616년 2월 26일 로마교황청 추기경위원회는 갈릴레이Galileo Galilei에게 코페르니쿠스Nicolaus Copernicus의 지동설을 신봉하는 생각은 오류이며 포기해야 한다고 경고했다. 갈릴레이는 망원경으로 태양의 흑점을 관찰하고 달과 금성, 목성의 운행을 살펴서 지동설이 진리인 것을 밝힌 사람이다. 그는 조수현상과 무역풍이 지동설 때문이라는 것을 강연하고 다녔다. 그런데 태양은 움직이지 않으며 지구가 움직인다는 '생각'은 교황청의 분노를 불렀다. (조르다노 브루노 Giordano Bruno는 지동설을 주장하다 화형당했다. 이 책 '자살' 참조) 위원회는 말과 글을 포함해 어떤 방식으로든 계속 지동설을 주장한다면 제재를 가할 것임을 결의했다. 갈릴레이는 위원회의 지시에 따를 것을 서약했다.

그러나 갈릴레이는 친분 있는 교황 우르바노Urbanus8세가 즉위하자 교황을 설득해 지동설을 주장하는 내용을 담은 『프롤레마이오스-코페르니쿠스, 두 개의 주요 우주체계에 대한 대화』라는 책을 출판했다. 이 책의 내용이 알려지자 교황청은 다시 갈릴레이를 소환했다. 1633년 6월 22일 두 달에 걸친 재판 끝에 갈릴레이는 '종신 가택연금'형刑을 받았다. 사후 장례식도 금지됐다. 그 전에 갈릴레이는 '살기 위해' 교황청에 다시 한번 속죄하고 지동설을 포기할 것을 맹세했다. 선고를 받고 마차를 타고 가면서 갈릴레이가 했다는 말이 지금까지 전해진다. (이 말은 사실 갈릴레이가 한 것이 아니라 누군가가 지어낸 말이라고 한다.)

그래도 지구는 돈다Eppur si muove.

## 도적질에 나선 아버지는 의적이다

인간은 보편적인 생각에 동의하기보다 편견을 더 많이 가지고 있는 동물이다. 어릴 때부터 배우고 체득하는 '세상을 살아가는 방법' 혹은 '세상에 대한 인식'은 대개 편견에 자리잡고 있다. 그런 편견들이 성공한 자들의 '무기武器'가 된다. 그리고 인생에 실패한 자들에겐 '죄악'이 된다. 그 둘의 차이는 없다. 어차피 인생은 '짧고 추악하기' 때문이다.

편견의 대부분은 보편성을 얻지 못했을 뿐, 남의 생각을 맹목적으로 추종하는 것보다 훨씬 더 정직한 생각들이다. 그런 편견을, 똑 같이 편견을 가진 자가 공격하는 것은 사실 우둔한 사람의 미덕인 '정직함'을 나무라는 것이 된다.

우리는 '도적은 나쁜 사람, 의적義賊은 좋은 사람'이라는 두 가지 확신을 미리 가지고 있다. 그러나 의적은 도적이 아니란 말인가? 그렇다면 위의 확신은 편견이 된다. 즉 의적도 분명 도적이라면 '도적은 나쁜 사람'이라는 생각이나 '의적은 좋은 사람'이라는 결론 중 적어도 하나는 편견일 수 있는 것이다. 더 나아가 생각해 보자. 대개 도적들이란 자신이나 가족의 궁핍을 해결하기 위해 나선 자들이다. 최소한 가족의 입장에서는 도적질에 나선 아버지는 의적인 것이다! 그것이 이웃의 궁핍을 해결하기 위해 부호의 집을 턴 의적과 무엇이 다르단 말인가?

그러나 그 부호가 부당하게 부를 모았더라도 그걸 훔치는 것이 도적질인 것은 변함이 없다. 우리는 로빈후드나 일지매가 의적이라는 상식에 사로잡혀 그들이 도적이라는 또 하나의 진실을 잊고 있다. 대중은 '의롭다'는 외관에 경도되어 그들이 도적이라는 본질은 판단하지 않는다. 의적이 '의로운 도적'이라는 뜻인 줄 알았더라도 그렇다. 로빈후드나 일지매의 외관이 도적일 뿐 본질은 의롭다고 하지 말라. 그건 논리의 함정에 불과하다. 그런 논리의 유희는, '일지매는 의적이다'라는 생각이 '도적은 선량하다'는 또 다른 편견을 낳게 만든다.

다시 갈릴레이식으로 말하자면, 일지매는 도적일 뿐이다! 마찬가지로 가족의 궁핍을 모면하기 위해 도적질에 나선 아버지는, 적어도 그 가족에게는 선량한 아버지일 뿐이다.

### 편견의 단어들

나는 오래전부터 방송과 글에서 보수주의는 '엄격한 아버지' 같은 것이고 진보주의는 '자애로운 어머니' 같은 것이라고 말해왔다. 그래서 보수주의의 핵은 도덕성에 있는 것이다. 아버지가 도덕적이지 못할 때, 엄격할 수 있겠는가? 지금은 보수의 핵이 도덕성이란 말이 보편화되어 있지만, 몇 년 전만 하더라도 진보의 핵이 도덕성이고 보수는 도덕과 무관하다는 교수도 있었다. (더 자세한 공부가 필요하면 조지 레이커프George Lakoff가 쓴 『도덕의 정치Moral Politics』 (손대오 역, 백성 간)를 참조하라.)

이런 이유로 보수주의자들의 단어는 가족, 자유, 책임, 질서, 권위, 절제, 자립, 정의 같은 사회의 기본 틀에 연관된 것들이다. 따라서 대부분의 보수주의자는 '동성애자', '다문화가정', '미혼모', '병역회피자', '페미니스트' 등에 심한 편견을 가지고 있다. 물론 보수주의자 중에서도 다문화가정이나 미혼모 등 소수자보호를 주장하는 이도 많다. 그러나 그들 역시 그런 소수자들에 대한 편견은 가지고 있는 것이다.

진보주의자 역시 특정 그룹에 편견을 가지고 있기는 마찬가지다. 진보주의자들의 단어는 분배, 평등, 공정, 복지, 환경, 소수자보호, 공동체 같은 것으로서 당연히 '재벌', '기업가', '기득권자'들이 이기적이라거나 착취한다거나 권위주의적이라거나 심지어 천박하다는 등의 편견을 가지게 된다. 문제는 진보주의자들이 가지고 있는 그런 편견들이 단순히 편견이 아니라, 대부분 사실이라는 데 있다. 그건 우리의 민주주의와 시장주의가 제대로 작동되지 않아 그들이 도덕성을 가지지 못했기 때문이다.

## 드러나지 않은 편견

누구나 돈을 천시하는 '감정적' 태도를 가지고 있는 것처럼 보인다. 거기에는 돈은 천하다는 '이상한' 주장도 있지만, 대개는 돈보다 더 소중한 것이 너무 많다는 것이다. 그런 진술의 열 중 아홉은 거짓말일 것이다. 그러나 사실 명예, 권력, 건강 같은 돈과 늘 비교되는 가치 말고도 외관적으로 잘 드러나지 않은 안온함, 여유, 단순한 쾌락, 자존심 같은 가치도 있다.

 사람들은 누구나 그중 몇 가지 가치에 대해 실제 돈보다도 비교우위에 있다고 느낀다. 그래서 별로 공부를 잘 하지 못하던 친구가 돈을 벌어 어느 날 좋은 차를 타고 명품으로 부를 과시할 때 그를 경멸할 이유를 그 가치에서 찾는다. 그 친구가 돈보다도 훨씬 더 소중한, 의리라든가 정직이라든가 하는 어떤 도덕적 가치를 버리고 그저 악착스럽게 돈을 번 것이거나, 그도 저도 아니라면 가족의 소중함, 청춘의 여유 같은 것을 깡그리 포기한 채 그저 돈에만 매달려 저급하고도 불행한 삶을 살았다고 간주하고 싶은 욕망에 사로잡힌다. 그러면서도 텔레비전 드라마에서 근사한 식사를 하고 있는 부자들을 동경하고 흉내내고 싶어한다. 은연중 자신도 좋은 차를 타면서 부를 과시하고 싶은 욕구에 사로잡히거나 부를 열망하고 있는 것이다.

 노동 역시 마찬가지다. 누구든 '노동을 신성시한다'고 말한다. 그럴 수 있다. 그건 어릴 때부터 그렇게 배워왔기 때문이다. 땀 흘려 번 적은 돈이나마 저축하는 사람들을 칭찬하는 이유이기도 하다. 그러면서도 자신은 절대 힘든 노동을 하고 싶어하지 않는다. 내심 믿고 있는 것은 '노동은 힘든 것이다'라는 사실이다. 그래서 누구든 적은 노동으로 많은 보수를 기대한다.

 공직자가 재산신고를 할 때 축소신고가 자주 문제 된다. 자신의 부를 감추고자 하는 저의는 무엇일까. (공직자 재산신고는 재직 중 부정을 막기 위한 방편이다. 그러므

**424**

로 사실 문제될 사안은, 취임 때 과대신고를 하는 것이다.) 부자라는 것이 대중에게 혐오를 주거나, 오해를 사기 때문일 것이다. 그 부가 정당한 것이라면 오히려 자랑해야 할 것임에도 대부분의 부는 편법과 부정이 기여해서 만들어진 것이므로, 그들 스스로 자신의 부를 감추고 싶어하는 것이다.

그런데 더 놀라운 것은 재산이 적은 정치인, 심지어 빚만 있는 공직자를 사람들이 '청빈하다'거나 '깨끗하다'고 칭송하는 일이다. 이 어이없는 상찬에는 가난한 공직자는 재물욕이 없으므로 부패하지 않을 것이라는 예단預斷이 깔려 있다. 그러나 자본주의 사회에서 가난의 이유에는 청빈과 무욕도 있지만, 불운도 있고, 무능력도 있다. 공직에 나서는 자를 두고 '가난'을 장점으로 친다면, 어쩌면 이 나라 공직자들 상당수는 무능력자로 채워질 것이다. 돈에 대한 편견이 낳은 비극이다.

## 누구도 편견에서 자유롭지 않다

지식인들의 집단적인 편견은 인류를 파멸로 이끈다. (지식인들이 언제나 옳다는 것 자체가 편견이다.) 1930년대 히틀러Adolf Hitler가 독일에서 나치즘의 광풍을 일으킬 때 서구의 지식인들 중에는 반유대주의와 반시오니즘anti Zionism과 애국주의, 나아가 독일의 재탄생을 칭송하는 자들이 많았다. (윌슨Woodrow Wilson이 주창한 민족자결주의의 영향이 컸다.)

그들은 히틀러는 대단히 위험한 자이므로 이에 대비해 재무장을 해야 한다는 의견을 비웃었다. 덕분에 히틀러는 '완벽하게' 영국과 프랑스를 속일 수 있었다. 그 결과 인류가 이룩했던 문명의 절반이 파괴되었다. 지식인으로 불리는 자들의 허장성세는 이와 같다. 그들은 어떤 경우에도 오판을 반성하지 않는다. 미국의 보수주의 작가 윌리엄 버클리William F. Buckley가 지식인들을 통렬하게 탄핵한 말이 있다.

나에 대한 평가를 하버드대 교수들에게 맡기느니 전화번호부에 나오는 처음 100사람에게 맡기겠다(토머스 소웰Thomas Sowell의 칼럼 '지식인의 허위 intellectuals are poseurs' 2008. 12. 28. 워싱턴 타임스 참조)

사실 지식인들이 책에서 말하는 '진리' 혹은 '진실'에는 자신의 시야에 스스로 갇혀서 나온 편견이 허다하다. 그런 편견이 진리 혹은 진실로 둔갑할 수 있는 것은, 그 책을 읽는 독자 역시 좁은 시야에 갇힐 수밖에 없는 한계를 지니고 있기 때문이다. 전체주의가 작동하는 데는 바로 그런 지식인들의 편견이 늘 뒷받침한다. 조지 오웰George Orwell이 미래의 전체주의 사회를 그린 반反유토피아적 소설 『1984』에서 그런 편견을 지적했다.

어떤 책도 정치적 편견으로부터 자유로울 수 없다. 예술이 정치와 관계가 없다고 하는 의견 자체가 정치적 태도다.

## 26

# 양심 良心

양심을 파는 자는 예외 없이 양심이 없는 자들이다. 그러니까 그들은 없는 것을 판다.

누구나, 언제든 양심을 판다. 그건 이 각박한 시대의 처세술이자 생존술이다.

남의 것을 넘보거나 훔치는 일, 남을 속여 재물을 빼앗는 일을 하면서도 인간은 그것을 자신의 능력이나, 합법적인 권력으로 오해한다. 그런 일들의 1할 정도가 절도나 사기죄가 될까말까 한다. 인간의 경제행위는 한꺼풀 벗겨놓고 보면, 많은 부분이 남의 것을 빼앗는 행위와 직결되어 있다. 다만 그 행위가 형법상 범죄의 구성요건에 해당되지 않을 뿐이다. 도대체 '각자가 합당한 자신의 것을 가진다는 것'(일찍이 아리스토텔레스Aristoteles가 말한 '정의'다.)이 가능하기나 한 일인가? 그러니 편법을 쓰는 일 따위는 조금도 괴로운 일이 아니다. 청탁을 받아 저지르는 부정不正, 혹은 폭력으로 약자를 괴롭히거나, 돈이나 몸을 빼앗는 일조차 제각기 명분을 가지고 있다.

이러니 오늘날, 자신의 양심에 비추어서 무슨 일을 하지 못한다는 건 없다. 오히려 이런 아수라에서는 무슨 수를 쓰든 승리하는 자가 각광받고 존경받는다. 그런 뻔뻔한 자일수록 남의 허물을 두고 '당신은 양심도 없느냐'고 공격하기도 한다.


## 인간은 양심과 무관하게 행동한다

양심은 행동하는 것이 아니다. 인간의 행동은 늘 부끄러움의 그림자를 남기기 때문이다. 철학적으로, '행동'은 '무엇인가 하는 것'이다. 그리고 그 '무엇'은 어떤 의도를 가지거나, 의도와 연결되어 있다. (그래서 '부작위不作爲'나 '침묵'도 '행동'이 될 수 있다. 예컨대 영아에게 젖을 주지 않아 굶어 죽게 하는 것은 아무런 행동도 하지 않았지만 '영아 살해'가 된다.) 그렇지 않은 행위는 '행동'이 아니다. 인간은 그 '무엇'인가를 하면서 자신만의 양심에 비추어 반성을 한다.

김대중 전 대통령이 즐겨 쓴 말인 '행동하는 양심'을 나는 그 분의 변명으로 이해한다. 아마 그 분은, 사르트르Jean Paul Sartre가 몇몇 평론가로부터 '행동하지 않은 양심', '행동하지 않은 지성'으로 지목당한 데서 이 말을 찾아낸 것이 아닐까? 그렇지 않으면 그 분은 성자聖者란 말인가?

사르트르가 '행동하지 않은 양심'이라는 비판을 받게 된 것은, 여러 연유에서다. 사르트르는 2차대전 때 포병부대의 기상관측 분대에서 '풍향을 알기 위해 뜨거운 공기를 담은 풍선이나 날리는 일을 하다가' 포로로 잡혔다. 그는 수용소에서 어릿광대짓을 하면서 살아남았다. 선천성 사팔뜨기였던 그는 1941년 3월 부분실명으로 수용소에서 나온 뒤 고등학교 철학선생이 되었는데(기존 선생들은 망명을 했거나 수용소에 있었다.) 자신의 표현대로라면, 그 기간 '일생에서 가장 자유로운' 시절을 보냈다.

사실 사르트르는 나치에 우호적이었다. 그는 나치에서 존중받는 하이데거Martin Heidegger를 소설과 희곡에서 써먹었다. 그건 나치 아래 안전하게 지내는 방책이면서 명성에 목말랐던 그가 찾아낸 훌륭한 처세술이었다. 앙드레 말로가 훗날 사르트르에게 한 독설을 옮긴다.

사르트르가 파리에서 독일군 검열관의 승인 아래 희곡을 공연하는 동안 나는 게슈타포와 맞서 싸우고 있었다.

사르트르가 키르케고르S. A. Kierkegaard와 하이데거에게서 훔쳐와 유행상품으로 변질시킨 '실존주의'는 본질적으로 '행위의 철학'이다. (사르트르는 '존재의 철학'이라고 불렀다. 이 책 '유행' 참조) 인간은 말이나 가치관이 아니라, 순간을 두고 행위와 행동으로 결의하며 살아가는 존재라는 것이다. 사르트르는 '사회주의와 자유'라는 비밀조직을 도우면서 동료 철학자들을 좇아 마르크스Karl Marx와 프루동Pierre Proudhon에 빠졌다. 그러나 그건 '친목회원들 간의 잡담' 수준이었다. 사르트르는 레지스탕스로 활동하는 대신, 홀로 파리 생제르맹 거리에 있는 카페 플로르에서 『존재와 무』를 썼다.

사르트르가 마르크스에 경도된 것은 사실 미스터리다. 사르트르는 부르주아지를 혐오하는 계급의식을 가지고 있었지만 마르크스를 읽지도 않았고 이해하지도 않았다. 마르크스는 사르트르의 시대에는 이미 낡은 종교의 우상이었다. 만약 사르트르에게 『자본Das Kapital』을 읽을 끈기가 있었다면, 카스트로Fidel Castro와 체 게바라Che Guevara를 만나기 위해 '아내'인 보부아르 Simone de Beauvoir와 함께 쿠바로 간 만용은 없었을지 모른다.

그런 사르트르를 두고 '행동하지 않는 양심'이란 표현을 쓴 것은 실존주의를 주창한 그에게는 적합한 표현이 될 것이다. 그러나 '행동하는 양심'이란 말은, 어떤 문법으로도 해석되지 않는 말이다. 인간은 행동할 때 양심을 잃거나 적어도 '양심과 무관하게' 행동한다.

## 양심을 쓰는 이유

그래서 이 시대에 성공한 인물 가운데 '양심'은 정말 찾기 힘든다. 오히려 안분자족安分自足하여 누항陋巷에 사는 현인賢人은 가난을 부끄러워해야 될 판이다. 권력을 가진 자들이 부패하면서도 조금도 부끄러워하지 않는 것은 양심을 지켜서는 그 권력을 유지할 수 없기 때문이다. 『바다도 비에 젖는다』 '권력' 참조) 괴테가 '격언과 반성'에서 한 말을 옮긴다.

행동하는 자는 항상 양심이 없다. 관찰하는 자 이외에는 누구에게도 양심이 없다.

홉스Thomas Hobbes는 1651년 명저 『리바이어던Leviathan』을 썼다. '만인萬人의 만인에 대한 투쟁'을 극복하기 위해 '국가'라는 괴물, 리바이어던을 만들었다는 것이다. 그 책에 이런 말이 적혀 있다.

자기 나름의 의견에 완고하게 집착할 경우, 혹은 불합리한 의견을 집요하게 주장하는 경우에 자신의 의견에 양심이라는 거룩한 이름을 붙인다. 이것은 남의 의견을 바꾸어놓으려 하거나, 혹은 자기 의견에 반대하면 불법이라도 저지른 것처럼 느껴지도록 하기 위한 것이다. 기껏해야 자기는 그렇게 생각하고 있다는 정도에 불과한 것을 (양심이라는 말을 써서) 마치 진리를 알고 있다는 듯이 주장한다.


## 침묵할 수 있는 자유

한때 '모두가 예스라고 할 때 노라고 한다'는 광고 카피가 뜬 적이 있었다. 그런 광고 문안은 '시류에 흔들리지 않는다'거나, '정직하다 혹은 강직하다'거나, '독창적이다'는 좋은 의미를 내포하고 있다. 그리고 에리히 프롬Erich Pinchas Fromm 식으로 보자면 곧 '양심적이다'는 의미이다. 프롬은 '건전한 사회The Sane Society'에서 양심을 다음과 같이 정의했다.

양심의 본질은 동조하지 않는 것이다. 모든 사람이 '예스'라고 말할 때, 양심은 '노'라고 말할 수 있어야 한다. '노'라고 하려면 양심은 그 '노'가 기초하는 바 판단의 정당성에 확신을 가져야 한다.

한편, 양심의 자유는 '노'라고도 하지 않을 자유 곧 '침묵할 수 있는 자유'이기도 하다. (대부분의 헌법 교과서에는 '침묵의 자유'라고 쓴다.) 헌법 제 19조는 '모든 국민은 양심의 자유를 가진다'고 적고 있다. 이는 곧 사상의 자유를 뜻한다. 양심이 개인마다 다 다를 수 있고 그런 양심은 절대 침해받아서 안 된다는 것이다. 그러므로 양심의 자유는 양심을 외부에 표명하도록 강요당하지 않을 자유도 당연히 포함하는 것이다. 따라서 국가든 사적 조직이든 충성을 맹세하게 하는 행위는 '자기의 사상과 양심에 반하는 행위를 강제당하는 것'으로서, 이 양심의 자유에 반하게 된다.

이 논리로 일부 좌파들, 무정부주의자들은 국기에 대한 경례를 거부한다. 그런데 국기는 국가를 상징하는 것이어서 국기에 대한 존중은 국가에 대한 존중과 같다. 자신이 소속된 공동체인 국가를 존중하지 않겠다는 것은, 한편으로는 국가에 대한 경멸이나 모욕, 혹은 배신이 될 수도 있다. 따라서 공직자의 경우 사인私人과 달리 국기에 대한 존중을 기피하거나 회피하는 것은 용납되지 않는다. 공동체에 대한 존중이 없다면 선출직이든 임명직이든 어떤 공직에도 적합하지 않기 때문이다.

더 나아가 살펴보자. 양심의 자유는 정신적인 통제와 억압, 강제로부터의 해방을 뜻하는 것이다. 그러므로 국기에 대한 경례처럼 단순히 외형적 복종을 요구할 뿐 내심적인 확신까지 요구하는 것이 아닌 경우에는 양심의 자유를 침해하였다고 할 것이 아니다. (이 책 '국가' 참조)

## 행동하는 욕심

양심은 후천적으로 형성된다. 도적의 집안에서 자란 아이는 가슴속에 도적이 자라고, 탐욕의 집안에서 자란 아이는 가슴속에 탐욕이 가득해진다. 그래서 어른이 되어서도 돈과 권력, 명예(대부분의 명예감정은 양심의 외관적 표출로 드러나는 것이다.)의 구렁텅이에 빠진 자들은, 양심이 곧 '욕심'이다. '행동하는 양심'이 '행동하는 욕심'이 되는 이치가 여기에 있다. 그런 자들의 양심을 오스카 와일드Oscar Wilde가 소설 『도리언 그레이의 초상The Picture of Dorian Gray』에서 비꼬았다.

양심은 비겁과 같은 것으로서, 그저 회사의 상호 같은 것이다.

양심이 이런 욕심으로 변질되는 순간, 누구나 노예가 된다. 뇌물을 받은 자는, 뇌물을 바치는 자의 상전이거나 그의 목줄을 쥐고 있다고 착각하는 권력자이겠지만, 사실은 이미 그의 노예가 되어 있다. 이 얼마나 비극적인 전환인가? 일찍이 기터먼이 이 비참한 상황을 한마디로 표현했다.

노예란, 누구나 돈으로 살 수 있다.

## 전원책

대한민국 대표 보수논객. 진보주의자들이 인정하는 보수주의자로서 거의 유일하다. '본업은 시인, 생업은 변호사'라 일컫는 '시 쓰는 정치비평가'이다. 1977년 '백만원고료한국문학신인상'으로 등단한 뒤 1990년 조선일보 신춘문예로 재등단했다. 『슬픔에 관한 견해』와 『수련의 집』 등 두 권의 시집을 냈다. 1991년경부터 여러 방송사의 토론 패널로 출연하면서 경희대 법대에 출강했다. 각종 토론프로그램과 시사프로그램에서 해박한 지식과 탄탄한 논리, 거침없는 언변으로 좌중을 압도하는 토론계의 독보적 존재로 '전거성'이라는 별칭으로도 불린다. 현재 서초동에서 변호사 사무실을 열고 있으면서 MBC '시선집중'과 KBS '열린토론'에 고정 출연하고 있다. 지식인 비판서로 『바다도 비에 젖는다』가 있다.

**전원책**의 좌파 비판

# 자유의
# 적들

초판  1쇄  2011년  9월 26일
      17쇄  2016년 11월 30일

지은이    | 전원책

발행인    | 이상언
제작책임 | 노재현
발행처    | 중앙일보플러스(주)
주소       | (04517) 서울시 중구 통일로 92 에이스타워 4층
등록       | 2007년 2월 13일 제2-4561호
판매       | 1588-0950
제작       | (02)6416-3988
홈페이지 | www.joongangbooks.co.kr
페이스북 | www.facebook.com/hellojbooks

ⓒ 전원책, 2011

ISBN 978-89-278-0255-6 03340

## 중앙SUNDAY, 이젠 당신 차례입니다.

서울과 수도권 오피니언 리더들에게 일요일 아침 배달되는 고품격 신문입니다.

저희 독자는
기업 CEO와 간부들, 대학교수와 초·중·고 교사, 작가와 예술인, 고위 공무원,
정치인, 언론인, 법조계 인사, 전문직 종사자 등 입니다.
또 사람과 미래를 생각하고 지식을 사랑하는 이들입니다.
구독층이 특화된 것도, 일요일 배달도 국내에서 유일합니다.

중앙SUNDAY는 '열린 보수'를 지향합니다.
보도 기준은 좌파냐 우파냐가 아니라 수준이 높으냐 낮으냐 일 뿐입니다.
현실을 직시하는 용기와 통찰력, 역사와 과학 중시, 종교와 예술 존중,
인문학에 대한 열정이 중앙SUNDAY의 편집 방침입니다.

수많은 오피니언 리더가 중앙SUNDAY의 열렬한 팬입니다.
이젠 당신 차례입니다.

|  | 월 구독료 | 1년 |
| --- | --- | --- |
| 선납(일시납) | – | 50,000원 |
| 자동이체 | 5,000원 | (60,000원) |

### ⓙ 중앙일보   중앙SUNDAY

• 구독문의 1588-3600  • 지방광역시는 월요일에 배달됩니다